Prontuário de Direito do Trabalho

Centro de Estudos Judiciários

1.º SEMESTRE DE 2019 | NÚMERO I

Prontuário de Direito do Trabalho | 2019 – I

Diretor
João Manuel da Silva Miguel

Diretor Executivo
Viriato Reis

Conselho Redatorial
Cristina Martins da Cruz
Diogo Ravara
José Eduardo Sapateiro
Leonor Mascarenhas
Paulo Duarte Santos
Sílvia Saraiva
Susana Silveira

Ilustração interior
Pedro Massena

Propriedade e edição
Centro de Estudos Judiciários
Largo do Limoeiro – Lisboa

Produção e distribuição
Edições Almedina
www.almedina.net
editora@almedina.net

INDICE

I. ANOTAÇÕES DE JURISPRUDÊNCIA

TRIBUNAL DE JUSTIÇA

Acórdão do TJ (Grande Secção) de 14-05-2019, p. C-55/18 (disponível em http://eur-lex.europa.eu)

DESCRITORES:

Reenvio prejudicial; Política social; Proteção da segurança e da saúde dos trabalhadores; Organização do tempo de trabalho; Artigo 31.°, n.° 2, da Carta dos Direitos Fundamentais da União Europeia; Diretiva 2003/88/CE; Artigos 3.° e 5.° – Descanso diário e semanal; Artigo 6.° – Duração máxima do tempo de trabalho semanal; Diretiva 89/391/CEE; Segurança e saúde dos trabalhadores no trabalho; Obrigação de estabelecer um sistema que permita medir a duração do tempo de trabalho diário prestado por cada trabalhador.

DECISÃO:

"Os artigos 3.°, 5.° e 6.° da Diretiva 2003/88/CE do Parlamento Europeu e do Conselho, de 4 de novembro de 2003, relativa a determinados aspetos da organização do tempo de trabalho, lidos à luz do artigo 31.°, n.° 2, da Carta dos Direitos Fundamentais da União Europeia, bem como do artigo 4.°, n.° 1, do artigo 11.°, n.° 3, e do artigo 16.°, n.° 3, da Diretiva 89/391/ /CEE do Conselho, de 12 de junho de 1989, relativa à aplicação de medidas destinadas a promover a melhoria da segurança e da saúde dos trabalhadores no trabalho, devem ser interpretados no sentido de que se opõem a uma regulamentação de um Estado-Membro que, segundo a interpretação que lhe é dada pela jurisprudência nacional, não impõe às entidades patronais a obrigação de estabelecer um sistema que permita medir a duração do tempo de trabalho diário prestado por cada trabalhador."

ANOTAÇÃO:

O presente acórdão do Tribunal de Justiça, Grande Secção, (seguidamente, neste texto, identificado como TJ ou Tribunal) resultou de uma pedido de decisão prejudicial apresentado pela Audiência Nacional (Espanha) no âmbito de uma ação intentada por uma associação sindical, a Federación de Servicios de Comisiones Obreras (CCOO), contra uma empresa do setor bancário, o Deutsche Bank SAE.

Através dessa ação coletiva, pretendia-se que fosse declarada a obrigação por parte da empresa ré de "estabelecer um sistema de registo do tempo de trabalho diário prestado pelo seu pessoal, que permitisse verificar o cumprimento, por um lado, dos horários de trabalho previstos e, por outro, da obrigação de transmitir aos representantes sindicais as informações relativas às horas extraordinárias realizadas mensalmente."

A associação sindical alegou que tal obrigação decorreria dos artigos 34.º e 35.º do Estatuto dos Trabalhadores, conforme deviam ser interpretados à luz do artigo 31.º, n.º 2, da Carta dos Direitos Fundamentais da União Europeia («Carta»), dos artigos 3.º, 5.º, 6.º e 22.º da Diretiva 2003/88, bem como da Convenção n.º 1 da OIT.

A empresa ré invocou a jurisprudência do Supremo Tribunal de Espanha sobre a matéria em discussão, segundo a qual o direito espanhol não prevê essa obrigação com alcance geral.

A Audiência Nacional esclarece que o banco réu não deu cumprimento a um pedido da inspeção do trabalho para estabelecer esse sistema de registo do tempo de trabalho diário prestado, pelo que aquela autoridade inspetiva levantou um auto de notícia, o qual não veio a ter procedência por força da decisão do Supremo Tribunal de 23-03-2017.

O órgão jurisdicional de reenvio salienta que a lei espanhola só prevê a obrigação de registo das horas extraordinárias realizadas pelos trabalhadores, em termos gerais, e que apenas impõe o registo dos tempos de trabalho para certo tipo de contratos (tempo parcial), bem como para determinados setores de atividade (trabalhadores móveis, da marinha mercante e ferroviários).

Considera a Audiência Nacional que a interpretação feita pelo Supremo Tribunal do artigo 35.º, n.º 5, do Estatuto dos Trabalhadores priva, na prática, os trabalhadores de um meio de prova essencial para demonstrar que o seu tempo de trabalho excedeu a duração máxima prevista legalmente, pelo que tem dúvidas sobre a conformidade dessa interpretação com o direito da União. E que o direito nacional espanhol não está em condições de garantir o cumprimento efetivo das obrigações previstas pela Diretiva 2003/88, no que diz respeito aos períodos mínimos de descanso e à duração máxima do tempo de trabalho semanal, bem como, no que diz respeito aos direitos dos representantes dos trabalhadores, das obrigações decorrentes da Diretiva 89/391.

O Advogado-Geral Giovanni Pitruzzella apresentou, em 31 de janeiro de 2019, as seguintes conclusões no processo:

"1) O artigo 31.º, n.º 2, da Carta dos Direitos Fundamentais da União Europeia e os artigos 3.º, 5.º, 6.º, 16.º e 22.º da Diretiva 2003/88/CE do Parlamento Europeu e do Conselho, de 4 de novembro de 2003, devem ser interpretados no sentido de que impõem a obrigação às empresas de implementar um sistema de registo do tempo de trabalho diário efetivo dos trabalhadores a tempo inteiro que não se tenham comprometido de forma expressa, individual ou coletiva a realizar horas extraordinárias e que não se encontrem na situação de trabalhadores móveis, da marinha mercante ou ferroviários e obstam a uma legislação nacional da qual não se possa deduzir a existência dessa obrigação.

2) Os Estados-Membros são livres de prever a forma de verificação do tempo de trabalho diário efetivo mais adequada para alcançar o efeito útil das disposições do direito da União acima mencionadas.

3) O juiz do reenvio é, no entanto, obrigado a verificar, tendo em conta o direito interno como um todo e aplicando os métodos de interpretação reconhecidos por este último, a possibilidade de chegar a uma interpretação desse direito que seja suscetível de assegurar a plena eficácia do direito da União. Quando for impossível interpretar a legislação nacional como a que é objeto do processo principal de modo a assegurar o respeito pela Diretiva 2003/88 e pelo artigo 31.º, n.º 2, da Carta dos Direitos Fundamentais, resulta desta última disposição que o juiz do reenvio não deve aplicar essa legislação nacional e deve garantir que seja respeitada a obrigação da empresa de se dotar de um sistema adequado para medir o tempo de trabalho efetivo."

O TJ, no acórdão sob anotação, pronunciou-se no mesmo sentido, devendo destacar-se da argumentação nele vertida alguns aspetos, que de seguida se referem sumariamente.

Assim, reconheceu o Tribunal que para demonstrar o tempo de trabalho prestado os trabalhadores podem recorrer a outros meios de prova, "(...) nomeadamente, testemunhos, a apresentação de mensagens de correio eletrónico ou a consulta de telemóveis ou computadores, para fornecer indícios da violação desses direitos e, assim, dar lugar à inversão do ónus da prova."

Todavia, enfatizou que "(...) esses meios de prova não permitem estabelecer de maneira objetiva e fiável o número de horas de trabalho diário e semanal realizadas pelo trabalhador.", dado que, "(...) tendo em conta a situação de fragilidade do trabalhador na relação de trabalho, a prova testemunhal não pode ser considerada, por si só, um meio de prova eficaz, suscetível de garantir um respeito efetivo dos direitos em causa, uma vez que os trabalhadores se podem mostrar reticentes em testemunhar contra a sua entidade patronal por receio de que esta tome medidas que possam afetar a relação de trabalho em seu detrimento."

Considerou, por isso, que o sistema de registo do tempo de trabalho é "(...) um meio particularmente eficaz de aceder facilmente a dados objetivos e fiáveis (...)", facilitando, assim, a prova pelo trabalhador e o controlo pelas autoridades com funções de fiscalização e pelos Tribunais.

Concluiu, assim, o Tribunal que "(...) para assegurar o efeito útil dos direitos previstos pela Diretiva 2003/88 e do direito fundamental consagrado no artigo 31.°, n.° 2, da Carta, os Estados-Membros devem impor às entidades patronais a obrigação de estabelecer um sistema objetivo, fiável e acessível que permita medir a duração do tempo de trabalho diário prestado por cada trabalhador.".

E que "(...) a implementação de um sistema objetivo, fiável e acessível que permita medir a duração do tempo de trabalho diário prestado por cada trabalhador está abrangida pela obrigação geral de os Estados-Membros e as entidades patronais, prevista no artigo 4.°, n.° 1, e no artigo 6.°, n.° 1, da Diretiva 89/391, criarem uma organização e os meios necessários para proteger a segurança e a saúde dos trabalhadores. Além disso, esse sistema é necessário para permitir aos representantes dos trabalhadores, que têm uma função específica em matéria de proteção da segurança e da saúde dos trabalhadores, exercerem o seu direito, previsto no artigo 11.°, n.° 3, desta diretiva, de pedir à entidade patronal para tomar medidas adequadas e de lhe apresentar propostas.".

O Governo de Espanha tomou, entretanto, medidas legislativas para suprir a lacuna legal quanto à obrigação geral de registo do tempo de trabalho. E interessante é notar que o fez ainda antes da prolação deste acórdão, tendo a nova legislação sido aprovada no decurso deste processo no TJ, após a apresentação das Conclusões pelo Advogado-Geral.

Assim, através do Decreto-Lei 8/2019, de 8 de março, em cuja exposição de motivos se referem expressamente as citadas Conclusões do Advogado-Geral neste processo C-55/18, alterou o Estatuto dos Trabalhadores, introduzindo um novo n.° 9 no seu art.° 34.°, com a seguinte redação:

«9. La empresa garantizará el registro diario de jornada, que deberá incluir el horario concreto de inicio y finalización de la jornada de trabajo de cada persona trabajadora, sin perjuicio de la flexibilidad horaria que se establece en este artículo.

Mediante negociación colectiva o acuerdo de empresa o, en su defecto, decisión del empresario previa consulta con los representantes legales de los trabajadores en la empresa, se organizará y documentará este registro de jornada.

La empresa conservará los registros a que se refiere este precepto durante cuatro años y permanecerán a disposición de las personas trabajadoras, de sus representantes legales y de la Inspección de Trabajo y Seguridad Social.».[1]

Finalmente, importa aqui recordar que o TJ também já foi chamado a pronunciar-se sobre se o registo dos tempos de trabalho se deve considerar incluído no conceito de dados pessoais, na aceção da Diretiva 95/46/CE (a qual foi revogada e substituída pelo Regulamento Geral sobre a Proteção de Dados[2]) e, sendo-o, se o Estado-Membro pode impor às entidades empregadoras o acesso a esses dados pela inspeção do trabalho.

Este pedido de apreciação prejudicial foi apresentado pelo Tribunal do Trabalho de Viseu, no âmbito de um processo no qual uma empresa impugnou uma decisão da Autoridade para as Condições de Trabalho, a qual lhe aplicou uma coima pela prática da contraordenação prevista no artigo 202.º, n.º 5, do Código do Trabalho, devido ao facto de não ter sido disponibilizado para consulta imediata o registo dos tempos de trabalho.

Quanto a este pedido o TJ, por acórdão de 30-05-2013[3], declarou que:

"1) O artigo 2.º, alínea a), da Diretiva 95/46/CE do Parlamento Europeu e do Conselho, de 24 de outubro de 1995, relativa à proteção das pessoas singulares no que diz respeito ao tratamento de dados pessoais e à livre circulação desses dados, deve ser interpretado no sentido de que o conceito de «dados pessoais», na aceção desta disposição, abrange um registo dos tempos de trabalho, como o que está em causa no processo principal, que comporta a indicação, para cada trabalhador, das horas de início e de termo

---

[1] Conforme se pode constatar, a regulamentação desta matéria no art.º 202.º do Código do Trabalho Português, é um pouco mais precisa e concretizada, prevendo expressamente a disponibilização para consulta imediata, que no diploma de Espanha não surge.

[2] Regulamento (UE) 2016/679 do Parlamento Europeu e do Conselho, de 27 de abril de 2016.

[3] Proferido no processo C-342-12.

do tempo de trabalho, bem como das correspondentes interrupções ou intervalos.

2) Os artigos 6.°, n.° 1, alíneas b) e c), e 7.°, alíneas c) e e), da Diretiva 95/46 devem ser interpretados no sentido de que não se opõem a uma legislação nacional, como a que está em causa no processo principal, que impõe ao empregador a obrigação de pôr à disposição da autoridade nacional com competência para a fiscalização das condições de trabalho o registo dos tempos de trabalho, a fim de permitir a sua consulta imediata, na medida em que essa obrigação seja necessária para o exercício, por essa autoridade, da sua missão de fiscalização da aplicação da legislação em matéria de condições de trabalho, nomeadamente, no que respeita ao tempo de trabalho.".

(Viriato Reis)

TRIBUNAL CONSTITUCIONAL

Acórdão do TC n.º 141/2019[1]**, de 12-03-2019, p. n.º 550/2018 – 1.ª secção** (disponível, por extrato, em D.R. II Série. 101, de 2019-05-27, p. 16323[2])

DESCRITORES:

Contraordenações laborais; impugnação da decisão administrativa; *reformatio in pejus*; agravamento da coima; inconstitucionalidade.

DECISÃO:

No acórdão 141/2019, o Tribunal Constitucional decidiu não julgar inconstitucional a norma que permite o agravamento da coima decorrente de contraordenação laboral em sede de impugnação judicial interposta pelo arguido em sua defesa, interpretativamente extraída do artigo 39.º, n.º 3, da Lei n.º 107/2009, de 14 de agosto.

ANOTAÇÃO:

O acórdão em anotação aprecia a invocada inconstitucionalidade da *reformatio in pejus* admissível pelo art. 39.º, n.º 3, da Lei n.º 107/09, de 14.8[3], quando interpretado no sentido de permitir que, em caso de impugnação judicial pelo arguido da decisão da autoridade administrativa, o tribunal possa alterar a condenação, agravando a coima aplicada por aquela entidade – análise desencadeada por força de recurso interposto pela empregadora para o Tribunal Constitucional, ao abrigo do art. 70.º, n.º 1, al. b), da Lei de Organização, Funcionamento e Processo do Tribunal Constitucional (LTC).

---

[1] Retificado pelo Acórdão n.º 226/2019.

[2] Texto integral do Acórdão disponível na internet:
<http://www.tribunalconstitucional.pt/tc/acordaos/20190141.html>

[3] «Artigo 39.º
Decisão judicial
...
3 – O despacho pode ordenar o arquivamento do processo, absolver o arguido ou manter ou alterar a condenação.
... »

O caso iniciou-se com uma decisão da Autoridade para as Condições de Trabalho (ACT) que condenou, no âmbito de um processo contraordenacional laboral, a recorrente pela prática de duas contraordenações, e, por força de cúmulo jurídico, na coima única € 15.300,00 (150 UC's).

Não conformada, a empregadora impugnou judicialmente a decisão, pedindo a revogação da coima aplicada, sendo que, por sentença proferida pelo Tribunal Judicial da Comarca de Faro, em 30.5.17, foi a impugnação apresentada julgada improcedente, por não provada, e, em consequência, a empregadora novamente condenada pelas mesmas duas contraordenações, mas agora na coima única de € 35.700,00 (350 UC's), por força também de cúmulo jurídico.

Entendeu o tribunal, nessa sentença, que nada obstava que proferisse uma condenação mais gravosa à que tinha sido aplicada pela autoridade administrativa.

Foi, então, interposto recurso dessa decisão pela empregadora para o Tribunal da Relação de Évora, tendo agora sido suscitada a inconstitucionalidade do art. 39.°, n.° 3, da Lei n.° 107/09, de 14.9, por violação dos princípios da proibição da *reformatio in pejus* e igualdade, em violação ao disposto nos artigos 32.°, n.° 1, e 13.° da Constituição da República Portuguesa (CRP).

Por acórdão proferido por esse tribunal em 8.3.18, considerando que nas contraordenações laborais não vigora a proibição da *reformatio in pejus*, aquele tribunal viria a negar provimento ao recurso, confirmando a decisão recorrida.

No âmbito do recurso para o Tribunal Constitucional, a recorrente alicerçou o mesmo sustentando que o referido art. 39.°, n.° 3, da Lei n.° 107/09, de 14.9, na interpretação que lhe foi dada, e acima já referida, é inconstitucional por ser desconforme com os princípios da proibição da *reformatio in pejus* (art. 32.°, n.° 1, da CRP), da igualdade (art. 13.° da CRP), existindo, ainda, violação do seu direito à defesa, na modalidade de direito ao recurso, sendo a sua aplicação excessiva e desproporcionada para alcançar os fins pretendidos.

O Ministério Público entendeu que a interpretação dada ao referido normativo não viola os arts. 2.°, 13.° e 32.°, n.° 1, da CRP, não sendo por isso inconstitucional, devendo, em consequência, ser negado provimento ao recurso.

O Tribunal Constitucional, na sua decisão, começa por referir que, no âmbito constitucional, o princípio da proibição da *reformatio in pejus* encontra-se inserido no direito ao recurso, previsto no art. 32.º, n.º 1, da CRP[4].

E segue considerando que a proibição da *reformatio in pejus* surge no pensamento jurídico com fundamentações diversas – quer baseadas na estrutura do processo penal, em razões valorativas substanciais como a iniquidade, ou em razões político-criminais –, mas assenta, essencialmente, na proteção das garantias de defesa. Entendida como inserida na plenitude das garantias de defesa, "quer porque a *reformatio in pejus* poderia surgir inesperadamente ou de modo insuscetível a ser contraditada pela defesa, quer porque restringiria gravemente as condições de exercício do direito ao recurso", é inevitável que uma certa medida de proibição de *reformatio in pejus* conste no âmbito dos princípios constitucionais. Apesar disso, a proibição da reformatio in pejus, deve ser vista numa perspetiva jurídica que pondere globalmente todos os fins do sistema, não apenas numa perspetiva de interesse do arguido, devendo, por isso, o seu âmbito da proibição ser delimitado na conexão entre as garantias de defesa e a realização da justiça – cita-se o Acórdão do TC n.º 499/97, da 1.ª secção.

Daí que não possa resultar da CRP uma proibição absoluta da *reformatio in pejus*, já que o próprio princípio assumido dessa forma seria conflituante com o direito ao recurso da acusação e com a realização da própria justiça.

No plano infraconstitucional, continua o Tribunal constitucional, a proibição da *reformatio in pejus* também encontra consagração, quer no Direito Processual Penal, quer no Direito de Mera Ordenação Social.

Com efeito, a proibição da *reformatio in pejus* encontra-se prevista no artigo 409.º do Código de Processo Penal (CPP), enquanto medida protetora do direito de recurso em favor do arguido, visando evitar que este venha a ser punido com sanções mais graves, já que, a tal poder acontecer, condicionaria de modo intolerável o exercício do direito ao recurso.

No âmbito do ilícito de mera ordenação social, o regime geral das contraordenações, instituído pelo Decreto-Lei n.º 433/82, de 27.10, não continha na sua redação inicial a proibição da *reformatio in pejus*, o que só veio a

---

[4] «Artigo 32.º
Garantias de processo criminal
1. O processo criminal assegura todas as garantias de defesa, incluindo o recurso.
...»

acontecer com o aditamento do art. 72.º-A, introduzido pelo DL n.º 244/95, de 14.9[5].

Apesar disso, continuam a persistir um conjunto de regimes contraordenacionais específicos aplicáveis em determinadas áreas sectoriais que, nalguns casos, já afastavam, e, noutros, vieram a afastar, expressamente essa proibição – por exemplo, no setor financeiro, em matéria de concorrência, no regime de contraordenações ambientais e no âmbito do controlo da atividade dos estabelecimentos prestadores de cuidados de saúde.

E, a esse respeito, recorda o Tribunal Constitucional que já existiu pronúncia sobre a possível inconstitucionalidade da inaplicabilidade da proibição da *reformatio in pejus* prevista no art. 416.º, n.º 9, do Código dos Valores Mobiliários aos processos de contraordenação no âmbito desse diploma.

Com efeito, o Acórdão do Tribunal Constitucional n.º 373/2015, 2.ª Secção, não julgou inconstitucional a norma que permite, naquele âmbito, que a coima possa ser agravada «em sede de impugnação judicial interposta pelo arguido em sua defesa, sem correspondente alteração e/ou agravamento dos factos, elementos e circunstâncias da decisão administrativa condenatória».

É que, refere, o Direito das Contraordenações surge como um ramo de direito sancionatório, autónomo do Direito Penal, mas que com ele mantém profundas ligações, que se materializam na existência de múltiplas soluções normativas comuns criadas no espaço da dogmática penal e que se fundamentam no facto de, tal como aquele, fazer parte do «direito sancionatório de carácter punitivo» que tem aquele ramo do direito como paradigma.

Mas, não obstante essa proximidade, não pode confundir-se o processo criminal com o procedimento contraordenacional, tendo em conta a natureza diversa dos seus regimes e das suas sanções, pelo que não se justifica a aplicabilidade direta e global aos processos contraordenacionais dos princípios constitucionais próprios do processo criminal – são citados os Acórdãos do TC n.ºs 344/93, da 1.ª Secção, ponto II. 1., 659/2006, 2.ª Secção, ponto

[5] «Artigo 72.º-A
Proibição da reformatio in pejus
1 – Impugnada a decisão da autoridade administrativa ou interposto recurso da decisão judicial somente pelo arguido, ou no seu exclusivo interesse, não pode a sanção aplicada ser modificada em prejuízo de qualquer dos arguidos, ainda que não recorrentes.
2 – O disposto no número anterior não prejudica a possibilidade de agravamento do montante da coima, se a situação económica e financeira do arguido tiver entretanto melhorado de forma sensível.»

2.3., 336/2008, 2.ª Secção, e 487/2009, 2.ª Secção, ponto 2.1. e o Acórdão n.º 612/2014 (3.ª Secção), ponto 3.

Nessas decisões considerou-se inaplicável, atenta a diferente natureza do ilícito contraordenacional, o princípio constitucional de direito criminal ou processual criminal invocado em fundamento do reclamado juízo de inconstitucionalidade.

Em consequência, o «direito de recurso» consagrado no art. 32.º, n.º 1, da CRP "não pode ser diretamente aplicado aos processos contraordenacionais, na medida em que este parâmetro, conforme tem sido entendido pela jurisprudência constitucional, respeita ao processo criminal, não havendo, assim, uma imposição constitucional ao legislador ordinário de equiparação de garantias no âmbito do processo criminal e do contraordenacional."

Mas mais: não é equiparável o recurso da decisão de uma instância judicial para um tribunal hierarquicamente superior no âmbito de um processo criminal interposto pelo arguido ou no interesse deste à impugnação de uma decisão administrativa de aplicação de uma sanção no âmbito de um processo contraordenacional para um tribunal.

É que na "impugnação da decisão administrativa não está em causa um verdadeiro exercício de um direito fundamental ao recurso jurisdicional," conforme o estipulado pelo artigo 32.º, n.º 1, da CRP.

Daí que as garantias processuais do arguido constitucionalmente previstas são apenas as do art. 32.º, n.º 10, da CRP – ou seja, os direitos de audiência e de defesa – citam-se os Acórdãos do TC n.ºs 659/2006, ponto 2.2., 45/2008, ponto 2.2., 135/2009, pontos 7. e 8.4., 299/2013, ponto 5., e 373/2015, ponto 2.

E daqui uma primeira conclusão, no sentido que o alegado «direito de recurso» que a recorrente considera ter sido violado não pode ser apreciado pelo disposto no invocado 32.º, n.º 1, da CRP.

Quanto à alegada violação do direito de acesso à tutela jurisdicional, refere o Tribunal Constitucional que é garantido a todos o acesso ao direito e aos tribunais para defesa dos seus direitos e interesses, pelo art. 20.º da CRP – a lei deve, ainda, assegurar aos cidadãos procedimentos judiciais caracterizados pela celeridade e prioridade.

Já no domínio da ação administrativa, onde se insere o Direito Contraordenacional, é garantido aos administrados o direito à tutela jurisdicional efetiva para defesa dos seus direitos ou interesses legalmente protegidos, incluindo, nomeadamente, «a impugnação de quaisquer atos administrativos que os lesem, independentemente da sua forma», conforme consta do art. 268.º, n.º 4, da CRP.

A jurisprudência do Tribunal Constitucional tem entendido que o direito de acesso à tutela jurisdicional efetiva implica o direito de ação, o direito ao processo, o direito a uma decisão judicial sem dilações indevidas e o direito a um processo justo – são citados os Acórdãos do TC n.º 63/2003, 1.ª Secção, ponto 6); n.º 329/2013, 3.ª Secção, ponto 7 e n.º 674/2016, 1.ª Secção, ponto 14.

Ora, no processo contraordenacional, o arguido dispõe de um conjunto de amplas faculdades de exercício do seu direito de defesa e de contraditório, onde pode ter lugar uma nova apreciação não só da decisão administrativa, mas de toda a questão contraordenacional, passando a decisão administrativa a ser tida como uma acusação, o que, naturalmente, diferencia a impugnação judicial da decisão administrativa de um recurso.

Acresce que, no regime das contraordenações, nomeadamente laborais, quando a decisão é precedida da realização de uma audiência de julgamento, a manutenção do recurso deixa de estar na inteira disponibilidade do arguido, passando a depender da concordância do Ministério Público, por força do disposto no art. 46.º, n.º 2, da Lei n.º 107/2009, de 14.9, e artigo 71.º, n.º 2, do DL n.º 433/82.

A questão de constitucionalidade colocada passa, portanto, pela análise sobre se a possibilidade de *reformatio in pejus*, no âmbito da impugnação judicial da decisão administrativa, representa uma restrição desproporcionada do direito de acesso à justiça.

O Tribunal Constitucional reconhece "que face à ausência de proibição da *reformatio in pejus*, a recorrente fica obrigada a escolher criteriosamente a sua estratégia processual, de forma a maximizar as hipóteses de vencer e de reduzir o risco de ver perigar as suas pretensões."

O que resulta num condicionamento do seu direito fundamental de acesso aos tribunais, condicionamento que encontra, no entanto, justificação como sendo uma medida necessária e adequada a garantir a tutela de bens jurídicos com dignidade constitucional (por exemplo, tutela dos direitos dos trabalhadores e garantia do sistema de segurança social), bem como à celeridade e eficiência da reação sancionatória no caso de lesão desses bens jurídicos tutelados.

Pelo que tal norma não pode ser entendida como uma restrição desproporcional ao direito de impugnação judicial da decisão administrativa sancionatória, à luz dos critérios previstos no artigo 18.º, n.º 2, da CRP.

Daqui retira o Tribunal Constitucional outra conclusão, a de que a proibição da *reformatio in pejus* da condenação contraordenacional proferida pela autoridade administrativa não implica necessariamente a violação da garantia constitucional da tutela jurisdicional efetiva consagrada no artigo 20.º, n.º 1, da CRP.

É que essa implicação pressuporia uma configuração da intervenção do tribunal na fase judicial do processo contraordenacional como uma garantia do arguido numa dimensão que não é imposta pelo artigo 32.º, n.º 10, da CRP.

Já num outro ângulo de apreciação, agora em relação à alegada violação do princípio da igualdade, o Tribunal Constitucional começa por enquadrar essa invocação na dimensão de proibição do arbítrio, com consagração no art. 13.º, n.º 1, da CRP.

Sublinha, no entanto, que o princípio da igualdade não proíbe o legislador da realização de todas e quaisquer distinções, mas sim na discricionariedade legislativa infundada, o arbítrio – citam-se os Acórdãos do TC n.º 335/94, ponto III.; 2.1., n.º 563/96, ponto III. 1.2., n.º 546/2011, ponto 12, n.º 641/2013, ponto 10, n.º 93/2014, ponto 17 e n.º 173/2014, ponto 7) e n.º 437/2006, ponto 7:, n.º 232/2003, n.º 187/2013, do Plenário, ponto 33, e n.º 47/2010.

Daí que a norma em causa não pode ser acusada de violação do princípio da igualdade por permitir «ao julgador um tratamento diverso para situações de facto iguais», na medida em que esse tratamento se aplica a todos os destinatários de uma sanção administrativa abrangida pelo regime das contraordenações laborais e de segurança social que impugnem tal decisão junto dos tribunais.

Por outro lado, também não considera que esteja em causa o princípio da «igualdade de armas», pois, uma vez impugnada a decisão administrativa, pode o juiz ordenar o arquivamento do processo, absolver o arguido ou manter ou alterar a condenação – não existindo um tratamento discriminatório de qualquer parte, nem se verificando um tratamento diferenciado de situações iguais.

Entende o Tribunal Constitucional que poderia ser ainda colocado o problema – embora não suscitado – de saber se se estaria perante uma solução legal inconstitucionalmente diferenciadora, na medida em que afasta a regra geral prevista para o processo penal ou no artigo 72.º-A do regime geral das contraordenações.

Quanto à questão da igualdade entre processo criminal e contraordenacional, começa por notar que as características híbridas do processo de contraordenação, designadamente da sua fase judicial, tornam questionável qual o plano teórico em que será pertinente estabelecer uma comparação – recursos em processo penal ou de um julgamento penal em 1.ª instância.

Conclui o acórdão, no entanto, que, seja como for, qualquer comparação com o processo penal seria inútil, já que são diferentes os princípios jurídico-constitucionais, materiais e orgânicos, aplicáveis à legislação penal e processual penal e à legislação das contraordenações – citando os Acórdãos do TC n.º 595/2012, 3.ª Secção, ponto 5, n.º 469/97 e n.º 278/99).

Por outro lado, e quanto às diferenças registadas entre processos contraordenacionais, embora exista a regra da proibição da *reformatio in pejus* no artigo 72.º-A RGCO, tal não impede que, noutros setores, e atendendo à especificidade dos mesmos, o legislador não construa regimes especiais – citando os Acórdãos do TC n.º 373/2015, 2.ª Secção, ponto 3), n.º 226/2011, da 1.ª Secção, ponto 4), e n.º 74/2019, do Plenário, ponto 8.

O afastamento pela norma em análise da regra da proibição da *reformatio in pejus* existente no âmbito do regime específico das contraordenações laborais, pode ainda ser enquadrado nos objetivos do legislador, designadamente no propósito de «prevenir e a desincentivar o incumprimento dos deveres sociais e contributivos das empresas e (...) garantir o direito dos trabalhadores à proteção conferida pelo sistema de segurança social», bem como criar «os mecanismos e as condições que permitam aos serviços envolvidos dispor dos instrumentos legais que os habilitem, designadamente, a exercer uma ação fiscalizadora, simultaneamente eficaz e preventiva, no combate à utilização abusiva dos "falsos recibos verdes"» – Proposta de Lei n.º 282/X/4.ª, que deu origem à Lei n.º 107/2009, de 14.9.

Encontra, assim, justificação material na gravidade das infrações, sendo congruente com a estrutura sancionatória específica do ordenamento contraordenacional laboral, já que "os ilícitos cometidos afetam bens jusfundamentais a que se associam especiais deveres estaduais de proteção" – conforme refere o Acórdão do TC n.º 297/16, do Plenário, ponto 15.2). –, em contraposição ao regime geral das contraordenações e coimas, originariamente pensado para as pequenas infrações – no dizer do Acórdão do TC n.º 226/11, ponto 4.

Considerando a especial natureza dos bens jurídicos tutelados no regime contraordenacional laboral, que gozam, inclusive, de tutela constitucional, designadamente, no artigo 59.º da CRP – cf. Acórdão do TC n.º 106/14,

2.ª Secção, ponto 8 –, não se pode entender como arbitrária e destituída de qualquer fundamento a norma em análise.

Pelo que conclui que o preceito em apreciação também não comporta uma violação do princípio da igualdade consagrado no artigo 13.º, n.º 1, da CRP.

O Tribunal Constitucional aprecia, por último, uma possível violação do princípio da legalidade previsto no art. 29.º, n.º 1, da CRP, na interpretação que a proibição da *reformatio in pejus* consagrada no art. 79.º-A, n.º 1 do RGCO poderia ser tido como aplicável no âmbito do regime das contraordenações laborais e de segurança social, por se tratar de um regime supletivo.

Aqui o Tribunal Constitucional entendeu que, embora aceitando que este princípio se aplica em matéria processual (Acórdão do TC n.º 324/13), e nomeadamente também em matéria contraordenacional (Acórdão do TC n.º 201/14), na metódica adoptada desde o Acórdão do TC n.º 110/07, o princípio da legalidade, na dimensão da tipicidade penal, obriga o intérprete a excluir os resultados que não tenham na letra da lei um mínimo de correspondência verbal.

No caso, o art. 39.º, n.º 3, da Lei n.º 107/09, de 14.8, estipula expressamente a possibilidade de o despacho «manter ou alterar a condenação», pelo que a proibição da *reformatio in pejus* é afastada no domínio das contraordenações laborais, excluindo, assim, a aplicação supletiva do regime geral.

Salienta, ainda, que não cabe ao Tribunal Constitucional definir o direito aplicável ao caso, mas apenas verificar a conformidade constitucional de normas que tenham servido de ratio, conforme Acórdão do TC n.º 141/19.

Concluiu o acórdão em anotação, por fim, e em consequência de tudo o exposto, que não é inconstitucional a norma que permite o agravamento da coima decorrente de contraordenação laboral em sede de impugnação judicial interposta pelo arguido em sua defesa, interpretativamente extraída do artigo 39.º, n.º 3, da Lei n.º 107/09, de 14.8.

Não se tem conhecimento de jurisprudência pertinente sobre a matéria, para além daquela que se encontra exaustivamente referida neste acórdão, o que o torna, inequivocamente, de especial relevância.

Com o impulso dado pela argumentação do presente acórdão, e considerando que os regimes especiais das contraordenações se têm mostrado mais eficazes no combate aos comportamentos ilícitos visados, caminharemos no sentido da reintrodução da *reformatio in pejus* numa futura reforma do regime geral contraordenacional?

(Paulo Duarte Santos)

SUPREMO TRIBUNAL DE JUSTIÇA

Acórdão do STJ de 08-05-2019, p. n.º 714/15.0T8BRR.L2.S1 (disponível em www.dgsi.pt):

DESCRITORES:

Ação de impugnação judicial da regularidade e licitude do despedimento. Valor da causa. Litigância de má-fé.

SUMÁRIO:

«*I – Tendo a Relação revogado a sentença, julgado ilícito o despedimento e condenado a Ré a pagar à Autora os créditos decorrentes desse despedimento ilícito, deve, nos termos do art.º 98-P, n.º 2, do CPT, fixar no acórdão o valor da causa para os efeitos estabelecidos no art.º 296.º, n.º 1 do CPC, por só então a utilidade económica do pedido ter ficado definida.*

II – Não litiga de má-fé o recorrente que interpõe recurso do acórdão da Relação no qual invoca a sua nulidade por não ter fixado o valor da causa.»

ANOTAÇÃO:

Este Acórdão do STJ, relatado pelo Juiz-Conselheiro Ribeiro Cardoso, foi prolatado na sequência do recurso de revista interposto no âmbito da ação de impugnação judicial da regularidade e licitude do despedimento (AERLD) que se mostra regulada nos artigos 98.º-B a 98.º-P do CPT.

Esse recurso teve por objeto o acórdão do Tribunal da Relação de Lisboa que, tendo revogado a sentença absolutória do tribunal do trabalho da 1.ª instância e declarado a ilicitude do despedimento de que o Autor foi alvo por parte da sua entidade empregadora, condenou esta última na indemnização em substituição da reintegração no valor vencido até aí de € 43.821,13, nos termos dos artigos 389.º e 391.º do CT/2009.

Tal acórdão do TRL, na perspetiva da Ré, estava ferido de nulidade, por omissão de pronúncia, nos termos do artigo 615.º, número 1, alínea d) do NCPC, por não ter fixado, como devia, o valor à ação, traduzindo-se a quantia de € 2.00,00 que havia sido estabelecida pelo tribunal da 1.ª instância, num valor válido apenas para efeitos tributários.

O relator do recurso de Apelação sustentou que o Aresto proferido pelo TRL não se achava afetado da referida nulidade, dado o valor da causa (€ 2.000,00) já ter sido atribuído pelo tribunal do trabalho, por decisão transitada em julgado.

O STJ não acompanhou tal posição do Tribunal da Relação de Lisboa, vindo a considerar que tal valor da ação não se confundia com aquele outro estabelecido pelo tribunal de comarca e que, a ser assim, ocorria, de facto, uma situação de omissão de pronúncia traduzida na falta da fixação do valor da causa por parte do TRL no final do seu acórdão condenatório.

Fê-lo com base na seguinte argumentação jurídica:

«Pese embora não a subsuma expressamente, imputa a recorrente ao acórdão a nulidade de omissão de pronúncia prevista no art.º 615.º, n.º 1, al. d), do CPC, com o argumento de que, tendo a Relação revogado a sentença absolutória e tendo-a condenado a indemnizar a Autora, só então ficou definida a utilidade económica do pedido, devendo a Relação fixar o valor da causa nos termos do disposto no art.º 98.º-P, n.º 2 do CPT.

Estabelece o art.º 296.º do CPC:

"1 – A toda a causa deve ser atribuído um valor certo, expresso em moeda legal, o qual representa a utilidade económica imediata do pedido.

2 – Atende-se a este valor para determinar a competência do tribunal, a forma do processo de execução comum e a relação da causa com a alçada do tribunal.

3 – Para efeito de custas judiciais, o valor da causa é fixado segundo as regras previstas no presente diploma e no Regulamento das Custas Processuais."

Determina o art.º 552.º, n.º 1, al. f) do mesmo diploma que, "[n]a petição, com que propõe a ação, deve o autor declarar o valor da causa".

No caso sub judice, *trata-se de uma ação de impugnação judicial da regularidade e licitude do despedimento, com processo especial, regulada no art.º 98.º-B e seguintes do CPT, que se inicia, nos termos do art.º 98.º-C, n.º 1, com* "(...) a entrega, pelo trabalhador, junto do tribunal competente, de requerimento em formulário eletrónico ou em suporte de papel, do qual consta declaração do trabalhador de oposição ao despedimento...".

Como assim, face à ausência de petição inicial com observância dos requisitos estabelecidos no referido art.º 552.º do CPC, não tem a parte que dá início à ação – o trabalhador – que indicar o valor da causa.

E é também afastada a regra geral do art.º 306.º, n.º 2, do CPC, nos termos da qual compete ao juiz fixar o valor da causa no despacho saneador, devendo o mesmo, nos termos do art.º 98.º-P, n.º 2, do CPT ser "...fixado a final pelo juiz tendo em conta a utilidade económica do pedido, designadamente o valor da indemnização, créditos e salários que tenham sido reconhecidos", *constituindo, assim, uma regra especial.*

Por conseguinte, tendo a 1.ª instância julgado lícito o despedimento e não tendo reconhecido ao trabalhador quaisquer créditos, o valor da causa a fixar pelo juiz nos termos do sobredito preceito não terá em conta a utilidade económica do pedido, já que esta, como estabelece o preceito transcrito, se afere pelo "...valor da indemnização, créditos e salários que tenham sido reconhecidos", *mas recorrendo ao disposto do n.º 1 do mesmo preceito, caso em que o valor da causa para efeitos de relação desta com a alçada do tribunal, corresponderá ao valor para efeito de custas (€ 2.000,00).*

E como neste caso o recurso não seria admissível, pelo facto do valor da causa ser inferior ao da alçada do tribunal de 1.ª instância, o art.º 79.º, al. a), do CPT preceitua que é sempre admissível recurso para a Relação nas ações em que esteja em causa o despedimento do trabalhador, a sua reintegração na empresa e a validade ou subsistência do contrato de trabalho.

É precisamente o caso dos autos.

Como referido, a 1.ª instância considerou lícito o despedimento e não reconheceu à Autora quaisquer créditos. Por conseguinte, inexistindo nesse momento utilidade económica do pedido aferível pelo "...valor da indemnização, créditos e salários que tenham sido reconhecidos", *o juiz fixou o valor da causa em € 2.000,00, nos termos do n.º 1 do art.º 98.º-P.*

Tendo a Relação revogado a sentença e julgado ilícito o despedimento e reconhecido à Autora créditos no valor de € 43.821,13, só então a utilidade económica do pedido ficou definida, como referido no acórdão desta 4.ª Secção de 25.10.2015, proc. n.º 478/11.7TTVRL.G1-A.S1 (Mário Belo Morgado), devendo a Relação fixar o valor da causa tendo em conta a utilidade económica nos termos em que a definiu, observando, assim, o estabelecido no art.º 296.º, n.º 1 do CPC e 98.º-P, n.º 2 do CPT.

Não tendo a Relação fixado o valor da causa incorreu na nulidade de omissão de pronúncia prevista no art.º 615.º, n.º 1, al. d), do CPC, tempestivamente arguida pela recorrente.

Terá por isso, face ao disposto no art.º 684.º, n.º 2 do CPC, que ser determinada a remessa dos autos à Relação para que, suprindo a apontada nulidade, fixe o valor da causa tendo em conta a utilidade económica do pedido.»

O Acórdão do Supremo Tribunal de Justiça veio enfrentar e procurar dar solução a uma situação de verificação frequente nos tribunais da 2.ª instância e com sérias implicações de índole adjetiva e de cariz material ou substantivo, pois a resposta que for dada quanto à fixação do valor da ação, projeta-se, desde logo, na admissibilidade ou não do recurso de revista para esse tribunal superior e, nessa medida, abre ou fecha às partes a possibilidade de verem ser reapreciado o litígio em presença pelos senhores juízes conselheiros da Secção Social.

Precisando melhor tal afirmação, constata-se, com efeito, que os tribunais do trabalho, com base na redação do número 1 do artigo 98.º-P do CPT e da alínea e) do n.º 1 do art.º 12.º do RCP, atribuem, com frequência, às AERLD, o valor de € 2.000,00 em cenários de improcedência da ação (licitude do despedimento).

Ora, a circunstância de ser julgada improcedente a dita ação, não impede uma decisão oposta por parte do tribunal de recurso, dado que, por força do artigo 79.º do CPT, é sempre permitido apelar para os tribunais da relação; a ser assim, quando tal acontece e as partes não impugnaram, especificadamente, em sede de recurso de Apelação, o dito valor de € 2.000,00 fixado no final da decisão absolutória, são confrontadas com a rejeição por parte do relator (despacho) ou dos juízes desembargadores que prolatarem o dito Aresto condenatório (conferência), do recurso de revista que o visa impugnar, por os mesmos entenderem que aquele montante de € 2.000,00 configura, em regra, o valor processual dos autos e, nessa medida, por se situar abaixo do valor da alçada dos tribunais da relação (€ 30.000,00) e por se achar estabelecido por decisão transitada em julgado, não consente o referido recurso.

Esta discrepância de valores da causa fixados à AERLD consoante estejamos face a um cenário de procedência ou de improcedência desses autos, coarta o direito de recurso para o STJ relativamente à entidade empregadora que se vê, em segunda instância, originariamente condenada em prestações como a indemnização de antiguidade/reintegração, retribuições vencidas e outras prestações que possam estar em discussão no processo e cujo valor global exceda a alçada do tribunal da relação (um problema similar também se pode colocar ao trabalhador no caso da confirmação da sentença absolutória da 1.ª instância, por referência ao recurso de revista excecional).

Diremos mesmo que perplexidades desta natureza podem suscitar-se igualmente no quadro das ações declarativas com processo comum onde se impugnam despedimentos considerados ilícitos – e cujo valor, de acordo com a norma geral do artigo 306.º, número 2, do NCPC, deve ser atribuído logo no despacho saneador –, caso o julgador, perante a fase adjetiva intermédia e ambígua que se vive no momento do saneamento dos autos, seja levado a, também aí, lançar mão do disposto na alínea e) do n.º 1 do art.º 12.º do RCP.

(José Eduardo Sapateiro)

TRIBUNAL DA RELAÇÃO DE COIMBRA

Acórdão do TRC de 29-03-2019, p. n.º 1163/16.9T8CLD.C1 (disponível em www.dgsi.pt)

DESCRITORES:

Pensão por morte; a quem é devida; cônjuge judicialmente separado.

SUMÁRIO

I. A pensão por morte é devida, entre outros, ao cônjuge judicialmente separado à data da morte do sinistrado e com direito a alimentos. Tendo a autora prescindido de alimentos do cônjuge sinistrado, não se encontram preenchidos os requisitos a que alude a alínea b) do artigo 57.º da LAT.

II. Encontrando-se a autora e o sinistrado separados de pessoas e bens, mantendo-se por isso o vínculo conjugal (artigo 1795.º-A do CC), não podem os mesmos permanecer casados e ao mesmo tempo em união de facto, pelo que também não se encontram preenchidos os requisitos a que alude a alínea a) do artigo 57.º da LAT e, consequentemente, a autora não é titular do direito à pensão por morte do sinistrado.

ANOTAÇÃO

O aresto sob anotação aborda questão particularmente interessante na justa medida em que, versando sobre as prestações emergentes de acidente de trabalho – que, como se sabe, assumem na nossa lei dos acidentes de trabalho natureza eminentemente garantística, irrenunciável e, inclusive, abrangência considerável, nela se prevendo um amplo elenco de potenciais beneficiários de pensões, in casu, por morte – as nega a viúva de sinistrado que com ele vivia em condições análogas às dos cônjuges, mas de quem estava separada judicialmente de pessoas e bens, tendo prescindido de alimentos.

No que ora releva, foram os seguintes os factos eleitos no acórdão em apreço para a eles se aplicar o direito:

1. J... faleceu no dia 17 de Junho de 2016.
2. Nesse dia, J... trabalhava, com a categoria profissional de gerente, sob a autoridade de direcção de "..., Lda." e auferia a retribuição de

€ 530,00 x 14 meses + € 2,42 x 22 dias x 11 meses, num total anual de € 8.005,64.

3. Nesse dia, J... encontrava-se a reparar uma avaria na suspensão pneumática do camião junto da cabine, esta desprendeu-se e J... ficou entalado entre a cabine e o pneumático frontal esquerdo.

4. Em consequência directa e necessária do descrito em 3., J... sofreu hemorragia subaracnoídea associada a compressão torácica (asfixia posicional), as quais foram consequência directa e necessária da sua morte.

5. A entidade patronal de J... tinha a responsabilidade emergente de acidentes de trabalho transferida para a R., através da apólice n.º ..., pelo salário de € 700,00 x 14 meses, num total anual de € 9.800,00.

6. A A. casou com J... em 7 de Setembro de 1998.

7. Em 13 de Outubro de 2009 foi decretada a separação de pessoas e bens por mútuo consentimento entre a A. e J..

8. Para efeito da decisão mencionada em 7. os então requerentes declararam manter o propósito de se separar de pessoas e bens, bem como os acordos apresentados sobre o destino da casa de morada de família, a regulação das responsabilidades parentais quanto ao filho menor e de que prescindem de pensão de alimentos um em relação ao outro.

9. A A. e J... decidiram requerer a sua separação de pessoas e bens porque a A. não queria assumir responsabilidades bancárias e de outra natureza na qualidade de cônjuge e no âmbito da atividade comercial de J..

10. Desde a data em que casaram um com o outro, a A. e J... mantiveram a sua morada na mesma habitação, na Rua ..

11. O rendimento do casal era gerido como um só e com ele pagavam o carro, a casa, as contas da casa, água, luz, gás, internet, vestiam-se, calçavam-se, viajavam, pagavam assistência médica e medicamentosa.

12. Desde a data em que casaram um com o outro, sempre a A. e J... dormiam juntos, confeccionavam as suas refeições juntos.

13. Sempre receberam em sua casa os seus amigos mais próximos.

14. Os amigos mais próximos desconheciam a sua situação de separação de pessoas e bens.

*

Perante o acervo factual assim provado, ponderou-se no aresto em anotação como segue a propósito da existência, na esfera jurídica da autora, do direito a auferir a pensão pela morte do sinistrado.

«Alega a recorrente que resulta do conjunto da prova existente nos autos que não se fixou alimentos porque não havia intenção de haver uma separação e a manter-se inalterada a vida conjugal, o marido contribuiria com o seu salário para a vida da família como sempre fez; que o tribunal a quo concluiu que: "com efeito, ficou demonstrado que no processo de separação de pessoas e bens os cônjuges prescindiram de alimentos um em relação ao outro certamente porque, como ficou demonstrado também, nunca tiveram intenção de se separar"; resultou provado que o rendimento do casal era gerido como um só; se o sinistrado comparticipava com o seu salário para o sustento do seu agregado familiar, esta comparticipação tem que legalmente ser vista como uma verdadeira prestação de alimentos que fazia voluntariamente e, ainda, que o tribunal a quo concluiu indevidamente que não ficou demonstrado que a A. estivesse a receber alimentos prestados pelo sinistrado, quando da prova produzida resulta que a recorrente com a morte do seu marido viu-se privada do contributo do seu salário, sendo de concluir que carece de alimentos.

Por outro lado, resulta da matéria de facto provada que:

Em 13 de outubro de 2009, foi decretada a separação de pessoas e bens por mútuo consentimento entre a A. e J...; para efeito desta decisão os então requerentes declararam manter o propósito de se separar de pessoas e bens, bem como os acordos apresentados sobre o destino da casa de morada de família, a regulação das responsabilidades parentais quanto ao filho menor e de que prescindem de pensão de alimentos um em relação ao outro; desde a data em que casaram um com o outro, a A. e J... mantiveram a sua morada na mesma habitação, na Rua ..., o rendimento do casal era gerido como um só e com ele pagavam o carro, a casa, as contas da casa, água, luz, gás, internet, vestiam-se, calçavam-se, viajavam, pagavam assistência médica e medicamentosa; desde a data em que casaram um com o outro, sempre a A. e J... dormiam juntos, confecionavam as suas refeições juntos e sempre receberam em sua casa os seus amigos mais próximos.

Ora, face à matéria de facto provada desde já avançamos que não podemos deixar de acompanhar a sentença recorrida.

Na verdade, a pensão por morte é devida, entre outros, ao cônjuge judicialmente separado à data da morte do sinistrado e com direito a alimentos.

Ora, tendo a A., ora recorrente, prescindido de alimentos do cônjuge sinistrado, não se encontram preenchidos os requisitos a que alude a alínea b) do artigo 57.° da LAT.

A A. nem sequer questionou esta sua declaração e o facto de, apesar da separação, ter continuado a viver com o sinistrado nas mesmas condições supra descritas em nada belisca o que ficou dito, na medida em que, ao contrário do alegado pela recorrente, esta situação não consubstancia uma qualquer obrigação de prestação de alimentos por parte do sinistrado e só aos mesmos é imputável.

Tendo decidido separar-se competia aos cônjuges acautelar-se quanto à prestação de alimentos, o que não fizeram.

Em suma, a lei reconhece ao cônjuge judicialmente separado o direito a pensão por morte do sinistrado obrigado a prestar-lhe alimentos o que, como já referimos, não ocorre no caso em apreciação e, consequentemente, a A. não é beneficiária nos termos e para os efeitos do disposto no artigo 57.°, n.° 1, b), da LAT.

Resta dizer o seguinte:

A ora recorrente, em sede de recurso, abandonou a sua tese no sentido de que sempre se encontrariam preenchidos os requisitos previstos na alínea a) do artigo 57.° da LAT pois desde outubro de 2009 que passou a viver em união de facto com o sinistrado.

Como já referimos, a apreciação e a decisão dos recursos são delimitadas pelas conclusões da alegação do recorrente, no entanto, uma vez que os direitos emergentes de um acidente de trabalho são inalienáveis e irrenunciáveis (artigo 78.° da LAT) cumpre, ainda, apreciar aquela questão também abordada pelo Exm.° Procurador-Geral Adjunto.

Assim:

Em caso de morte do sinistrado, a pensão é devida ao cônjuge ou a pessoa que com ele viva em união de facto (n.° 1, a), do artigo 57.° da LAT), sendo considerada pessoa que vivia em união de facto a que preencha os requisitos do artigo 2020.° do CC. – n.° 3 do mesmo normativo, sendo que, «o membro sobrevivo da união de facto tem o direito de exigir alimentos da herança do falecido» – n.° 1 do artigo 2020.° do CC.

Acresce que, «a união de facto é a situação jurídica de duas pessoas que, independentemente do sexo, vivam em condições análogas às dos cônjuges há mais de dois anos» – n.° 2 do artigo 1.° da Lei n.° 7/2001, de 11/05 05 (Medidas de Proteção das Uniões de Facto).

As pessoas que vivem em união de facto têm direito a prestações por morte resultante de acidente de trabalho nos termos previstos no respetivo regime jurídico (artigo 3.º, f), da mesma lei).

E, impedem a atribuição de direitos ou benefícios, em vida ou por morte, fundados na união de facto: o casamento não dissolvido, salvo se tiver sido decretada a separação de pessoas e bens – artigo 2.º c), da lei n.º 7/2001, de 11/05.

Ora, dúvidas não existem de que a união de facto é a situação jurídica de duas pessoas que não se encontram ligadas pelo vínculo do casamento.

Assim sendo, e salvo o devido respeito por outro entendimento, não vemos como é que encontrando-se a A. e o sinistrado separados de pessoas e bens, mantendo-se por isso o vínculo conjugal (artigo 1795.º-A, do CC), podem os mesmos permanecer casados e ao mesmo tempo em união de facto.

Na verdade, a citada lei que adota medidas de proteção das uniões de facto tem por objeto a situação de duas pessoas que não celebraram entre si um contrato de casamento mas vivem em condições análogas às dos cônjuges.

Como se refere na sentença recorrida, um regime afasta necessariamente o outro e, a exceção feita na citada Lei n.º 7/2001 no sentido de que impede a atribuição de direitos fundados na união de facto o casamento não dissolvido, <u>salvo se tiver sido decretada a separação de pessoas e bens</u>, só pode ser entendida com referência a um terceiro e não à outra pessoa que constitui a união de facto.[1]

A A. e o sinistrado decidiram requerer a sua separação de pessoas e bens porque a A. não queria assumir responsabilidades bancárias e de outra natureza na qualidade de cônjuge e no âmbito da atividade comercial de J...

Acontece que, como também se refere na sentença recorrida, a A. "não pode usar o estado de separada de pessoas e bens ou um eventual estado de unida de facto (incompatível com o primeiro) consoante as suas conveniências de modo a obter de cada um apenas e tão só os benefícios".

Desta forma, uma vez que a A. e o sinistrado não se encontravam numa situação de união de facto, antes permaneceram casados entre si, não se encontram preenchidos os requisitos a que alude a alínea a) do artigo 57.º

---

[1] Veja-se, a este propósito, o Acórdão do Tribunal da Relação de Lisboa de 20 de Abril de 2016, proferido no Processo n.º 36/13.1TTLSB.L1-4, acessível em www.dgsi.pt; cfr., igualmente, o Acórdão do Tribunal da Relação do Porto de 9 de Fevereiro de 2009, proferido no Processo n.º 0846555, acessível em www.dgsi.pt..

da LAT e, consequentemente, a A. ora recorrente não é titular do direito à pensão por morte do sinistrado».

*

A questão versada no aresto em apreço convoca a aplicabilidade, conforme nele ponderada, da Lei n.º 98/2009, de 4, de Setembro, maxime o que aí se dispõe, no que ora releva, no art. 57.º:

«1 – Em caso de morte, a pensão é devida aos seguintes familiares e equiparados do sinistrado:

a) Cônjuge ou pessoa que com ele vivia em união de facto;

b) Ex-cônjuge ou cônjuge judicialmente separado à data da morte do sinistrado e com direito a alimentos;

(...)

3 – É considerada pessoa que vivia em união de facto a que preencha os requisitos do artigo 2020.º do Código Civil».

Negou-se no aresto em apreço o direito às prestações por morte do sinistrado justamente com fundamento na impossibilidade de a beneficiária cumular na sua esfera jurídica a qualidade de cônjuge separado à data da morte sem direito a alimentos e de unida de facto.

A solução eleita parece-nos, com todo o respeito por opinião diversa, a mais adequada aos factos apurados e ao regime legal nos quais foram enquadrados, sendo que solução inversa poderia inclusive convocar o regime do abuso do direito, na justa medida em que a separação judicial de pessoas e bens apenas visaria afastar as situações potenciadoras de prejuízos à beneficiária.

(Susana Silveira)

TRIBUNAL DA RELAÇÃO DE ÉVORA

Acórdão do TRE de 11-04-2019, p. n.º 678/18.9T8STC.E1 (disponível em www.dgsi.pt)

DESCRITORES:

Valor da causa. Ação de apreciação positiva. Contrato de trabalho. Presunção de contrato de trabalho.

SUMÁRIO:

«*i) Na ação de reconhecimento da existência de contrato de trabalho, está apenas em causa apreciar se os factos provados conduzem a esse reconhecimento e desde que data, não sendo permitida legalmente a pronúncia sobre outras questões, mesmo que resultem dos factos provados.*

ii) Na determinação do valor da ação de reconhecimento da existência de contrato de trabalho, não tem lugar a aplicação do art.º 300.º n.º 2 do Código de Processo Civil, pois não se formula um pedido de pagamento de prestações vencidas e vincendas.

iii) Igualmente não tem lugar a aplicação do critério da imaterialidade dos interesses do art.º 303.º n.º 1 do Código de Processo Civil, pois o interesse em apreciação é suscetível de expressão pecuniária.

iv) O art.º 186.º-Q n.º 1 do Código de Processo do Trabalho consagra um critério especial de fixação do valor da causa, sempre que não for possível determinar outro valor da utilidade económica do pedido, garantindo, de todo o modo, a admissibilidade de recurso de apelação para a Relação – art.º 186.º-P.

v) (...)»

ANOTAÇÃO:

O presente Aresto, que foi relatado pelo Juiz-Desembargador Moisés Silva e que foi votado por maioria no que toca à questão do valor da causa, tendo o relator emitido uma declaração de voto a esse respeito, mostra-se proferido no âmbito de uma ação de reconhecimento da existência de contrato de trabalho (ARECT), onde o tribunal da 1.ª instância, em sede da sentença, fixou o valor da mesma em € 2.000,00.

O Acórdão em análise procedeu à apreciação dessa questão nos seguintes termos:

«A recorrente pretende a alteração da causa para o valor equivalente à alçada da Relação e mais € 0,01, argumentando com duas normas: o art.º 300.º, n.º 2, in fine, e o art.º 303.º, n.º 1, ambos do Código de Processo Civil.

Acerca desta questão, importa notar que nos encontramos perante uma ação de simples apreciação positiva, tendente a colocar termo a uma situação de incerteza jurídica, não se visando a condenação em quantia certa em dinheiro, nem em retribuições vencidas ou vincendas.

Ora, o recurso ao critério do art.º 300.º do Código de Processo Civil «é aplicável aos casos em que, com base em relações de caráter duradouro ou de trato sucessivo, o autor pede o cumprimento não só de prestações já vencidas, mas também de prestações que só se vêm a tornar exigíveis no desenvolvimento da relação contratual subjacente.»[1]

No caso, o pedido não consiste no cumprimento de qualquer prestação, vencida ou vincenda, mas no reconhecimento da existência de um contrato de trabalho, nada mais que isso, pelo que a regra do art.º 300.º, n.º 2 do Código de Processo Civil é claramente de afastar.

Quanto à aplicação do art.º 303.º n.º 1 do Código de Processo Civil, entende a recorrente que está em causa um interesse imaterial. Porém, «versam especificamente sobre interesses imateriais as ações cujo objeto não tem valor pecuniário e que visam realizar um interesse não patrimonial, ou seja, cuja vantagem é insuscetível de se expressar em uma quantia monetária», *e* «não versam, porém, sobre interesses imateriais, ao invés do que algumas vezes foi decidido, as ações em que esteja em causa a apreciação da nulidade do ato de despedimento de trabalhadores ou a sua reintegração na empresa, nem aqueles em que seja pedida a declaração de que um trabalhador tem direito a exercer determinada atividade profissional.»[2]

Também a jurisprudência do Supremo Tribunal de Justiça vem decidindo, de forma consistente, não apenas que nas ações de impugnação judicial da regularidade e licitude do despedimento, em que como acessório do pedido principal de declaração de ilicitude do despedimento, se peticionam rendimentos já vencidos e vincendos, não tem lugar a aplicação do disposto no art.º 300.º n.º 2, mas antes as regras gerais constantes do art.º 297.º n.ºs 1 e 2, como ainda que, que no domínio do atual Código de Processo do

---

[1] Jacinto Rodrigues Bastos, in Notas ao Código de Processo Civil, Vol. II, 3.ª Ed., 2000, pág. 94, citado pelo Acórdão do Supremo Tribunal de Justiça de 25.09.2014, (Proc. 648/09.4TTLSB.L1.S1), publicado em www.dgsi.pt.

[2] Salvador da Costa, in Os Incidentes da Instância, 2.ª Ed., 1999, pág. 45.

Trabalho, tal como no de 1981, não há que atender, como direito subsidiário, ao critério da imaterialidade dos interesses do art.º 303.º n.º 1, todos do Código de Processo Civil. [3] [4]

Estes critérios, apesar de utilizados a propósito do valor da ação de impugnação judicial da regularidade e licitude do despedimento, têm plena utilidade no caso da ação especial de reconhecimento da existência de contrato de trabalho, pois não apenas não se formula um pedido acessório de pagamento de rendimentos vencidos e vincendos, como ainda o interesse em apreciação é suscetível de expressão pecuniária.

Acresce que o art.º 186.º-Q n.º 1 do Código de Processo do Trabalho consagra um critério especial de fixação do valor da causa, sempre que não for possível determinar outro valor da utilidade económica do pedido, garantindo, de todo o modo, a admissibilidade de recurso de apelação para a Relação – art.º 186.º-P.

Se outra fosse a intenção do legislador, pretendendo aplicar a este tipo de ações a mesma solução que utilizou quanto aos interesses imateriais, outra redação teria sido conferida à lei, como de resto se fez nos casos da atribuição da casa de morada de família, constituição ou transmissão do direito de arrendamento – art.º 303.º n.º 2 do Código de Processo Civil.

Tal não foi o caso, a que não terá sido estranha a celeridade que se pretendeu atribuir a esta espécie processual, pretendendo-se claramente não alongar a discussão do pleito e garantir a possibilidade de recurso em um grau.

Apesar de se poder argumentar que, na espécie processual dos autos, também está em causa um interesse público, associado ao combate à precariedade laboral, daí não se poderá concluir que esse interesse não tem utilidade económica – de resto, o art.º 186.º-Q, n.º 2 do Código de Processo do Trabalho prevê expressamente a suscetibilidade de utilidade económica do pedido formulado nesta ação.

Na verdade, do ponto de vista do Estado, também estão em causa interesses patrimoniais de natureza fiscal e parafiscal; e quanto aos particulares com interesse na decisão da causa – quer o prestador quer o beneficiário da atividade – o reconhecimento da existência de contrato de trabalho tem consequências patrimoniais associadas à estabilidade do vínculo laboral.

Poderia defender-se a aplicação do critério do valor do ato jurídico, nos termos do art.º 301.º, n.º 1 do Código de Processo Civil. No entanto, para além de se tratar de questão não abordada nas alegações de recurso – pelo que a qualificação de acordo com

[3] A título exemplificativo, cita-se o Acórdão do Supremo Tribunal de Justiça de 06.12.2017 (Proc. 519/14.6TTVFR.P1.S1), publicado na mesma base de dados, que elabora uma resenha da jurisprudência relevante sobre o tema.

[4] Ainda no mesmo sentido, cfr. o Acórdão da Relação de Lisboa de 19.12.2018 (Proc. 101/18.9T8BRR-A.L1-4), também em www.dgsi.pt.

esta regra constituiria excesso de pronúncia – também se dirá que conduziria, in casu, *à fixação de um valor inferior ao constante da decisão recorrida. Com efeito, nas ações de impugnação judicial da regularidade e licitude do despedimento tem sido entendido que o valor da indemnização de antiguidade é o sucedâneo da reintegração*[5]*, e nada obsta a que se recorra a idêntico critério na espécie processual dos autos. E se assim fosse, utilizando o critério do art.º 366.º n.ºs 1 e 2 do Código do Trabalho, o valor da compensação devida por um contrato como o identificado nos autos, com três anos de curso, seria de apenas [(€ 5,65 x 8 x 22) : 30 x 12 x 3] = € 1 193,28.*

Mas, como dissemos, não é a perspetiva do valor do contrato que a recorrente aborda nas suas conclusões, talvez ciente dos efeitos desfavoráveis para a sua pretensão que tal critério aportaria.

De todo o modo, apesar de estar demonstrado o pagamento de € 5,65 por hora, desconhece-se o valor exato pago em cada mês, variável conforme o número de horas prestadas.

Não existindo outros elementos seguros para fixar a utilidade económica do pedido, nem fornecendo a recorrente quaisquer elementos úteis a respeito desta questão nas suas alegações de recurso, e não sendo aplicáveis as regras dos art.ºs 300.º n.º 2 e 303.º n.º 1 do Código de Processo Civil, resta confirmar a decisão recorrida na parte em que aplicou o critério supletivo do art.º 186.º-Q n.º 1 do Código de Processo do Trabalho e fixou à causa o valor de € 2.000.»

A controvérsia que nesta matéria se tem verificado no âmbito de alguma jurisprudência emanada do Tribunal da Relação de Évora pode ser encontrada na «***Declaração de voto do relator***», que possui o seguinte teor:

«Relativamente à questão do valor da causa, e apenas quanto a esta, discordo da solução que obteve vencimento, nos termos seguintes:

As partes estão de acordo em que seja atribuído à ação o valor de € 30 000,01, por considerarem que está também em causa o bem consistente no interesse público em colocar termo às situações a que se costuma chamar de falsos recibos verdes.

Entendem que o interesse público prosseguido é um bem imaterial e deve por isso aplicar-se o disposto no art.º 303.º, n.º 1 do CPC.

O valor indicado pelas partes, mesmo em caso de acordo, não limita o poder/dever do juiz fixar o valor à causa em montante diferente, como decorre dos art.ºs 306.º n.º 1 e 308.º do CPC.

O art.º 186.º-Q do CPT prescreve que:

[5] Assim se defendeu nos Acórdãos desta Relação de Évora de 29.09.2016 (Proc. 251/14.0TTFAR.E2) e de 12.10.2017 (Proc. 1667/16.3T8STB.E1), ambos publicados na mesma base de dados.

«1. Para efeitos de pagamento de custas, aplica-se à ação de reconhecimento da existência de contrato de trabalho o disposto na alínea e) do n.º 1 do artigo 12.º do Regulamento das Custas Processuais, aprovado pelo Decreto-Lei n.º 34/2008, de 26 de fevereiro, alterado e republicado pela Lei n.º 7/2012, de 13 de fevereiro.

2 – O valor da causa é sempre fixado a final pelo juiz tendo em conta a utilidade económica do pedido.»

A primeira instância aplicou o art.º 12.º n.º 1, alínea e), do Regulamento das Custas Processuais e fixou o valor da causa em € 2 000.

Esta norma jurídica prescreve que atende-se ao valor indicado na linha 1 da tabela i-B nos processos sempre que for impossível determinar o valor da causa, sem prejuízo de posteriores acertos se o juiz vier a fixar um valor certo.

Esta última norma jurídica é residual e destina-se a ser aplicada apenas nos casos em que for impossível determinar o valor da causa[6].

É uma solução prática encontrada pelo legislador para estes casos com vista a facilitar às partes a liquidação e pagamento da taxa de justiça. Trata-se de um valor ficcionado, provisório, que será corrigido se necessário quando o juiz fixar o valor à causa.

Resulta do art.º 186.º-Q n.º 1 do CPT que esta norma jurídica aplica-se apenas para efeitos de pagamento de custas, como expressamente aí é referido.

O valor da causa é obrigatoriamente fixado pelo juiz nos termos do n.º 2 do mesmo artigo tendo em conta a utilidade económica do pedido. A redação desta norma parece indicar que o legislador quis afastar a aplicação do regime residual e provisório constante do n.º 1. Ao referir que o valor da causa deve ser fixado tendo em conta a utilidade económica do pedido, o juiz tem de encontrar um valor que lhe corresponda, independentemente do grau de dificuldade para o apurar. A expressão "utilidade económica do pedido" *mostra-se incompatível com a aplicação da alínea e) do n.º 1 do artigo 12.º do Regulamento das Custas Processuais, que indica um valor* a forfait *apenas para efeito de pagamento das custas. O montante das custas devidas será corrigido logo que o juiz fixe o valor da causa nos termos do art.º 186.º-Q n.º 2.*

De igual modo, a expressão "utilidade económica do pedido" *mostra-se incompatível com a fixação do valor da causa como se estivéssemos perante interesses imateriais. O legislador determina que o valor seja fixado com referência a um valor patrimonial. Na ação discutem-se factos concretos relativos a uma relação jurídica onde são referidos valores pecuniários pagos como contrapartida do trabalho prestado. Não estamos, pois, perante interesses imateriais, mas sim perante interesses patrimoniais.*

---

[6] Neste sentido, Costa, Salvador, Regulamento das Custas Processuais Anotado e Comentado, 3.ª edição, Almedina, Coimbra, 2011, p. 22.

Assim, salvo o devido respeito por opinião contrária, entendemos que o juiz deve fixar à causa o valor que decorrer da utilidade económica do pedido e não o valor previsto de forma excecional e provisório no art.º 12.º n.º 1, alínea e), do RCP ou como se estivessem em causa interesses imateriais.

Daí que seja obrigatório apurar qual é a utilidade económica do pedido de reconhecimento da existência de contrato de trabalho desde determinada data.

O art.º 186.º-Q, n.º 2 é semelhante ao art.º 98.º-P, do CPT, que regula a fixação do valor da causa na ação especial de impugnação judicial da regularidade e licitude do despedimento.

A diferença encontra-se apenas na parte final do n.º 2 deste último artigo, o qual determina também que o valor da causa é sempre fixado a final pelo juiz tendo em conta a utilidade económica do pedido, mas acrescenta a expressão "designadamente o valor de indemnização, créditos e salários que tenham sido reconhecidos".

Numa ação e noutra têm de constar na causa de pedir factos relativos à retribuição, que é condição essencial para a existência do contrato de trabalho. A retribuição é a contrapartida satisfeita pelo empregador pela prestação efetuada pelo trabalhador. Sem retribuição não seria sequer possível colocar a hipótese da existência de um contrato de trabalho.

A diferença entre os dois n.ºs 2 dos artigos em análise consiste em que na ação de impugnação judicial da regularidade e licitude do despedimento podem ser conhecidos pedidos com valor económico evidente e facilmente reconhecível, como sejam a indemnização, créditos e salários reconhecidos.

Atente-se, contudo, que o n.º 2 do art.º 98.º-P emprega o termo "designadamente". *Este vocábulo tem em vista dar alguns exemplos sobre a forma de encontrar o valor da ação, mas não esgota as fontes a considerar para o efeito.*

Como decorre do art.º 1.º, n.º 2, alínea a) do CPT, em tudo o que não estiver regulado neste diploma legal, aplica-se subsidiariamente o disposto no CPC.

Estes dois artigos, 186.º-Q n.º 2 e 98.º-P n.º 2, encontram paralelo no art.º 301.º do CPC, o qual prescreve que:

«1. Quando a ação tiver por objeto a apreciação da existência, validade, cumprimento, modificação ou resolução de um ato jurídico, atende-se ao valor do ato determinado pelo preço ou estipulado pelas partes.

2 – Se não houver preço nem valor estipulado, o valor do ato determina-se em harmonia com as regras gerais.»

Na ação de reconhecimento da existência de contrato de trabalho aprecia-se a sua existência, como se refere no artigo acabado de citar.

Assim, o valor da ação há-de ser encontrado a partir dos valores em discussão na ação de reconhecimento da existência de contrato de trabalho.

A doutrina entende[7]*, a propósito da interpretação do art.º 301.º do CPC, que o preço em sentido amplo diz respeito à prestação paga como contrapartida, sendo no caso do contrato de trabalho a retribuição do trabalhador*[8].

Como se escreve no acórdão desta Relação, de 28.11.2013, "Se, porventura, através da ação se pretende obter uma prestação que não consista no pagamento de uma quantia certa, haverá que conjugar o pedido com a causa de pedir, para se verificar qual a utilidade económica ou benefício monetário imediato correspondente à pretensão do autor, para, a partir daí, fixar o valor à ação".

Na petição inicial alega-se que existe um contrato de trabalho desde 21.09.2015 e peticiona-se o seu reconhecimento.

O valor da causa há-de ser encontrado, como se refere no acórdão citado em último lugar, a partir da conjugação ente o pedido de reconhecimento de contrato de trabalho e os factos alegados atinentes à quantia paga ao prestador como contrapartida do seu trabalho.

Está alegado na petição inicial que o prestador, desde 21 de setembro de 2015, manteve-se ao serviço da Ré *I... a prestar a sua atividade como técnico de radiologia no Serviço de Imagiologia (SI) do Hospital do Litoral Alentejano (HLA), em horário por turnos rotativos, das 8 às 16 horas, das 8 às 20 horas, das 8 às 23 horas, das 16 às 23 horas, com dias de folga/descanso intercalares, conforme determinado pela R. I..., auferindo uma média € 1 000 por mês.*

Se conjugarmos o pedido com a causa de pedir, verificamos que se discute uma relação de trabalho, que o Autor pretende que seja reconhecida como de contrato de trabalho, em que o prestador aufere em média a quantia de € 1 000 por mês.

O pedido de reconhecimento da existência de contrato de trabalho funda-se em factos concretos, entre os quais estão os atinentes à contraprestação a cargo das Rés, materializada em valor pecuniário bem determinado.

Neste contexto, parece-nos que o melhor critério para fixar o valor da ação é aquele que tem em conta a realidade vertida nos autos. O pedido formulado funda-se em determinados factos que o suportam, incluindo os que se referem ao valor pago pelas demandadas como contrapartida pelo trabalho prestado. O pedido diz respeito ao reconhecimento desta realidade fáctica, a partir da qual é possível determinar o valor da causa.

Na determinação do valor da causa, deve atender-se ao momento em que a ação é proposta (art.º 299.º n.º 1 do CPC).

---

[7] Neste sentido, Freitas, José e Isabel Alexandre, Código de processo Civil Anotado, Vol. 1.º, artigos 1.º a 361.º, 4.ª edição, Almedina, Coimbra, 2018, p. 609.

[8] Neste sentido, Freitas, José e Isabel Alexandre, Código de processo Civil Anotado, Vol. 1.º, artigos 1.º a 361.º... p. 609.

A ação deu entrada em juízo em 08.08.2018, estando o prestador ainda ao serviço, pelo que o valor a atender situa-se entre a data em que é alegado o início da relação de trabalho e aquela data.

Considerando o critério que enunciamos, o montante médio de € 1 000 auferido mensalmente, e o tempo decorrido entre as datas referidas, fixaria o valor da causa em € 34 566,67, correspondente a dois anos, 10 meses e 17 dias x € 1 000.

Em conclusão:

i) Na ação de reconhecimento da existência de contrato de trabalho, o valor da causa *há-de ser encontrado através da conjugação entre o pedido e a causa de pedir, com suporte nos valores apresentados como sendo a contrapartida pelo trabalho prestado.*

ii) Estando em discussão a qualificação jurídica da prestação de trabalho desde 21 de setembro de 2015, com o recebimento médio € 1 000 por mês e tendo a ação sido apresentada em juízo em 08.08.2018, estando o prestador ainda no ativo, é de fixar à causa o valor de € 34 566,67, correspondente ao período de tempo em discussão.

Nesta conformidade, revogaria o despacho recorrido e fixaria o valor da ação em € 34 566,67.»

(José Eduardo Sapateiro)

Acórdão do TRG de 24-04-2019, p. n.º 123/18.0T8BGC.G1 (disponível em www.dgsi.pt)

DESCRITORES:

Indemnização; Incapacidade temporária; Retribuição anual; Subsídio Natal; Subsídio de férias.

SUMÁRIO:

No cálculo da indemnização por incapacidade temporária, a retribuição anual a atender é o produto de 12 vezes a retribuição mensal acrescida dos subsídios de Natal e de férias e outras prestações anuais a que o sinistrado tenha direito com caráter de regularidade; e, quando a incapacidade for superior a 30 dias, acrescem os valores correspondentes aos subsídios de férias e de Natal proporcionais ao tempo da sua duração.

ANOTAÇÃO:

Como se extrai do sumário do Acórdão sob anotação a questão de direito suscitada centra-se no cálculo da indemnização por incapacidade temporária superior a 30 dias no âmbito do Regime Jurídico de Reparação de Acidentes de Trabalho e Doenças Profissionais resultante da Lei n.º 98/2009, de 4/09 (doravante NLAT), que entrou em vigor em 01/01/2010.

Em sede de 1.ª instância, a ação foi julgada totalmente procedente, nela se considerando, em suma, que a indemnização diária por incapacidade temporária corresponderá à 365.ª parte da retribuição anual, mas se a incapacidade temporária se prolongar por mais de trinta dias, a tal valor acresce a parte proporcional correspondente aos subsídios de férias e de Natal, calculada com base na mesma retribuição anual (art.º 50.º n.º 3 NLAT), citando para o efeito, o Acórdão do TRL de 18.05.2016, publicado em www.dgsi.pt.

A R. seguradora não se conformando com o desfecho da ação, interpôs recurso da sentença proferida, aduzindo, para tanto, que a mesma não se podia manter, uma vez que efetuou uma incorreta interpretação dos preceitos aplicáveis, designadamente no que diz respeito ao cálculo dos valores devidos a título de indemnização pelos períodos de ITA e de ITP de que o trabalhador sinistrado se encontra afetado, dando conta que o cálculo autónomo do valor devido a título de subsídios de férias e de Natal determina o pagamento em duplicado de tais valores ao trabalhador, e que tal cálculo entra em linha de conta com dezasseis salários mensais, o que não é legal nem admissível.

Sucede, porém que, os argumentos erigidos pela seguradora não tiveram o acolhimento almejado por esta, mantendo o Tribunal da instância superior a decisão proferida em sede de 1.ª instância.

Sufragando a decisão da 1.ª instância, o Acórdão sob anotação, inicia a sua fundamentação alertando para o facto da questão a decidir ter sido objeto de algumas decisões judiciais[1], nomeadamente, no Tribunal da Relação de Guimarães, dando nota do seguinte:

«(...) *Não se considera assim correto o entendimento da Recorrente quando sustenta que, no caso concreto, o cálculo autónomo dos subsídios de férias e de Natal determina o recebimento pelo sinistrado do valor em duplicado, pois é a própria lei que assim o determina, sendo certo que o valor da retribuição anual terá sempre em conta os referidos subsídios e que, constituindo a indemnização paga mensalmente uma percentagem da retribuição total, o pagamento do proporcional dos subsídios de férias e Natal daquela indemnização sucede apenas nas incapacidades temporárias superiores a 30 dias.*

Na verdade, se o sinistrado não recebe a sua retribuição normal por força da sua incapacidade para o trabalho, ainda que temporária, e por isso também os proporcionais dos respetivos subsídios, pelo que não se pode concluir que os recebe em duplicado, como entende a Seguradora/recorrente. Com efeito, tal como resulta do artigo 48.º da LAT, a indemnização por incapacidade temporária para o trabalho destina-se a compensar o sinistrado, durante um período de tempo limitado, pela perda ou redução da capacidade de trabalho ou de ganho resultante do acidente.

(...) A opção do legislador, ao determinar que, em caso de incapacidade temporária superior a 30 dias, à indemnização diária calculada com base na

---

[1] Cf. os acórdãos do Tribunal da Relação de Guimarães de 06-12-2018, proc. n.º 399/16.7T8BGC.G1, Eduardo Azevedo (relator), com voto de vencido de Antero Veiga; de 07-02-2019, proc. n.º 1223/16.6T8BGC.G1, Alda Martins (relatora); de 21-02-2019, proc. n.º 142/18.6T8BGC.G1 (inédito), e de 21.02.2019, proc. n.º 1617/17.0T8BGC.G1, Alda Martins (relatora), com voto de vencido de Antero Veiga.
Note-se que todos estes acórdãos, encontram-se disponíveis in www.dgsi.pt com exceção do proferido em 21.02.2019, proc. n.º 142/18.6T8BGC.G1.

retribuição anual acrescem valores a título de subsídios de férias e de Natal proporcionais, é tão legítima como a opção subjacente na lei anterior de não prever a consideração de qualquer valor a título de subsídios de férias e de Natal na indemnização por incapacidade temporária até 15 dias. Acresce que a indemnização por incapacidade temporária, ainda que acrescida dos proporcionais de subsídios de férias e de Natal, não é superior à retribuição auferida pelo trabalhador em situação de prestação de trabalho, atendendo a que aquela é calculada com base numa percentagem desta». (fim de transcrição).

Todavia, é de assinalar que a posição adotada no douto Acórdão sob anotação [2], não é de longe nem de perto inequívoca, sintomático quanto a isso é a evidente clivagem existente no seio do Tribunal da Relação de Guimarães.

Tal clivagem é percetível desde logo nos votos de vencidos apostos nos acórdãos dessa mesma Relação acima mencionados, e ainda nos acórdãos da Relação de Guimarães de 09-05-2019, proc. n.º 1686/17.2T8BGC.G1, Vera Sottomayor (relatora), com voto de vencido de Alda Martins, e de 06-06-2019, proc. n.º 936/17.0T8BGC.G1, Vera Sottomayor (relatora), com voto de vencido de Eduardo Azevedo, ambos consultáveis in www.dgsi.pt, propugnando-se nestes dois últimos acórdãos solução antagónica.

Com efeito, em sentido diametralmente oposto, e para o efeito que aqui nos interessa, refere-se no Acórdão do Tribunal da Relação de Guimarães de 09-05-2019, o seguinte:

«(…)*Tendo presente que a forma de cálculo das pensões e indemnizações resultantes de acidente de trabalho resulta expressamente do previsto nos artigos 48.º n.º 3 als. d) e e) e 71.º n.ºs 1 e 3 da NLAT e respeitando o artigo 50.º n.º 3 e 72.º da NLAT ao modo de pagamento de tal indemnização, a sua redação não deve nem pode interferir com o modo de cálculo de tal indemnização, quando este tem por base a retribuição mensal vezes 12 vezes, acrescida de subsídios de férias e de Natal, já contemplando assim estas prestações.*

Caso o legislador pretendesse acrescer tais subsídios ao valor da retribuição anual, que serve de referência ao cálculo e que já os contempla, então deveria de forma expressa tê-lo feito constar nas normas referentes ao cálculo de tal prestação, designadamente no art.º 71.º da NLAT ou nas als. e) e f) do n.º 3 do art. 48.º da NLAT, já que esta, como a legislação anterior, distingue claramente o modo de cálculo das pensões e indemnizações, do seu modo de pagamento, que não se podem confundir.

[2] Reiterada no recente Ac. dessa mesma Relação de 19-06-2019, proc. n.º 182/18.5T8BGC.G1, Alda Martins (relatora), com voto de vencido de Vera Sottomayor.

(...) De acordo com o artigo 71.º, n.º 1 da LAT, as pensões e indemnizações, independentemente do tipo de incapacidade, são sempre calculadas com base na retribuição anual ilíquida do sinistrado, que engloba a retribuição mensal vezes 12, acrescida dos subsídios de Natal e de férias, bem como outras prestações anuais a que o sinistrado tenha direito com carácter de regularidade.

Considerando que na fórmula adotada a base de cálculo da parte proporcional correspondente aos subsídios de férias e de Natal já se acha ali contemplada – € 1.704,43 x 14 meses –, carece efetivamente de fundamento o referido cálculo autónomo, assistindo razão à recorrente». (fim da transcrição).

Ora, no confronto entre estas duas posições divergentes e antagónicas, cumpre destacar os seguintes aspetos:

1) Existir unanimidade jurisprudencial quanto ao facto de no cálculo da indemnização por incapacidade temporária, a retribuição anual a atender é o produto de 12 vezes a retribuição mensal acrescida dos subsídios de Natal e de férias e outras prestações anuais a que o sinistrado tenha direito com caráter de regularidade;
2) A divergência ocorre nos períodos de incapacidade superior a 30 dias, designadamente se sobre tais períodos acrescem ou não os valores correspondentes aos subsídios de férias e de Natal proporcionais ao tempo da sua duração.

E, quanto a este pomo de discórdia, vislumbram-se duas correntes/orientações jurisprudenciais claramente em sentido oposto:

Em sentido afirmativo, encontramos o nosso Acórdão sob anotação, e os acima indicados acórdãos do Tribunal da Relação de Guimarães[3] (com a argumentação acima expendida, e aqui dada por reproduzida), e, ainda o Ac. do Tribunal da Relação de Lisboa, de 18-05-2016, in www.dgsi.pt, trazendo este à colação a letra da lei, nomeadamente, os dizeres dos arts. 48.º n.º 3; 71.º n.ºs 1 e 3, e o n.º 3 do art. 50.º todos da NLAT, dispondo este último preceito legal que: "*Na incapacidade temporária superior a 30 dias é paga a parte proporcional correspondente aos subsídios de férias e de Natal, determinada em função da percentagem da prestação prevista nas alíneas d) e e) do n.º 3 do art. 48.º*", concluindo assim que: "*São pois os referidos preceitos legais que determinam que no cálculo da indemnização temporária a retribuição anual é o produto de 12 vezes a retribuição mensal acrescida dos subsídios de Natal e de férias; e que nas incapacidade temporárias, quando superiores a*

[3] Indicados nas notas de rodapé 1 e 2.

30 dias, acrescem valores correspondentes aos subsídios de férias e de Natal proporcionais ao tempo das incapacidades".

Em sentido negativo, temos os acima citados acórdãos do Tribunal da Relação de Guimarães de 09-05-2019, e de 06-06-2019 (dando-se aqui por reproduzida a argumentação supra mencionada), e o Ac. do STJ de 25-06-2015, proc. n.º 257/07.6TTGRD.C1.S1, Pinto Hespanhol (relator), in www.dgsi.pt, o qual, pese embora se reportar ao regime vigente na anterior LAT (Lei n.º 100/97, de 13/09, e DL n.º 143/99, de 30 de abril), o certo é que a argumentação nele vertida é plenamente transponível para o atual enquadramento legal constante na NLAT (com as necessárias adaptações), nele se referindo o seguinte: "*Constando na fórmula de cálculo adotada, o segmento «€ 1.100,00 x 14 meses», visto que cada um dos períodos de incapacidade temporária é superior a 15 dias, a base de cálculo da parte proporcional correspondente aos subsídios de férias e de Natal já ali se encontra contemplada, pelo que carece de fundamento o cálculo adicional da parte proporcional das incapacidades temporárias superiores a 15 dias correspondentes aos subsídios de férias e de Natal*".

E, encontramos ainda os acórdãos da RE de 11-01-2017, proc. n.º 275/ /13.5TTSTR.E1, João Nunes (relator), in www.dgsi.pt, o qual, em suma, menciona que na fórmula adotada, tendo em conta a retribuição anual, a base de cálculo da parte proporcional correspondente aos subsídios de férias e de Natal já ali se encontra contemplada, fazendo alusão ao acima referido Ac. do STJ de 25-06-2015; da RP de 11-09-2017, proc. n.º 10922/15.9T8VNG. P1, Domingos Morais (relator), in www.dgsi.pt, não obstante se reportar as incapacidades temporárias inferiores a 30 dias, em cujo sumário se lê: «I – *No âmbito da NLAT, as pensões e indemnizações, independentemente do tipo de incapacidade, incluindo as incapacidades temporárias inferiores a 30 dias, são sempre calculadas com base na retribuição anual ilíquida do sinistrado, que engloba a retribuição mensal vezes 12, acrescida dos subsídios de Natal e de férias, bem como outras prestações anuais a que o sinistrado tenha direito com caráter de regularidade; II – Os artigos 72.º/1 e 3 e 50.º/1 e 2 da NLAT reportam-se ao modo/momento de pagamento das incapacidades temporárias inferiores a 30 dias e não ao seu modo de cálculo*». E, por último, o Ac. RL de 07-02-2018, proc. n.º 9721.15.2T8STB.L1.4, Maria José Costa Pinto (relatora), in www.dgsi.pt, no qual se lê o seguinte: «*De acordo com o artigo 71.º, n.º 1 da LAT, as pensões e indemnizações, independentemente do tipo de incapacidade, são sempre calculadas com base na retribuição anual ilíquida do sinistrado, que engloba a retribuição mensal vezes 12, acrescida dos subsídios de Natal e de férias, bem como outras prestações anuais a que o sinistrado tenha direito com caráter de regularidade. Considerando que na fórmula adotada a base de cálculo da parte proporcional correspondente aos subsídios de férias e de Natal já se acha ali contemplada – € 1.704,43 x 14 meses –, carece efetivamente de fundamento o referido cálculo autónomo, assistindo razão à recorrente».*

Nesta dicotomia de posições, ao que se saiba, a grande maioria dos juízos de trabalho posiciona-se na linha jurisprudencial maioritária acima elencada, o que significa não se reverem nos argumentos constantes no douto Acórdão sob anotação (jurisprudência minoritária), acolhendo antes a argumentação seguida no Ac. da Relação de Guimarães de 09-05-2019 proc. n.º 1686/17.2T8BGC.G1 (acima referido), e nesta conformidade, consideram carecer de fundamento o cálculo adicional da parte proporcional das incapacidades temporárias superiores a 30 dias correspondentes aos subsídios de férias e de Natal, porquanto, na fórmula adotada, tendo em conta a retribuição anual (art. 71.º n.º 1 da NLAT – *que engloba a retribuição mensal vezes 12, acrescida dos subsídios de Natal e de férias*), a base de cálculo da parte proporcional correspondente aos subsídios de férias e de Natal já ali se encontra contemplada, respeitando o artigo 50.º n.º 3 e 72.º da NLAT tão só ao modo de pagamento de tal indemnização, e não à sua forma de cálculo.

(Sílvia Saraiva)

TRIBUNAL DA RELAÇÃO DE LISBOA

Acórdão do TRL de 29-05-2019, p. n.º 603/17.4T8LSB.L1-4 (disponível em www.dgsi.pt)

DESCRITORES:

Retribuição; Veículo automóvel; Telemóvel; Cartão de combustível; Férias e subsídio de férias, Discriminação; Condenação ilíquida

SUMÁRIO:

«I – (...)

II – Constitui jurisprudência uniforme a que integra a retribuição do trabalhador o valor de uso de uma viatura que a entidade empregadora, que suporta a sua manutenção, seguro automóvel, selo, imposto de circulação e ainda inspecções periódicas, lhe atribui para o mesmo usar na sua vida particular ou profissional e particular, suportando a entidade patronal as respectivas despesas de manutenção, acontecendo tal uso de forma regular, por forma a incular em ambos os sujeitos do contrato de trabalho a ideia de que se trata de um direito e não de era liberalidade.

III – E também configura retribuição a atribuição ao trabalhador pela empregadora, em conjunto com a viatura, de um cartão de combustível, com determinado plafond.

IV – Todavia, no valor da retribuição em espécie, atinente ao uso pessoal da viatura, correspondente à utilização permanente de veículo automóvel não se inclui o seu uso profissional.

V – O valor dessa retribuição em espécie obtém-se através do apuramento do valor equivalente ao benefício económico obtido pelo trabalhador por via do uso pessoal exclusivo da viatura.

VI – Quando não se tenha elementos para determinar o montante indemnizatório, relativo ao valor de uso de veículo automóvel nada obsta a que se profira condenação ilíquida.

VII – À luz do CT/2009 tanto a retribuição de férias, como o respectivo subsídio, devem ser pagos atendendo à retribuição base ao valor de uso da viatura e cartão de combustível fornecidos, visto que o seu valor de uso integra o conceito de retribuição.»

ANOTAÇÃO:

No acórdão sob anotação relatado pelo Juiz Desembargador Leopoldo Soares são tratadas questões atinentes ao conceito de retribuição por referência aos pedidos formulados pela Autora, sem prejuízo de só parcialmente ter sido dado provimento ao recurso interposto.

Em primeira instância dispensou-se a selecção da matéria de facto assente e a fixação da base instrutória, mas fixou-se o objecto do litígio nos seguintes termos:

1. Da categoria profissional da autora;
2. Das diferenças salariais devidas à autora;
3. Da discriminação salarial da autora e respectivas consequências;
4. Do exercício temporário de funções e consequente direito ao recebimento da remuneração base mensal demais regalias;
5. Do pedido subsidiário.

Por seu turno, em sede de recurso e por referência às conclusões apresentadas pela Autora foram identificadas 10 questões merecedoras de tratamento:

1– Impugnação da matéria de facto (que não será objecto de análise na presente anotação);

2– Reconhecimento à Autora/recorrente de categoria profissional superior à que lhe estava atribuída pela Ré/recorrida;

3– Sendo julgado procedente o ponto anterior, saber se a Ré deve ser condenada no pagamento das diferenças entre a remuneração base, IHT, férias, subsídio de férias e de Natal, auferidos e as auferidas por um trabalhador de categoria superior;

4– Decidir se ocorreu discriminação directa no que respeita ao salário auferido pela Autora;

5– Saber se a Autora tem direito a receber a diferença entre o valor correspondente à utilização particular e profissional que fazia da viatura que lhe esteve atribuída no decurso da sua relação profissional e o valor da atribuição pessoal de que teria beneficiado caso lhe tivesse sido atribuída uma viatura de categoria superior e ainda, se tem direito a ver esse valor computado para efeitos de subsídio de férias devido;

6– Saber se a Autora tem direito a receber a diferença entre o valor recebido a título de ajudas de custo e subsídio de deslocação e aquele que teria recebido caso lhe tivesse sido atribuída a categoria profissional cujo reconhecimento reclama;

7– Saber se a Autora tem direito a ser remunerada de acordo com as funções que mesmo a título temporário exerceu para a Ré em cumulação de funções com as de técnica/gestora da qualidade e ambiente;
8– Saber se a utilização pessoal das componentes – que reputa remuneratórias – relativas à utilização profissional e pessoal de uma viatura, cartão de combustível e telemóvel devem ser computadas para efeitos de cálculo de subsídio de férias;
9– Saber se a Ré ao retirar-lhe o telemóvel, o carro e o cartão de combustível violou o princípio da irredutibilidade da remuneração, conferindo à Autora o direito a ser ressarcida pela privação do usos pessoal dessas componentes remuneratórios, no período em que ocorreu;
10– Subsidiariamente a Autora pede que, em caso de improcedência do pedido de reconhecimento de categoria profissional superior à que lhe esteve atribuída, seja reconhecido o direito à remuneração mensal base, acessórios e demais regalias correspondentes à categoria em questão, no lapso de tempo em que exerceu tais funções.

Relativamente à questão da categoria profissional[1] o Tribunal da Relação entendeu, como já o fizera a primeira instância que a Autora não logrou fazer prova do exercício de funções de gestora de qualidade ou que sequer tal categoria existisse, quer na Ré, quer pelo CCT aplicável. O mesmo se diga relativamente à categoria profissional de técnica especialista, cujo reconhecimento a Autora pretendia.

Por falta de prova decaiu também a pretensão de ver reconhecida a categoria profissional de Técnico Grau II (para efeitos da CCT aplicável – técnico B2), com fundamento no exercício efectivo de funções de gestora de qualidade.

Ora decaindo a pretensão relativa ao reconhecimento de uma categoria profissional superior à que lhe estava atribuída improcederam necessariamente os pedidos que dele decorriam designadamente as diferenças entre a remuneração base, IHT, férias, subsídio de férias e de Natal efectivamente auferidas e as auferidas por um técnico B2; a diferença entre o valor cor-

---

[1] Cf. Acórdão do STJ de 12 de Março de 2008 (Cons. Sousa Grandão), acessível em www.dgsi.pt onde se pode ler: ( ) a "categoria profissional", por exprimir a posição contratual do trabalhador, é objecto de proteção legal – e também convencional – e que se evidencia sobretudo a três níveis: (i) na actividade a desenvolver; (ii) na remuneração devida; (iii) na hierarquização do trabalhador no seio da empresa.

respondente à utilização particular e profissional que fazia da viatura que lhe esteve atribuída no decurso da sua relação profissional e o valor da atribuição pessoal de que teria beneficiado caso lhe tivesse sido atribuída uma viatura de categoria superior e ainda, as diferenças relativas a ajudas de custo e subsídio de deslocação.

Por outro lado, a Autora também não logrou provar que, ainda que temporariamente, tenha exercido funções diferentes daquelas que lhe estavam atribuídas através da actividade contratada, pelo que a respectiva pretensão remuneratória – a título subsidiário – improcedeu também.

Quanto à questão da discriminação salarial a Autora fundou a sua pretensão na violação do disposto nos artigos 23.º, 24.º e 25.º do CT/2009 e implicitamente na violação do princípio de para trabalho igual, salário igual consagrado no artigo 59.º, n.º 1, al. b) da CRP.

Aqui, com apoio no decidido além do mais no acórdão do STJ de 12 de Outubro de 2011, Proc. 343/04.4TTBCL.P1.S1 (Cons. Fernandes da Silva), acessível em www.dgsi.pt o acórdão sob anotação lembrou que o «*Supremo quando chamado a dirimir litígios em que não se mostra invocado qualquer dos factores característicos de discriminação (v.g. sexo, idade, raça, etc.), tem entendido, em termos uniformes, que para se concluir pela existência de discriminação retributiva entre trabalhadores, ofensiva dos princípios constitucionais da igualdade/do trabalho igual, salário igual, é necessário provar que os vários trabalhadores diferentemente remunerados produzem trabalho igual quanto à natureza (dificuldade, penosidade e perigosidade), qualidade (responsabilização, exigência, técnica, conhecimento, capacidade, prática, experiência, etc.) e quantidade (duração e intensidade), competindo o ónus da prova ao trabalhador que se diz discriminado*».

Ora assim sendo – e porque em concreto não estavam invocados quaisquer factos susceptíveis de serem inseridos na categoria de factores de discriminação –, não operou a presunção contida no artigo 25.º, n.º 5 do CT/2009[2], mas antes a regra geral estabelecida pelo artigo 342.º, n.º 1 do Código Civil, competindo então à Autora a alegação e prova dos factos que demonstrassem a natureza, qualidade e quantidade do trabalho que desempenhava, bem como indicar outro ou outros trabalhadores da mesma

---

[2] Presunção que invertendo o ónus da prova, apenas obriga o trabalhador a indicar o trabalhador ou trabalhadores relativamente a quem se considera discriminado e impõe que seja o empregador a demonstrar que a diferença de tratamento não assenta em qualquer factor de discriminação.

empresa e com a mesma categoria, que executassem trabalho da mesma natureza e em quantidade e qualidade igual, de forma a se concluir que o pagamento de diferentes retribuições na apresentava justificação razoável.

Porém, e uma vez que a Autora não logrou provar que prestasse trabalho em quantidade, natureza e qualidade igual a qualquer trabalhador, em particular aqueles que escolheu como paradigma, e que nessas circunstâncias auferisse um salário inferior, também quanto a esta questão, improcedeu o recurso.

Finalmente, no que respeita ao telemóvel, computador e automóvel atribuídos à Autora, o tribunal *a quo* entendeu que não faria sentido converter em dinheiro o benefício retirado da respectiva utilização para os integrar no subsídio de férias, «*sob pena de adulteração da sua natureza e finalidade, bem como favorecimento injustificado da Autora face aos demais trabalhadores da Ré*».

No recurso interposto a Autora deixou cair o cariz remuneratório do computador portátil, pelo que relativamente ao mesmo a sentença transitou em julgado.

Já o telemóvel e o automóvel mereceram um diferente tratamento por parte do tribunal de recurso.

Relativamente ao primeiro, apurou-se que a Ré atribuíra à Autora um telemóvel e plafond de chamadas para uso profissional, cujo uso pessoal não era controlado, o que para o tribunal da Relação – e tendemos a concordar com a argumentação – não é o bastante para considerar que a sua utilização para fins pessoais assumisse autonomia relativamente ao seu uso no exercício profissional desde logo porque, salienta, «*nos tempos que correm o telemóvel (com acesso à internet agregado) se tornou um instrumento de trabalho além de banal quase imprescindível*».

E efectivamente, apesar das presunções contidas nos artigos 249.º, n.º 3 do CT/2003 [3] e 258.º, n.º 3 do CT/2009[4] resultou claro que o telemóvel foi atribuído para uso profissional, pelo que, como refere o aresto em análise afigura-se «*razoável admitir que o uso pessoal que eventualmente a Autora fizesse dele não constituísse por parte da Ré mais do que uma liberalidade ou um acto de mera tolerância*», já que não se tratou de uma *prestação negociada ou devida por força da lei como componente retributiva*, nem tão pouco *decorre*

---

[3] «Até prova em contrário, presume-se constituir retribuição toda e qualquer prestação do empregador ao trabalhador.»

[4] «Presume-se constituir retribuição qualquer prestação do empregador ao trabalhador.»

dos seus moldes de utilização que redundasse necessariamente numa vantagem patrimonial para a recorrente.

Assim, entendeu o tribunal de recurso que a atribuição do telemóvel nestes moldes não integra o conceito de retribuição nos termos do artigo 258.º, n.º 1 do CT/2009.

Mas as considerações feitas relativamente à atribuição de telemóvel já não valem para a atribuição de viatura, plafond de combustível (que no caso era de € 300,00 mensais), manutenção da viatura, seguro automóvel, selo, imposto de circulação e ainda inspecções periódicas suportadas pela Ré, já que a utilização do automóvel e cartão de combustível na sua vida privada representa uma clara vantagem patrimonial (equivalente ao valor que a Autora despenderia se utilizasse uma viatura própria) e tinha natureza regular e periódica que no caso concreto até era diária, e neste ponto não logrou a Ré demonstrar que a utilização privada pela Autora da viatura e cartão tivesse resultado de mera liberalidade ou tolerância da sua parte.

Como se disse no acórdão do STJ de 21 de Abril de 2010, Proc. 2951/04.4TTLSB.S1 (Cons. Pinto Hespanhol), acessível em www.dgsi.pt e citado no acórdão sob anotação: «*Sobre a questão de saber se o uso de veículo automóvel atribuído ao trabalhador pelo empregador tem ou não natureza retributiva este Supremo Tribunal tem seguido a orientação de que a atribuição de veículo automóvel, com despesas de manutenção a cargo da entidade patronal, para o serviço e uso particular do trabalhador, constitui ou não retribuição conforme se demonstre que essa atribuição é feita com carácter obrigatório ou como acto de mera tolerância (cf. Acórdão de 5 de Março de 1997, em Coletânea de Jurisprudência, Acórdãos do Supremo Tribunal de Justiça, Ano V, tomo I, p. 290; e Acórdãos de 3 de Maio de 2000, Revista n.º 342/99, de 24 de Outubro de 2001, Revista n.º 3917/2000, de 20 de Fevereiro de 2002, Revista n.º 1963/2001, de 15 de Outubro de 2003, Revista n.º 281/2003, e de 19 de Outubro de 2004, Revista 2601/2004, todos da 4.ª Secção)*»

Contudo e apesar de se concluir que a utilização do automóvel e respectivo cartão de combustível consubstanciava retribuição, a Autora não logrou provar qual o valor mensal do benefício pessoal que retirava da atribuição de cada uma daquelas prestações em espécie. [5]

---

[5] Sobre esta matéria veja-se também Filipe Fraústo da Silva "Reflexões em torno do valor do uso pessoal de viatura da empresa que integre a retribuição do trabalhador", *In* Para Jorge Leite: escritos jurídico-laborais/coord. João Reis, Leal Amado, Liberal Fernandes e Regina Redinha, Coimbra Editora, 2014 – Vol. I. – p. 947-976.

O tribunal de recurso lembra que o benefício económico da utilização da viatura em proveito próprio não se confunde com o valor que o empregador despende com essa mesma viatura, nem tão pouco equivale ao valor mensal do custo do aluguer de viatura idêntica e das despesas com ela relacionadas, já que desse custo advinham também vantagens económicas para o empregador (no que respeita à utilização em serviço). Assim, não se tendo apurado o valor do benefício económico retirado pelo trabalhador, nada obsta a que se profira condenação ilíquida.[6]

A consequência lógica da afirmação de que o valor da retribuição em espécie correspondente à utilização permanente do veículo automóvel e respectivo cartão de combustível integra a retribuição da Autora é o reconhecimento de que lhe são devidas as diferenças salariais respeitantes à integração nos subsídios de férias[7] do valor da aludida retribuição em espécie, conforme peticionado, a apurar em incidente de liquidação.

Restava então apurar se entre a data em que a Autora procedeu à entrega da viatura e respectivo cartão de combustível, no cumprimento de uma ordem da Ré, e a data em que o contrato efectivamente cessou ocorreu uma diminuição da retribuição, proibida pelo disposto no artigo 129.º, n.º 1, al. d) CT/2009. Também aqui o tribunal de recurso respondeu afirmativamente e nessa medida condenou a Ré a pagar à Autora as quantias decorrentes da privação do uso pessoal da viatura que tinha atribuída e respectivo cartão de combustível, em montante a apurar em incidente de liquidação.

(Leonor Mascarenhas)

---

[6] A este propósito e neste sentido vd. Acórdão do STJ de 25 de Junho de 2015, Proc. 1256/13.4TTLSB.L1.S1 (Cons. António Leones Dantas), acessível em www.dgsi.pt, também referido no acórdão sob anotação.

[7] No presente caso, a Autora não pediu quaisquer valores respeitantes nem à remuneração de férias, nem ao subsídio de Natal.

TRIBUNAL DA RELAÇÃO DO PORTO

Acórdão do TRP de 13-05-2019, p. n.º 3600/17.9T8VFR.P1 (disponível *in* www.igfej.pt)

DESCRITORES:

Doença profissional; Incapacidade permanente parcial; Reabilitação profissional; Categoria profissional; Ocupação; Caducidade do contrato de trabalho; Impossibilidade absoluta

SUMÁRIO:

I – A impossibilidade absoluta de o trabalhador prestar o trabalho tem de se reportar apenas às actividades para que foi contratado, caducando o contrato de trabalho se o trabalhador não se encontrar em condições de as executar, uma vez que não existe um dever genérico de o empregador modificar o objecto do contrato em função da limitação do trabalhador.

II – Mas se essa solução vale em geral, já não serve para os casos em que essa situação decorra de incapacidade permanente resultante de acidente de trabalho ou doença profissional, dado a lei impor ao empregador que assegure ao trabalhador ocupação em funções e condições de trabalho compatíveis com o respectivo estado.

III – Nestes casos excepcionais, a lei obriga o empregador, se necessário for, a propor a modificação da categoria, sob pena de não poder invocar a caducidade do contrato de trabalho.

IV – Se por um lado se impõe a necessidade de salvaguardar que eventuais funções a serem exercidas pelo trabalhador na categoria proposta sejam compatíveis com o seu estado de saúde, isto é, com as limitações decorrentes da doença profissional de que padece ou causadas por acidente de trabalho, por outro é também necessário que entidade empregadora disponha na sua estrutura produtiva de um posto de trabalho que a tal se mostre adequado. Mas já não está obrigada a criar um posto de trabalho para assegurar ao trabalhador funções compatíveis com o seu estado de saúde.

V – Sempre que essas funções impliquem alteração da categoria profissional contratada, concomitantemente é necessário que o trabalhador dê o seu acordo à modificação do contrato, dado que, em princípio, aquele deve exercer as

funções correspondentes à actividade para que foi contratado [art.º 118.º/ 1], sendo que a mudança para categoria inferior apenas pode ter lugar com o seu acordo [art.º 119.º].

VI – O facto de um trabalhador estar apenas afectado por uma incapacidade permanente parcial não significa que não fique excluída a possibilidade de manter o exercício da sua função habitual, nem tão pouco que não seja viável encontrar uma solução alternativa para assegurar a ocupação do trabalhador "em funções e condições de trabalho compatíveis com o respectivo estado" (art.º 155.º 1, da Lei 98/2009), por não existir na estrutura produtiva do empregador um outro posto de trabalho adequado à satisfação daquele objectivo.

VII – Tendo ficado demonstrado – e com natureza vinculativa dada a confirmação por parecer da entidade pública competente (n.º 4, do art.º 166.º da Lei 98/2009) – que a Ré não tinha a possibilidade de assegurar ocupação e função compatíveis com o estado da autora e a sua capacidade residual, resultantes da doença profissional que a afecta, a qual foi contraída na vigência do contrato de trabalho e no exercício das funções contratadas e tem natureza irreversível, na medida em que lhe determina uma incapacidade permanente parcial, é forçoso concluir que se verifica a impossibilidade superveniente, absoluta e definitiva de que lei faz depender a possibilidade do empregador fazer cessar o contrato de trabalho por caducidade (art.º 343.º/b, do CT).

VIII – O princípio do abuso de direito constitui um expediente técnico, ditado por razões de justiça e equidade, para obstar que a aplicação de um preceito legal, certo e justo em circunstância normais, venha a revelar-se injusto numa situação concreta, em razão das particularidades ou circunstâncias especiais que nela concorram. Ocorrerá a figura de abuso "quando um certo direito – em si mesmo válido – seja exercido em temos que ofendam o sentimento de justiça dominante na comunidade social".

IX – Os factos provados demonstram inequívoca e claramente que a Autora nunca deu nem estava disposta a dar o seu acordo à modificação do contrato de trabalho. Portanto, não podendo a Ré impor-lhe o exercício dessas funções, não pode dizer-se que lhe criou "expectativa e alternativa para trabalhar na R. (desempenhando tarefas de limpeza)". Se a autora não concordava com essa alteração de funções, é contraditório considerar-se que tinha expectativas de continuar a trabalhar para a Ré desempenhando funções de trabalhadora de limpeza.

X – Estava também vedado à Ré persistir no propósito de procurar preservar a ocupação da autora através da atribuição de funções de limpeza, quando essas funções implicavam igualmente, pelo menos assim a autora o invocava, a execução de tarefas que a sujeitavam ao mesmo risco profissional, "uma vez que o torcer de panos de forma repetitiva tinha como consequência dores agudas no pulso do A. e inchaço do mesmo".

XI – Estando demonstrado que a recorrente deixou de pagar a retribuição à recorrida após lhe ter comunicado "não dispor de nenhum posto de trabalho compatível com o seu estado de saúde e capacidade residual", com esse fundamento dando-lhe conhecimento "da impossibilidade de lhe assegurar uma ocupação compatível com o seu estado, nos termos do n.º 1, do art.º 161.º da Lei 98/2009, de 4 de Setembro", bem assim que iria pedir "a avaliação e confirmação da situação à entidade competente", procedimento que efectivamente desencadeou, vindo o IEFP a confirmar a invocada impossibilidade, conclui-se que não recaía sobre aquela a obrigação do pagamento das retribuições que seriam devidas entre a data daquela comunicação e a da cessação do contrato de trabalho da autora por caducidade, fundada na impossibilidade superveniente, absoluta e definitiva de prestar trabalho.

ANOTAÇÃO:

O acórdão apreciou da validade de uma declaração de relação de trabalho, por caducidade, invocada pelo empregador (r.), que consubstanciava, na versão da trabalhadora[1], um despedimento ilícito. Decidiu, ainda, de pedido de pagamento das retribuições atinentes a período anterior à comunicação de declaração de caducidade. Pedidos – ambos – julgados procedentes em primeira instância e improcedentes no aresto que ora se anota.

Tratava-se de uma trabalhadora (a.) admitida em 08-09-2003, desempenhando as funções de ajudante de sinterizador, procedendo à montagem de peças numa matriz e aperto, com força o conjunto, num movimento repetitivo, que introduz no forno e depois retira, que lhe determinaram doença (Tendossinovite Du WQuervain Bilateral, com o reconhecimento duma incapacidade permanente parcial total de 10,32%).

Por ofício de 6-7-2012 o Centro Nacional de Proteção contra os Riscos Profissionais comunicou à r. o reconhecimento de uma doença profissional, pelo que deviam ser observadas medidas que impedissem a exposição da a. aos fatores de risco que estavam na origem da doença. Em consequência

[1] Pese embora não conste do relatório quais os fundamentos por que, na petição inicial, a autora impugna a declaração de caducidade, na motivação de direito resulta que a falta de fundamento integrava o objeto do litígio por "não estar demonstrada a impossibilidade superveniente, absoluta e definitiva da autora prestar o seu trabalho" (cf. II.3.1, a fls. 4/21 do acórdão).

do que, em maio de 2013, foram atribuídas à a. funções de limpeza, serviço desempenhado por empresa externa à r. desde fevereiro de 2011.

A a. fez sempre saber que discordava da mudança de funções por não serem compatíveis (i) com o seu estado de saúde e capacidade de trabalho e (ii) categoria profissional (desvalorizando-a e despromovendo-a) mas, contra a sua vontade, passou a desempenhar tais funções a partir de maio de 2013 (com exceção de 05-09-2013 a 12-05-2015, período em que esteve de baixa médica).

No dia 11 de Novembro de 2015, pelas 12 horas, foi ordenado à a. que fosse efetuar determinados serviços de limpeza, nomeadamente que fosse tirar as caixas de pistões de grafitis das prateleiras e as lavasse, o que implicava que esta retirasse das prateleiras com cerca de 03 andares caixas extremamente pesadas e a seguir limpasse com um pano com água as prateleiras, implicando um torcer do pano de lavar, tarefas que, dada a sua incapacidade profissional, não podia, nem conseguia efectuar uma vez que o torcer de panos de forma repetitiva tinha como consequência dores agudas no pulso e inchaço do mesmo. Facto que era do perfeito conhecimento da r..

A r. comunicou à a. que não tinha outro posto de trabalho compatível; ia fazer intervir o IEFP; e que deixaria de pagar-lhe a remuneração pois "não podemos continuar a assegurar a sua remuneração, na falta de prestação de trabalho, pois que se recusa a exercer as funções de limpeza que lhe atribuímos e não existe nenhum outro posto de trabalho compatível. Como não vem para trabalhar, de nada adianta comparecer ao serviço".

Não mais pagou a retribuição à a. ou permitiu que esta desempenhasse as suas funções; em 22-07-2016 o seu administrador ordenou à a. que se saísse das instalações daquela, às quais não volutou a permitir-lhe a entrada.

A a. respondeu à missiva da r., informando ser falso que não existissem outros postos de trabalho compatíveis com o seu estado de saúde e capacidade residual dando, como exemplo, o facto da a. puder desmanchar as matrizes ou montar moldes, funções que eram compatíveis com a categoria profissional e com a capacidade de trabalho.

O IEFP veio a concluir, por ofício de 15.11.2016, enviado à r., que a r. não apresentava condições para assegurar ocupação e função compatíveis com o estado da a., após o que aquela (r.) comunicou à a. a caducidade do seu contrato de trabalho, carta recebida, em 21-11-16.

*

Perante o acervo fatual elencado por súmula, o acórdão pronunciou-se sobre a caducidade invocada pela r., bem como sobre o dever de pagamento das retribuições no período que mediou entre a comunicação de que deixaria (como deixou) de pagar as retribuições.

Convocam-se, com relevância para a presente anotação, três questões:

a. A verificação da caducidade;
b. O dever de reabilitação e reocupação profissionais;
c. O dever de pagamento das retribuições até à declaração de caducidade que a r. veio a emitir.

*

O contrato de trabalho é um contrato bilateral e comutativo impondo para os sujeitos um conjunto de obrigações – tais como de dever de prestar a actividade a que se obrigou (pelo trabalhador) e o de pagar a retribuição (pelo empregador) –, só podendo cessar pelas formas admitidas por lei – arts. 339.º, do CT[2] e 53.º da CRP[3].

A impossibilidade é (i) absoluta quando é total (e não mera dificuldade acrescida), (ii) superveniente quando se verifica após a celebração do contrato de trabalho, e (iii) definitiva, quando é *previsivelmente* irreversível[4].

O acórdão contém profusa referência à doutrina relevante atinente aos elencados aos pressupostos, sendo obsoleta a sua repetição nesta sede.

A incapacidade para o trabalho determinada por doença profissional, a saber a permanente absoluta para o trabalho habitual (IPATH) ou absoluta para todo e qualquer trabalho (IPA)[5] é susceptível de conduzir à impossibilidade de prestação por parte do trabalhador (art. 19.º, *ex vi* dos arts. 96.º e 97.ºda NLAT[6]), designadamente quando não seja possível a sua ocupação

[2] Código do Trabalho, aprovado em anexo à Lei n.º 7/2009, de 12-02 (doravante designado de CT). Diploma para que se consideram efetuadas as demais remissões sem menção expressa de origem.

[3] Preceito que salvaguarda o princípio da segurança no emprego, cuja vertente negativa proíbe os despedimentos sem justa causa ou por motivos políticos ou ideológicos – neste sentido, cf. os Acórdãos (TC) n.º 581/95, publicado no Diário da República, I-série A, de 22 de janeiro de 1996 e n.º 612/2013, de 24-10, publicado no DR I, de 24-10-2013.

[4] Neste sentido cf. acs. RL de 24-11-99 (Ferreira Marques) e de 18-06-2014 (Sérgio Almeida) e do STJ de 25-02-2009 (Pinto Hespanhol), todos disponíveis *in* www.igfej.pt.

[5] Não se cuidará aqui da discussão em torno de apurar se a simples IPP permite a aplicação do regime de caducidade ou se a trabalhadora estaria afectada com IPATH, sendo a IPP atribuída, verdadeiramente, a IPP associada à IPATH, modo prático de traduzir, pela diferença, a capacidade para o exercício de outra profissão compatível prevista no art. 48.º, n.º 3, al. b), 2.ª parte, da NLAT – neste sentido cf. Viriato Reis, RVMP, n.º 103, pág. 166-167 e Ac. TRP de 23-01-2012, proc. 340/08.0TTVLG.P1, Ferreira da Costa (relator), disponível in www.igfej.pt, que constitui questão-de-facto.

[6] Lei 98/2009, de 04-09, que regulamenta o regime de reparação de acidentes de trabalho e de doenças

nos termos definidos para a reabilitação e reintegração profissionais a que aludem os arts. 155.º e segs. da NLAT.

Sob a epígrafe de ocupação e reabilitação, prescreve o art. 155.º da NLAT, que o empregador é obrigado a *ocupar* o trabalhador que, ao seu serviço, ainda que a título de contrato a termo, sofreu acidente de trabalho ou contraiu doença profissional de que tenha resultado qualquer das incapacidades previstas no artigo anterior, em funções e condições de trabalho compatíveis com o respectivo estado, nos termos previstos na presente lei (n.º 1) sendo-lhe ainda assegurada, pelo empregador, a formação profissional, a adaptação do posto de trabalho, o trabalho a tempo parcial e a licença para formação ou novo emprego, nos termos previstos na presente lei (n.º 2).

A exigência legal reporta-se a "funções e condições de trabalho compatíveis" as quais não coincidem com o conceito de categoria profissional, sendo que a actividade contratada (ainda que as contratadas o fossem por remissão para a categoria profissional) compreende as funções afins ou funcionalmente ligadas – cf. art. 118.º, n.º 2, do CT[7].

Por ultimo, tal compatibilidade reporta-se ao *estado do trabalhador*, até porque o dever de ocupação se reporta não apenas às funções (que integram a categoria profissional) mas também às condições de trabalho. Daí que recaia, também sobre o empregador, o dever de assegurar a formação profissional, a adaptação do[8] posto de trabalho ou mesmo o trabalho a tempo parcial: a solução legal abrange a adaptação do posto (que o trabalhador já detinha) ao estado que ele apresenta após o acidente de trabalho ou a doença profissional.

A a. estava classificada como ajudante de sinterizadora (facto 6.), "um posto de trabalho" que consistia e montagem de peças numa matriz e apertar com força um conjunto num movimento repetitivo que introduz no forno e depois retira, funções em que contraíra a doença profissional (factos 60. e 61).

Fez saber junto da r. que podia desmanchar matrizes ou montar moldes, funções que – sustentava – era compatíveis com a sua categoria e capacidade de trabalho (facto 37).

A r. encontrava-se obrigada a alegar e provar que procurara implementar medidas que viabilizassem o exercício de, pelo menos, tais funções, tradu-

---

profissionais, incluindo a reabilitação e reintegração profissionais, nos termos do artigo 284.º do CT.

[7] Que nem sequer se trata de *ius variandi*.

[8] **Do** posto de trabalho (que já era o do trabalhador) e não **ao** posto de trabalho (que viesse a ocupar por via de uma requalificação, como resulta do elemento literal do preceito, limite da tarefa interpretativa – art 9.º do Código Civil).

zidas, v.g. no reajustamento do horário de trabalho; em adaptações ao nível do local e das ferramentas de trabalho; a disponibilização de formação profissional, ou a redistribuição de tarefas, as quais preenchem o conceito indeterminado de *adaptações razoáveis* à luz do art. 5.º da Directiva 2000/78/CE do Conselho, de 27-11-2000 (Directiva-Quadro que estabelece um quadro geral de igualdade de tratamento no emprego e na actividade profissional).

Conforme jurisprudência do TJUE[9], já que a limitação funcional em razão de doença (profissional) integra a noção de deficiência do art. 1.º da aludida Directiva-Quadro[10].

Aqui chegados é de concluir que propor a prestação de trabalho em que a trabalhadora está sujeita ao mesmo risco profissional que originou a doença (facto 68) – em categoria distinta, ou não – nunca satisfaz a exigência relativamente ao dever de adaptação, nada se alcançando do acórdão relativamente à formação profissional, ao trabalho a tempo parcial ou da adaptação do posto de trabalho.

Este dever antecede o de enquadramento em categoria profissional distinta[11], esta gizada pelo próprio empregador, para categoria que não cumpria as exigências de compatibilidade de funções com o estado saúde (facto 20.), o que era do seu conhecimento (factos 21.): se a r. não está obrigada a criar um posto de trabalho que não possui na sua estrutura, o que sustentou abundantemenete no processo, não se alcança a boa-fé de tal actuação e invocação, quando a função de limpeza que coloca a a. a fazer também foi "criada" em serviço externalizado (factos 12., 64. e 65).

A dificultar a conclusão alcançada de que a r. deu cumprimento à obrigação de assegurar os deveres de ocupação e reabilitação a que estava adstrita.

Estava, consequentemente, obrigada a pagar à a. a retribuição tendo por base a do dia do acidente (exceto se entretanto a retribuição da categoria correspondente tivesse sido objecto de alteração, mas nunca é inferior à devida pela capacidade restante), salvo se, entretanto, o contrato tivesse cessado nos termos legais – arts. 156.º, n.º 2, e 157.º, n.º 2 e 3, da NLAT.

---

[9] Ac. TJ de 11 de abril de 2013, HK Danmark, procs. C-335/11 e C-337-11), EU:C:2013:222 (também conhecido como ac. Jette Ring), designadamente §53, que remete para a Convenção das Nações Unidas, e §54 (acessível *in* https://curia.europa.eu/jcms/jcms/Jo2_7045/pt/).

[10] Para mais desenvolvimentos, Teresa Coelho Moreira, *A jurisprudência do TJUE sobre a discriminação dos trabalhadores em razão da deficiência: breve análise dos casos Chacón Navas, Jette Ring e Coleman*, Questões Laborais, número especial (42), 2013, pág. 655 a 673, e *A discriminação dos trabalhadores em razão da deficiência*, Igualdade e Não Discriminação – Estudos de Direito do Trabalho, Almedina, Coimbra, 2013, pág. 165 a 220 [189 e ss].

[11] O facto 69.

Ora, a r. deixou de pagar a retribuição à a. antes de solicitar a avaliação e confirmação da situação de ocupação compatível com o estado de saúde ao IEFP, estando ainda por demonstrar a impossibilidade de ocupação da a..

Também a a. não se encontrava em situação de recusa de prestação (apesar de não concordar com as funções atribuídas desempenhou-as) ou ausências ao serviço que importassem a perda da retribuição enquanto "consequência negocial (e não punitiva) que desonera o credor da contraprestação"[12], já que foi a r. que a proibiu de permanecer e estar nas respetivas instalações.

Refutando esta linha de enquadramento alcança-se do (sumário do) acórdão que "vindo o IEFP a confirmar a invocada impossibilidade, conclui-se que não recaía sobre aquela a obrigação do pagamento das retribuições que seriam devidas entre a data daquela comunicação e a da cessação do contrato de trabalho da a. por caducidade, fundada na impossibilidade superveniente, absoluta e definitiva de prestar trabalho".

Confirmação que, no acórdão, tem "natureza vinculativa dada a confirmação por parecer da entidade pública competente (n.º 4, do art.º 166.º da Lei 98/2009)".

Ónus de alegação e prova que, sem prejuízo do carácter vinculativo para as partes, não se satisfaz com o reconhecimento pelo IEFP (facto 70.).

Se o parecer é vinculativo para as partes, o mesmo não coarta o direito de, após a declaração de caducidade[13], suscitar a sua sindicância em sede judicial, tal como reclamado pelo princípio da tutela jurisdicional efetiva dos arts. 13.º e 6.º, n.º 1, da CEDH (Convenção Europeia dos Direitos Humanos), postulada no art. 20.º da CRP: aquilo que se pretende é garantir aos cidadãos o seu direito de acesso ao Direito e aos tribunais, com vista à defesa dos seus direitos e interesses legalmente protegidos, bem como os direitos à informação, consulta jurídica e ao patrocínio judiciário garantindo-se sempre um duplo grau de apreciação.

Neste concreto, também não se encontra no elenco da matéria provada que, tal como supra se disse, a a. não pudesse desmanchar matrizes ou montar moldes, funções que – sustentava – era compatíveis com a sua categoria e capacidade de trabalho (facto 37), ou a impossibilidade ou qualquer adaptação do seu posto de trabalho, que permitisse reduzir o esforço e/ou

---

[12] Milena Rouxinol, A relevância Disciplinar das Faltas não Justificadas, Revista Questões Laborais, XXII, 2015, n.º 47, pág. 195.

[13] A caducidade diz-se atípica, já que não ocorre pro mero efeito de verificação dos seus pressupostos, mas reclama uma declaração do empregador.

a repetição do aperto que causou a incapacidade da a., ainda que a tempo parcial, como consentido pelo n.º 2 do art. 155.º da NLAT.

Cujo ónus de alegação e prova incumbia à r.[14] – neste sentido acs. STJ de 12-11-2009, proc. 313/09.3YFLSB.

Afigura-se assim, em conclusão, que (i) não se alcança que o empregador haja efetivamente dado cumprimento aos deveres de ocupação e reabilitação a que alude o art. 155.º da NLAT, não só por as funções nos serviços de limpezas não integrarem o conceito de *funções e condições de trabalho compatíveis com o estado da trabalhadora*, como também por não haver demonstrado ter procedido a *adaptações razoáveis*, na acepção definida pelo TJ para o art. 5.º da Directiva-Quadro 2000/78/CE; (ii) que a retribuição não podia ser suspensa antes da verificação da impossibilidade da r. em ocupar a a. e (iii) que a tutela jurisdicional efectiva importa a sindicância do parecer a que alude o art. 166.º da NLAT.

(Cristina Martins da Cruz)

---

[14] Se no âmbito da ação de apreciação judicial de despedimento, nos termos dos arts. 166.º, n.º 4, 338.º e 387.º, n.º 1 e 4, do CT.

II. ESTUDOS

GREVE E SERVIÇOS MÍNIMOS – ANOTAÇÃO AO ACÓRDÃO DA RELAÇÃO DE LISBOA DE 10 DE ABRIL DE 2019*

José João Abrantes
Professor Catedrático da Faculdade de Direito da Universidade Nova de Lisboa

SUMÁRIO DO ACÓRDÃO:

I– O Sindicato dos Funcionários Judiciais tem interesse e legitimidade para impugnar em recurso a fixação, por parte do Colégio Arbitral, de serviços mínimos para uma greve, apesar de esta se ter consumado.

II– Inexiste litispendência entre dois recursos em que se impugnam os termos da fixação de serviços mínimos em greves decretadas pelo mesmo Sindicato perante o mesmo empregador público, quando as greves em questão e os respectivos serviços mínimos se referem a dias de calendário diferentes e a tribunais distintos (apesar da identidade de sujeitos e da similitude das questões a decidir, inexiste identidade de pedidos e de causa de pedir).

III– Os serviços mínimos constituem uma limitação ao exercício do direito de greve com expressa previsão constitucional e devem assegurar o nível mínimo de prestação susceptível de cobrir aquilo que mereça a qualificação de «necessidades sociais impreteríveis».

IV– Estando salvaguardado o período de 48 horas para a avaliação judicial das situações de privação da liberdade – arco temporal em que a lei constitucional e ordinária admite se restrinja, ou delimite, o valor da continuidade da prestação dos serviços públicos destinados à salvaguarda dos direitos à liberdade e segurança, individual e colectiva –, não se justifica a fixação de serviços mínimos para uma greve de funcionários judiciais de um dia nacional, que não recai às segundas-feiras nem em dia seguinte a feriado, no Tribunal Central de Instrução Criminal e Juízos de Instrução Criminal.

* p 641/19.2YRLSB.L1-4 (disponível em www.dgsi.pt)

ANOTAÇÃO

1 – APRESENTAÇÃO DO PROBLEMA

O presente acórdão da Relação de Lisboa, de 10 de Abril de 2019, relatado pela Desembargadora Maria José Costa Pinto, revogou a Decisão Arbitral, de 21 de Janeiro de 2019, que fixara serviços mínimos na greve agendada pelo recorrente, o Sindicato dos Funcionários Judiciais (SFJ), para o período entre as 0 e as 24 horas do dia 24 de Janeiro de 2019, para todos os funcionários judiciais a prestarem serviço no Tribunal Central de Instrução Criminal e Juízos de Instrução Criminal.

Para responder à questão fundamental em apreciação no recurso – saber se deviam, ou não, ser definidos serviços mínimos para a greve agendada pelo referido sindicato no pré-aviso de 4 de Janeiro de 2019 –, o colectivo de juízes remeteu para um outro acórdão, de 27 de Fevereiro de 2019, proferido no recurso n.º 2/19.3YRLSB, em que também estava em causa uma greve dos funcionários judiciais de um dia, não convocada para segunda-feira nem para dia seguinte a feriado, exactamente aquilo que ocorria na greve agora sub judice, e cujas considerações entendeu serem inteiramente transponíveis para o presente caso.

Quanto ao acórdão do colégio arbitral recorrido – que, para fundamentar a sua decisão, recorreu a vários acórdãos arbitrais anteriores[1], bem como a jurisprudência do TCA Sul[2] e ainda ao Parecer da Procuradoria-Geral da República n.º 18/98, de 30 de Março[3] –, o mesmo, afirmando a concordância com este parecer, quando escreve que "os serviços que os tribunais são chamados a prestar quando da apresentação de detidos ou presos para decisão sobre a sua restituição à liberdade, completa ou com restrições, ou de manutenção em prisão preventiva, bem como os dos tribunais de menores em situações equiparadas, destinam-se a satisfazer necessidades sociais impreteríveis, na medida em que estão em jogo os interesses da liberdade e segurança individual e da segurança colectiva dos cidadãos, valores estes protegidos constitucionalmente", determinou, por unanimidade, que,

---

[1] V.g., acórdãos proferidos nos processos n.ºs 15/2007-SM, de 22.05, 4/2017/DRCT-ASM, de 10.07, 49/2007-SM, de 27.11, 2/2018/DRCT-ASM, de 26.01, 2/2019/DRCT-ASM, de 14.01, e 3/2019/DRCT-ASM, de 17.01, que, sobre a problemática dos serviços mínimos a fixar para greves de oficiais de justiça, acolheram todos a tese da necessidade de fixação desses serviços mínimos.

[2] Cujas sentenças de 19.02.2018, no âmbito dos processos 798/08.8BELSB e 3115/07.0BELSB, também acolheram essa tese da necessidade de fixar serviços mínimos para greves de oficiais de justiça.

[3] Publicado no Diário da República, 2.ª série, n.º 175, de 31 de Julho.

durante a greve, deveriam ser assegurados os seguintes actos: apresentação de detidos e arguidos presos à autoridade judiciária e realização dos actos imediatamente subsequentes; realização de actos processuais estritamente indispensáveis à garantia da liberdade das pessoas e os que se destinem a tutelar direitos, liberdades e garantias que de outro modo não possam ser exercidos em tempo útil.

Tendo igualmente disposto quanto aos meios para assegurar tais serviços mínimos (2 oficiais de justiça no Tribunal Central de Instrução Criminal e nos Juízos de Instrução Criminal das Comarcas de Lisboa e Porto; 1 oficial de justiça nos Juízos de Instrução Criminal), acrescentou que os oficiais de justiça concretamente designados [pelo respectivo administrador judiciário] "serão desobrigados da prestação de serviços mínimos se as respectivas funções forem asseguradas por oficiais de justiça não aderentes à greve".

Sendo a questão saber se, numa greve com estas características (greve de um dia no Tribunal Central de Instrução Criminal e Juízos de Instrução Criminal, não convocada para segunda-feira nem para dia seguinte a feriado), é necessária, adequada e proporcional a fixação de serviços mínimos, concretamente dos serviços elencados no acórdão arbitral, a Relação entendeu, dando razão ao sindicato recorrente, que o acórdão recorrido fixara serviços mínimos para uma greve que não comprometia os objectivos que os serviços mínimos visam assegurar.

De acordo com o seu entendimento, não há fundamento para justificar a existência de uma necessidade social impreterível cuja satisfação se sobreponha ao exercício legítimo do direito à greve, uma vez que é o próprio legislador que, na Lei de Organização do Sistema Judiciário (LOSJ), entende que não há necessidades impreteríveis que obriguem ao funcionamento daqueles tribunais, através de turnos, ao domingo ou em feriados que não ocorram nas segundas-feiras.

Este aspecto do confronto com o regime legal de turnos aparece como decisivo na economia do acórdão. Com efeito, o que por este é dito é que, se o legislador, nos termos da LOSJ, não sentiu necessidade de impor a realização de turnos naqueles tribunais aos domingos e feriados que não recaiam em segundas-feiras, também não haverá razão para decretar serviços mínimos numa greve que afecta os mesmos tribunais por um único dia, distinto da segunda-feira – isto é, não se justifica decretar serviços mínimos com vista a satisfazer as mesmas necessidades sociais que é a própria lei a admitir que persistam sem ser satisfeitas pelo período de um dia em nome do direito ao descanso semanal.

A Relação entendeu que, encontrando-se salvaguardado o período de 48 horas para a avaliação judicial das situações de privação da liberdade – arco temporal em que a lei admite se restrinja o valor da continuidade da prestação dos serviços públicos destinados à salvaguarda dos direitos à liberdade e segurança, individual e colectiva –, não se justifica a fixação de serviços mínimos para uma greve de funcionários judiciais de um dia, que não recai em segunda-feira nem em dia seguinte a feriado, no Tribunal Central de Instrução Criminal e Juízos de Instrução Criminal.

Por isso, concluiu que a decisão arbitral que procedeu à fixação de serviços mínimos numa greve com estes contornos seria violadora do artigo 18.°, n.° 2 da Constituição, por não observar os princípios da necessidade, da adequação e da proporcionalidade das restrições, antes comprimindo de modo excessivo o direito fundamental à greve.

2 – LIMITES DA GREVE; A OBRIGAÇÃO DE SERVIÇOS MÍNIMOS

A greve é um direito fundamental que goza de protecção constitucional em termos muito amplos[4], só se lhe admitindo, em princípio, limites decorrentes da necessidade de assegurar a concordância prática com outros bens ou direitos constitucionalmente protegidos ("limites externos")[5] e cuja concretização se paute pelos princípios da necessidade, adequação e proibição do excesso.

Citando-me, o acórdão em anotação diz que esse direito fundamental à greve só deverá ser "sacrificado no mínimo indispensável e tem de concluir-se ser esse o único meio de satisfazer as necessidades de interesse e ordem pública que subjazem aos limites que lhe são assinalados. Apenas não havendo outro meio de satisfazer essas necessidades é que se constitui a obrigação de prestar serviços mínimos".

A definição da natureza dos interesses a salvaguardar e o seu balanceamento e ponderação relativa não deverão nunca implicar a privação da titularidade do direito de greve, nem a exclusão absoluta do seu exercício.

---

[4] Desde logo traduzida em que a intervenção de lei restritiva está expressamente vedada quanto à definição do âmbito de interesses a defender através da greve. A CRP, com o seu art.° 57.°, n.° 2, afastou essa possibilidade de limitação do direito de greve em função dos motivos, posição que se projectou na Lei n.° 65/77, de 12.08, cujo regime foi quase literalmente absorvido pelo CT (salvo no que toca à organização dos serviços mínimos). Sobre este ponto, cfr. o nosso *Direito do Trabalho II* (*Direito da Greve*), Almedina, 2012, p. 73 ss., obra para a qual, juntamente com a bibliografia aí citada, se remete para maiores desenvolvimentos sobre toda a matéria da presente anotação.

[5] Neste sentido, por exemplo, Monteiro Fernandes, *Direito do Trabalho*, 18.ª edição, Almedina, 2017, p. 895 ss., e Jorge Leite, *Direito do Trabalho*, vol. I, p. 297 ss.

As medidas definidoras de serviços mínimos (e dos serviços necessários à segurança e manutenção do equipamento e instalações), na medida em que consubstanciam medidas restritivas do direito de greve, devem pautar-se pelos referidos princípios da necessidade, adequação e proporcionalidade.

A questão dos limites da greve reconduz-se, no fundo, a uma questão de concordância prática com outros bens e valores constitucionais[6]; e é a isso que se reconduz o critério diferenciador da sua regulamentação nos chamados serviços essenciais: um conflito de direitos fundamentais, os quais são objecto de garantia na medida – e só nela – em que o seu exercício requeira a manutenção desses serviços.

Os serviços mínimos[7] visam garantir a satisfação das necessidades sociais impreteríveis cuja realização é instrumental da garantia de bens com protecção constitucional.

Mas esta colisão ou conflito de direitos e interesses deve ser resolvida nos termos gerais através de um juízo de concordância prática, tendo em conta os princípios da necessidade e proporcionalidade dos sacrifícios a impor, bem como da menor restrição possível de cada um dos direitos em conflito, de modo a que nenhum deles fique afectado no seu conteúdo essencial (artigos 18.º da CRP e 335.º do Código Civil).

É a essa luz que deverá analisar-se **a obrigação de serviços mínimos**, um dos mais significativos limites ao exercício do direito de greve, expressão de uma sua inevitável compatibilização com os restantes direitos fundamentais. Está-se perante os chamados "limites externos" desse direito, as fronteiras do seu exercício, não traçadas em função das características do sistema de auto-tutela, mas a partir da necessidade de respeito de outras garantias constitucionais que com ele podem entrar em contacto.

Contudo, nem todos os serviços relacionados com a satisfação de direitos fundamentais dos cidadãos podem ser qualificados como essenciais, mas apenas os que correspondam a "necessidades sociais impreteríveis", isto é, aqueles cuja paralisação total poria em perigo no imediato a satisfação dessas necessidades essenciais da colectividade[8]. Assim, por exemplo, são essenciais as actividades necessárias a garantir, em condições de segurança, o transporte de pessoas e de certos bens, o abastecimento de água ou o fornecimento

---

[6] Monteiro Fernandes, *Direito do Trabalho*, p. 895 ss.

[7] Limite ao exercício do direito de greve com expressa previsão constitucional desde a revisão de 1997 (n.º 3 do artigo 57.º).

[8] Jorge Leite, *Direito da greve*, p. 67.

de energia eléctrica, mas já não serão essenciais, entre outros, os serviços de contabilidade ou os serviços de cobrança das respectivas empresas[9].

O n.º 1 do art.º 537.º do CT – que, nas empresas ou estabelecimentos destinados à satisfação de necessidades sociais impreteríveis, impõe aos sindicatos e aos trabalhadores grevistas a obrigação de prestar serviços mínimos – tem a sua razão de ser na tutela do interesse geral da comunidade e de direitos fundamentais dos cidadãos (v.g. a vida, a saúde, a segurança ou as condições mínimas de existência e de bem-estar) e visa estabelecer um ponto de equilíbrio entre o exercício da greve e o sacrifício de interesses colectivos dele derivado. Assistindo a todos os trabalhadores o direito de greve, também à comunidade cabe o direito de ver satisfeitas as necessidades sociais cuja realização é visada pela actividade dos referidos serviços. Daí resulta que o direito de greve pode, e deve, então ser sacrificado.

Aquela norma sobrepõe o interesse geral da comunidade aos interesses privados de um grupo de trabalhadores. Mas a consideração de um serviço como essencial não pode levar à supressão do direito de greve dos trabalhadores que o têm a seu cargo, mas apenas à necessidade de assegurar a sua manutenção no mínimo estritamente indispensável à cobertura dos direitos dos cidadãos que tal serviço satisfaz – e, mesmo assim, de modo a que o exercício da greve não seja absolutamente sacrificado em função da satisfação desses outros interesses e bens (também) constitucionalmente protegidos. Nas palavras de um acórdão (acórdão n.º 26/81) do TC espanhol, "a limitação do direito (de greve) é uma excepção ao seu normal exercício, como tal sujeita ao princípio da restrição menos gravosa".

Esse direito só deve ser sacrificado no mínimo indispensável e tem de concluir-se ser esse o único meio de satisfazer as necessidades de interesse e ordem pública que subjazem aos limites que lhe são assinalados[10]. Apenas não havendo outros meios de satisfazer essas necessidades é que se constitui a obrigação de prestar serviços mínimos. Está-se face a uma colisão de direitos, a resolver, nos termos gerais (cfr. o art.º 335.º do Código Civil), pela prevalência do mais relevante, mas levando em conta a proporcionalidade dos sacrifícios e a menor restrição possível de cada um dos direitos em conflito.

A obrigação de prestar serviços mínimos só nasce, designadamente, se o empregador, que também se encontra adstrito a respeitar os bens e valores

---

[9] Monteiro Fernandes, *Direito de greve*, nota III ao art.º 8.º

[10] J. J. Abrantes, "Greve e serviços mínimos", in *Direito do Trabalho. Ensaios,* p. 203 ss. (211). Contra, M. Rosário Palma Ramalho, *Lei da greve*, nota 5 ao art.º 8.º

constitucionais em causa, não puder satisfazer tais necessidades, recorrendo, por exemplo, a não grevistas[11].

A noção de serviços essenciais é um conceito flexível e adaptável à realidade em concreto da greve, à sua extensão e alcance, mas não pode funcionar como uma válvula que permita o esvaziamento do sentido útil da garantia constitucional deste direito. Se o reportar dos serviços essenciais a direitos fundamentais situados ao mesmo nível constitucional da greve impõe mútuas limitações, por outro lado, a excepcionalidade dessas limitações pressupõe uma consideração gradativa sobre a intensidade das restrições com referência à incidência concreta de cada actividade ou serviço no exercício dos referidos direitos fundamentais.

Voltando a citar o Tribunal Constitucional do país vizinho, dir-se-á que não existe *a priori* nenhum tipo de actividades que, por si, possam ser consideradas essenciais e só o são aquelas que satisfaçam direitos ou bens constitucionalmente protegidos e na medida e com a intensidade com que os satisfaçam.

A medida dos serviços mínimos indispensáveis para satisfação das necessidades sociais impreteríveis não suporta nenhum critério rigoroso ou absoluto e depende de um juízo de oportunidade que pode até levar a resultados divergentes em relação a diferentes greves num mesmo sector ou até numa mesma empresa[12]. Basta confrontar uma greve numa empresa de transportes rodoviários, existindo sucedâneos (por exemplo, comboios) para o percurso afectado, com os casos em que a satisfação de determinadas necessidades sociais está confiada a uma só empresa, ocorrendo nela uma greve por período apreciável ou até de duração indeterminada.

A concretização do conceito não pode ser objecto de uma delimitação precisa, que valha para todas a situações. Os serviços a prestar podem ser os mais distintos em função das circunstâncias concretas, algumas delas contemporâneas da greve propriamente dita, como o grau de adesão dos trabalhadores, a duração da greve, o número de empresas ou estabelecimentos afectados, a existência, ou não, de actividades sucedâneas, etc.

Os serviços mínimos serão, no fundo, todos os que se mostrem necessários e adequados para que seja posto à disposição dos utentes aquilo que tenham necessidade de aproveitar no imediato, por forma a que as suas

[11] J. J. ABRANTES, "Greve e serviços mínimos", in *Direito do Trabalho. Ensaios,* p. 203 ss. (211). Contra, v. a posição defendida por M. Rosário PALMA RAMALHO, *Lei da greve*, nota 5 ao art.° 8.°

[12] MONTEIRO FERNANDES, *Direito de greve*, nota III ao art.° 8.°.

necessidades não deixem de ser satisfeitas com prejuízo irremediável. Haverá que averiguar a necessidade – ou não – de recorrer a trabalhadores grevistas e a medida dessa necessidade, respeitando a ideia de proporcionalidade dos sacrifícios e devendo ter-se por certo que, em princípio, manter os serviços mínimos não poderá ser entendido como funcionamento normal dos mesmos.

O direito de greve só deve, em suma, ser sacrificado no mínimo indispensável para a garantia de outros interesses constitucionalmente protegidos com ele conflituantes e essa garantia não poderá, aliás, ser utilizada de modo a afectar o conteúdo essencial do mesmo.

Não se trata de uma privação do direito de greve, da sua titularidade, mas, apenas, de uma limitação ao seu exercício a nível dos serviços essenciais à comunidade, a ser entendida restritivamente, em vista de um determinado resultado: terá que haver uma "relação directa e imediata entre a restrição sofrida pelo exercício do direito de greve e o gozo de outros direitos fundamentais co-envolvidos"[13].

3 – O CASO *SUB JUDICE*

Se, sem dúvida, no caso sub judice, está em causa a satisfação de necessidades sociais impreteríveis, implicando a salvaguarda de direitos fundamentais como a liberdade e a segurança individual e colectiva dos cidadãos, a inseparabilidade entre pais e filhos, o direito das crianças e jovens à especial protecção contra formas de abandono, direitos e valores com protecção constitucional e de primacial importância social, a verdade é que o acórdão não deixou, e bem, de ponderar que esses valores que os serviços mínimos intentam salvaguardar, são também, exactamente, os mesmos valores que o regime legal dos turnos no serviço judicial organizados para os dias de descanso e feriados[14] visa garantir, compatibilizando-os com o direito ao

---

[13] Parecer da PGR n.º 86/82, de 8-07-82, *BMJ* 325, p. 251.

É, no fundo, o carácter jusfundamental do direito de greve que releva em toda esta matéria, impondo, nomeadamente, a aplicação dos critérios de restrição aos direitos fundamentais constantes dos n.ºs 2 e 3 do art.º 18.º da Constituição (que, embora se reportem directamente aos poderes públicos, se aplicam igualmente às entidades privadas; sobre o ponto, o nosso *Contrato de trabalho e direitos fundamentais*, p. 200; e, em geral, sobre toda esta matéria, v. Francisco Liberal Fernandes, *A obrigação de serviços mínimos como técnica de regulação da greve nos serviços essenciais*, p. 451 ss.

[14] Artigo 36.º da Lei n.º 62/2013, de 26.08 (Lei da Organização do Sistema Judiciário, LOSJ) e artigo 53.º do Decreto-Lei n.º 49/2014, de 27.03 (Regulamento da organização e funcionamento dos tribunais judiciais, ROFTJ).

descanso semanal dos trabalhadores (magistrados e funcionários judiciais) previsto no artigo 59.°, n.° 1, alínea d) da Lei Fundamental[15].

O modo como a lei procede a tal compatibilização traduz-se em possibilitar a intervenção judicial de modo não totalmente imediato, prevendo ainda, v.g., para os casos relacionados com crianças e jovens que carecem de imediata actuação, outras formas preliminares, não judiciais, de intervenção para prover à urgência das situações. A dilação é curta, tendo o limite de 48 horas, que é, pois, o arco temporal em que a lei[16] admite se restrinja, ou delimite, o valor da continuidade da prestação dos serviços públicos destinados à salvaguarda dos direitos à liberdade e segurança, individual e colectiva[17].

Por isso, numa greve com estas características (greve de um dia, não convocada para segunda-feira nem para dia seguinte a feriado), a fixação de serviços mínimos, concretamente dos serviços elencados no dispositivo do acórdão arbitral, não será necessária, adequada e proporcional.

Quedando-se a greve pelo período de um único dia, não sucedendo ou precedendo dia em que os tribunais estão encerrados, não se justifica afirmar a existência de uma necessidade social impreterível cuja satisfação se sobreponha ao exercício legítimo do direito à greve. O acórdão arbitral não deveria, pois, ter fixado serviços mínimos.

O argumento do confronto com a configuração temporal dos serviços de turno definidos pela LOSJ (e regulamentação) é um inegável argumento de identidade, se não mesmo de maioria de razão. Se a referida lei entende não haver necessidades que justifiquem o funcionamento dos tribunais, através de turnos, nos domingos ou feriados que não ocorram em segundas-feiras, entende, no fundo, que o encerramento dos tribunais por período que não ultrapasse um dia seguido não põe em causa necessidades impreteríveis, nem acarreta irremediáveis prejuízos (não põe em causa o prazo de 48 horas para a apresentação de detidos ou arguidos presos a autoridade judiciária, nem a adopção atempada de providências relacionadas com crianças e jovens, nem de providências urgentes ao abrigo da Lei de Saúde Mental),

---

[15] A evolução histórica desse regime demonstra que o legislador evoluiu de um sistema de turnos que assegurava o seu funcionamento permanente para um sistema em que há 24 horas de interrupção dos serviços em cada semana de calendário, salvaguardando-se, porém, o arco temporal de 48 horas previsto na Constituição e na lei.

[16] Estamos aqui a referir-nos à lei ordinária, mas também a lei constitucional (artigos 27.°, n.° 3 e 28.°, n.° 1 da CRP) apela a esse arco temporal de 48 horas como período máximo para a prática dos actos urgentes necessários à salvaguarda destes valores e princípios fundamentais.

[17] Não se referenciando aqui os direitos constitucionais associados à protecção de crianças e jovens, uma vez que a lei ordinária garante a sua protecção provisória imediata.

perante tal opção legislativa, dificilmente se pode sustentar ser indispensável a imposição de serviços mínimos numa greve que não foi marcada, nem em segundas-feiras nem em dia seguinte a feriado.

Na fixação dos serviços mínimos, estão em confronto, por um lado, a tutela efectiva dos direitos fundamentais das pessoas privadas da liberdade e das crianças e jovens [artigos 27.º, 28.º, 36.º e 69.º da Constituição] e, por outro a tutela do direito à greve dos trabalhadores [artigo 57.º da Constituição].

Ora, se a lei admite que os tribunais estejam encerrados por um período de 24 horas, sem que neles se realize, sequer, serviço de turno, para permitir o exercício do direito ao descanso semanal dos trabalhadores[18], então também não se poderá dizer que numa greve que sacrifica exactamente – e apenas – esse período temporal de 24 horas, há necessidades sociais impreteríveis a satisfazer que se sobrepõem ao exercício do direito constitucional à greve.

Se, no regime de turnos, temos em confronto, por um lado, a tutela efectiva dos direitos fundamentais das pessoas privadas da liberdade e das crianças e jovens e, por outro, a tutela do direito ao descanso semanal dos trabalhadores (previsto no art.º 59.º, n.º 1, d) da CRP) ou do direito ao gozo dos feriados (artigos 122.º da LGTFP e 235.º e 236.º do CT), nos serviços mínimos, estão em confronto, por um lado, aquela mesma tutela efectiva dos direitos fundamentais das pessoas privadas da liberdade e das crianças e jovens e, no seu reverso, a tutela do direito à greve dos trabalhadores [artigo 57.º da Constituição].

Ora, não há qualquer razão – pelo contrário – para que o direito ao descanso semanal e ao gozo de feriados tenha uma força de compressão do âmbito de protecção daqueles direitos fundamentais superior ao direito à greve. Não faz qualquer sentido que, para tutelar o direito ao descanso semanal (previsto no título dos direitos e deveres económicos, sociais e culturais na alínea d) do n.º 1 do artigo 59.º, como um direito económico) e ao gozo de feriados, a lei possibilite o encerramento dos tribunais por um dia completo, comprimindo nessa medida a tutela dos outros direitos fundamentais nos quais se inclui o direito à liberdade, e não se possibilite essa mesma compressão daqueles direitos fundamentais para tutelar o direito à greve (que está previsto no art.º 57.º da CRP, inserido no capítulo III dos direitos, liberdades e garantias dos trabalhadores, revestindo-se, pois, de força

[18] Ou para permitir que os mesmos não trabalhem em dias que, por razões várias (históricas, religiosas, ou outras relacionadas com usos ou práticas já consagrados), entendeu instituir como feriados.

constitucional mais intensa). Não se compreende que a greve não seja salvaguardada **em maior medida** (ou, ao menos, **em igual medida**). Por isso, não devem fixar-se serviços mínimos se a greve dos funcionários judiciais é de apenas um dia por semana que não coincide com a segunda-feira, uma vez que tal fixação não se revela necessária ou exigível pois o fim visado pela lei pode ser obtido sem onerar o direito à greve e mantendo acautelado o prazo de 48 horas para a privação da liberdade por outros meios menos onerosos para o direito à greve, o qual deve ser exercido sem restrições desde que esse prazo se mostre salvaguardado, como *in casu* acontece[19].

4 – CONCLUSÕES

a) A questão fundamental em apreciação é saber se devem, ou não, ser definidos serviços mínimos para uma greve dos funcionários judiciais de um dia, não convocada para segunda-feira nem para dia seguinte a feriado. A Relação entendeu não haver fundamento para justificar a existência de uma necessidade social impreterível cuja satisfação se sobreponha ao exercício legítimo do direito à greve, dado ser o próprio legislador que, na Lei de Organização do Sistema Judiciário (LOSJ), entende que não há necessidades impreteríveis que obriguem ao funcionamento daqueles tribunais, através de turnos, ao domingo ou em feriados que não ocorram nas segundas-feiras. Este aspecto do confronto com o regime legal de turnos aparece como decisivo na economia do acórdão.

b) A greve é um direito fundamental que goza de protecção constitucional em termos muito amplos, só se lhe admitindo, em princípio, limites decorrentes da necessidade de assegurar a concordância prática com outros bens ou direitos constitucionalmente protegidos e cuja concretização se paute pelos princípios da necessidade, adequação e proibição do excesso. Ou seja, tal direito só deverá ser sacrificado no mínimo indispensável e tem de concluir-se ser esse o único meio de satisfazer as necessidades de interesse e ordem pública que subjazem aos limites que lhe são assinalados; só não havendo outro meio de satisfazer essas necessidades é que se constitui

[19] Este prazo de 48 horas é o prazo concreto que a própria Constituição entende razoável para a apreciação judicial das situações elencadas nas alíneas a) a h) do seu artigo 27.º, n.º 3, dispondo imperativamente no n.º 1 do seu artigo 28.º que a detenção de alguém seja "submetida, no prazo máximo de quarenta e oito horas, a apreciação judicial", para restituição à liberdade ou para imposição de medida de coacção adequada. Define, pois, a dimensão temporal em que é constitucionalmente admissível a restrição dos direitos fundamentais.

a obrigação de prestar serviços mínimos. É a isso mesmo que se reconduz a questão da greve nos serviços essenciais.

c) No caso *sub judice*, estava em causa a satisfação de necessidades sociais impreteríveis, implicando a salvaguarda de direitos e valores com protecção constitucional e de primacial importância social, como a liberdade e a segurança dos cidadãos, a inseparabilidade entre pais e filhos, o direito das crianças e jovens à especial protecção contra formas de abandono, etc. Ora, é aqui que o argumento do confronto com a configuração temporal dos serviços de turno definidos pela LOSJ aparece como um inegável argumento de identidade, se não de maioria, de razão. Se a lei admite que os tribunais estejam encerrados por um período de 24 horas, sem que neles se realize, sequer, serviço de turno, para permitir o exercício do direito ao descanso semanal dos trabalhadores, então também não se poderá dizer que numa greve que sacrifica exactamente – e apenas – esse período temporal de 24 horas, há necessidades sociais impreteríveis a satisfazer que se sobrepõem ao exercício do direito constitucional à greve. O direito ao descanso semanal não tem, não pode ter (bem pelo contrário), uma força compressora daqueles direitos fundamentais superior à greve. Não se compreende que esta não seja salvaguardada em maior ou, ao menos, igual medida.

d) Não se justificava, por isso, afirmar a existência de uma necessidade social impreterível cuja satisfação se sobreponha ao exercício legítimo do direito à greve. A decisão arbitral não deveria, pois, ter fixado serviços mínimos. Ao revogá-la, **a Relação decidiu bem**.

A LEI SOBRE O TVDE E O CONTRATO DE TRABALHO: SUJEITOS, RELAÇÕES E PRESUNÇÕES

João Leal Amado*
Professor Associado com Agregação da Faculdade de Direito da Universidade de Coimbra
Teresa Coelho Moreira**
Professora Auxiliar da Escola de Direito da Universidade do Minho

SUMÁRIO: *O mundo digital em que vivemos e o chamado "trabalho 4.0" têm vindo a lançar novos e complexos desafios ao Direito do Trabalho. Um ramo de direito que surgiu após a primeira revolução industrial, a pensar na fábrica e no operário, vê-se hoje confrontado com novas formas de prestação remunerada de serviços, designadamente via apps, mediante plataformas eletrónicas. O caso da Uber é bem um exemplo disso. Neste texto, propomo-nos fazer um ponto da situação sobre a qualificação dos respetivos motoristas como trabalhadores ou não, tendo em conta os desenvolvimentos jurisprudenciais que vão ocorrendo à escala global e à luz do disposto na Lei n.º 45/2018, de 10 de agosto, que veio estabelecer o regime jurídico da atividade de TVDE, bem como o das correspondentes plataformas eletrónicas.*

Palavras-chave: *contrato de trabalho; motoristas; plataformas eletrónicas; presunção de laboralidade; uber.*

«The status of Uber drivers has been the subject of a heated debate recently. This transportation service – which ingeniously connects drivers with customers through an online app – is highly popular especially with residents of big cities, both those (customers) who use it as a cheap and efficient taxicab, and those (drivers) who enjoy the opportunities it creates for extra income. There is little doubt that such a service offers some gains to society. At the same time, it is quite obvious that the use of new technologies cannot be a valid excuse for evading the law. (…). The same is true with regard to the status of drivers – the question of whether they are independent contractors

* Doutor em Direito. Professor Associado com Agregação da Faculdade de Direito da Universidade de Coimbra. Membro da Direção da APODIT – Associação Portuguesa de Direito do Trabalho. Vice-presidente da Direção do IDET – Instituto de Direito das Empresas e do Trabalho. jlamado@fd.uc.pt
** Doutora em Direito. Professora Auxiliar da Escola de Direito da Universidade do Minho. Membro da Direção da APODIT – Associação Portuguesa de Direito do Trabalho. Membro integrado do JusGov – Centro de Investigação em Justiça e Governação e Coordenadora do Grupo de Investigação em Direitos Humanos do mesmo. tmoreira@direito.uminho.pt

(as argued by Uber) or employees. If the protection of labour law is needed in such cases, the use of new technologies such as an online platform should not matter; it cannot be a valid excuse for evading the law».

GUY DAVIDOV, «The Status of Uber Drivers: A Purposive Approach», disponível em www.labourlawresearch.net.

I. DIREITO DO TRABALHO E TRABALHO DEPENDENTE

1. O direito do contrato de trabalho

É bem sabido que a expressão *Direito do Trabalho* se mostra, porventura, demasiado ampla e, nessa medida, algo enganadora. Com efeito, nem todo o trabalho prestado nas sociedades hodiernas é regulado por este ramo do direito, antes este limita-se, em princípio, a disciplinar as relações laborais marcadas pela nota da subordinação jurídica, pelo dever de o prestador de trabalho obedecer às injunções patronais, pelo poder do credor de trabalho de comandar a atividade daquele. É, pois, o trabalho assalariado, dependente, de execução heteroconformada, aquele que constitui o principal alvo da atenção do direito laboral. E é também sabido que, na génese deste ramo do direito, foi sobretudo a figura do operário que esteve presente (fábrica, indústria, proletariado).

De todo o modo, importa sublinhar que o contrato de trabalho não se define por *aquilo que se promete fazer*, isto é, pelo tipo de atividade em questão, mas sim pelo *modo como se promete fazer*, isto é, pela circunstância de essa atividade ser prestada sob a autoridade e direção do empregador. Produto tardio da Revolução Industrial, nascido a pensar na fábrica e no operário[1], o Direito do Trabalho cresceu muito ao longo do séc. XX, abriu-se a novas realidades, terciarizou-se, sofreu o choque da revolução tecnológica. Neste processo, o âmbito subjetivo do Direito do Trabalho ampliou-se consideravelmente – a fábrica é substituída pela empresa, o operário pelo trabalhador, a dependência económica pela subordinação jurídica –, indo muito para

[1] «Trabalho massificado, sujeito ao ritmo da máquina, realizado na fábrica – lugar de propriedade privada do empregador e com os instrumentos deste – trabalho cujo resultado é propriedade do empregador e trabalho vendido por unidade de tempo. E de um tempo ele próprio cada vez mais uniforme e estandardizado – a fábrica exprime também o triunfo do relógio – que permite conceber este intercâmbio como a 'venda' de energias laborais por unidade de tempo» (JÚLIO GOMES, *Direito do Trabalho*, Coimbra Editora, Coimbra, 2007, p. 104).

além do seu protótipo tradicional, da matriz fabril que esteve na sua génese. Ora, esta mesma ampliação subjetiva veio a colocar em crise a unicidade, se não mesmo a unidade, do ordenamento jurídico-laboral. A expansão importou, inevitavelmente, uma certa diversificação regimental. Daí que a *diversidade normativa* constitua hoje, seguramente, uma das principais características do ordenamento jurídico-laboral. Com efeito, surgindo o mundo do trabalho assalariado, cada vez mais, como uma realidade multiforme e heterogénea, compreende-se que o correspondente direito não possa apresentar-se como um bloco monolítico.

De forma sintética: *o Direito do Trabalho visa regular uma relação que, conquanto surja em função do livre consentimento prestado por ambos os contraentes, traduzido na voluntária celebração do contrato de trabalho* (neste sentido, o contrato representa sempre um ineliminável sinal de liberdade pessoal), *surge também como uma relação fortemente assimétrica, em cuja execução a pessoa do trabalhador se encontra profundamente envolvida.* Daí que no código genético deste ramo do direito se encontre a sua feição protecionista do contraente débil, a sua função tuitiva do prestador de trabalho, daquele que, ao prestá-lo, se submete à autoridade, direção e fiscalização de outrem, inserindo-se no respetivo âmbito de organização.

Para o Direito do Trabalho releva então, sobretudo, o fenómeno do trabalho assalariado, subordinado, prestado por conta alheia. E o mecanismo jurídico através do qual se realiza o acesso a esse trabalho subordinado é o do contrato individual de trabalho. Recordemos a respetiva noção, tal como se encontra hoje consagrada no art. 11.º do Código do Trabalho (CT): «Contrato de trabalho é aquele pelo qual uma pessoa singular se obriga, mediante retribuição, a prestar a sua atividade a outra ou outras pessoas, no âmbito de organização e sob a autoridade destas».

Se cotejarmos a noção vertida no atual CT, de 2009, com a noção constante do velho Código Civil (CCiv), de 1966, verificamos que se registam algumas diferenças, julga-se que não muito significativas. Quatro notas merecem, ainda assim, um breve apontamento:

i) O CT afirma, *expressis verbis*, que o trabalhador é, necessariamente, uma *pessoa singular*, "de carne e osso", nunca uma pessoa coletiva (já o empregador, como se sabe, tanto poderá ser uma pessoa singular como coletiva);

ii) Ao passo que o CCiv alude à prestação de uma atividade *intelectual ou manual*, o CT abstém-se de proceder a tal qualificação da atividade prometida pelo devedor (o que talvez se justifique, tanto em razão do respeito devido ao princípio da igualdade, como pela tendencial homogeneização do trabalho inerente à revolução tecnológica dos nossos dias, que torna algo evanescente a tradicional distinção entre trabalho manual e intelectual);

iii) O CCiv apenas utilizava o singular quando se referia ao empregador (não, claro, no sentido de que este teria de ser uma pessoa singular, mas no sentido de que este seria apenas um), ao passo que o CT admite, ainda que em casos contados, que um contrato de trabalho vincule um trabalhador a vários empregadores (hipótese de *pluralidade de empregadores*, prevista no art. 101.º do CT).

iv) O CCiv diz que o trabalhador prestará a sua atividade «sob a autoridade e direção» do empregador, ao passo que o CT afirma que a mesma será prestada «no âmbito de organização e sob a autoridade» do empregador. Trata-se de uma *nuance* legislativa que acentua o *elemento organizativo*, em regra empresarial, típico do contrato de trabalho. A tónica é colocada no elemento da hetero-organização, na inserção funcional do trabalhador numa estrutura organizativa predisposta e dirigida por outrem. Dir-se-ia que a componente organizacional do contrato de trabalho, antes implícita, foi agora explicitada pelo legislador[2].

Assim sendo, ontem como hoje, analisando a noção legal de contrato de trabalho concluímos que o mesmo é constituído, essencialmente, por três elementos: a prestação de trabalho, a retribuição e, *last but not least*, a subordinação jurídica. Quanto a esta última, ela decorre do facto de o trabalhador se comprometer a prestar a sua atividade «sob a autoridade e direção» da entidade empregadora (ou, de acordo com a nova fórmula legal, «no âmbito

---

[2] Talvez se possa ir mais longe, com Liberal Fernandes, para quem o novo segmento «no âmbito de organização», em lugar da anterior «direção», consiste numa alteração suscetível de agilizar a qualificação do elemento subordinação, adotando um conceito mais flexível de subordinação laboral, de forma a abranger as novas formas de organização do trabalho e passando esta nova matriz de laboralidade a abranger os trabalhadores economicamente dependentes – «A noção de contrato de trabalho no Código de 2009: evolução ou continuidade?», *Questões Laborais*, n.º 51, 2017, pp. 113-122. Também Monteiro Fernandes considera existir uma tendência para passar do critério formal da subordinação jurídica (assente na existência de uma posição de *autoridade juridificada* de um sujeito sobre o outro) para o critério material da dependência económica (assente numa situação de *supremacia de facto* derivada da posição de um dos sujeitos perante o mercado e o processo produtivo) – «Deverá a subordinação jurídica manter-se como elemento qualificador?», José João Abrantes (coord.), *II Congresso Europeu de Direito do Trabalho*, Almedina, FDUNL, 2018, pp. 97-107.

de organização e sob a autoridade» desta), sendo usual dizer-se que é neste elemento que reside o principal critério de qualificação do contrato de trabalho – e de distinção deste face a contratos vizinhos. A subordinação jurídica consiste no reverso do poder diretivo do empregador, ou seja, no poder de o credor da prestação conformar, através de comandos e instruções, a prestação a que o trabalhador se obrigou, definindo como, quando, onde e com que meios deve esta ser executada. Por isso o CT afirma que «compete ao empregador estabelecer os termos em que o trabalho deve ser prestado, dentro dos limites decorrentes do contrato e das normas que o regem» (art. 97.º). E também por isso o mesmo diploma acrescenta que o trabalhador deve «cumprir as ordens e instruções do empregador respeitantes a execução e disciplina do trabalho, bem como a segurança e saúde no trabalho, que não sejam contrárias aos seus direitos ou garantias» (art. 128.º, n.º 1, al. *e)*).

Como se depreende da simples leitura destas normas, a subordinação jurídica conhece *limites* (sob pena, aliás, de a condição do trabalhador se degradar a uma condição servil), devendo acrescentar-se que também comporta *graus* distintos, tanto podendo ser muito intensa como exprimir-se em moldes bastante ténues e até potenciais (desde logo, a subordinação jurídica não é incompatível com a autonomia técnico-executiva, típica, p. ex., das chamadas «profissões liberais»). E sublinhe-se, por último, que se trata de uma subordinação de natureza *jurídica*, a qual não se identifica com a dependência económica do prestador de atividade (isto é, com a circunstância de o trabalhador carecer dos rendimentos do trabalho para satisfazer as suas necessidades quotidianas). É certo que esta é uma dupla que, em regra, anda a par, cumulando o trabalhador a condição de sujeito juridicamente subordinado e economicamente dependente – e a lei, como é óbvio, não pode nem deve ignorar esta tendencial coincidência. Porém, há casos de divórcio entre ambas, visto que a dependência económica pode viver desacompanhada da subordinação jurídica (pense-se, p. ex., em certas hipóteses do chamado «trabalho parassubordinado»)[3], sendo a inversa também verdadeira.

2. A questão da qualificação do contrato

A prestação de trabalho pode, decerto, ocorrer ao abrigo de um contrato de trabalho. Mas sabe-se que nem todo o trabalho humano é enquadrado

[3] O art. 10.º do CT estende a tutela concedida por algumas normas laborais (as respeitantes a direitos de personalidade, igualdade e não discriminação e segurança e saúde no trabalho) a situações em que ocorra prestação de trabalho por uma pessoa a outra, sem subordinação jurídica, sempre que o prestador de trabalho deva considerar-se na dependência económica do beneficiário da atividade.

por este tipo contratual. E a verdade é que, existindo muitos contratos afins ou vizinhos ao de trabalho, aquele que mais frequentemente surge na prática e que maiores dificuldades distintivas suscita é, justamente, o chamado «contrato de prestação de serviço». Já conhecemos a noção de contrato de trabalho. Mas o CCiv também define os contornos do contrato de prestação de serviço, nos seguintes moldes: «Contrato de prestação de serviço é aquele em que uma das partes se obriga a proporcionar à outra certo resultado do seu trabalho intelectual ou manual, com ou sem retribuição» (art. 1154.º). Este último é, aliás, um tipo contratual muito vasto, abrangendo o mandato, o depósito e a empreitada (art. 1155.º), mas admitindo-se ainda a existência de modalidades atípicas de prestação de serviço (art. 1156.º)[4].

Se confrontarmos a noção legal de contrato de trabalho, vertida no art. 1152.º do CCiv (e reproduzida, com as alterações já assinaladas, no art. 11.º do CT), com a noção de contrato de prestação de serviço, vazada no art. 1154.º do mesmo diploma, logo topamos com alguns traços distintivos essenciais. Assim: *i)* quanto ao *conteúdo da obrigação*, no contrato de prestação de serviço trata-se de proporcionar ao credor certo resultado do trabalho, ao passo que no contrato de trabalho está em jogo a prestação de uma atividade (o trabalhador promete uma atividade laboral, o prestador de serviço compromete-se a proporcionar um resultado do trabalho); *ii)* quanto à *retribuição*, esta é um elemento essencial e indefetível no contrato de trabalho («mediante retribuição»), sendo um elemento meramente eventual no seio do contrato de prestação de serviço («com ou sem retribuição»); *iii)* quanto às *instruções do credor da prestação*, no contrato de prestação de serviço não se faz qualquer menção às mesmas, ao passo que no contrato de trabalho o devedor presta a sua atividade «sob a autoridade e direção», ou «no âmbito de organização e sob a autoridade», da contraparte.

Em teoria parece fácil delimitar as figuras, mas a verdade é que, na prática, a distinção entre ambos os contratos revela-se, amiúde, bastante espinhosa. Se bem repararmos, em ambos os contratos pode haver lugar à remuneração do prestador de serviço. E o certo é que a dicotomia atividade/resultado também não é muito esclarecedora: toda a atividade tende à obtenção de um qualquer resultado, sendo que este sempre decorrerá da prestação de uma qualquer atividade... Pelo que, diz-se, o verdadeiro critério distintivo

[4] As maiores dificuldades de distinção colocam-se, porventura, entre o contrato de trabalho e os contratos de empreitada ou de mandato. Mas os problemas surgem, por vezes, em relação a outros contratos (contratos de avença, de agência, de sociedade, etc.).

reside, no fundo, na (in)existência de subordinação jurídica entre as partes da relação: se esta existir, aí teremos um contrato de trabalho; se esta não existir, aí teremos uma qualquer modalidade do contrato de prestação de serviço.

Só que nem assim os problemas qualificativos desaparecem. A riqueza e a variedade das situações da vida revelam-nos não poucas zonas cinzentas, de demarcação difícil, problema que se agrava se nos não esquecermos de que, como acima foi referido, a *subordinação jurídica* é uma noção de geometria variável, comportando uma extensa escala gradativa (dir-se-ia mesmo que, ao longo do passado século, este elemento foi-se flexibilizando, tendendo a jurisprudência a detetá-lo perante formas cada vez menos vincadas de exercício dos poderes empresariais), ao passo que no contrato de prestação de serviço não deixa de haver espaço para a emissão de algumas instruções genéricas por parte do credor da prestação.

Tudo, portanto, a dificultar a tarefa ao intérprete-aplicador do Direito, o qual, infelizmente, não dispõe de um "subordinómetro"[5]. Se a isto juntarmos que não existe uma relação necessária entre a natureza da atividade exercida e a respetiva qualificação contratual, pois, como nota Sousa Ribeiro, «praticamente todo o labor humano por conta de outrem pode ser prestado de forma autónoma ou subordinada»[6], bem como que, por vezes, existe um desiderato de mascarar a natureza subordinada da relação por parte dos respetivos sujeitos (*maxime* por parte do credor dos serviços), então facilmente se compreenderá que este constitui um dos grandes desafios que atualmente se colocam ao Direito do Trabalho.

Repete-se: é sabido que, desde as suas origens, o Direito do Trabalho não visa regular todo o trabalho humano, mas apenas aquele trabalho prestado em moldes juridicamente subordinados e hierarquicamente dependentes – isto é, o trabalho de execução heteroconformada. E é outrossim bem conhecida a função tuitiva desempenhada por este ramo do direito, isto é, a feição protecionista assumida por este ramo do ordenamento jurídico. Não sendo a única, é inegável que a função de tutela do trabalhador assalariado (da sua pessoa e do seu emprego) e de compressão/limitação dos poderes patronais se encontra inscrita no código genético do Direito do Trabalho. Ora, aqui

---

[5] A propósito, sublinhando que a subordinação jurídica, sendo um elemento decisivo para a caracterização e qualificação do contrato de trabalho, «é também, simultaneamente, um conceito de enorme problematicidade aplicativa», Sousa Ribeiro, «As fronteiras juslaborais e a (falsa) presunção de laboralidade do artigo 12.º do Código do Trabalho», *Direito dos Contratos – Estudos*, Coimbra Editora, 2007, pp. 345-408 (355).

[6] *Ob.* e *loc. cit.*, na nota anterior.

chegados, dir-se-ia: se o Direito do Trabalho existe e se este ramo do direito protege os trabalhadores dependentes, com os inerentes custos para a contraparte, então, numa perspetiva patronal algo simplista mas nem por isso pouco frequente, o melhor será que, ao menos na aparência, deixe de haver trabalhadores dependentes... Daí a larga difusão do fenómeno da chamada «fuga ao Direito do Trabalho» ou «fuga ilícita para o trabalho autónomo»[7], através da dissimulação fraudulenta de uma relação de trabalho subordinado sob a capa de um falso trabalho independente, prestado ao abrigo de um suposto «contrato de prestação de serviço».

Este fenómeno da manipulação abusiva da qualificação do contrato é, aliás, bem conhecido dos juslaboralistas, traduzindo-se numa *simulação relativa sobre a natureza do negócio*, com o objetivo de evitar a aplicação da legislação laboral. Trata-se de uma simulação relativa sobre a natureza do negócio, visto que o negócio ostensivo ou simulado (em regra, um qualquer contrato de prestação de serviço) resulta de uma alteração do tipo negocial correspondente ao negócio dissimulado ou oculto (contrato de trabalho). E tratar-se-á de uma simulação fraudulenta, dado que o intuito é o de contornar a legislação laboral[8]. *In casu*, este é um acordo simulatório no qual, naturalmente, o trabalhador também participa, mas o qual, normalmente, lhe é imposto pelo empregador como condição *sine qua non* para proceder à respetiva admissão na empresa. Estamos, pois, perante uma simulação negocial um tanto *sui generis*, quer pela circunstância de a cooperação do trabalhador no acordo simulatório lhe ser de algum modo imposta pela contraparte, quer pelo facto de o principal (ainda que não único) prejudicado com a simulação acabar por ser, precisamente, o trabalhador[9].

3. O *nomen iuris* e o "princípio da primazia da realidade"

«Os contratos são o que são, não o que as partes dizem que são», eis um princípio geral do Direito que encontra intensa aplicação em sede juslaboral.

---

[7] Palavras de Furtado Martins, «A crise do contrato de trabalho», *RDES*, 1997, n.º 4, pp. 335 e ss. Trata-se, conforme indica o Autor, de «situações em que intencionalmente se faz uma errada qualificação das relações de trabalho com o intuito de evitar a aplicação da legislação laboral» (p. 341).

[8] Sobre estas noções, *vd.*, por todos, Carlos Mota Pinto, *Teoria Geral do Direito Civil*, 4.ª ed., por António Pinto Monteiro e Paulo Mota Pinto, Coimbra Editora, Coimbra, 2005, pp. 466 e ss.

9 Sobre as virtualidades e as dificuldades do recurso ao enquadramento simulatório no âmbito do contrato de trabalho, realçando a importância preponderante da fase executiva na tarefa de interpretação-qualificação deste contrato, *vd.* Joana Nunes Vicente, A *Fuga à Relação de Trabalho (Típica): em torno da simulação e da fraude à lei*, Coimbra Editora, 2008, pp. 57-122.

Na verdade, as partes são livres para concluir o contrato *x* ou o contrato *y*, mas já não o são para celebrar o contrato *x* dizendo que celebraram o contrato *y* – naquilo, e não nisto, consiste a sua liberdade contratual, consagrada no art. 405.º do CCiv (nos termos do n.º 1 deste artigo, «dentro dos limites da lei, as partes têm a faculdade de fixar livremente o conteúdo dos contratos, celebrar contratos diferentes dos previstos neste código ou incluir nestes as cláusulas que lhes aprouver»).

A liberdade contratual não se confunde, pois, com a manipulação ilícita da qualificação da relação: como dizia Orlando de Carvalho, «a liberdade contratual é a liberdade de modelar e de concluir os negócios, não a de decidir arbitrariamente da lei a que eles devem submeter-se (sobretudo se o *nomen* escolhido não corresponde às estipulações)»[10]. Destarte, apurando-se a existência de uma prestação de atividade em regime de heterodeterminação e a troco de uma retribuição, toparemos com um contrato de trabalho e não com um qualquer contrato de prestação de serviço, ainda que esta seja a designação contratual adotada pelas partes. Trata-se, afinal, de dar prevalência à vontade real das partes, desvelada pela execução contratual, sobre a vontade declarada. A doutrina brasileira alude, a este propósito, ao chamado «princípio da primazia da realidade», precisamente para vincar que as relações jurídico-laborais se definem pela situação de facto, isto é, pela forma como se realiza a prestação de serviços, pouco importando o nome que lhe foi atribuído pelas partes. Com efeito, para o Direito do Trabalho, interessa menos o que as partes *dizem* do que aquilo que elas *fazem*, porque o que fazem ao longo da relação ilumina a real vontade das partes, isto é, espelha com fidelidade aquilo que elas *querem*. Ademais, reitera-se, aquilo que elas dizem ou escrevem é, quase sempre, aquilo que uma delas diz ou escreve e a outra se limita a aceitar e subscrever.

4. A qualificação contratual e a presunção de laboralidade

Como resulta do acima exposto, as questões ligadas à qualificação do contrato em causa, designadamente no tocante à *prova da existência de uma relação de trabalho subordinado*, assumem uma importância decisiva em matéria de efetividade do Direito do Trabalho. Em princípio, querendo o trabalhador fazer valer direitos decorrentes da legislação laboral, e suscitando-se a questão prévia da qualificação da relação, recairia sobre

[10] *Escritos, Páginas de Direito,* vol. I, Almedina, Coimbra, 1998, pp. 22-23.

o trabalhador, nos termos gerais, o ónus de provar a existência, *in casu*, de um contrato de trabalho (recorde-se que, segundo o art. 342.º, n.º 1, do CCiv, «àquele que invocar um direito cabe fazer a prova dos factos constitutivos do direito alegado»). Ou seja, estando o *ónus da prova* a cargo do trabalhador, caber-lhe-ia demonstrar a existência dos elementos constitutivos do contrato de trabalho: retribuição, prestação de trabalho e factos que habilitassem o tribunal a concluir pela presença de subordinação jurídica. E, nos casos de dúvida, era muito frequente o recurso jurisprudencial ao chamado «método indiciário», de controlo múltiplo, em ordem a formular um juízo global sobre a qualificação contratual. Assim sendo, o tribunal recorria a uma bateria de elementos indiciários como forma de testar a existência de uma situação de autonomia ou de subordinação na prestação de trabalho, tais como os referentes ao local de trabalho (quem determina e controla o local de execução da prestação?), ao horário de trabalho (existe um horário definido para o desempenho da atividade laboral?), à modalidade da remuneração (certa ou variável?), à titularidade dos instrumentos de trabalho (propriedade do credor ou do devedor dos serviços?), à eventual situação de exclusividade do prestador de serviços (existe dependência económica deste face ao beneficiário dos serviços?), ao enquadramento fiscal e de segurança social, ao próprio *nomen iuris* escolhido, etc.

Tratava-se, repete-se, de meros tópicos indiciadores da existência de subordinação jurídica, cuja verificação tinha de ser demonstrada por quem estava onerado com o ónus da prova do contrato – o trabalhador. Ora, se a prova dos elementos constitutivos do contrato de trabalho é, muitas das vezes, difícil, para obviar a tal dificuldade poder-se-ia recorrer a uma presunção legal de existência de contrato de trabalho. Isso mesmo consta, aliás, da Recomendação n.º 198 da OIT (sobre a relação de trabalho), adotada em 15 de junho de 2006, a qual preconiza que a legislação dos Estados-membros estabeleça uma presunção de contrato de trabalho, baseada em indícios relevantes (art. 11.º, al. *b)*). Foi o que veio a ser feito pelo nosso legislador, a partir do CT de 2003, procurando, ao menos *prima facie*, contrariar a "fuga ao Direito do Trabalho" a que acima se aludiu. O legislador estabeleceu, pois, uma *presunção de laboralidade* – a qual, por definição, deveria facilitar a prova da existência de um contrato de trabalho, perfilando-se como uma técnica de combate à dissimulação ilícita de relações laborais.

Após dois ensaios claramente falhados, feitos em 2003 e em 2006[11], o atual CT consagra a referida presunção de laboralidade no seu art. 12.º, n.º 1, agora nos seguintes termos:

«Presume-se a existência de contrato de trabalho quando, na relação entre a pessoa que presta uma atividade e outra ou outras que dela beneficiam, se verifiquem algumas das seguintes características:

a) A atividade seja realizada em local pertencente ao seu beneficiário ou por ele determinado;
b) Os equipamentos e instrumentos de trabalho utilizados pertençam ao beneficiário da atividade;
c) O prestador de atividade observe horas de início e de termo da prestação, determinadas pelo beneficiário da mesma;
d) Seja paga, com determinada periodicidade, uma quantia certa ao prestador de atividade, como contrapartida da mesma;
e) O prestador de atividade desempenhe funções de direção ou chefia na estrutura orgânica da empresa».

O novo art. 12.º do CT não é, naturalmente, uma norma perfeita e isenta de críticas. Longe disso, como procuraremos demonstrar na parte final deste texto. Mas pensamos que, à terceira tentativa, o legislador finalmente acabou por estabelecer uma presunção de laboralidade com algum sentido útil. A lei seleciona um determinado conjunto de elementos indiciários, considerando que a verificação de alguns deles (dois?) bastará para a inferência da subordinação jurídica. Assim sendo, a tarefa probatória do prestador de atividade resulta consideravelmente facilitada. Doravante, *provando o prestador que,* in casu, *se verificam algumas daquelas características, a lei presume que haverá um contrato de trabalho, cabendo à contraparte fazer prova em contrário.* Assim, provando-se, p. ex., que a atividade é realizada em local pertencente ao respetivo beneficiário e nos termos de um horário determinado por este, ou provando-se que os instrumentos de trabalho pertencem ao beneficiário da atividade, o qual paga uma retribuição certa ao prestador da mesma, logo a lei presume a existência de um contrato de trabalho. Tratando-se de uma presunção *juris tantum* (art. 350.º do CCiv), nada impede o beneficiário da atividade de ilidir essa presunção, demonstrando que, a despeito de se verificarem aquelas circunstâncias, as partes não celebraram qualquer contrato

[11] Para indicações sobre as duas primeiras versões da presunção de laboralidade, em termos críticos, *vd.* João Leal Amado, *Contrato de Trabalho – Noções Básicas*, Almedina, Coimbra, 2.ª ed., 2018, pp. 64-66.

de trabalho. Mas, claro, o *onus probandi* passa a ser seu (dir-se-ia que a bola passa a estar do seu lado), pelo que, não sendo a presunção ilidida, o tribunal qualificará aquele contrato como um contrato de trabalho, gerador de uma relação de trabalho subordinado.

Pelo exposto, também para o julgador esta presunção reduz a complexidade da valoração a empreender, dado que, pelo menos num primeiro momento, ele poderá concentrar-se nos dados que integram a presunção, circunscrevendo a base factual da sua apreciação. De certa forma, esta presunção representa uma *simplificação do método indiciário tradicional*, visto que, como ponto de partida, ela dispensa o intérprete de proceder a uma valoração global de todas as características pertinentes para a formulação de um juízo conclusivo sobre a subordinação. Mas trata-se, como vamos ver, de uma presunção construída tendo em conta as formas de prestar trabalho típicas do séc. XX. O surgimento do chamado "trabalho 4.0" veio criar novos desafios, aos quais, porventura, a atual presunção de laboralidade constante do CT não consegue dar resposta satisfatória.

II. A SOCIEDADE DIGITAL E OS NOVOS DESAFIOS AO DIREITO DO TRABALHO

1. O "trabalho 4.0"

O progresso da humanidade está, muitas vezes, associado ao fascínio perante a ciência e a tecnologia, por originarem inovações que fazem avançar a humanidade: da roda ao microprocessador, do ábaco ao computador, da imprensa escrita à *Internet* e à *web*, *inter alia*[12]. E, atualmente, a Inteligência Artificial[13] veio para ficar e incide sobre inúmeros aspetos da vida das pessoas em geral e dos trabalhadores em especial, desde o momento de formação do

---

[12] Ver o esquema com diferentes fases de evolução apresentado em Jean-Michel Rodes, Geneviève Piejut e Emmanuelle Plas, *Memory of the Information Society*, UNESCO, Paris, 2003, p. 11.

[13] Há que referir que não existe um conceito unívoco de Inteligência Artificial, principalmente porque tem de relacionar-se com outro conceito que também é difícil de definir e que é o de inteligência humana e que a mesma coloca várias questões que ultrapassam, largamente, o âmbito deste nosso artigo; mas, apenas para referir algumas, desde logo a questão da proteção e propriedade dos dados que constituem a base de trabalho para a Inteligência Artificial; ou questões relativas à responsabilidade, por exemplo no caso dos carros autónomos; ou o direito à privacidade, porque todos vamos deixando uma série de *pistas digitais* que permitem a comparação à entrada de determinados locais de uma cópia digitalizada e a imagem da pessoa em causa e, em especial no caso das relações de trabalho, o trabalhador encontra-se, por esta via, amplamente *radiografado* e informações colocadas *online* podem perdurar no ciberespaço por muito tempo, correndo o risco de ficarem completamente desatualizadas e com a inerente descontextualização dos dados.

contrato de trabalho[14], passando pela execução do mesmo[15] e terminando na sua cessação[16]. A própria União Europeia, num Documento de 8 de abril deste ano sobre *Ethic Guidelines for Trustworthy AI*, estabeleceu que deveria defender-se sempre o respeito pela autonomia humana, pela transparência, pela privacidade e pela proteção de dados pessoais das pessoas, assegurando a defesa da igualdade e a proibição da discriminação, defendendo sempre a pessoa humana nas suas várias vertentes.

Muito recentemente também, o Projeto de Lei N.º 1217/XIII, que aprova a Carta dos Direitos Fundamentais na Era Digital[17], apresentado no dia 15 de maio deste ano, aborda a questão da inteligência artificial, desde logo no art. 7.º, assim como o direito à privacidade digital e alguns direitos específicos relativamente aos trabalhadores nos artigos 15.º a 18.º, alguns que podem considerar-se novos, e outros que são uma especificação do disposto no Código do Trabalho, ainda que não nos pareça que em certas partes tenha tido a melhor redação[18].

---

[14] Através de novas formas de contratação *online*, *inter alia*, com o recurso a um novo tipo de entrevistas, ou de recurso a plataformas digitais de emprego.

[15] Através de, *inter alia*, um novo tipo de formação ao longo da vida, de um novo controlo, o controlo eletrónico/digital, um novo tempo de trabalho, ou de um novo tipo de Direito Coletivo.

[16] Cf., para maiores desenvolvimentos, *inter alia*, OIT, *Trabalhar para um Futuro Melhor*, Lisboa, 2019, Instituto de Estrategia Legal en RRHH, *Inteligencia artificial y sus impactos en los Recursos Humanos y en el Marco Regulatorio de las Relaciones Laborales*, WoltersKluwer, Espanha, 2018, *4.ª Revolución Industrial: Impacto de la Automatización y la Inteligencia Artificial en la Sociedad y la Economía Digital*, Thomson Reuters, Aranzadi, Espanha, 2018, e WEF, *The Future of Jobs Report*, 2018.

[17] Projeto que ainda vai ser discutido e que pode ser visto em https://www.parlamento.pt/ActividadeParlamentar/Paginas/DetalheIniciativa.aspx?BID=43768 (acedido pela última vez em junho de 2019).

[18] Veja-se, a título de exemplo, o art. 17.º, com a epígrafe *Direito à intimidade no local de trabalho*. No seu n.º 4, estabelece que "O disposto nos números anteriores não obsta a que imagens e sons captados por equipamentos instalados constituam meios de prova quando esteja em causa ilícito disciplinar grave ou infração penal", mas o art. 28.º da Lei n.º 58/2019, de 8 de agosto, que *assegura a execução, na ordem jurídica nacional, do regulamento (UE) 2016/679, relativo à proteção das pessoas singulares no que diz respeito ao tratamento de dados pessoais e à livre circulação dos mesmos*, nos n.ºs 4 e 5, estabelece: "4 – As imagens gravadas e outros dados pessoais registados através da utilização de sistemas de vídeo ou outros meios tecnológicos de vigilância à distância, nos termos previstos no artigo 20.º do Código do Trabalho, só podem ser utilizadas no âmbito do processo penal; 5 – Nos casos previstos no número anterior, as imagens gravadas e outros dados pessoais podem também ser utilizados para efeitos de apuramento de responsabilidade disciplinar, na medida em que o sejam no âmbito do processo penal".
Existe aqui uma clara contradição, sendo que a redação da Carta dos Direitos Fundamentais na Era Digital não nos parece ser a melhor. Para nós, a redação preferível seria algo como isto: *o disposto nos números anteriores não obsta a que imagens e sons captados por equipamentos instalados constituam meios de prova quando esteja em causa ilícito disciplinar grave que constitua infração penal* – ou seja, os requisitos deveriam ser cumulativos, isto é, só as infrações disciplinares que constituam também infrações penais poderiam ser provadas através de tais imagens e sons.

É neste contexto que a OIT, no centenário da sua criação, defendeu que em 2019 estamos num momento disruptivo de certa forma equivalente ao de 1919, aquando da criação desta organização, abordando a necessidade de revitalização do "contrato social", centrada no ser humano. Na verdade, "não é a primeira vez que uma alteração profunda no mundo do trabalho exige uma resposta global coletiva e mundial. Em 1919, na sequência de uma devastadora guerra mundial, os governos, os patrões e os trabalhadores uniram-se, com base num compromisso comum com a justiça social, e fundaram a Organização Internacional do Trabalho (OIT) porque existem condições de trabalho que implicam para grande parte das pessoas, a injustiça, a miséria e as privações, o que gera um descontentamento tal que a paz e a harmonia universais são postas em risco; e (...) é urgente melhorar essas condições"[19]. Hoje como então, a paz e a estabilidade duradouras dependem da justiça social[20].

O Direito do trabalho é um dos setores do ordenamento jurídico que, pela sua própria natureza, é mais exposto à influência das mudanças tecnológicas. Os sistemas produtivos têm-se caracterizado pela sua contínua modernização e melhoria das técnicas utilizadas de tal forma que o emprego do termo "novas tecnologias" poderia entender-se como uma característica permanente deste ramo do Direito, perfeitamente aplicável a cada uma das suas fases ou etapas cronológicas ou, até mesmo, uma redundância. Desde que Adam Smith consolidou a ideia da organização do trabalho, socorrendo-se do exemplo da fábrica de alfinetes[21], a história da industrialização está estreitamente ligada às transformações e mudanças nos métodos de organização do trabalho[22].

---

[19] *Op.* cit., p. 23.

[20] Neste Documento pode ler-se, ainda, que "é necessário um controlo humano da inteligência artificial, de forma a garantir que as decisões finais que afetam o trabalho sejam tomadas por seres humanos e não por algoritmos. A gestão de algoritmos, a vigilância e o controlo através de sensores e de outras formas de monitorização, precisam de ser regulados para proteger a dignidade dos trabalhadores. O trabalho não é uma mercadoria; nem é um robô".

[21] Neste exemplo, Adam Smith escolhe o famoso caso da fabricação de alfinetes para descrever a passagem do artesão até à fábrica, constatando que se um trabalhador isolado conseguia, anteriormente, produzir cerca de 20 alfinetes por dia, a separação de tarefas e a colaboração entre os trabalhadores permite produzir 48 mil alfinetes, isto é, 2400 vezes mais.

[22] Iniciava-se, desta forma, a "grande aventura", desde a visão da industrialização como uma promessa da divisão do trabalho até uma progressiva incorporação da força de trabalho numa máquina, primeiro como energia motora, para depois ser energia operadora e, por fim, com uma função de controlo. *Vide* Carinci, "Rivoluzione tecnologica e Diritto del Lavoro: il rapporto individuale", *in GDLRI,* n.º 25, 1986, p. 203.

O setor das TIC tem revolucionado imenso o Direito do trabalho mas não só. A expansão das plataformas digitais é enorme e em menos de uma década foram criadas cerca de 10000 companhias ou plataformas e muitos empregos foram também criados[23]. Atualmente há uma *app* para tudo ou quase tudo, desde atividades mais simples como entrega de comida, até atividades mais complexas como prestação de serviços jurídicos, surgindo todos os dias novas plataformas. Por outro lado, mesmo aquelas que estão bem sedimentadas no mercado quase que se reinventam todos os dias ou variam a sua aplicação de país para país[24].

Nesta nova sociedade digital existe uma transformação radical da economia, na medida em que há uma redução enorme dos custos de informação e de coordenação, e surgem as plataformas digitais e uma nova economia, a economia partilhada ou colaborativa, que, na noção apresentada pela Comissão Europeia em 2 de junho de 2016, no Documento *Uma Agenda Europeia para a Economia Colaborativa*, refere-se a "modelos empresariais no âmbito dos quais as atividades são facilitadas por plataformas colaborativas que criam um mercado aberto para a utilização temporária de bens ou serviços, muitas vezes prestados por particulares. São três as categorias de intervenientes na economia colaborativa: *(i)* os prestadores de serviços que partilham os ativos, os recursos, a disponibilidade e/ou as competências – podem ser particulares que oferecem serviços numa base esporádica («pares») ou prestadores de serviços que atuam no exercício da sua atividade profissional («prestadores de serviços profissionais»); *(ii)* os utilizadores desses serviços; e *(iii)* os intermediários que – através de uma plataforma em linha – ligam prestadores de serviços e utilizadores, facilitando as transações recíprocas ("plataformas colaborativas"). Por via da regra, as transações de economia colaborativa não implicam uma transferência de propriedade, podendo ser realizadas com fins lucrativos ou sem fins lucrativos".

Esta economia colaborativa gera novas oportunidades, para todos, podendo dar um importante contributo para a criação de empregos, de regimes de trabalho flexíveis e de novas fontes de rendimento, desde que seja devidamente incentivada e desenvolvida de forma responsável.

Contudo, como também salienta a Comissão Europeia, há vários problemas. Desde logo, a economia colaborativa levanta frequentemente questões

---

[23] Mark Graham, *The Risks and Rewards of Online Gig Economy*, Oxford Internet Institute, 2017.

[24] *Vide* Jeremias Prassl, *Humans as a Service – the Promise and Perils of Work in the Gig Economy*, OUP, Oxford, 2018, pp. 12-13.

no que diz respeito à aplicação dos quadros jurídicos em vigor, diluindo a tradicional distinção entre consumidor e fornecedor, trabalhador por conta de outrem e trabalhador por conta própria, prestação de serviços profissionais e não profissionais.

Também o próprio Parlamento Europeu[25] realça a importância fundamental de proteger os direitos dos trabalhadores nos serviços colaborativos, chamando a atenção para a necessidade de se assegurar o direito de os trabalhadores se organizarem e o direito à negociação e ação coletivas, em conformidade com o direito e a prática de cada Estado-membro, salientando que todos os trabalhadores da economia colaborativa são quer trabalhadores por conta de outrem, quer trabalhadores por conta própria, consoante a primazia dos factos, devendo ser classificados como tal, devendo todos os Estados-Membros garantir condições de trabalho equitativas e uma proteção jurídica e social adequada para todos os trabalhadores na economia colaborativa, independentemente do seu estatuto[26].

O trabalho está a revelar-se um fator-chave nesta transformação e revolução. Fala-se, assim, de trabalho 4.0, do trabalho na *gig economy,* que inclui quer o *Crowdwork*, quer o trabalho em plataformas – *work-on-demand via apps*, e que, por isso, não se resume apenas à Industria 4.0[27], já que se está a falar do trabalho do futuro. Claro que não há um conceito homogéneo ou monolítico deste tipo de trabalho, já que são utilizados diferentes métodos e formas de trabalhar, que podem ir desde tarefas rotineiras, extremamente parceladas, monótonas, até tarefas mais complexas e novas, onde o valor acrescido está na qualificação e na inovação de quem presta[28].

---

[25] *Relatório sobre uma Agenda Europeia para a Economia Colaborativa*, pontos 38 e 39.

[26] Considera ainda, no Ponto 44, que "muitas plataformas de intermediação em linha são estruturalmente semelhantes a agências de trabalho temporário (relação contratual triangular entre: trabalhador temporário de uma agência/trabalhador de plataformas; agência de trabalho temporário/plataforma em linha; utilizador/cliente)".

[27] Este termo provém de um programa comum lançado pelo Governo alemão e pela indústria alemã em 2011. Mais tarde, foi utilizado no léxico da Comissão Europeia, bem como noutras regiões. O termo preferido no ordenamento jurídico norte-americano é o de *smart manufacturing*. Através de *Cyber-physical systems*, e um número elevado de *robots* que substituem o trabalho humano manual, e com a utilização da *big data*, monitoriza-se toda a produção, existindo uma flexibilização na produção e na personalização do produto final. Este termo refere-se a uma verdadeira revolução no setor industrial, sendo que no centro desta nova indústria está uma elevada automatização e interconexão de produção industrial, sendo que processos virtuais e reais emergem com base em sistemas *cyber-physical*, o que permite uma produção mais eficiente, flexível, com uma grande personalização do produto final e com os desejos dos consumidores a serem atendidos.

[28] Dados recentes estimam que nos EUA e na UE cerca de 1/3 da população adulta já participou na economia *colaborativa*, sendo que cerca de 1% a 5% já foi pago através de trabalho realizado nas pla-

O *Crowdwork*, na verdade, pode ser quer o *crowdwork online*, quer o *crowdwork offline*, na medida em que há atividades que podem ser realizadas completamente *online* e oferecidas globalmente. Nestes casos, a concorrência também é verdadeiramente global, e pode originar uma *race to the bottom*. Estas atividades, normalmente oferecidas através da *cloud*, podem incluir tarefas mal pagas, também chamadas de *microtarefas*, assim como grandes tarefas a serem divididas em pequenas tarefas para tornar mais simples e mais barata a mesma. Como exemplos destas plataformas temos a *Amazon Mechanical Turk* e a *Clickworker*. Contudo, também podem ser tarefas que exigem uma elevada qualificação, mas isto não significa que sejam bem pagas porque como a concorrência é verdadeiramente global pode não se receber muito na mesma ou, até, não receber nada, devido à cláusula de satisfação do cliente.

Por outro lado, estas tarefas também são muito mal pagas porque não se tem em atenção o tempo que os trabalhadores têm de estar disponíveis *online*, nem o tempo que têm de estar à procura de uma tarefa.

Acresce ainda um outro problema nesta forma de prestar trabalho e que é o da permanente disponibilidade dos mesmos em termos temporais, porque como trabalham *online* com fusos horários diferentes dos utilizadores e têm prazos muito curtos para cumprir, têm de responder imediatamente. Assim, a aparente flexibilidade destas formas de prestar trabalho também necessita de ser repensada e há sim um enorme controlo[29].

Existem, ainda, outras atividades que exigem uma presença física e, por isso, a concorrência não é global, mas levantam-se também várias questões e eventual violação de regras de Direito do trabalho, de que o exemplo mais conhecido é o da *Uber* enquanto plataforma digital relacionada com os transportes, mas também plataformas digitais associadas a serviços domésticos, desde limpeza, mudanças, *bricolage*. Nestes últimos, o trabalhador da plataforma normalmente entra em contacto direto com o utilizador.

Claro que esta divisão é importante do ponto de vista do Direito a aplicar, porque estas segundas são mais fáceis de enquadrar nos meios tradicionais

taformas. *Vide The Social Protection of Workers in the Platform Economy*, União Europeia, 2017, p. 12.

[29] *Vide* ALOISI, "Commoditized Workers: Case Study Research on Labor Law Issues Arising from a Set of On-Demand/Gig Economy Platforms", *in Comparative Labor Law & Policy Journal*, vol. 37, n.º 3, 2016, p. 662, assim como JANINE BERG, "Income Security in the On-Demand Economy: Findings and Policy Lessons from a Survey of Crowdworkers", *in Comparative Labor Law & Policy Journal*, vol. 37, n.º 3, 2016, pp. 557 e ss., e VALERIO DE STEFANO, "The Rise of the "Just-In-Time Workforce": On-Demand Work, Crowdwork, and Labor Protection in the "Gig-Economy", *in Comparative Labor Law & Policy Journal*, vol. 37, n.º 3, 2016, p. 480.

de resolução da lei aplicável do que as primeiras[30], tendo a OIT recomendado "o desenvolvimento de um sistema de governação internacional para plataformas de trabalho digitais que estabeleça e exija que as plataformas (e clientes) respeitem certos direitos e proteções mínimas"[31].

As mudanças tecnológicas criam novos produtos, processos e serviços, assim como novas necessidades e, nalguns casos até, setores totalmente novos. A globalização e as novas tecnologias impõem, de certa forma, novas relações de trabalho ou, pelo menos, o repensar de algumas relações. E o trabalhador atualmente, neste *Mundo Novo do Trabalho*, para não ser excluído, tem de ter obrigatoriamente um QI digital mínimo que lhe permita conhecer, sobreviver e trabalhar na era digital[32].

Na verdade, as TIC modificaram e continuam a modificar as bases do Direito do trabalho: um trabalho muito subordinado, com um perímetro de tempos de trabalho bem definido, que agora sofre uma autêntica *metamorfose*, destruidora de emprego e criadora de um novo conceito de subordinação. Contudo, também parece ser importante assumir o desconhecimento e não realizar *futurologia,* até porque cremos que tem de atender-se a que, numa primeira análise, estas mudanças ocorridas parecem não ser novas, já que o mundo assistiu a anteriores revoluções industriais. Porém, numa análise mais aprofundada, ver-se-á que esta revolução é diferente, já que se atravessa um período de uma evolução sistémica excecional e raramente comparada a qualquer outra prévia[33]. Não se trata de crise, mas de uma verdadeira metamorfose; não de passagem entre dois estados, mas sim de um salto para o desconhecido.

Relacionada com estas novas formas de prestar trabalho está a questão, óbvia, da qualificação das relações estabelecidas, sobretudo se tivermos em atenção que toda esta questão surgiu para uma relação bilateral, o que origina problemas aquando da análise do trabalho nas plataformas digitais dado que aqui temos uma relação onde intervêm três partes.

Parece-nos que devemos atender à razão de ser do Direito do trabalho e por que surgiu a necessidade de proteção do trabalhador – e esta está rela-

[30] Veja-se neste sentido Adrián Todoli Signes, "Nuevos indícios de Laboralidad como Resultado de las Nuevas Empresas Digitales", *in Economía Colaborativa y trabajo en plataforma: realidades y desafíos*, Editorial Bomarzo, 2017, pp. 224 e ss, assim como Martin Risak, *Fair Working Conditions for Platform Workers – Possible Regulatory Approaches at the EU Level*, Friedrich-Ebert-Stiftung, 2017, pp. 5-6 .

[31] *Op.* cit., p. 45.

[32] Jean-Emmanuel Ray, *Les relations individuelles de travail 2016*, Wolters Kluwer, França, 2015, pp. 114 e ss..

[33] Conseil National Du Numerique, *Travail emploi numerique – Les nouvelles trajectoires*, França, p. 8.

cionada com a situação de especial vulnerabilidade de uma das partes relativamente à outra, que resulta quer da diferença contratual que existe porque uma tem o poder de dar ordens, instruções e a outra tem de obedecer, quer ainda porque as partes não têm o mesmo poder negocial.

Ora, face ao que referimos anteriormente, será que estas razões não se mantêm hoje em dia para o caso das pessoas que trabalham nas plataformas eletrónicas? Se no século XIX os trabalhadores faziam fila à porta das fábricas à espera de obter trabalho que era diário e sem qualquer respeito pelos tempos de trabalho e existia, nas palavras de MARX, o "exército industrial de reserva", hoje em dia, nas plataformas eletrónicas, as pessoas não são contratadas ao dia mas por tarefa, tarefa esta que pode levar segundos ou minutos a ser realizada, mas em que as pessoas têm de estar sempre *online* para conseguirem obtê-la e não sabem se no minuto seguinte a terem terminado ainda terão direito a alguma coisa ou não.

2. O TRABALHO "VIA *APPS*", MEDIANTE PLATAFORMAS ELETRÓNICAS: UMA JURISPRUDÊNCIA FLUTUANTE

A nível de Direito Comparado, em ordenamentos jurídicos que, contrariamente ao português, não conhecem uma presunção jurídica de laboralidade, várias são as decisões sobre esta matéria. E, como vamos ver em breve relance, de conteúdo bastante distinto.

2.1. No ordenamento jurídico francês existem inúmeras decisões sobre a qualificação do contrato. Em dezembro de 2016, o *Conseil de Prud'hommes* de Paris decidiu que o motorista do *Le Cab* era um trabalhador, decisão que foi confirmada pela *Cour d'appel de Paris*, por sentença de 13 de dezembro de 2017.

Contudo, num outro caso a *Cour d'appel de Paris*, numa sentença de 20 de abril de 2017, decidiu que os *riders* da plataforma *Take Eat Easy* não eram trabalhadores porque eles têm uma ampla liberdade na escolha das entregas e de quando querem trabalhar[34]. Porém, relativamente a esta decisão, e em sede de recurso, a *Cour de Cassation* teve um entendimento diferente e, a 28 de novembro de 2018, decidiu que os *riders* deveriam ser considerados como trabalhadores, fundamentalmente baseando-se na ideia da enorme possibilidade de controlo que estas plataformas permitem através do segui-

[34] E o mesmo decidiu também a 9 de novembro de 2017 no caso da plataforma *Deliveroo*, com base em argumentos semelhantes.

mento em tempo real através de aparelhos de geolocalização, a que acresce a possibilidade de sancionar quem não cumprir as regras.

No mesmo sentido, a *Cour d'appel* de Paris, por uma decisão de 10 de janeiro de 2019, decidiu que um motorista da Uber deveria ser considerado como trabalhador com um contrato de trabalho e não com um contrato de prestação de serviços, porque a partir do momento em que o trabalhador se conecta à plataforma Uber ele integra um serviço organizado pela mesma, que emana diretrizes e ordens, devendo o trabalhador obediência e podendo ser sancionado se não as cumprir. Esta decisão, tal como a anterior, também sublinhou a enorme possibilidade de controlo que há quando se utiliza um sistema de geolocalização, como acontecia no caso concreto[35].

2.2. No ordenamento jurídico espanhol também existem inúmeras decisões e em sentidos diferentes.

Assim, em 3 decisões deste ano do *Juzgado de lo Social* de Madrid, relativas à plataforma *Glovo*, decisões n.ºs 53/2019, 128/2019 e 130/2019, de 11 de fevereiro e de 3 e 4 de abril, respetivamente, o Tribunal considerou que os *riders* da Glovo deveriam ser considerados como trabalhadores, porque a plataforma tem um "completo controlo" sobre a atividade desempenhada, incluindo o local onde a todo o tempo se encontra o trabalhador, impondo regras de atuação e que é sujeita a avaliação e criação de perfis, com a eventual aplicação de sanções disciplinares que podem originar a cessação do contrato, se tais regras não forem seguidas. A existência deste poder evidencia, claramente, um vínculo laboral.

É interessante notar também o facto de chamarem a atenção para a importância da marca, considerando que se os trabalhadores pretendessem ser verdadeiros autónomos e não utilizassem a marca, "estariam condenados ao fracasso", já que o "êxito deste tipo de plataformas" deve-se à publicidade que elas fazem nas redes sociais e em motores de busca, sendo estes os *sites* que os clientes procuram quando querem o tipo de produtos que a plataforma anuncia.

Ora, de tudo isto, como bem se decidiu, infere-se o "escasso valor" para o desenvolvimento da atividade dos meios que o trabalhador utiliza, como seja o caso do veículo ou do telemóvel, quando comparados com a plataforma e o valor da marca no mercado, que são propriedade da Glovoapp23SL.

---

[35] Há que referir, contudo, que o *Conseil de Prud'hommes* de Paris, a 29 de janeiro de 2018, tinha decidido diferentemente num caso sobre a Uber, caso *Florian Ménard vs. SAS Uber France, Uber B V.*

O trabalhador está integrado na plataforma e não tem qualquer tipo de responsabilidade perante os clientes, sendo que todo o processo de faturação fica a cargo da plataforma.

Contudo, anteriormente, numa decisão do mesmo Tribunal de 3 de setembro de 2018, tinha-se considerado como um trabalhador autónomo, em termos quanto a nós muito discutíveis, porque o tribunal considerou que o trabalhador tinha liberdade quanto à fixação do tempo de trabalho, dado que decidia as horas em que iniciava a sua jornada de trabalho e as horas em que a finalizava, selecionando os pedidos que pretendia e recusando os que não queria, tendo o tribunal considerado a reputação *online* como irrelevante, já que considerou que a avaliação só serviria para que o *rider* que tivesse uma melhor pontuação pudesse escolher os pedidos com os quais pretendia ficar, não significando, contudo, uma sanção para os que tivessem uma pontuação mais baixa – o que, cremos, não corresponde bem à realidade,

Também a 11 de janeiro de 2019, o mesmo tribunal decidiu que o *rider* da Glovo não era um trabalhador subordinado, mas sim um trabalhador economicamente dependente (TRADE: *trabajadores autónomos económicamente dependientes)*.

Numa outra decisão do *Juzgado de lo Social* de Gijón, de 20 de fevereiro de 2019, foi considerado que os *riders* da Glovo deveriam ser considerados como trabalhadores, porque existiriam inúmeros indícios que demonstravam uma subordinação real no contrato celebrado, como a existência de ordens quanto ao trabalho que todos deveriam acatar, a fixação de tempos de trabalho e de dias de descanso, e mesmo a previsão de situações de suspensão da prestação de trabalho. Também é interessante nesta decisão ter-se apontado o facto de as horas em que poderá existir uma melhor pontuação serem fixadas pela plataforma e não pelo *rider*, pelo que a tão apregoada flexibilidade temporal é uma via de sentido único e sempre determinada pela plataforma.

E, tal como na jurisprudência francesa citada, o Tribunal abordou a questão da enorme possibilidade de controlo indireto através dos sistemas de geolocalização, assim como a existência de sanções para quem não cumprisse as regras estabelecidas.

No mesmo sentido existe uma decisão do *Juzgado de lo Social* de Valência, de 1 de junho de 2018, sobre a plataforma *Deliveroo*. Este caso foi muito importante porque foi a primeira vez que se abordou esta questão jurisprudencialmente e o Tribunal entendeu que se tratava de verdadeiros trabalhadores e, por isso, a cessação do contrato correspondeu a um despedimento ilícito. Este Tribunal deu por comprovado que existia uma subordinação jurídica pois o trabalhador obedecia a ordens da plataforma e laborava segundo as condições fixadas pela mesma, pois era esta que fixava a zona onde o trabalho deveria ser prestado e mesmo o horário de trabalho – apesar de existir alguma flexibilidade, o trabalho tinha de ser prestado dentro de um horário previamente fixado pela empresa e era esta que decidia qual o horário final de cada trabalhador.

Nesta decisão, mais uma vez, considerou-se bastante importante a questão da possibilidade de geolocalização do trabalhador, que permitia um seguimento constante do mesmo e um enorme controlo, assim como a existência de um verdadeiro poder disciplinar porque poderia o trabalhador ser sancionado se não cumprisse as regras.

Numa decisão do *Juzgado de lo Social* de Barcelona, de 29 de maio de 2018, decidiu-se que os *riders* da plataforma *Take Eat Easy* eram trabalhadores, considerando-se que havia subordinação jurídica entre as partes porque existia o poder diretivo, disciplinar e organizacional. Os trabalhadores estavam sujeitos a um horário de trabalho, usavam mochilas e terminais móveis da plataforma, recebendo uma contrapartida pelo trabalho que se tratava de uma verdadeira retribuição.

2.3. No ordenamento jurídico do Reino Unido foram também proferidas várias decisões sobre a questão da qualificação do contrato, mas neste ordenamento jurídico existe uma diferença legal entre o estatuto de *workers* e de *employees*. Enquanto estes últimos são verdadeiros trabalhadores com todos os direitos correspondentes, os *workers* são uma categoria intermédia, ainda que tendo direito a um salário mínimo, ao respeito pelos tempos de trabalho e de igualdade e não discriminação.

Numa decisão do *Supreme Court of United Kingdom*, de 13 de junho de 2018, *Pimlico Plumbers Ltd & Anor v Smith*, o Tribunal considerou que se estava perante um worker, na medida em que existiam indícios claros no contrato celebrado entre as partes que apontavam nessa direção, nomeadamente o facto de se fazer referência a retribuição, infração disciplinar grave e despedimento.

Numa outra decisão do *Court of Appeal de* Londres, de 19 de dezembro de 2018, e que já vem no seguimento da decisão do *Employment Appeal Tribunal*, de 10 de novembro de 2017, e do *Employment Tribunal* de Londres, de 28 de outubro de 2016, o caso *Uber v Aslam & Others*, o Tribunal manteve a mesma decisão e considerou como *workers* os condutores da Uber, considerando que a Uber tem um elevado controlo sobre toda a atividade realizada pelos motoristas, desde o processo de seleção ate à altura da cessação do contrato, impondo-lhes inúmeras regras de conduta e sancionando quem as violar, assim como o facto de a Uber manter toda a informação sobre os clientes e ser ela que realiza toda a transação, sem qualquer possibilidade de intervenção por parte dos motoristas. Como o Tribunal decidiu, o trabalho dos motoristas "é para a Uber" ("We are clear that they provide their work 'for' Uber") e que seria um "absurdo" considerar que a Uber é um cliente ou um consumidor nesta relação ou que se trata de um negócio criado pelo motorista.

Numa outra decisão, o *Employment Tribunal* de Londres, a 5 de janeiro de 2017, no caso *Ms. M Dewhurst v. Citysprint UK ltd*, entendeu que se tratava mais uma vez de uma *worker* e o interesse deste caso é que grande parte da argumentação contra a natureza laboral da relação era a existência de uma cláusula de substituição da trabalhadora. Mas a existência da mesma foi "desconstruída" juridicamente pelo Tribunal, que deu como assente que não existia verdadeira liberdade para a substituição, salientando ainda que a leitura do documento não era particularmente fácil para um não jurista, e que a cláusula de substituição era quase "indecifrável"[36].

2.4. No ordenamento jurídico norte-americano também existem inúmeras decisões, e em sentidos diversos, sobre a qualificação do contrato. Numa decisão de 12 de julho de 2018, o *State of New York Unemployment Insurance Appeal Board* decidiu que a Uber era responsável pelo pagamento do subsídio de desemprego de três condutores, assim como de outros que estivessem "similarly situated", considerando que "era evidente" que a Uber exercia um controlo sobre os trabalhadores, nomeadamente através do seguimento que faz dos mesmos, do "livro de bolso" que é entregue aos mesmos com as regras sobre como devem atuar, do controlo prévio que fazem dos mesmos, da determinação por parte da plataforma do preço de cada percurso, assim como a determinação de uma série de aspetos do percurso.

---

[36] "The tender in general is not a document which is easy for a nonlawyer to understand and this clause is almost indecipherable. With respect, we strongly doubt that it was known and understood by Ms. Dewhursi".

A 11 de março de 2015, o United States District Court Northern District of California, decidiu no caso *O'Connor v. Uber Technologies*, Inc, que a Uber não era uma mera empresa de tecnologia, mas sim também uma empresa de transporte. No mesmo sentido tem-se a decisão da mesma data, Cotter v. Lyft.

Também o California Labor Comissioner, a 16 de junho de 2015, no caso *Berwick v. Uber Technologies Inc. And Raiser*, decidiu que uma condutora da *Uber* mantinha um vínculo subordinado, condenando a empresa no pagamento de uma indemnização pela cessação do contrato.

Contudo, em sentido diferente, e no que concerne a condutores, não reconhecendo a existência de um vínculo de emprego, existem também várias decisões. Assim, e por exemplo, o *United States District Court for the Eastern District of Pennsylvania*, a 11 de abril de 2018, no caso *Razak v. UberBlack,* considerou que os motoristas do Uberblack eram trabalhadores autónomos, entendendo que, apesar de existir algum controlo, tal não era suficiente para a classificação dos motoristas como trabalhadores.

Em suma, um pouco por toda a parte[37] os tribunais têm experimentado consideráveis dificuldades para procederem ao enquadramento jurídico do trabalho prestado através de plataformas tecnológicas, registando-se flutuações significativas quanto à qualificação do mesmo como trabalho subordinado, trabalho autónomo ou trabalho "parassubordinado". Em todo o caso, as decisões judiciais de que *supra* damos nota assumem a existência, neste âmbito, de três sujeitos: a plataforma tecnológica, o trabalhador ou presta-

[37] Também a sul do equador temos múltiplas decisões sobre esta matéria e em sentidos diversos. Só no ordenamento jurídico brasileiro há várias. Para maiores desenvolvimentos sobre estes casos, cfr., *inter alia*, *Tecnologias disruptivas e a exploração do trabalho humano – a intermediação de mão de obra a partir das plataformas eletrônicas e seus efeitos jurídicos e sociais*, (coord. Ana Carolina Paes Leme, Bruno Alves Rodrigues, e José Eduardo de Resende Chaves Júnior), LTR, São Paulo, 2017, Juliana Carreiro Corbal Oitaven, Rodrigo de Lacerda Carelli, e Cássio Luís Casagrande, *Empresas de transporte, plataformas digitais e a relação de emprego: um estudo do trabalho subordinado sob aplicativos*, MPT, Brasília, 2018, e Ana Carolina Paes Leme, *Da máquina à nuvem – Caminhos para o acesso à justiça pela via de direitos dos motoristas da Uber*, LTR, São Paulo, 2019.
Também na África do Sul, numa decisão de 7 de julho de 2017, a *Commission for Conciliation, Mediation & Arbitration* considerou os motoristas da *Uber* como *employees,* ao entender que "And if finding them to be employees means that they are able to engage in collective bargaining and exercise the right to strike, these are rights enshrined for all workers in the Constitution, and if collective bargaining and the right to strike are considered a social good for workers in formal or traditional employment relationships, there is no reason why the same should not apply to Uber drivers who are workers in non-traditional employment relationships".

dor de serviços e o cliente. E a discussão centra-se na qualificação da relação jurídica que se estabelece entre a empresa que opera através da plataforma tecnológica e os que lhe prestam serviços remunerados, de forma autónoma ou subordinada (por exemplo, entre a Uber e os respetivos motoristas)[38]. Ora, quanto a isto, a lei portuguesa parece conter uma curiosa originalidade, como em seguida se assinalará.

III. A LEI N.º 45/2018, DE 10 DE AGOSTO, E A PRESUNÇÃO DE LABORALIDADE

Sucede que o nosso legislador veio recentemente regular esta matéria, de forma, como se disse, um tanto peculiar. Com efeito, segundo se lia na Exposição de Motivos da Proposta de Lei n.º 50/XIII – que pretendia estabelecer o regime jurídico da atividade de transporte individual e remunerado de passageiros em veículos descaracterizados (TVDE, «transporte em veículo descaracterizado a partir de plataforma eletrónica»), bem como o regime jurídico das plataformas eletrónicas que organizam e disponibilizam aos interessados aquela modalidade de transporte –, «as empresas tecnológicas que instituem e organizam, a partir de plataformas digitais, mercados de serviços de transportes atuam como intermediários de negócios desse tipo e não como prestadores dos serviços contratualizados a partir dessas plataformas». Daí resulta, acrescenta-se na Exposição de Motivos, que, «além de não outorgarem elas próprias os contratos de transporte, estas plataformas não têm a obrigação de prestar o serviço, ou tão-pouco se caracterizam por disponibilizar os meios humanos e materiais afetos à prestação de serviço».

Obedecendo a esta premissa, a lei entretanto publicada – Lei n.º 45/2018, de 10 de agosto – distingue a figura do *operador de TVDE*, pessoa coletiva que efetua transporte individual remunerado de passageiros, da figura do *operador de plataformas eletrónicas*, definidas estas como «infraestruturas eletrónicas da titularidade ou sob exploração de pessoas coletivas que prestam, segundo um modelo de negócio próprio, o serviço de intermediação entre utilizadores e operadores de TVDE aderentes à plataforma, na sequência

[38] A este propósito, merece destaque a reflexão de Guy Davidov, «The Status of Uber Drivers: A Purposive Approach», cit. O Autor, a despeito de reconhecer a existência de alguns sinais de autonomia no caso destes motoristas («they have a relatively high degree of freedom to choose how much to work and when to do so», além de que a titularidade do automóvel é do próprio motorista), não deixa de concluir que os sinais de controlo/subordinação e de dependência económica em face da marca sob a qual e para a qual trabalham apontam para a ideia de que os motoristas da Uber, atenta a sua vulnerabilidade perante esta, não devem ser excluídos da tutela juslaboral, seja pela via da sua consideração como *employees, tout court*, seja pela via da sua qualificação como trabalhadores parassubordinados.

[de reserva] efetuada pelo utilizador por meio de aplicação informática dedicada» (art. 16.º). Nestes termos, os operadores de plataformas eletrónicas dedicar-se-iam, sobretudo, a prestar serviços de intermediação da conexão entre o utilizador (leia-se: o passageiro)[39] e o operador do serviço de TVDE, bem como ao processamento do pagamento do serviço de TVDE por conta do respetivo operador (cobrando uma taxa de intermediação, a qual não pode ser superior a 25% do valor da viagem, nos termos do art. 15.º, n.º 3)[40].

O contrato com o motorista, esse, será celebrado pelo operador de TVDE e não pelo operador de plataforma eletrónica. Como se lê no art. 2.º, n.º 3, da lei, «a prestação de um serviço de TVDE inicia-se com a aceitação, *por um motorista ao serviço de um operador*, de um pedido de transporte entre dois pontos submetido por um ou mais utilizadores numa plataforma eletrónica e termina com o abandono pelo utilizador desse veículo, depois de realizado o transporte para o destino selecionado, ou por qualquer outra causa que implique a cessação de fruição do veículo pelo utilizador» (itálico nosso). E como decorre do disposto no art. 10.º, «apenas podem conduzir veículos de TVDE os motoristas inscritos junto de plataforma eletrónica» (n.º 1), sendo que o motorista de TVDE, que presta serviço ao operador de TVDE, deve preencher, cumulativamente, diversos requisitos, entre eles o de «dispor de um contrato escrito que titule a relação entre as partes» (n.º 2, al. *e*). E na mesma lei acrescenta-se que o operador de TVDE observará todas as vinculações legais e regulamentares relevantes para o exercício da sua atividade, incluindo as decorrentes da legislação laboral, de segurança e saúde no trabalho e de segurança social (art. 9.º, n.º 2)[41].

---

[39] Nos termos do art. 5.º, n.º 1, da lei, «o serviço de TVDE só pode ser contratado pelo utilizador mediante subscrição e reserva prévias efetuadas através de plataforma eletrónica».

[40] Sobre os serviços disponibilizados pelos operadores de plataformas eletrónicas, *vd.* o disposto no art. 19.º da lei. Entre esses serviços contam-se o de disponibilizar mecanismos transparentes, credíveis e fiáveis de avaliação da qualidade do serviço pelo utilizador, nomeadamente por botão eletrónico de avaliação relativo a cada operação, bem como o botão eletrónico para apresentação de queixas (n.º 1, al. *d)*), assim como a identificação do motorista, incluindo o seu número único de registo de motorista de TVDE e fotografia (n.º 1, al. *e)*). Ao invés, é expressamente proibida a criação e a utilização de mecanismos de avaliação de utilizadores por parte dos motoristas de TVDE ou dos operadores de plataformas eletrónicas (n.º 5 do mesmo artigo). A atividade de operador de plataformas eletrónicas está sujeita a licenciamento, nos termos do art. 17.º, procurando a lei estabelecer garantias quanto à idoneidade de tais operadores (art. 18.º). Em Portugal existem, até ao momento, quatro plataformas licenciadas: Uber, Cabify, Taxify e Kapten (antiga Chauffeur Privé).

[41] Norma esta replicada pela lei, exatamente nos mesmos termos, para o operador de plataformas eletrónicas, no art. 17.º, n.º 11. E também a atividade de operador de TVDE está sujeita a licenciamento, com a lei a estabelecer regras tendentes a garantir a respetiva idoneidade (arts. 3.º e 4.º).

Decorre da lei que o contrato escrito, celebrado entre o motorista e o operador de TVDE, pode ser, mas não tem de ser, um contrato de trabalho A lei prevê ambas as hipóteses, a do motorista vinculado por contrato de trabalho e a do motorista independente (assim resulta com clareza, desde logo, do n.º 12 do art. 10.º, relativo ao regime de organização do tempo de trabalho). Porém, o art. 10.º, n.º 10, da Lei n.º 45/2018 determina que «ao vínculo jurídico estabelecido entre o operador de TVDE e o motorista afeto à atividade, titulado por contrato escrito assinado pelas partes, e independentemente da denominação que as partes tenham adotado no contrato, é aplicável o disposto no artigo 12.º do Código do Trabalho». Ou seja, a lei faz expressa remissão para a presunção de laboralidade estabelecida no CT, afirmando e confirmando a sua aplicação nesta sede. Mas note-se (e este é um ponto absolutamente decisivo para se compreender o alcance desta norma): a lei refere-se apenas ao vínculo contratual existente entre o operador de TVDE e o motorista; a lei não se refere ao vínculo contratual entre o operador de plataforma eletrónica e o motorista, porque parte do princípio de que este vínculo contratual não existirá.

Ou seja, segundo a lei portuguesa, empresas como a Uber, p. ex., serão típicas operadoras de plataforma eletrónica, prestando serviços de intermediação entre os utilizadores/passageiros e os operadores de TVDE[42]. E estes operadores de TVDE, enquanto pessoas coletivas dedicadas a efetuar transporte individual remunerado de passageiros, é que prestarão esse serviço e contratarão os motoristas necessários para esse efeito, em regime de contrato de trabalho ou não. Aparentemente, o motorista não celebrará qualquer contrato com o operador de plataforma eletrónica, ainda que, para

[42] Note-se, no entanto, que o Tribunal de Justiça da União Europeia já teve ocasião de afirmar, sem tibiezas, que o serviço prestado pela Uber não se limita a ser um mero serviço de intermediação, que consiste em estabelecer a ligação, através de uma aplicação para telefones inteligentes, entre um motorista que utiliza o seu próprio veículo e uma pessoa que pretende efetuar uma deslocação urbana. Com efeito, o prestador desse serviço de intermediação – a Uber – cria, ao mesmo tempo, uma oferta de serviços de transporte urbano, que torna acessível através de ferramentas informáticas, e cujo funcionamento geral organiza a favor das pessoas que pretendam recorrer a essa oferta, para efeitos de deslocação urbana. Assim, o Tribunal de Justiça salientou que a aplicação fornecida pela Uber é indispensável tanto para os motoristas como para as pessoas que pretendam efetuar tais deslocações, sublinhando igualmente que a Uber exerce uma influência decisiva nas condições da prestação desses motoristas. Por conseguinte, o Tribunal de Justiça entendeu que este serviço de intermediação deve ser considerado parte integrante de um serviço global cujo elemento principal é um serviço de transporte e, portanto, que não corresponde à qualificação de "serviço da sociedade da informação", mas sim de "serviço no domínio dos transportes". A este respeito, *vd.* os Acórdãos do TJUE, de 20/12/2017 (Processo C-434/15) e de 10/04/2018 (Processo C-320/16).

exercer a atividade, o motorista tenha de estar inscrito junto da plataforma eletrónica. E a verdade é que a lei não deixa de colocar na esfera do operador de plataforma eletrónica deveres típicos da entidade empregadora, designadamente em matéria de controlo do tempo de trabalho prestado pelo motorista e de respeito pelos limites máximos previstos. A este propósito, veja-se, sobretudo, o disposto no art. 13.°, com a epígrafe, «Duração da atividade», no qual se pode ler: «Os motoristas de TVDE não podem operar veículos de TVDE por mais de dez horas dentro de um período de 24 horas, independentemente do número de plataformas nas quais o motorista de TVDE preste serviços, sem prejuízo da aplicação das normas imperativas, nomeadamente do Código do Trabalho, se estabelecerem período inferior» (n.° 1); «Os operadores de plataformas eletrónicas devem implementar mecanismos que garantam o cumprimento dos limites referidos no número anterior» (n.° 2); «As plataformas eletrónicas devem conservar durante dois anos os registos de atividade dos operadores TVDE, motoristas e veículos, de acordo com o seu número único de registo de motorista de TVDE» (n.° 3). Acresce que, nos termos do art. 20.°, n.° 3, relativo aos deveres gerais dos operadores de plataformas eletrónicas, «o sistema informático deve registar os tempos de trabalho do motorista, e o cumprimento dos limites de tempo de condução e repouso»[43].

Ou seja, e de forma altamente inovadora e até surpreendente[44], se pensarmos na jurisprudência que se tem produzido, a este respeito, um pouco

[43] Também o art. 14.° evidencia o papel central dos operadores de plataforma eletrónica nesta matéria, ainda que, cremos, dele resulte alguma repartição de tarefas entre operadores de plataforma eletrónica e operadores de TVDE. Assim, segundo este preceito, relativo ao controlo e limitação da atividade, cabe ao operador da plataforma eletrónica assegurar o pleno e permanente cumprimento dos requisitos de exercício da atividade previstos na lei (n.° 1), devendo bloquear o acesso aos serviços prestados pela mesma por parte dos operadores de TVDE, motoristas ou veículos que incumpram qualquer dos requisitos referidos na lei, sempre que disso tenha ou devesse ter conhecimento (n.° 2). Todavia, segundo o n.° 3 do mesmo artigo, o acesso a plataforma eletrónica de motoristas de TVDE que não cumpram os requisitos referidos no número anterior ou que tenham deixado de reunir os mesmos após o acesso à atividade é da responsabilidade do respetivo operador (fica-nos a dúvida sobre se a lei, aqui, se refere ao operador de plataforma eletrónica ou ao operador de TVDE, mas cremos que se tratará deste último), sem prejuízo dos poderes cometidos ao Instituto da Mobilidade e dos Transportes, I. P., e demais entidades fiscalizadoras.

[44] Esta configuração relacional já se encontrava presente na Proposta de Lei n.° 50/XIII, suscitando alguma preocupação nos autores que tiveram ensejo de comentar essa proposta de diploma, em perspetiva jurídico-laboral, por tender a obnubilar a possível relação de trabalho subordinado estabelecida entre o motorista/operador de TVDE e o operador de plataforma eletrónica. Neste sentido, *vd.* João Leal Amado e Catarina Gomes Santos, «A Uber e os seus motoristas em Londres: *mind the gap*!», *Revista de Legislação e de Jurisprudência*, n.° 4001, nov.-dez. 2016, pp. 111-127 [n. 18], e Joana Nunes Vicente, «Implicações sociais e jurídico-laborais da prestação de serviços através de plataformas virtuais –

por todo o resto do mundo, a lei portuguesa coloca uma terceira entidade de permeio, entre o operador de plataforma eletrónica (suponhamos: a Uber ou outra empresa do género) e o motorista. Dir-se-ia que, em regra, há três intervenientes neste processo: a Uber, o motorista e o passageiro. Pois em Portugal não. Há quatro[45]. Porque quem presta o serviço de transporte remunerado de passageiros não é propriamente o motorista, antes é, necessariamente, uma outra empresa, distinta da empresa operadora de plataforma eletrónica – o chamado "operador de TVDE". E este operador, pessoa coletiva, é que celebrará contrato com os motoristas...

O juízo sobre a bondade da lei portuguesa nesta matéria, com o seu expresso apelo à presunção de laboralidade, não pode, pois, deixar de ser muito cauteloso. Sim, a lei portuguesa, em matéria de transporte individual e remunerado de passageiros através de plataforma eletrónica, não enjeita que os motoristas envolvidos tenham um contrato de trabalho. A lei até afirma que, independentemente da denominação que as partes tenham dado ao contrato celebrado, a esse contrato será aplicável a presunção de laboralidade constante do art. 12.º do CT. Mas atenção! O contrato aqui em causa, ao qual se aplica a dita presunção, não envolve a Uber ou qualquer outro operador de plataforma eletrónica. O contrato aqui em causa será o celebrado entre o motorista e o operador de TVDE. E isto, como é óbvio, faz toda a diferença, porque implica que empresas como a Uber não terão, parece, qualquer contrato com os motoristas nelas inscritos (!), pois verifica-se aqui a interposição, *ex vi legis*, de uma outra e nova entidade – o operador de TVDE, que, esse sim, poderá assumir o estatuto de entidade empregadora do motorista.

Veremos como todo este processo se vai desenrolar. Veremos se a realidade dos factos vai corresponder ao desenho traçado na Lei n.º 45/2018. Por nós, diríamos apenas que parece haver aqui operadores em excesso, quiçá demasiadas pessoas coletivas, para efetuar este tipo de transporte de passageiros... Veremos se o operador de TVDE e o motorista são, realmente, pessoas distintas, entre as quais se celebra um contrato, eventualmente um

---

breves notas», in Paulo Renato Fernandes da Silva (org.), *A Reforma Trabalhista*, LTr, São Paulo, 2018, pp. 86-92 [n. 30].

[45] Note-se, contudo, que esta existência de quatro entidades só ocorre no caso do setor de transporte, porque a lei em apreço trata do regime jurídico da atividade de transporte individual e remunerado de passageiros em veículos descaracterizados. Apenas, pois, relativamente a estas plataformas. No que concerne a outras plataformas que não executem este tipo de atividades, como acontece, por exemplo, com a Glovo, que também opera em Portugal, o regime a aplicar será o geral e não o desta lei.

contrato de trabalho. Ou se, pelo contrário, haverá casos (porventura muitos, porventura a maioria…) em que o motorista constitui, para o efeito, uma pessoa coletiva com familiares seus ou até, quiçá, uma sociedade unipessoal, de que ele será o sócio único, para se dedicar a este tipo de atividade e celebrar consigo mesmo, enquanto motorista, um contrato de trabalho – assim deixando livre de vinculações contratuais laborais, ao menos *prima facie*, o operador de plataforma eletrónica…[46]

Veremos, pois, se a interposição de pessoas prevista na lei portuguesa não se traduzirá, em alguns casos, numa interposição fictícia de pessoas, de certa forma organizada ou estimulada pelo legislador. Sendo que, se de interposição fictícia se tratar, isto é, se, ao contrário do que o legislador supõe, vier realmente a existir uma relação contratual entre o operador de plataforma eletrónica e o motorista (designadamente pelo facto de este e o operador de TVDE serem, afinal, um só, o motorista "pejotizado"…), também nesse caso será aplicável a presunção vertida no art. 12.º do CT.

Dito isto, importa reconhecer a inadequação da presunção de laboralidade, nos moldes atualmente estabelecidos pelo CT, para enfrentar os problemas emergentes das novas formas de trabalhar através de plataformas eletrónicas e de *apps*. Fatores como a propriedade dos equipamentos e instrumentos de trabalho[47], a existência de um horário de trabalho determinado pelo beneficiário da atividade, o pagamento de uma retribuição certa, etc., são indícios clássicos de subordinação jurídica, mas são indícios escassamente operacionais para enfrentar os novos tipos de dependência resultantes da prestação de serviços para uma determinada empresa, via *apps*…

Em síntese, a nova lei, que estabelece o regime jurídico da atividade de transporte individual e remunerado de passageiros em veículos descaracterizados a partir de plataforma eletrónica, fazendo expressa remissão para

---

[46] A isto chama-se, no Brasil, "pejotização", um expediente fraudulento, um «meio legal de praticar uma ilegalidade», que se caracteriza «pela exigência dos tomadores de serviços para que os trabalhadores constituam pessoas jurídicas como condição indispensável para a prestação dos serviços» (assim, Georgenor de Sousa Franco Filho, *Dicionário Brasileiro de Direito do Trabalho*, LTr, São Paulo, 2013, p. 317). Resta aguardar e ver o que realmente irá suceder entre nós, ver como e quem irá atuar, em Portugal, no domínio do TVDE.

[47] O CT exige que os equipamentos e instrumentos de trabalho utilizados pertençam ao beneficiário da atividade (art. 12.º, al. b). A este propósito, a Lei n.º 45/2018 esclarece que, para os referidos efeitos, se considera que os equipamentos e instrumentos de trabalho são todos os que sejam pertencentes ao beneficiário *ou por ele explorados por aluguer ou qualquer outra modalidade de locação* (n.º 11 do art. 10.º). De resto, pode discutir-se se o instrumento de trabalho, no caso das plataformas digitais de condução, será o automóvel ou a própria plataforma, visto que só com esta é que se verifica a ligação entre o condutor e o cliente.

a presunção de laboralidade constante do art. 12.º do CT, suscita, na sua vertente jurídico-laboral, duas questões fundamentais: a primeira, a de apurar até que ponto o modelo desenhado pela lei tem tradução na realidade da vida, porque esse modelo pressupõe a inexistência de qualquer contrato de trabalho entre a empresa operadora de plataforma tecnológica e o motorista, em virtude do aparecimento em cena de um outro ator, o operador de TVDE; a segunda, a da provável necessidade de atualizar os índices de subordinação jurídica vertidos no art. 12.º do CT, índices estes, porventura, adequados para o trabalho do séc. XX, mas já não para o trabalho do séc. XXI e da era digital em que agora quase todos vivemos e muitos trabalham.

Com efeito, a presunção do art. 12.º talvez devesse ser atualizada e enriquecida perante esta nova realidade, incluindo outros índices que facilitassem a inversão do ónus da prova, *inter alia*, dando relevo ao facto de a plataforma usar uma imagem de marca no mercado que a identifica, de a plataforma fixar os preços para o trabalho efetuado na mesma ou estabelecer limites máximos e mínimos ao mesmo, de a plataforma processar o pagamento entre os utilizadores e os trabalhadores das plataformas, de a plataforma utilizar sistemas de geolocalização para seguir quem presta a atividade, e de a plataforma fornecer aos seus utilizadores a avaliação ou o *rating* dos seus trabalhadores[48].

[48] Indicando novos índices veja-se, entre outros, Todolí Signes, *El trabajo en la era de la Economía Colaborativa*, Tirant lo Blanch, Valencia, 2017, "Nuevos indicios de laboralidad ...", cit., pp. 223 e ss., Mercader Uguina, "La prestación de servicios en plataformas profesionales: nuevos indicios para una nueva realidad", *in Trabajo en Plataformas Digitales: innovación, Derecho y mercado*, Aranzadi, 2018, pp. 155 e ss., e Ignasi De Heredia Ruiz, *Work in the Platform Economy: Arguments for an Employment Relationship*, Huygens Editorial, Barcelona, 2019.

OS EFEITOS DA DECLARAÇÃO JUDICIAL DE INSOLVÊNCIA NO CONTRATO DE TRABALHO[1]

Joana Costeira
Advogada

SUMÁRIO: *1. Introdução. 2. A Repercussão da Declaração Judicial de Insolvência nos Contratos de Trabalho. 2.1. Questão prévia: o regime jurídico aplicável. 2.2. O destino dos contratos de trabalho. 2.2.1. O contrato de trabalho e a manutenção da empresa. 2.2.1.1. A cessação do contrato de trabalhador dispensável. 2.2.1.2. A celebração de novos contratos. 2.2.2. O contrato de trabalho e o encerramento definitivo da empresa. 2.2.3. O contrato de trabalho e a transmissão da empresa. 3. A Repercussão da Declaração Judicial de Insolvência nos Créditos Laborais. 3.1. A contraposição de interesses dos trabalhadores. 3.2. Os trabalhadores como credores da empresa insolvente. 3.3. A tutela dos créditos laborais conferida pelos privilégios creditórios. 3.3.1. O privilégio mobiliário geral dos trabalhadores. 3.3.2. O privilégio imobiliário especial.*

Palavras-chave: *Trabalhador; Insolvência; Contrato de trabalho; Créditos laborais; Privilégios creditórios*

1. INTRODUÇÃO

Enquanto organização de capital e trabalho que se dedica ao desenvolvimento de uma atividade económica, a empresa está inevitavelmente sujeita às vicissitudes dos mercados e dos seus agentes.

Perante uma situação de crise e a persistência das dificuldades económicas e financeiras, a empresa pode ser confrontada com o dever de se apresentar à insolvência[2] ou até mesmo com o requerimento da insolvência por parte de um credor[3].

---

[1] O texto que agora se publica corresponde, com pequenas alterações e aditamentos, à intervenção realizada no Tribunal Judicial da Comarca de Braga, em 22 de fevereiro de 2019, no âmbito da ação de formação contínua *"Insolvência e créditos laborais"* promovida pelo Centro de Estudos Judiciários. A sua redação segue as regras do novo acordo ortográfico.

[2] O art.º 18.º do CIRE prevê o dever do devedor "*requerer a declaração da sua insolvência dentro dos 30 dias seguintes à data do conhecimento da situação de insolvência, tal como descrita no n.º 1 do artigo 3.º, ou à data em que devesse conhecê-la*".

[3] Cfr. art.º 20.º do CIRE.

A declaração judicial de insolvência da empresa afeta todos aqueles que com ela se relacionam, nomeadamente os seus trabalhadores que são arrastados para uma situação de instabilidade e atingidos pelo receio de cessação dos vínculos laborais e, em última análise, da perda dos créditos daí resultantes.

Neste breve estudo serão analisadas as consequências laborais que decorrem da declaração judicial de insolvência, designadamente a sua repercussão nos contratos de trabalho e nos créditos dos trabalhadores.

2. A REPERCUSSÃO DA DECLARAÇÃO JUDICIAL DE INSOLVÊNCIA NOS CONTRATOS DE TRABALHO

2.1. Questão prévia: o regime jurídico aplicável

Os efeitos da declaração judicial de insolvência estão regulados no Capítulo IV do Título IV do CIRE, sob a epígrafe *«Efeitos sobre os negócios em curso»*.

Do elenco de contratos contemplados no Capítulo IV faz parte o contrato de trabalho, consagrado no art. 113.º do CIRE. Todavia, o código apenas se refere ao contrato de trabalho na perspetiva da insolvência do trabalhador, excluindo-se do âmbito de aplicação da norma os efeitos sobre os contratos de trabalho quando ocorre a insolvência do empregador[4].

A ausência de uma norma específica sobre a matéria originou alguma divergência na doutrina nacional quanto ao regime aplicável aos casos em que se verifica a insolvência do empregador.

Pedro Romano Martinez[5] entende que, aos casos de insolvência do empregador, deve aplicar-se o art. 111.º do CIRE que se reporta aos contratos que impliquem a realização de uma prestação de serviço duradoura. Para o *A.*, e por força desta disposição do CIRE, os contratos de trabalho não se suspendem aquando da declaração de insolvência. Não obstante, após

---

[4] O CPEREF, ao invés, dispunha no art. 172.º que *«aos trabalhadores do falido aplica-se, quanto à manutenção dos seus contratos após a declaração de falência, o regime geral da cessação do contrato de trabalho, sem prejuízo da transmissão de contratos que acompanhe a alienação de estabelecimentos industriais e comerciais»*, tratando-se de uma norma remissiva para o regime geral da cessação do contrato de trabalho, mais concretamente para o art. 56.º da Lei da Cessação do Contrato de Trabalho (LCCT).

[5] Pedro Romano Martinez, *Apontamentos sobre a cessação do contrato de trabalho à luz do Código de Trabalho*, pp.51 e ss e *Direito do Trabalho*, pp. 955 e ss.

a declaração, os contratos podem ser denunciados pelo administrador da insolvência nos termos do art. 108.º, n.º 1 do CIRE.

A aplicação do art. 111.º do CIRE aos contratos de trabalho nos casos de insolvência do empregador tem sido alvo de várias críticas[6].

Para MARIA DO ROSÁRIO PALMA RAMALHO[7], a aplicação do art. 111.º do CIRE pode ser rebatida com base num argumento literal, num argumento dogmático, num argumento teleológico e num argumento de natureza constitucional.

Do ponto de vista literal, o regime da insolvência distingue contrato de trabalho de contrato de prestação de serviço, referindo-se especificamente àquele nos arts. 113.º e 277.º do CIRE, pelo que não se deve incluir o contrato de trabalho na norma do art. 111.º[8].

Do ponto de vista dogmático, o nosso sistema jurídico tem presente a distinção entre contrato de prestação de serviços e contrato de trabalho, estando este bem delimitado pela lei (arts. 1152.º e 1154.º do Código Civil e art. 11.º do CT), pelo que não será de admitir que o CIRE aplique o mesmo regime a dois contratos tão distintos, afastando-se dessa orientação geral.

Do ponto de vista teleológico, a aplicação do art. 111.º afastaria a possibilidade de recuperação da empresa insolvente prevista pelo CIRE, na medida em que, ao admitir ao administrador da insolvência o direito de denunciar o contrato de trabalho nos sessenta dias após a declaração de insolvência, o legislador estaria a contradizer o dever de prover à continuação da exploração da empresa previsto no art. 55.º, n.º 1, al.b) do CIRE.

---

6 Cfr. CARVALHO FERNANDES, *"Efeitos da Declaração de Insolvência no Contrato de Trabalho segundo o Código da Insolvência e Recuperação de Empresas"*, in: *RDES*, 1-2-3, pp. 19-20; CARVALHO FERNANDES/JOÃO LABAREDA, *Código da Insolvência e da Recuperação de Empresas*, vol. I, p. 415.; JOANA VASCONCELOS, *"Insolvência do Empregador e Contrato de Trabalho"*, in: *Estudos em Homenagem ao Prof. Doutor Manuel Henrique Mesquita*, vol. II, pp. 1093-1094; LUÍS MENEZES LEITÃO, *Direito da Insolvência*, 8.ª ed., p. 207 e MARIA DO ROSÁRIO PALMA RAMALHO, *"Aspectos Laborais da Insolvência. Notas breves sobre as implicações laborais no regime do Código da Insolvência e Recuperação de Empresas"*, in: *Estudos em memória do Professor Doutor José Dias Marques*, pp. 695-696; JOSÉ JOÃO ABRANTES, *"Efeitos da insolvência do empregador no contrato de trabalho"*, in: *Estudos em homenagem ao Professor Doutor José Lebre de Freitas*, vol. II, p. 577.

7 Cfr. MARIA DO ROSÁRIO PALMA RAMALHO, *"Aspectos Laborais da Insolvência. Notas breves sobre as implicações laborais no regime do Código da Insolvência e Recuperação de Empresas"*, in: *Estudos em memória do Professor Doutor José Dias Marques*, pp. 695-696.

8 Ao que acresce, conforme evidencia CARVALHO FERNANDES, o art. 111.º refere-se a contratos de prestação duradoura de serviços realizados *no «interesse do insolvente»*, estando desta forma, e segundo o *A.*, afastados os contratos de trabalho, na medida em que a estes está sempre subjacente o interesse do trabalhador.

Esta liberdade de denúncia dos contratos de trabalho por força da aplicação do art. 111.º do CIRE serve de base ao último argumento de natureza constitucional, uma vez que, ao conceder ao administrador da insolvência a liberdade de denunciar o contrato de trabalho, o legislador estaria a permitir que o princípio da proibição dos despedimentos sem justa causa presente no art. 53.º da CRP fosse contornado, porquanto esta não se trata de uma forma de cessação do contrato de trabalho tipificada na lei laboral.

Obstando também à aplicação do art. 111.º aos contratos de trabalho, Carvalho Fernandes, João Labareda, Joana Vasconcelos e Manuel Cavaleiro Brandão[9], defendem que, em caso de insolvência do empregador, aplica-se aos contratos de trabalho o art. 277.º do CIRE que dispõe que *«os efeitos da declaração de insolvência relativamente a contratos de trabalho e à relação laboral regem-se exclusivamente pela lei aplicável ao contrato de trabalho»*.

Configurando uma norma de conflitos no âmbito das relações laborais[10], o art. 277.º do CIRE remete para a lei laboral, encontrando-se os efeitos da insolvência no contrato de trabalho regulados no atual art. 347.º do CT.

Contestando que o CIRE disponha de qualquer norma que regule os efeitos da declaração de insolvência do empregador no contrato de trabalho, Luís Menezes Leitão[11] rejeita a aplicação do art. 111.º a estas situações, bem como a aplicação do art. 277.º.

Segundo o *A.*, é no CT que se encontra especificamente regulada a situação da insolvência do empregador e a recuperação da empresa. Salvaguardando os efeitos especiais que decorrem da administração judicial da empresa insolvente, o CT prevê no art. 347.º, n.º 1 a manutenção dos contratos de trabalho e a satisfação das obrigações a eles inerentes pelo administrador da insolvência, pelo que é o regime laboral que determina a não

---

[9] Cfr. Luís Carvalho Fernandes, *"Efeitos da Declaração de Insolvência no Contrato de Trabalho segundo o Código da Insolvência e Recuperação de Empresas"*, in: *RDES*, 1-2-3, pp. 20-21, Carvalho Fernandes/João Labareda, *Código da Insolvência e da Recuperação de Empresas*, vol. I, p. 415; Manuel Cavaleiro Brandão, *"Algumas Notas (Interrogações) em Torno da Cessação de Contratos de Trabalho em caso de Encerramento da Empresa e de Insolvência e Recuperação de Empresa"*, in: *Prontuário de Direito do Trabalho*, n.º 87, Set-Dez 2010, pp. 204-205 e Joana Vasconcelos, *"Insolvência do Empregador e Contrato de Trabalho"*, in: *Estudos em Homenagem ao Prof. Doutor Manuel Henrique Mesquita*, vol. II, pp. 1093-1094.

[10] Conforme refere Joana Vasconcelos, o art. 277.º do CIRE *«constitui, sistemática e estruturalmente, uma regra de conflitos, que determina, não indirectamente (indicando a conexão relevante) mas indirectamente (remetendo para outras regras de conflito, no caso das constantes das normas de DIP português), o ordenamento que irá reger os efeitos da declaração de insolvência nos contratos de trabalho»*. Joana Vasconcelos, *ob. cit.*, pp. 1093-1094.

[11] Cfr. Luís Menezes Leitão, *Direito da Insolvência*, 8.ª ed., p.207.

cessação dos contratos, exceto nos casos em que se verifica o encerramento definitivo do estabelecimento.

MARIA DO ROSÁRIO PALMA RAMALHO[12] entende que estamos perante uma lacuna do CIRE que nos remete para o art. 347.º do CT que consagra um princípio da intangibilidade dos contratos, cujo fundamento reside na possibilidade de recuperação da empresa admitida pelo CIRE.

Pese embora as diferentes opiniões, conclui-se que a maioria dos autores é unânime quanto à regulação do regime dos contratos de trabalho em caso de insolvência do empregador pela lei laboral, não sendo de admitir que a declaração de insolvência da entidade patronal importe a extinção imediata do vínculo laboral[13].

2.2. O destino dos contratos de trabalho

Após a declaração judicial de insolvência do empregador, o destino dos contratos de trabalho está, portanto, sujeito às vicissitudes da empresa, dependendo das opções que vierem a ser tomadas no âmbito do processo de insolvência.

Não esquecendo que o processo de insolvência admite a manutenção e a recuperação da empresa – não obstante ter uma finalidade essencialmente liquidatória –, o art. 347.º, n.º 1 do CT dispõe que a declaração de insolvência não faz cessar os contratos de trabalho, porquanto a cessação do vínculo laboral só se verifica em caso de encerramento definitivo da empresa.

De facto, a extinção da relação laboral não ocorre pela declaração judicial de insolvência, mas pela verificação de um facto autónomo e posterior: o encerramento definitivo do estabelecimento[14]. Assumindo a mesma posição decorrente do regime anterior, a lei laboral exclui, assim, a *«eficácia extintiva*

---

[12] Cfr. MARIA DO ROSÁRIO PALMA RAMALHO, *"Aspectos Laborais da Insolvência. Notas breves sobre as implicações laborais no regime do Código da Insolvência e Recuperação de Empresas"*, in: *Estudos em memória do Professor Doutor José Dias Marques*, p. 696; MARIA DO ROSÁRIO PALMA RAMALHO, *"Os trabalhadores no processo de insolvência"*, in: *III Congresso de Direito da Insolvência*, pp. 385-386 e MARIA DO ROSÁRIO PALMA RAMALHO, *Tratado de Direito do Trabalho, Parte II – Situações Laborais Individuais*, 6.ª ed., pp. 777-779.

[13] Esta era já a solução vigente no âmbito do CPEREF, que, por força da remissão contida no art. 172.º para o art. 56.º da LCCT, estabelecia expressamente a aplicação da lei laboral aos contratos de trabalho dos *«trabalhadores do falido»* e, consequentemente, a sua não extinção aquando da declaração de insolvência do empregador.

[14] Cfr. MARIA DO ROSÁRIO PALMA RAMALHO, *"Aspectos Laborais da Insolvência. Notas breves sobre as implicações laborais no regime do Código da Insolvência e Recuperação de Empresas"*, in: *Estudos em memória do Professor Doutor José Dias Marques*, p. 697; MARIA DO ROSÁRIO PALMA RAMALHO, *"Os trabalhadores no processo de insolvência"*, in: *III Congresso de Direito da Insolvência*, pp. 386-387; e MARIA DO ROSÁRIO PALMA RAMALHO, *Tratado de Direito do Trabalho, Parte II – Situações Laborais Individuais*, 6.ª ed., p. 779.

automática»[15] da declaração da insolvência, reservando ao administrador da insolvência o dever de continuar a cumprir integralmente as obrigações para com os trabalhadores até ao encerramento definitivo da empresa (art. 347.º, n.º 1 *in fine*).

Com efeito, não se verificando a suspensão ou caducidade dos contratos de trabalho, é ao administrador da insolvência que incumbe cumprir todas as obrigações a eles inerentes, uma vez que, por força do art. 81.º, n°s 1 e 4 do CIRE, este fica encarregue de administrar a massa insolvente, passando a representar o devedor para todos os efeitos de caráter patrimonial que interessam à insolvência.

Não obstante assumir os poderes laborais que, até então, pertenciam ao empregador, não podemos contudo esquecer que a atuação do administrador da insolvência está condicionada aos limites impostos pelo CIRE. Apesar do art. 55.º, n.º 1, al.b) lhe atribuir competência para prover à continuação da exploração da empresa, o administrador da insolvência deve sempre evitar o agravamento da sua situação económica, estando, assim, impedido de aumentar os encargos laborais da massa insolvente[16].

Neste contexto e apesar de o art. 347.º, n.º 1 do CT não fazer qualquer referência às situações em que a administração da massa insolvente é atribuída ao devedor, devemos fazer uma interpretação sistemática do preceito e assumir que este dever de cumprir as obrigações laborais enquanto os contratos de trabalho subsistem se aplica também ao devedor encarregue de administrar a massa insolvente, sob a fiscalização do administrador da insolvência (arts. 224.º e ss. do CIRE)[17].

---

[15] Luís Carvalho Fernandes, *"Efeitos da Declaração de Insolvência no Contrato de Trabalho segundo o Código da Insolvência e da Recuperação de Empresas"*, in: *RDES*, 1-2-3, p.22.

[16] Entendemos que em momento algum do processo de insolvência o administrador da insolvência assume a posição de empregador, uma vez que este deve zelar pelo não agravamento económico da situação da empresa insolvente, abstendo-se de tomar quaisquer decisões que importem algum risco empresarial. O administrador da insolvência é, assim, um mero órgão da insolvência encarregue de realizar a administração no âmbito das competências atribuídas pelo CIRE. No mesmo sentido, cfr. Stephan Ries, *"Der Insolvenzverwalter – 'Arbeitgeber' odernur 'Organ der (Insolvenz-)Rechtspflege'* in: *ZinsO* 2008, pp. 414-420; Luís Menezes Leitão, *Direito da Insolvência*, 8.ª ed., p.208; Júlio Manuel Vieira Gomes, *"Nótula sobre os efeitos da insolvência do empregador nas relações de trabalho"*, in: *I Congresso de Direito da Insolvência*, pp. 289-290 e Leonor Pizarro Monteiro, *O Trabalhador e a Insolvência da Entidade Empregadora*, pp. 33-35. Em sentido de existência de uma subrogação legal do administrador da insolvência na posição jurídica do empregador cfr. Maria do Rosário Palma Ramalho, *Tratado de Direito do Trabalho, Parte II – Situações Laborais Individuais*, 6.ª ed., p.777.

[17] Neste sentido, cfr. Luís Carvalho Fernandes, *"Efeitos da Declaração de Insolvência no Contrato de Trabalho segundo o Código da Insolvência e da Recuperação de Empresas"*, in: *RDES*, 1-2-3, p. 22 e Luís Menezes Leitão, *Direito da Insolvência*, 8.ª ed., p. 209.

Deste modo, assumindo a mesma orientação do regime pretérito[18], o CT estabeleceu, assim, a não cessação dos contratos de trabalho em vigor pela declaração de insolvência, atribuindo o dever de cumprir as obrigações a eles inerentes ao administrador da massa falida (administrador da insolvência ou devedor) e fazendo depender o destino dos vínculos laborais das hipóteses de manutenção, encerramento ou transmissão da empresa.

2.2.1. O contrato de trabalho e a manutenção da empresa

No todo ou em parte, sob a administração do devedor ou do administrador da insolvência, a manutenção da empresa insolvente é uma hipótese prevista no CIRE que visa, essencialmente, garantir o pagamento aos credores a partir dos rendimentos que provêm dessa manutenção[19].

A manutenção da empresa após a declaração de insolvência pode resultar, por um lado, da apreciação do relatório apresentado pelo administrador da insolvência – realizada pela assembleia de credores nos termos do art. 156.º, n.º 2 e 3 do CIRE – e, por outro, de medidas inseridas num plano de insolvência, conforme resulta do art. 195.º, n.º 2 do CIRE.

Em termos laborais, todavia, a manutenção da empresa pode implicar a cessação de alguns contratos de trabalho com alguns trabalhadores considerados não essenciais ao funcionamento da empresa – quer porque esta possui um número excessivo de trabalhadores, quer porque se decidiu manter em funcionamento apenas uma parte desta – ou, então, pode implicar a contratação de novos trabalhadores necessários à continuação da exploração da mesma (art. 55.º, n.º 4 do CIRE).

2.2.1.1. A cessação do contrato de trabalhador dispensável

Nos termos do art. 347.º, n.º 2 do CT, o administrador da insolvência pode «*fazer cessar o contrato de trabalho de trabalhador cuja colaboração não seja indispensável ao funcionamento da empresa*»[20].

---

[18] O art. 347.º do atual CT corresponde ao art. 391.º do anterior CT que, por sua vez, correspondia, com algumas alterações, ao art. 56.º da LCCT segundo o qual «*a declaração judicial de falência ou a insolvência da entidade empregadora não faz cessar os contratos de trabalho, devendo o administrador da massa falida continuar a satisfazer integralmente as obrigações que dos referidos contratos resultem para os trabalhadores enquanto o estabelecimento não for definitivamente encerrado*».

[19] Conforme regula o art. 195.º, n.º 2 als. b) e c) do CIRE, no plano de insolvência deve constar a finalidade de manutenção da empresa, bem como os meios de satisfação dos credores e quem permanece na titularidade da mesma.

[20] Segundo Carvalho Fernandes, a hipótese consagrada no n.º 2 do art. 347.º do CIRE constitui uma exceção ao princípio da não cessação dos contratos de trabalho por força da declaração de insolvência

Esta possibilidade admitida pelo CT parece associada a uma eventual boa gestão da empresa – na medida em que, não tendo sido (ainda) deliberada a sua extinção, esta pode ser viável com menos trabalhadores –, bem como aos deveres do administrador da insolvência, que deve atuar com diligência durante todo o processo. O preceito carece, assim, de uma análise quanto à legitimidade, fundamento e regime de cessação aplicável *in casu*.

A norma do art. 347.º, n.º 2 do CT atribui legitimidade ao administrador da insolvência para fazer cessar antecipadamente o contrato de trabalho[21]. O administrador da insolvência goza, nesta matéria, de liberdade para decidir, uma vez que a cessação do contrato nos termos do n.º 2 não está sujeita à apreciação prévia dos órgãos da insolvência (assembleia de credores e comissão de credores).

Entende-se que também o devedor que detém a administração da massa insolvente sob a fiscalização do administrador da insolvência[22] tem o poder de fazer cessar o contrato de trabalho de trabalhador dispensável, estando esta possibilidade afastada do âmbito das faculdades atribuídas ao administrador da insolvência provisório[23].

No que diz respeito ao fundamento da norma, o art. 347.º, n.º 2 do CT refere a possibilidade de cessação do contrato com o trabalhador que *«não seja indispensável ao funcionamento da empresa»*. Em que consiste o conceito de dispensabilidade do trabalhador?

---

do empregador estabelecido no n.º 1 do mesmo preceito. Cfr. Luís Carvalho Fernandes, *"Efeitos da Declaração de Insolvência no Contrato de Trabalho segundo o Código da Insolvência e da Recuperação de Empresas"*, in: *RDES*, 1-2-3, p. 23.

[21] Embora seja reconhecida ao administrador da insolvência a faculdade de fazer cessar os contratos de trabalho, isto não implica que ele passe a ser o empregador. Na verdade é o insolvente que permanece na posição de empregador, sendo o administrador da insolvência um terceiro que, por força da lei, passa a exercer certos poderes emergentes do contrato de trabalho. Neste sentido, cfr. Thomas Lakies," *Zu den seit 1.10.1996 geltenden arbeitsrechtlichen Vorschriften der* Insolvenzordnung", RdA 1997, p. 145. Em sentido contrário, Wolfgang Breuer afirma que o administrador da insolvência passa a ser o titular de todos os direitos e deveres emergentes do contrato de trabalho. Cfr. Wolfgang Breuer, *Insolvenzrecht, EineEinführung*. 2.ª ed., p. 93.

[22] Esta é, também, a posição assumida por Luís Carvalho Fernandes, *"Efeitos da Declaração de Insolvência no Contrato de Trabalho segundo o Código da Insolvência e da Recuperação de Empresas"*, in: *RDES*, 1-2-3, p. 24.

[23] No mesmo sentido, cfr. Maria do Rosário Palma Ramalho, *"Aspectos Laborais da Insolvência. Notas breves sobre as implicações laborais no regime do Código da Insolvência e Recuperação de Empresas"*, in: *Estudos em memória do Professor Doutor José Dias Marques*, p. 698. Júlio Vieira Gomes refere que devemos distinguir entre o administrador provisório que já tem a administração exclusiva do administrador provisório nomeado para assistir o insolvente, na medida em que, ao primeiro, devemos tendencialmente reconhecer poderes similares ao administrador da insolvência definitivo conforme os poderes que o juiz lhe conferir. Cfr. Júlio Manuel Vieira Gomes, *Direito do Trabalho*, vol. I, p. 938.

De acordo com vários autores[24], o art. 347.º, n.º 2 do CT refere-se às situações em que não é conveniente que o trabalhador preste o seu trabalho, na medida em que este não contribui para rentabilizar a empresa. Não existe, todavia, quaisquer critérios definidos para a apreciação da conveniência/inconveniência da prestação de trabalho, pelo que se entende que é o administrador da insolvência que faz o juízo da necessidade de dispensabilidade do trabalhador, tendo em linha de conta as perspetivas quanto ao destino final da empresa. Este poder atribuído ao administrador da insolvência não é, todavia, um poder livre e discricionário, pois, embora o administrador da insolvência decida apreciando a situação concreta, a sua decisão pode ser controlada pelos órgãos representantes dos trabalhadores no processo de insolvência.

Atenta a dificuldade de enquadramento nas modalidades de cessação do contrato de trabalho previstas no art. 340.º do CT, a caracterização jurídica da cessação do contrato de trabalho nos termos do art. 347.º, n.º 2 do CT tem gerado divergências na doutrina.

Pedro Romano Martinez, defende que a cessação do contrato de trabalho nos termos do art. 347.º, n.º 2 do CT consubstancia uma forma de caducidade do contrato de trabalho, tal como sucede aquando do encerramento da empresa[25].

A posição do *A.* é, no entanto, criticada pela maioria da doutrina que tem defendido estarmos perante a existência de uma nova forma de cessação do contrato por iniciativa do administrador da insolvência em substituição do empregador[26].

À semelhança da maioria da doutrina, entendemos que a recondução da cessação dos contratos de trabalhadores considerados dispensáveis ao regime da caducidade é de afastar, uma vez que não parece que a cessação dos contratos pelo administrador da insolvência nos termos do art. 347.º, n.º 2 do CT se enquadre em qualquer uma das hipóteses de caducidade previstas no art. 343.º do mesmo diploma legal. Assim, não consideramos que a cessação contratual prevista no art. 347.º, n.º 2 do CT consagre uma hipótese de caducidade nos termos da al.b) do art. 343.º do CT, mas sim uma forma

[24] Entre outros, cfr. Luís Carvalho Fernandes, *ob. cit.*, p. 24. e Joana Vasconcelos, *"Insolvência do Empregador e Contrato de Trabalho"*, in: *Estudos em Homenagem ao Prof. Doutor Manuel Henrique Mesquita*, vol. II, p. 1102.

[25] Pedro Romano Martinez, *Direito do Trabalho*, pp. 958 e ss.

[26] Cfr. Luís Menezes Leitão, *Direito da Insolvência*, 8.ª ed., pp. 209-210 e Maria do Rosário Palma Ramalho, *Tratado de Direito do Trabalho, Parte II – Situações Laborais Individuais*, 6.ª ed., p. 780.

distinta das demais previstas na lei laboral que, no art. 340.º prevê a possibilidade de existir outras modalidades de cessação além das legalmente previstas[27].

Apesar de, em alguns casos, divergirem quanto ao regime de cessação aplicável nestas situações, a aplicação do procedimento do despedimento coletivo à cessação do contrato de trabalho nos termos do art. 347.º, n.º 2 do CT é pacífica, à exceção das microempresas.

O despedimento coletivo está ligado a situações de crise empresarial, estando o seu procedimento regulado nos arts. 360.º e ss. do CT. Em caso de insolvência, todavia, este procedimento carece de ajustes inerentes à difícil situação patrimonial em que se encontra o devedor, nomeadamente quanto aos fundamentos do despedimento, quanto à fase de informações e negociações de medidas alternativas e, por fim, quanto à compensação devida nos termos do art. 347.º, n.º 5 do CT e aos créditos vencidos ou exigíveis resultantes da cessação do contrato de trabalho.

Com efeito, dada a situação de insolvência em que a empresa se encontra e face à necessidade de dispensa de trabalhadores, parece bastante a verificação dos pressupostos da insolvência e da dispensabilidade de trabalhadores para fundamentar o despedimento coletivo. Assim, na comunicação exigível nos termos do art. 360.º do CT, basta constar como critério de despedimento a inconveniência da prestação laboral dos trabalhadores dispensados. Face a esta desnecessidade parece, também, impossível dar cumprimento à fase de informações e negociações a que se refere o art. 361.º do CT, porquanto as negociações entre administrador da insolvência e trabalhadores poderiam agravar a situação de insolvência, contrariando, assim, o dever de não agravar a situação económica da empresa a que aquele está vinculado[28].

É com base na precária situação da empresa que se contraria, ainda, o estipulado no art. 383.º, al.c) do CT, uma vez que se afasta a necessidade de, até ao termo do prazo do aviso prévio a que se refere o art. 363.º do CT, o empregador colocar à disposição do trabalhador a compensação a que este tem direito nos termos do art. 366.º do CT, bem como os créditos vencidos

---

[27] No mesmo sentido, cfr. Leonor Pizarro Monteiro, *O Trabalhador e a Insolvência da Entidade Empregadora*, p. 41.

[28] Neste sentido, Luís Menezes Leitão, *Direito da Insolvência*, 8.ª ed., p.210. Leonor Pizarro Monteiro, defende, todavia, que, não existindo ainda uma decisão sobre o destino da empresa e perante a possibilidade de recuperação, o administrador da insolvência deverá *"salvaguardar a eventual hipótese de negociação e, sobretudo, acautelar a participação do serviço competente do ministério responsável pela área laboral"* – cfr. Leonor Pizarro Monteiro, *ob. cit*, pp. 44-45.

ou exigíveis decorrentes da cessação do contrato (art. 363.º, n.º 5 do CT)[29]. Esta compensação a atribuir ao trabalhador deve ser calculada de acordo com os critérios legais ou convencionados, pelo que se afasta a possibilidade do administrador da insolvência, nos termos do art. 360.º, n.º 2, al.f) do CT, atribuir uma indemnização que os ultrapasse[30].

2.2.1.2. A celebração de novos contratos

A manutenção da empresa não significa que tenha de ocorrer a cessação de contratos de trabalho, podendo, inversamente, ser necessário proceder a novas contratações para dar continuidade à exploração empresarial.

O CIRE prevê no art. 55.º, n.º 4 que a possibilidade do administrador da insolvência celebrar contratos de trabalho no desempenho das suas funções tendentes à frutificação do património, à sua liquidação ou, se for o caso, à continuação da exploração da empresa, observe dois propósitos distintos: a satisfação das necessidades da liquidação da massa insolvente ou a continuação da exploração da empresa[31].

Estes são contratos que não visam assegurar a manutenção da atividade da empresa, tendo nas palavras de JOANA VASCONCELOS um *«horizonte temporal limitado»*[32], razão pela qual se entende que esta faculdade apenas deve ser utilizada quando os trabalhadores da empresa são incapazes ou insuficientes para efetuar as tarefas a desempenhar pelos novos contratados[33].

---

[29] Neste sentido, cfr. LUÍS MENEZES LEITÃO, *Direito do Trabalho*, 8.ª ed., p. 210. Durante a vigência do Código do Trabalho de 2003, cfr. LUÍS CARVALHO FERNANDES, *"Efeitos da Declaração de Insolvência no Contrato de Trabalho segundo o Código da Insolvência e da Recuperação de Empresas"*, in: *RDES*, 1-2-3, p. 26 e MARIA DO ROSÁRIO PALMA RAMALHO, *"Aspectos Laborais da Insolvência. Notas breves sobre as implicações laborais no regime do Código da Insolvência e Recuperação de Empresas"*, in: *Estudos em memória do Professor Doutor José Dias Marques*, p. 699.

[30] LUÍS CARVALHO FERNANDES, *ob. cit.*, p. 26.

[31] No regime do CPEREF, o art. 173.º apenas admitia a contratação de trabalhadores necessários à liquidação, pelo que o CIRE veio ampliar a sua esfera de aplicação, acrescentando ao fim de satisfação das necessidades de liquidação da massa a finalidade de contratar para fazer face à continuidade de exploração da empresa. Sobre o preceito do CPEREF: LUÍS CARVALHO FERNANDES, *"Repercussões da Falência na Cessação do Contrato de Trabalho"*, in: *Estudos do Direito do Trabalho*, vol. I, p. 436. e CARVALHO FERNANDES/JOÃO LABAREDA, *Código dos Processos Especiais de Recuperação da Empresa e de Falência Anotado*, 3.ª ed., p. 441.

[32] JOANA VASCONCELOS, *"Insolvência do Empregador e Contrato de Trabalho"*, in: *Estudos em Homenagem ao Prof. Doutor Manuel Henrique Mesquita*, vol. II, p. 1104.

[33] A este propósito MARIA DO ROSÁRIO PALMA RAMALHO escreveu que a necessidade de efetuar novas contratações *«dependerá, obviamente, dos trabalhadores existentes na empresa e das respectivas qualificações, mas, sendo o fundamento destes contratos sindicável nos termos gerais, ele deve ser cuidadosamente indicado no contrato, não apenas através da referência à necessidade concreta daquele trabalhador como também indicando o contexto da insolvência em que surge a contratação»*. MARIA DO ROSÁRIO PALMA RAMALHO,

As mesmas razões conduzem, ainda, à não admissão de novas contratações pelo administrador da insolvência nos casos em que tenha ocorrido o despedimento de trabalhadores dispensáveis nos termos do art. 347.º, n.º 2 do CT.

Assim, quando a contratação de novos trabalhadores se revela necessária atendendo à situação da empresa insolvente, o administrador da insolvência pode celebrar contratos de trabalho a termo certo ou incerto[34/35].

Para alguns autores[36], estes contratos resultam da concretização da cláusula geral do art. 140.º, n.º 1 do CT. Outros autores, porém, entendem que estamos perante uma nova modalidade de contrato a termo que acresce às demais modalidades previstas no art. 140.º, n.ºs 2 e 3 do CT[37].

No que diz respeito ao regime jurídico destes contratos, o CIRE prevê um regime especial de caducidade[38] dos contratos que se verifica no momento do encerramento definitivo do estabelecimento ou, salvo convenção em contrário, no momento da sua transmissão[39].

"Aspectos Laborais da Insolvência. Notas breves sobre as implicações laborais no regime do Código da Insolvência e Recuperação de Empresas", in: *Estudos em memória do Professor Doutor José Dias Marques*, p. 701.

[34] A contratação a termo certo ou incerto é uma imposição legal, estando proibida a contratação por tempo indeterminado.

[35] Para CARVALHO FERNANDES, reportando-se ao regime laboral de 2003, estes novos contratos constituem *«uma nova hipótese de admissibilidade de contratos a termo final»* que vai além do disposto no art. 140.º do atual CT. Em sentido divergente se pronunciou LUÍS MENEZES LEITÃO, na medida em que o *A.* advoga que a contratação a termo prevista no art. 55.º, n.º 4 do CIRE se enquadra no art. 140.º, n.º 2, al. g) e n.º 3 do CT. Cfr. LUÍS CARVALHO FERNANDES, *"Efeitos da Declaração de Insolvência no Contrato de Trabalho segundo o Código da Insolvência e da Recuperação de Empresas"*, in: *RDES*, 1-2-3, p. 35 e LUÍS MENEZES LEITÃO, *Direito da Insolvência*, 8.ª ed., p. 211.

[36] Cfr. JOANA VASCONCELOS, *"Insolvência do Empregador e Contrato de Trabalho"*, in: *Estudos em Homenagem ao Prof. Doutor Manuel Henrique Mesquita*, vol. II, p.1103, nr.39; e JORGE MANUEL PEREIRA MARQUES, *O contrato de trabalho a termo resolutivo como instrumento de política económica – Entre a eficiência e a validade*, pp. 130-131.

[37] Cfr. LUÍS CARVALHO FERNANDES, *"Efeitos da Declaração de Insolvência no Contrato de Trabalho segundo o Código da Insolvência e da Recuperação de Empresas"*, in: *RDES*, 1-2-3; MARIA DO ROSÁRIO PALMA RAMALHO, *"Aspectos Laborais da Insolvência. Notas breves sobre as implicações laborais no regime do Código da Insolvência e Recuperação de Empresas"*, in: *Questões Laborais*, n.º 26, p. 159 e JÚLIO MANUEL VIEIRA GOMES, *"Nótula sobre os efeitos da insolvência do empregador nas relações de trabalho"*, in: *I Congresso de Direito da Insolvência*, p. 296.

[38] Cfr. JOANA VASCONCELOS, *ob. cit.*, p. 1103, e LEONOR PIZARRO MONTEIRO, *O Trabalhador e a Insolvência da Entidade Empregadora*, p. 51.

[39] De acordo com JÚLIO VIEIRA GOMES, a caducidade do contrato a termo quando há transmissão parece *«duvidosa»*, porquanto o nosso Direito Comunitário entende que os direitos dos trabalhadores resultantes da transmissão do estabelecimento são irrenunciáveis, não tendo o legislador nacional introduzido qualquer exceção em matéria de transmissão. JÚLIO MANUEL VIEIRA GOMES, *Direito do Trabalho*, vol. I, pp. 938-939.

Assim, os contratos de trabalho celebrados nos termos do art. 55.º, n.º4 do CIRE podem caducar nos termos gerais com a verificação do seu termo (art. 343.º, al.a) do CT), aplicando-se as regras dos arts. 344.º e 345.º do CT, ou, então, quando se verifique o encerramento definitivo ou a transmissão do estabelecimento.

Carvalho Fernandes[40], alertou para a restrição que o art. 55.º, n.º 4 do CIRE efetua aos fins da contratação que visa a liquidação da massa insolvente, na medida em que liga a cessação do contrato ao destino dos estabelecimentos da empresa insolvente, podendo haver contratação de novos trabalhadores para efetuar atos de liquidação sem que, todavia, o devedor tenha um estabelecimento ou uma empresa. No sentido de solucionar esta restrição, Luís Menezes Leitão[41], através de uma interpretação extensiva do art. 55.º, n.º 4 do CIRE, propõe que se acrescente a liquidação da massa insolvente como causa de caducidade do contrato a termo celebrado pelo administrador da insolvência quando a contratação se destina especificamente para esse efeito, na medida em que o trabalhador contratado para efeitos de liquidação da massa insolvente não está ligado a qualquer empresa, não podendo, por isso a caducidade operar por força do encerramento definitivo do estabelecimento, mas apenas por conclusão da liquidação da massa ou por preenchimento do termo contratual estipulado.

Ao que acresce, continua Carvalho Fernandes[42], no que diz respeito aos contratos a termo certo é necessário analisar a caducidade do contrato quando o termo fixado pelas partes ocorre antes ou depois do encerramento definitivo do estabelecimento ou, então, da sua transmissão. Assim, verificando-se a ocorrência do termo antes do encerramento definitivo do estabelecimento ou da sua transmissão, a caducidade do contrato de trabalho verifica-se no momento em que o termo se preenche. Por outro lado, quando se verifica o encerramento definitivo do estabelecimento ou a sua transmissão, sem que se tenha preenchido o termo do contrato, considera o *A.* que o contrato caduca sempre nesse momento. Todavia, nesta última hipótese, existe uma ressalva para os casos em que ocorre a transmissão do estabelecimento, uma vez que o contrato pode não caducar se existir uma convenção entre as partes que determine a manutenção do contrato mesmo

[40] Luís Carvalho Fernandes, *"Efeitos da Declaração da Insolvência no Contrato de Trabalho segundo o Código da Insolvência e da Recuperação de Empresas"*, in: *RDES*, 1-2-3, p. 36.

[41] Luís Menezes Leitão, *Direito da Insolvência*, 8.ª ed., p. 212.

[42] Cfr. Luís Carvalho Fernandes, *ob. cit.*, pp. 36-37.

quando a transmissão do estabelecimento ocorra antes de preenchido o termo por elas estipulado[43/44].

Ora, a solução que resulta do art. 55.º, n.º4 do CIRE constitui um desvio ao princípio da transmissibilidade dos contratos de trabalho de transmitente para o adquirente previsto no art. 285.º do CT, o que suscitou algumas dúvidas quanto à conformidade deste preceito com a Diretiva n.º 2001/23/CE, do Conselho, de 12 de Março de 2001[45].

No que concerne à aplicação dos atuais arts. 139.º e ss. do CT às situações abrangidas pelo art. 55.º, n.º 4 do CIRE, Carvalho Fernandes[46] rejeitava, na vigência do regime laboral pretérito, a aplicação do regime do contrato a termo na íntegra[47], nomeadamente dos arts. 148.º e 149.º, defendendo que a não submissão à possibilidade de renovação dos contratos era a solução mais adequada. Em sentido contrário se pronunciou Luís Menezes Leitão, Júlio Gomes e Maria do Rosário Palma Ramalho[48], admitindo a possibilidade do administrador da insolvência proceder à renovação dos contratos nos termos do art. 149.º do CT, posição que corroboramos por entendermos inexistirem razões que impliquem um desvio ao regime geral previsto no CT.

No que diz respeito à compensação por caducidade do contrato a termo celebrado nos termos do art. 55.º, n.º 4 do CIRE, acompanhamos a posição

---

[43] Da articulação do regime da caducidade com a modalidade do termo do contrato decorre, segundo Carvalho Fernandes, uma consequência relativamente ao conteúdo do contrato, na medida em que os contratos celebrados para efeitos de continuação da empresa devem conter, nos casos em que o insolvente tenha mais que um estabelecimento, a menção do estabelecimento onde o trabalhador vai prestar serviço. Cfr. Luís Carvalho Fernandes, *"Efeitos da Declaração da Insolvência no Contrato de Trabalho segundo o Código da Insolvência e da Recuperação de Empresas"*, in: *RDES*, 1-2-3, p. 37.

[44] Existindo uma convenção que determine a manutenção do contrato após a transmissão do estabelecimento, refere Luís Menezes Leitão que a posição jurídica do empregador nos contratos de trabalho celebrados pelo administrador da insolvência se transmite para o adquirente do estabelecimento nos termos do art. 285.º, n.º 1 do CT. Nesta medida, o contrato a termo celebrado pode, após a transmissão, transformar-se num contrato sem termo por aplicação do art. 147.º, n.º 2 do CT. Cfr. Luís Menezes Leitão, *Direito da Insolvência*, 8.ª ed., p. 212.

[45] A este propósito cfr. Júlio Manuel Vieira Gomes, *Direito do Trabalho*, vol. I, pp. 938-939 e Joana Vasconcelos, *"Insolvência do Empregador e Contrato de Trabalho"*, in: *Congresso Europeu de Direito do Trabalho*, pp. 397-401.

[46] Cfr. Luís Carvalho Fernandes, *ob. cit.*, pp. 37-38.

[47] Entre outros, Carvalho Fernandes, rejeitava a aplicação dos arts. 132.º, 135.º, 137.º, 138.º, 139.º e 141.º. Esta posição foi, todavia, contrariada por Júlio Manuel Vieira Gomes, *Direito do Trabalho*, vol. I, p.939.

[48] Cfr. Luís Menezes Leitão, *ob. cit.*, p. 212; Júlio Manuel Vieira Gomes, *Direito do Trabalho*, vol. I, p. 939 e Maria do Rosário Palma Ramalho, *"Aspectos Laborais da Insolvência. Notas breves sobre as implicações laborais no regime do Código da Insolvência e Recuperação de Empresas"*, in: *Questões Laborais*, n.º 26, p. 159.

de Júlio Gomes[49] considerando haver direito à compensação, não se justificando um desvio ao regime geral.

2.2.2. O contrato de trabalho e o encerramento definitivo da empresa

O encerramento da empresa pode ocorrer em momento anterior à realização da assembleia de apreciação do relatório – operando o denominado *encerramento antecipado*[50] – ou, regra geral, aquando da realização dessa assembleia conforme o disposto no art. 156.º, n.º 2 do CIRE. Para Carvalho Fernandes, o encerramento da empresa também pode operar por via de medidas inseridas num plano de insolvência[51].

Assim, após a declaração judicial de insolvência, a empresa insolvente pode ser encerrada de forma definitiva, determinando a cessação dos contratos de trabalho existentes.

O Código do Trabalho de 2003 estabeleceu expressamente no art. 390.º, n.º 3 que o encerramento definitivo da empresa determinava a caducidade do contrato de trabalho, o qual ficava sujeito ao procedimento do despedimento coletivo nos termos dos arts. 419.º e ss.[52].

À semelhança do regime pregresso, do art. 347.º, n.º 1 do CT *in fine* parece resultar que o encerramento definitivo da empresa implica a cessação dos vínculos laborais, constituindo uma hipótese de caducidade do contrato

---

[49] Cfr. Júlio Manuel Vieira Gomes, *"Nótula sobre os efeitos da insolvência do empregador nas relações de trabalho"*, in: *I Congresso de Direito da Insolvência*, p. 295, nr. 31.

[50] Para proceder ao encerramento antecipado da empresa do insolvente nos termos do art. 157.º do CIRE, o administrador da insolvência necessita de obter o parecer favorável da comissão de credores [al.a)]. No entanto, a comissão de credores é um *órgão eventual* no processo de insolvência, pelo que, na sua ausência, o encerramento antecipado ocorre se o insolvente não se opõe ou, não obstante a oposição deste, mediante autorização do juiz [al.b)]. Esta faculdade prevista no art. 157.º do CIRE não está, todavia, reservada ao administrador da insolvência, na medida em que se admite que o encerramento antecipado pode ocorrer por iniciativa do devedor incumbido da administração da massa insolvente. Admitindo o encerramento antecipado por iniciativa do devedor cfr. Luís Carvalho Fernandes, *"Efeitos da Declaração de Insolvência no Contrato de Trabalho segundo o Código da Insolvência e da Recuperação de Empresas"*, in: *RDES*, 1-2-3, pp.16-17.

[51] Apoiando-se no princípio da autonomia dos credores em vigor no CIRE, bem como no facto deste diploma não prever medidas de recuperação tipificadas, Carvalho Fernandes entende que o encerramento, ao lado da manutenção e transmissão da empresa [art. 195.º, n.º 2, als. b) e c) do CIRE], funciona como uma medida alternativa passível de ser inserida num plano de insolvência. Cfr. Luís Carvalho Fernandes, *ob. cit.*, p. 17.

[52] Sobre a vigência do Código do Trabalho de 2003, cfr. Luís Carvalho Fernandes, *ob. cit.*, pp. 27; Pedro Romano Martinez, *Apontamentos sobre a cessação do contrato de trabalho à luz do Código de Trabalho*, pp. 52 e ss. e Joana Vasconcelos, *"Insolvência do Empregador e Contrato de Trabalho"*, in: *Estudos em Homenagem ao Prof. Doutor Manuel Henrique Mesquita*, vol. II, pp. 1097-1101.

de trabalho devido à impossibilidade superveniente, absoluta e definitiva do empregador receber a prestação de trabalho[53].

Por norma, o encerramento definitivo da empresa resulta de uma deliberação tomada na assembleia de credores para apreciação do relatório apresentado pelo administrador da insolvência e após ouvir o devedor, a comissão de credores e a comissão ou representantes dos trabalhadores (art. 156.º, n.ºs 1 e 2 do CIRE). No entanto, o art. 157.º do CIRE concede ao administrador da insolvência[54] a possibilidade de proceder ao encerramento antecipado desde que, para o efeito, tenha o parecer favorável da comissão de credores (se existir) ou o devedor não se oponha (caso contrário, a oposição deste ser suprida por autorização judicial).

Ocorrendo de forma antecipada ou por deliberação da assembleia aludida no art. 156.º do CIRE, é consensual que o encerramento determina a caducidade dos contratos de trabalho, seguindo-se, nos termos do art. 347.º, n.º 3 do CT, o procedimento do despedimento coletivo previsto nos arts. 360.º e ss. do CT com as necessárias adaptações, exceto quando estamos perante microempresas[55].

Não obstante, como refere a lei e à semelhança do que sucede com a cessação dos contratos pelo administrador da insolvência de trabalhadores dispensáveis, nestas situações o procedimento do despedimento coletivo é aplicado *«com as necessárias adaptações»*.

---

[53] O facto do encerramento definitivo da empresa conduzir à caducidade dos contratos de trabalho é aceite de forma unânime na doutrina portuguesa. Cfr. Luís Carvalho Fernandes, *"Efeitos da Declaração da Insolvência no Contrato de Trabalho segundo o Código da Insolvência e da Recuperação de Empresas"*, in: *RDES*, 1-2-3, p. 27; Luís Menezes Leitão, *Direito da Insolvência*, 8.ª ed., pp. 212-214; Pedro Romano Martinez, *Direito do Trabalho.*, p. 957 e ss. e Joana Vasconcelos, *"Insolvência do Empregador e Contrato de Trabalho", in: Estudos em Homenagem ao Prof. Doutor Manuel Henrique Mesquita*, vol. II, p. 1098.

[54] Ou ao devedor encarregue da administração da massa insolvente.

[55] Não obstante, como referiu Bernardo Lobo Xavier, os problemas do encerramento definitivo da empresa serem muito relevantes nas pequenas e médias empresas devido ao *«risco de desaparecimento dos centros de imputação de responsabilidades e até do património»*, o procedimento do despedimento coletivo afasta-se das microempresas, exigindo-se, apenas, um aviso prévio variável em função da antiguidade dos trabalhadores (15, 30, 60 ou 75 dias). A exigência deste aviso prévio não era, como notaram Paulo Morgado Carvalho e Catarina de Oliveira Carvalho, evidente na vigência do Código do Trabalho de 2003, uma vez que este não possuía qualquer referência expressa a essa aplicação. Todavia, a *A.* considerava que o aviso prévio de 60 dias também se aplicava às situações de insolvência ou recuperação de empresas, então, previstas no art. 391.º da lei laboral. Cfr. Bernardo Lobo Xavier, *O despedimento colectivo no dimensionamento da empresa*, p. 417; Paulo Morgado Carvalho, *"Percurso pela cessação do contrato de trabalho"*, in: *Sub Judice – Justiça e Sociedade*, n.º 27, p.19; e Catarina de Oliveira Carvalho, *Da Dimensão da Empresa no Direito do Trabalho*, (nota 1249), pp. 411-412.

Com efeito, quando estamos perante uma situação de insolvência, a aplicação do regime comum sofre algumas variações e, segundo CARVALHO FERNANDES[56], duas razões apontam para que, nos casos de cessação do contrato por encerramento definitivo, o afastamento do regime comum do despedimento coletivo seja maior do que aquele que se verifica com a cessação dos contratos nos termos do art. 347.º, n.º 2 do CT: por um lado, a existência de uma maior conexão entre o encerramento definitivo da empresa e a insolvência do empregador; por outro lado, o facto de o encerramento ser decretado por entidades cuja competência específica para o efeito foi atribuída pelo CIRE.

Assim, à semelhança do que sucede na cessação dos contratos nos termos do art. 347.º, n.º 2 do CT, nos casos de encerramento definitivo parece não ser necessário à obtenção do despedimento coletivo que o empregador tenha à disposição do trabalhador a compensação e os créditos vencidos ou exigíveis por força da cessação do contrato de trabalho (contrariando o disposto nos arts. 363.º, n.º 2 e 383.º, al.c) do CT). Na verdade, apesar de o art. 347.º do CT apenas prever expressamente o direito do trabalhador à compensação quando o contrato de trabalho cessa nos termos do n.º 2 (art. 347.º, n.º 5 do CT)[57], entendemos que, quando ocorre o encerramento definitivo da empresa, o trabalhador também tem direito a uma compensação que será calculada nos termos do processo de insolvência, porquanto os créditos laborais têm de ser reclamados, relacionados, verificados e graduados nos termos do CIRE. Esta compensação a atribuir ao trabalhador despedido não deve, todavia, ser superior àquela que resulta da lei, estando excluída a compensação genérica referida no art. 360.º, n.º 2, al.f) do CT que acresce à compensação já prevista pelo art. 366.º do CT, na medida em que o administrador da insolvência está impedido de agravar a situação financeira da empresa[58].

---

[56] Cfr. LUÍS CARVALHO FERNANDES, *"Efeitos da Declaração de Insolvência no Contrato de Trabalho segundo o Código da Insolvência e da Recuperação de Empresas"*, in: *RDES*, 1-2-3, pp. 28-29.

[57] Nas palavras de MARIA DO ROSÁRIO PALMA RAMALHO, «esta compensação é calculada nos termos do *art. 366.º do CT, mas tendo em conta as regras de direito transitório, estabelecidas pela L. n.º 23/2012, de 25 de Junho (art. 7.º), e pela L. n.º 69/2013, de 30 de Agosto (arts. 5.º e 6.º), com o objectivo de salvaguardar as expectativas indemnizatórias do trabalhador em relação aos períodos contratuais decorridos antes da entrada em vigor daqueles diplomas, que reduziram o valor da compensação por despedimento colectivo*». Cfr. MARIA DO ROSÁRIO PALMA RAMALHO, *"Os trabalhadores no processo de insolvência"*, in: *III Congresso de Direito da Insolvência*, pp. 392.

[58] No mesmo sentido e na vigência do Código do Trabalho de 2003, cfr. LUÍS CARVALHO FERNANDES, *ob. cit.*, p. 29; JOANA VASCONCELOS, *"Insolvência do Empregador e Contrato de Trabalho"*, in: *Estudos em Homenagem ao Prof. Doutor Manuel Henrique Mesquita*, vol. II, p.1100. Recentemente, cfr. LUÍS MENEZES LEITÃO, *Direito da Insolvência*, 8.ª ed., pp. 213-214.

Pela mesma ordem de razões, parece estar afastada a necessidade de haver uma fase de informações e negociações prevista no art. 361.º do CT, acrescendo aos argumentos mencionados a propósito da cessação dos contratos nos termos do art. 347.º, n.º 2 do CT o facto de esta fase pressupor uma continuidade da empresa, o que, no caso de encerramento definitivo, não se verifica[59].

No que diz respeito à fase de informações e negociações, este entendimento é pacífico na nossa doutrina desde a vigência do Regime Jurídico da Cessação do Contrato de Trabalho e do Contrato a Termo, mantendo-se até à atualidade[60]. No entanto, como salienta JOANA VASCONCELOS[61], o Tribunal de Justiça das Comunidades Europeias (TJCE) discorda deste entendimento, tendo condenado Portugal no Acórdão de 12 de Outubro de 2004, (Proc. n.ºC-55/02) por incumprimento das *"obrigações que lhe incumbem por força dos arts. 1.º e 6.º da Directiva 98/59/CE do Conselho, de 20 de Julho de 1998, relativa à aproximação das legislações dos Estados Membros respeitantes aos despedimentos colectivos"*.

Não obstante, outras adaptações ao regime comum do despedimento coletivo revelam-se necessárias atendendo à particular situação de insolvência. Desde logo, no que concerne à comunicação a apresentar pelo empregador (art.º 360 do CT), nomeadamente quanto aos motivos a invocar para o despedimento coletivo (art. 360.º, n.º 2, al.a) do CT), sendo suficiente invocar a verificação da situação de insolvência e a decisão de encerramento definitivo da empresa[62]. Do mesmo modo se afasta a necessidade de indicar quais

---

[59] Cfr. LUÍS CARVALHO FERNANDES, *"Efeitos da Declaração de Insolvência no Contrato de Trabalho segundo o Código da Insolvência e da Recuperação de Empresas"*, in: *RDES*, 1-2-3, pp. 29-30; JOANA VASCONCELOS, *"Insolvência do Empregador e Contrato de Trabalho"*, in: *Estudos em Homenagem ao Prof. Doutor Manuel Henrique Mesquita*, vol. II, p.1101; e LUÍS MENEZES LEITÃO, *Direito da Insolvência*, 8.ª ed., p. 214.

[60] Cfr. ANTÓNIO NUNES DE CARVALHO, *"Reflexos Laborais do Código dos Processos Especiais de Recuperação da Empresa e de Falência"*, in: *RDES*, n.ºs 1-2-3-4, p. 337; LUÍS CARVALHO FERNANDES, *"Repercussões da Falência na Cessação do Contrato de Trabalho"*, in: *Estudos do Direito do Trabalho*, vol. I, pp. 431-435; MARIA DO ROSÁRIO EPIFÂNIO, *"Os Efeitos Substantivos da Falência"*, Publicações Universidade Católica, p. 391; LUÍS CARVALHO FERNANDES, *ob. cit.*, pp. 29-30; JOANA VASCONCELOS, *ob. cit.*, p. 1101; LUÍS MENEZES LEITÃO, *"As Repercussões da Insolvência no Contrato de Trabalho"*, in: *Estudos em memória do Professor Doutor José Dias Marques*, p. 880; e LUÍS MENEZES LEITÃO, *ob. cit.*, p. 214.

[61] JOANA VASCONCELOS, *ob. cit.*, (nota 30), p. 1101.

[62] Neste sentido e no âmbito Regime Jurídico da Cessação do Contrato de Trabalho e do Contrato a Termo tinham-se já pronunciado ANTÓNIO NUNES DE CARVALHO, *"Reflexos Laborais do Código dos Processos Especiais de Recuperação da Empresa e de Falência"*, in: *RDES*, n.ºs 1-2-3-4, p. 337; LUÍS CARVALHO FERNANDES, *"Repercussões da Falência na Cessação do Contrato de Trabalho"*, in: *Estudos do Direito do Trabalho*, vol. I, p. 436; e MARIA DO ROSÁRIO EPIFÂNIO, *"Os Efeitos Substantivos da Falência"*, Publicações Universidade Católica, pp. 383 e ss. Na vigência do Código do Trabalho de 2003, cfr. LUÍS CARVALHO

os critérios de seleção dos trabalhadores a despedir exigidos pela al.c) do n.º 2 do art. 360.º do CT, na medida em que com o encerramento da empresa todos os trabalhadores são afetados pelo despedimento, estando a aplicação desta norma nos casos de encerramento definitivo da empresa por motivo de insolvência do empregador desprovida de qualquer sentido.

Tal como no regime laboral pregresso, as adaptações ao regime comum do despedimento coletivo nas situações de insolvência do empregador resultam, deste modo, de uma conjugação da lei e das vicissitudes decorrentes do processo de insolvência. Estando o procedimento do despedimento coletivo sujeito a uma tramitação formal rigorosa – sob pena de ser considerado ilícito nos termos do art. 383.º do CT[63] –, não parece que este possa ser aplicado integralmente aos contratos que caducam por força do encerramento definitivo da empresa insolvente, porquanto este encerramento não resulta de uma medida de gestão do empregador, mas sim de uma decisão que não depende da sua vontade e que, por si só, é fundamento suficiente para afastar algumas exigências procedimentais previstas nos arts. 360.º e ss. do CT.

2.2.3. O contrato de trabalho e a transmissão da empresa

A possibilidade de alienação da empresa surge em várias normas do CIRE, entre outros, no art. 161.º, n.º 3, al.a), que prevê a venda da empresa, do estabelecimento ou da totalidade das existências; no art. 162.º, n.º 1 que dispõe sobre a alienação da empresa como um todo; e no art. 199.º, referente ao saneamento por transmissão de estabelecimentos.

A transmissão da empresa verifica-se, em regra, através da sua alienação quando, no processo de insolvência, se decide liquidar a massa insolvente.

Tal como a manutenção, a transmissão pode resultar de uma medida inserida no plano de insolvência [art. 195.º, n.º 2, al. b) *in fine* do CIRE], da deliberação da assembleia de apreciação do relatório (art. 156.º, n.º 2 do CIRE), ou, então, pode ser um efeito da decisão de manter a empresa.

FERNANDES, *"Efeitos da Declaração de Insolvência no Contrato de Trabalho segundo o Código da Insolvência e da Recuperação de Empresas"*, in: *RDES*, 1-2-3, p. 29; JOANA VASCONCELOS, *"Insolvência do Empregador e Contrato de Trabalho"*, in: *Estudos em Homenagem ao Prof. Doutor Manuel Henrique Mesquita*, vol. II, p. 1100; e LUÍS MENEZES LEITÃO, *"As Repercussões da Insolvência no Contrato de Trabalho"*, in: *Estudos em memória do Professor Doutor José Dias Marques*, p. 879 ou *Direito da Insolvência*, 8.ª ed., pp. 212.

[63] Defendendo a aplicação das regras do despedimento ilícito, cfr. JÚLIO MANUEL VIEIRA GOMES, *Direito do Trabalho*, pp. 928-930 e JÚLIO MANUEL VIEIRA GOMES, *"Da inobservância dos procedimentos na caducidade por encerramento total e definitivo da empresa"*, in: *Direito do Trabalho + Crise = Crise do Direito do Trabalho*, pp. 421-440.

No primeiro caso, quando a transmissão da empresa do devedor resulta de uma medida inserida num plano de insolvência, esta pode resultar de um plano de saneamento por transmissão da empresa a outra entidade (art. 199.º do CIRE) ou, então, de um plano misto[64].

Quando a transmissão da empresa resulta da deliberação da assembleia de apreciação do relatório, inicia-se de imediato a liquidação dos bens apreendidos para a massa insolvente nos termos do art. 158.º do CIRE[65/66].

Não obstante o CIRE conter normas reguladoras da transmissão da empresa, a lei não prevê nenhum regime particular para os seus efeitos nos contratos de trabalho na pendência de um processo de insolvência[67].

Com efeito, as dúvidas quanto ao regime a aplicar à transmissão dos contratos não foram expressamente esclarecidas pela lei, tendo a doutrina portuguesa se pronunciado no sentido favorável à aplicação das regras do regime da transmissão de empresa ou estabelecimento constantes do Código

---

[64] A figura do saneamento por transmissão, inspirada no *«acordo de credores»* nos arts. 78.º e ss. do CPEREF, configura uma medida de recuperação que visa a prossecução dos interesses dos credores, mesmo que o plano de insolvência onde esta se encontra inserida não tenha como finalidade a recuperação da empresa. Assim, o CIRE prevê no art. 199.º a constituição, por iniciativa dos credores, de uma ou mais sociedades novas destinadas à exploração da empresa do devedor cujos estatutos carecem de aprovação da assembleia de credores. Na(s) sociedade(s) constituída(s) podem participar somente os credores, somente terceiros ou, ainda, credores e terceiros em simultâneo. Na verdade, são os credores que, beneficiando da liberdade concedida pelo CIRE, determinam alguns aspetos da transmissão da empresa que, todavia, está sempre sujeita à homologação nos termos dos arts. 214.º e ss. do CIRE. Apesar de gozarem de alguma liberdade nesta matéria, os credores não podem utilizar o saneamento por transmissão com o intuito de causar o empobrecimento de determinados credores, do devedor ou dos seus associados, sob pena de estes requerem a não homologação do plano nos termos do art. 216.º, n.º 1 do CIRE. Sobre o saneamento por transmissão cfr. Filipe Cassiano dos Santos, *"Plano de insolvência e transmissão de empresa"*, in: *I Congresso de Direito da Insolvência*, pp. 141-151.

[65] À exceção dos casos em que a massa insolvente compreende bens perecíveis (cuja venda se realiza de imediato), o administrador da insolvência dá inicio à liquidação 45 a 75 dias após a insolvência ter sido decretada quando não se verificam embargos à sentença declaratória de insolvência (art. 40.º, n.º 3 do CIRE) ou recursos da decisão.

[66] Sendo a empresa do devedor um dos bens apreendidos para a massa insolvente, exige-se ao administrador da insolvência, quando este assume funções, que efetue de imediato as diligências para a sua venda (art. 162.º, n.º 2 do CIRE). É, aliás, ao administrador da insolvência que compete escolher qual a modalidade da venda. Não obstante, no que diz respeito à alienação da empresa, o CIRE privilegia a sua venda como um todo (art. 162.º, n.º 1), à exceção dos casos em que existe uma proposta satisfatória ou uma vantagem na venda em separado de certas partes (art. 162.º, n.º 1 *in fine*).

[67] Já na vigência do CPEREF a lei não se pronunciava a respeito dos efeitos da transmissão nos contratos de trabalho, tendo a doutrina nacional sido favorável à aplicação do art. 37.º da LCT quanto à transmissão dos contratos de trabalho que acompanhavam a empresa alienada, da qual resultou a introdução de uma remissão para o regime previsto na LCT no art. 172.º do CPEREF.

do Trabalho, as quais deverão ser objeto de interpretação de acordo com os princípios e preceitos do Direito Comunitário[68].

O CT prevê nos arts. 285.º e ss. o regime da transmissão de empresa ou estabelecimento sem que, no entanto, se refira expressamente ao destino dos contratos em caso de transmissão da empresa insolvente, pelo que, nestes casos, subsistem dúvidas quanto à aplicação deste regime na totalidade.

O regime previsto nos arts. 285.º e ss. do CT aplica-se tanto aos casos em que a transmissão da empresa resulta da homologação de um plano de insolvência, como quando esta resulta da liquidação da massa insolvente, sendo a doutrina unânime quanto ao facto de com a transmissão da empresa insolvente a posição jurídica de empregador nos contratos de trabalho transitar para o adquirente (art. 285.º, n.º 1 do CT)[69], mantendo-se a representação dos trabalhadores nos termos do art. 287.º do CT. Ocorre, assim, uma sub-rogação *ex lege* do adquirente na posição jurídica do empregador[70], a qual se traduz na modificação subjetiva da pessoa do empregador.

Todavia, no que diz respeito às normas referentes à responsabilização do transmitente (art. 285.º, n.º 2 do CT) e ao procedimento (art. 286.º do CT), as posições na doutrina não são convergentes[71].

---

[68] De acordo com JOANA VASCONCELOS, as questões laborais relativas à transmissão da empresa encontravam a sua resposta *«por força da remissão constante do art. 277.º, primordialmente nas normas laborais»*. A dúvida quanto a aplicação destas normas poderia resultar, na opinião da *A.*, da Diretiva 2001/23/CE, de 12 de Março de 2001 (que foi transposta para o Código do Trabalho de 2003, nomeadamente para os arts. 318.º ss.), mais concretamente do seu art. 5.º, n.º 1. No entanto, após uma análise das normas da Diretiva, conclui a *A.* que é possível integrar as hipóteses de alienação da empresa ou estabelecimento no n.º 2 da mesma norma, pelo que *«tais situações estarão, assim, em princípio, submetidas ao regime de protecção dos trabalhadores concretizado nos arts. 318.º a 321.º do CT»*. Cfr. JOANA VASCONCELOS, *"Insolvência do Empregador e Contrato de Trabalho"*, in: *Estudos em Homenagem ao Prof. Doutor Manuel Henrique Mesquita*, vol. II, pp. 1104 a 1109. Ainda a propósito da Diretiva 2001/23/CE, de 12 de Março de 2001, cfr. MARTA FERNÁNDEZ PRIETO, *La Transmission de Empresas en Crisis – Incidência de La Ley Concursal*, Ediciones Laborum, Múrcia, 2004; ANTOINE MAZEAUD, *"Le Transfert d'Enterprise dans le Cadre dês Procedures Collectives"*, in: *Droit Social*, 2005, n.º 2, LEONOR PIZARRO MONTEIRO, *O trabalhador e a Insolvência da Entidade Empregadora*, pp. 73-84 e DAVID CARVALHO MARTINS, *Da Transmissão da Unidade Económica no Direito Individual do Trabalho*, n.º 6, Almedina, 2013.

[69] Esta é, também a posição adotada na jurisprudência. Entre outros, no Ac. do TRG de 03/05/2011, destaca-se: *«no caso de transmissão da empresa ou do estabelecimento, os contratos de trabalho seguem a empresa ou o estabelecimento, transmitindo-se para o adquirente a posição jurídica do empregador, de acordo com o regime geral da transmissão estabelecido no art. 318.º do C. T.»*. Cfr. Ac. do TRG de 03/05/2011, Proc. n.º 1132/10.2TBBCL-D.G1, in: www.dgsi.pt.

[70] Cfr. PEDRO FURTADO MARTINS, *"Efeitos da Aquisição de Empresas nas Relações de Trabalho"*, in: O Contrato de Trabalho no contexto da Empresa, do Direito Comercial e do Direito das Sociedades Comerciais, CEJ, pp. 27-71.

[71] Sobre a responsabilidade por créditos laborais e a tutela do adquirente nos casos de transmissão da empresa ou estabelecimento, cfr. JOANA VASCONCELOS, *"Transmissão da Empresa ou Estabelecimento, Res-*

De acordo com Carvalho Fernandes[72] – posição adotada na vigência do Código do Trabalho de 2003 –, a responsabilidade solidária do transmitente pelas obrigações laborais vencidas até à data da transmissão (prevista no art. 285.º, n.º 2 do CT) seria de afastar.

Para compreender a posição do *A.*, temos de atender à possibilidade de estas obrigações relativas a trabalhadores se poderem ter vencido antes da declaração de insolvência ou na pendência do processo. No primeiro caso, estão em causa créditos sobre a insolvência (art. 47.º, n.ºs 1 e 2 do CIRE) que devem ser reclamados no processo de insolvência e satisfeitos à custa do produto obtido com a liquidação da massa insolvente. No segundo caso, estão em causa dívidas da massa insolvente (art. 51.º do CIRE), que beneficiam de um regime privilegiado (art. 172.º do CIRE), devendo ser cumpridas pelo administrador da insolvência nos termos do art. 347.º, n.º 1 do CT. Deste modo, diz o *A.*, que *«mal se compreende que, em qualquer destes casos, ao insolvente – ou seja, ao transmitente do estabelecimento – quadre a responsabilidade solidária»*[73].

Acresce ainda, argumenta o *A.*, as consequências que derivam da liquidação da empresa para o devedor e que variam consoante este seja uma pessoa coletiva, uma pessoa singular ou *«uma entidade não personificada»*[74]. Assim, quando estamos perante uma pessoa coletiva, a insolvência conduz à sua extinção[75], pelo que a aplicação do art. 285.º, n.º 2 do CT fica desprovida de sentido e deve ser excluída. A mesma solução se aponta quando o devedor é uma pessoa singular e lhe tenha sido concedida a exoneração do passivo restante, nos termos dos arts. 235.º e ss. do CIRE[76]. Por fim, quanto

---

ponsabilidade por Créditos Laborais e Tutela do Adquirente", in: *Prontuário de Direito do Trabalho*, n.º 87, Set-Dez 2010, pp. 173-182 e Pedro Furtado Martins, *"Efeitos da Aquisição de Empresas nas Relações de Trabalho"*, in: O Contrato de Trabalho no contexto da Empresa, do Direito Comercial e do Direito das Sociedades Comerciais, CEJ, pp. 27-71.

[72] Luís Carvalho Fernandes, *"Efeitos da Declaração da Insolvência no Contrato de Trabalho segundo o Código da Insolvência e da Recuperação de Empresas"*, in: *RDES*, 1-2-3, pp. 31-34.

[73] Luís Carvalho Fernandes, *ob. cit.*, p. 33.

[74] *Idem.*

[75] Ver arts. 182.º, n.º 1, al. e), 192.º, n.º 1, al. c) e 1007.º, al. e) do Código Civil, referentes às associações, fundações e sociedades civis; art. 141.º, al. e) do Código das Sociedades Comerciais para as sociedades civis e para as sociedades comerciais (a respeito das últimas, o CIRE prevê expressamente a sua extinção no art. 234.º, n.º 3).

[76] A exoneração do passivo restante *«traduz-se na liberação definitiva do devedor quanto ao passivo que não seja integralmente pago no processo de insolvência ou nos cinco anos posteriores ao seu encerramento com as condições fixadas no incidente»*, Carvalho Fernandes/ João Labareda, *Código da Insolvência e Recuperação de Empresas Anotado*, vol. II, p. 184. Para maior desenvolvimento do estudo do instituto da exoneração do passivo restante, Catarina Serra, *Lições de Direito da Insolvência*, pp. 556 e ss.

ao devedor destituído de personalidade jurídica, o *A.* destaca os casos da herança jacente, das associações sem personalidade jurídica e das comissões especiais, na medida em que, a liquidação e o esgotamento dos bens que as integram *«não deixam margem para a responsabilidade»*, bem como, nos dois últimos casos, por analogia com as pessoas coletivas, a insolvência determinar a sua extinção[77].

Contrapondo este entendimento, LUÍS MENEZES LEITÃO[78], entende que a responsabilidade solidária do transmitente abrange, nos termos do art. 285.º, n.º 2 do CT, as obrigações vencidas antes da transmissão por um período de um ano. Segundo o *A.*, os argumentos apresentados por CARVALHO FERNANDES não podem vingar, na medida em que invocar que a insolvência determina a extinção da pessoa coletiva, a exoneração do passivo restante da pessoa singular ou a liquidação do património autónomo não é suficiente para afastar o disposto no n.º 2 do art. 285.º do CT, dado que estes efeitos se verificam no final do processo de insolvência. Acrescenta ainda que, o facto de existir uma tendência natural dos credores para reclamarem os seus créditos ao adquirente da empresa transmitida por este não se encontrar insolvente, não afasta a hipótese de o transmitente ser responsabilizado quando o adquirente não satisfaz esses créditos[79].

No que diz respeito ao procedimento, mormente quanto à informação e consulta dos representantes dos trabalhadores prevista no art. 286.º do CT, também divergem as opiniões na doutrina[80].

CARVALHO FERNANDES entendia que o regime previsto na norma do art. 320.º (correspondente ao atual art. 286.º do CT) se baseava em pressupostos que não se verificavam nos casos de transmissão da empresa no âmbito do processo de insolvência, nomeadamente quanto à iniciativa da transmissão pelo titular da empresa e à negociação direta entre transmitente e adquirente.

Na perspetiva do *A.*, a transmissão da empresa em processo de insolvência não é da iniciativa do devedor uma vez que, tanto nas situações em que a transmissão se verifica no âmbito da liquidação da massa insolvente,

---

[77] LUÍS CARVALHO FERNANDES, *"Efeitos da Declaração da Insolvência no Contrato de Trabalho segundo o Código da Insolvência e da Recuperação de Empresas"*, in: *RDES*, 1-2-3, p. 34.

[78] LUÍS MENEZES LEITÃO, *Direito da Insolvência*, 8.ª ed., p. 215.

[79] Em sentido favorável à responsabilidade do transmitente nos termos do art. 285.º, n.º 2 do CT, cfr. MARIA DO ROSÁRIO EPIFÂNIO, *Manual de Direito da Insolvência*, 2.ª ed., pp. 169-170.

[80] O art. 286.º do CT transpôs a imposição constante do art. 3.º, n.º 3 da Diretiva 2001/23/CE, de 12 de Março de 2001.

como quando resulta de uma medida constante do plano de insolvência, esta não depende da sua vontade, estando, portanto, a iniciativa do transmitente excluída[81].

Segundo o *A.*, na maioria dos casos será, ainda, de excluir a negociação a respeito da transmissão da empresa devido às modalidades previstas para a transmissão. No âmbito da liquidação da massa insolvente, incumbe ao administrador da insolvência optar pela modalidade segundo a qual se vai realizar a transmissão. Ora, podendo o administrador da insolvência optar por qualquer uma das modalidades previstas no art. 811.°, n.° 1 do Código do Processo Civil, às quais acrescem aquelas que o administrador tiver por mais convenientes, apenas nos casos de transmissão por venda direta (art. 811.°, n.° 1, al.c) do C.P.C.) ou de venda por negociação particular (art. 811.°, n.° 1, al.d) do C.P.C.) é que se conhece o adquirente *«em tempo útil e em termos de com ele se poder entabular uma negociação que minimamente corresponda à pressuposta na lei laboral»*[82], pelo que, nas restantes modalidades, se afigura impossível existir uma negociação nos termos do art. 286.° do CT.

Na apresentação dos seus argumentos, Carvalho Fernandes não esqueceu as situações em que a transmissão resulta de uma medida inserida num plano de insolvência, admitindo que, embora possa existir uma negociação que preceda ou acompanhe a proposta vertida no plano, esta decorre *«em ambiente bem diferente do que, a nosso ver, domina e justifica o art. 320.° do C. Trab., mesmo no caso de a proposta ser apresentada pelo devedor»*[83].

Segundo o autor, os mesmos argumentos servem, *mutatis mutandis*, para excluir a consulta dos representantes dos trabalhadores prevista no n.° 3 do art. 286.° do CT quando a transmissão se realiza no âmbito do processo de insolvência.

Quanto às informações a que se reportam os n.°s 1 e 2 do art. 286.° do CT, o *A.* não exclui a aplicação destas normas. Todavia, este afasta a sua aplicação em termos restritos, considerando que os deveres a que estas se referem devem, quando muito, ser da incumbência do administrador da insolvência[84].

[81] De acordo com os arts. 209.° e ss. do CIRE, a aprovação e homologação do plano de insolvência carecem, respetivamente, da assembleia de credores e da intervenção do juiz.

[82] Luís Carvalho Fernandes, *"Efeitos da Declaração de Insolvência no Contrato de Trabalho segundo o Código da Insolvência e da Recuperação de Empresas"*, in: *RDES*, 1-2-3, p. 32.

[83] *Idem.*

[84] *Idem.*

LUÍS MENEZES LEITÃO opõe-se, todavia, à posição supra descrita, entendendo que não há *«razões para excluir a aplicação de qualquer desses preceitos»*[85], logo a aplicação limitada do regime previsto nos arts. 285.º e ss. do CT como concebe CARVALHO FERNANDES, não deve verificar-se. Referindo-se concretamente à norma do art. 286.º do CT, o *A.* refere que os deveres nela previstos – dever de informação e consulta dos representantes dos trabalhadores – são deveres legais da responsabilidade do transmitente e do adquirente, pelo que incumbe ao administrador da insolvência cumprir os deveres a que o transmitente estaria sujeito nos termos do art. 81.º, n.ºs 3 e 4 do CIRE.

A aplicação integral do regime previsto nos arts. 285.º e ss. do CT não reúne, como vimos, consenso na doutrina. A nosso ver, quanto à responsabilidade solidária do transmitente, não há motivo para afastar o disposto no n.º 2, do art. 285.º do CT[86]. O mesmo sucede quanto à informação e consulta dos trabalhadores nos termos do art. 286.º do CT. Os trabalhadores abrangidos pela transmissão da empresa têm direito à informação e consulta do contrato de transmissão, podendo, nesse procedimento informativo, consciencializar-se dos efeitos jurídicos, económicos e sociais da manutenção da relação de trabalho. Pese embora não lhes assista meio de oposição que possa impedir a transmissão da empresa, decisão que compete à assembleia de credores e está sujeita a sequente homologação pelo juiz nos termos dos arts. 209.º e ss. do CIRE, é o cumprimento do art. 286.º do CT que permite ao trabalhador exercer o direito de oposição do trabalhador à transmissão da posição jurídica do empregador reconhecido pelo direito comunitário, o qual se circunscreve à transmissão da titularidade do contrato[87].

---

[85] LUÍS MENEZES LEITÃO, *Direito da Insolvência*, 3.ª ed., p. 215.

[86] No mesmo sentido e adicionando um novo argumento, LEONOR PIZARRO MONTEIRO refere que o art. 286.º do CT resulta de uma transposição do art. 7.º da Diretiva 2001/23/CE, de 12 de Março de 2001. Cfr. LEONOR PIZARRO MONTEIRO, *O trabalhador e a Insolvência da Entidade Empregadora*, p. 92.

[87] Para mais esclarecimentos sobre o direito de oposição dos trabalhadores, entre outros, cfr. FRANCISCO LIBERAL FERNANDES, *"Transmissão do estabelecimento e oposição do trabalhador à transferência do contrato: uma leitura do art. 37.º da LCT conforme o direito comunitário"*, in: *Questões Laborais*, n.º 14, pp. 213-240; JÚLIO MANUEL VIEIRA GOMES, *Direito do Trabalho*, pp. 808-835; PEDRO FURTADO MARTINS, *"Efeitos da Aquisição de Empresas nas Relações de Trabalho"*, in: O Contrato de Trabalho no contexto da Empresa, do Direito Comercial e do Direito das Sociedades Comerciais, CEJ, pp. 27-71.

3. A REPERCUSSÃO DA DECLARAÇÃO JUDICIAL DE INSOLVÊNCIA NOS CRÉDITOS LABORAIS

3.1. A contraposição de interesses dos trabalhadores

A insolvência do empregador pode refletir-se a dois níveis na vida dos trabalhadores conforme a posição por eles adotada em relação à empresa, na medida em que se repercute nos contratos dos trabalhadores, bem como nos seus créditos, o que significa que os trabalhadores podem ter interesses contrapostos: a manutenção do seu contrato de trabalho e a rápida satisfação dos seus créditos[88].

Enquanto prestadores de trabalho, os trabalhadores têm especial interesse na manutenção de um vínculo laboral estável, vendo, assim, garantida a estabilidade do seu emprego conforme o previsto na Constituição da República Portuguesa[89]. Mesmo nas situações de crise da empresa a relação laboral continua a desenvolver-se, permanecendo os trabalhadores conectados com a entidade empregadora e estando os seus contratos sujeitos às vicissitudes que a empresa atravessa o que, certamente, condiciona a manutenção da relação laboral que, na maioria dos casos, é a sua única fonte de rendimento.

Enquanto credores da empresa insolvente, os trabalhadores assumem uma posição semelhante às dos demais credores, cujo interesse é a satisfação dos créditos que resultam dos seus contratos de trabalho. Contrariamente ao interesse de manutenção/recuperação da entidade empregadora, enquanto credores os trabalhadores pretendem atingir de forma eficaz o património da empresa, porquanto o seu objetivo é garantir a efetiva satisfação do seu crédito patrimonial.

Assim, por um lado os trabalhadores podem adotar uma posição favorável à recuperação da empresa, desejando a manutenção do seu vínculo laboral e a superação da crise. Neste plano, os trabalhadores são um elemento a considerar no processo de recuperação, sendo, muitas vezes, indispensáveis.

Por outro lado, os trabalhadores podem assumir uma posição tendente à liquidação do património da entidade empregadora, devendo intervir no

---

[88] Catarina Serra refere que os trabalhadores não só têm interesses contrapostos, como *«são mesmo titulares de direitos inconciliáveis»*. Catarina Serra, *"A crise da empresa, os trabalhadores e a falência"*, in: *RDES*, n.º 3-4, p. 426. No mesmo sentido, cit. pela *A.*, Alberto Jorio, *"Le procedure concorsuali tra tutela del credito e salvaguardia dei complessi produttivi"*, in: *Giurisprudenza Commerciale*, 1994, I, pp. 513 e ss.

[89] Dispõe o art. 53.º da CRP que *«é garantida aos trabalhadores a segurança no emprego, sendo proibidos os despedimentos sem justa causa ou por motivos de políticos ou ideológicos»*.

processo de insolvência de forma a garantir e defender os seus interesses na qualidade de credores. É esta posição que será objeto de análise.

3.2. Os trabalhadores como credores da empresa insolvente

O CIRE não apresenta uma definição do termo "credor"[90], limitando-se a demonstrar a existência de duas classes de credores, os *«credores da insolvência»* e os *«credores da massa»*, cuja distinção se baseia no momento da constituição dos créditos e se revela determinante no momento de efetuar o pagamento aos credores[91/92].

Assim, credores da insolvência são, nos termos do art. 47.ºdo CIRE, os titulares de créditos de natureza patrimonial sobre o insolvente, ou garantidos por bens integrantes da massa insolvente, cujo fundamento seja anterior à data da declaração de insolvência (art. 47.º, n.º 1); e, ainda, aqueles cujos titulares mostrem tê-los adquirido no decurso do processo (art. 47.º, n.º 2). Estes credores da insolvência podem ainda ser classificados como *credores garantidos*, quando beneficiam de uma garantia real, incluindo os privilégios creditórios especiais[93]; *credores privilegiados*, quando beneficiam de um privilégio creditório geral (mobiliário ou imobiliário) sobre os bens integrantes da massa insolvente [art. 47.º, n.º 4, al.a) do CIRE]; *credores subordinados*, que nos termos do art. 48.º do CIRE, são graduados em último lugar e cuja qualificação se realiza em função das suas características subjetivas ou

---

[90] Neste aspeto, o CIRE não acompanhou a lei alemã que apresenta uma definição de credor de insolvência no o §38 da *InsO* que, segundo OTHMAR JAUERNIG, é todo aquele tem um direito da natureza patrimonial fundamentado contra o insolvente à data de abertura do processo de insolvência, incluindo-se neste conceito os credores subordinados e não subordinados. Cfr. OTHMAR JAUERNIG,*"Zwangsvollstreckungs – und Insolvenzrecht"*, pp. 291-293.

[91] Conforme o legislador exaltou no ponto 21 do Preâmbulo do DL n.º 53/2004, de 18 de Março, no CIRE *«distinguem-se com precisão as «dívidas da insolvência», correspondentes aos créditos sobre o insolvente cujo fundamento existisse à data da declaração de insolvência e aos que lhe sejam equiparados (que passam a ser designados como «créditos sobre a insolvência», e os respectivos titulares como «credores da insolvência»), das «dívidas ou encargos com a massa insolvente» (correlativas aos «créditos sobre a massa», detidos pelos «credores da massa»), que são, grosso modo, as constituídas no decurso do processo».*

[92] A ordenação dos créditos por classes agora prevista no CIRE inspirou-se nas várias legislações estrangeiras quer da família anglo-saxónica, quer da família romano-germânica, como é o caso da *Loi fédérale sur la pour suite pour dettes et la faillite* que prevê, de acordo com os Art. 219, a ordenação dos créditos não garantidos em três classes distintas – *Première classe, Deuxième classe* e *Troisième classe.* A satisfação dos créditos de cada classe apenas sucede na medida em que os da classe precedente sejam plenamente satisfeitos, tal como dispõe o Art. 220, n.º 2 (*"Tant que les créanciers d'une classe précédente n'ont pás été complètement dês intéressés, ceux des classe suivantes ne reçoivent rien"*).

[93] Os créditos garantidos podem ser de origem processual, como é o caso da penhora e hipoteca judicial, e não processual, como é o caso da consignação de rendimentos (art. 656.º do CC), do penhor (arts. 666.º e ss. do CC), da hipoteca (arts. 686.º e ss. do CC) e do direito de retenção (art. 754.º do CC).

objetivas [arts. 47.º, n.º 4, al.b), 48.º e 49.º do CIRE][94]; ou *credores comuns*, quando o seu crédito não se insere nas demais categorias [art. 47.º, n.º 4, al.c) do CIRE][95].

O pagamento aos credores da insolvência depende, assim, da categoria em que estes se inserem e dos seus créditos se encontrarem verificados por sentença transitada em julgado (art. 173.º do CIRE)[96]. Com efeito, o pagamento dos créditos sobre a insolvência deve observar uma hierarquia segundo a qual, em primeiro lugar, são pagos os *créditos garantidos* assim que é liquidado o bem onerado com garantia real, abatidas as correspondentes despesas e as imputações devidas pelos créditos sobre a massa insolvente que, nos termos do art. 172.º, n.º 1 e 2 do CIRE, não podem exceder dez por cento do produto do bem (art. 174.º, n.º 1 do CIRE)[97]; segue-se o pagamento dos *créditos privilegiados* à custa dos bens não afetos a garantias reais prevalecentes (art. 175.º, n.º 1 do CIRE)[98]; depois, o pagamento dos *créditos comuns* que se efetua na proporção dos respetivos montantes se a massa for

---

[94] A categoria dos créditos subordinados é uma inovação do CIRE com inspiração na figura anglo-americana da *subordinate debt* que, segundo Rui Pinto Duarte, veio alterar a técnica legislativa tradicional do ordenamento jurídico português. Existindo já no *Bankruptcy* Code, na *Ley* Concursal e na InsO, a figura dos créditos subordinados justifica-se pela proximidade do seu titular com o insolvente ou, então, pelas características dos créditos resultantes das circunstâncias ou do momento da sua constituição. Cfr., sobre este assunto, Rui Pinto Duarte, *"Classificação dos créditos sobre a massa insolvente no projecto de Código da Insolvência e Recuperação de Empresas"*, pp. 51 e ss.; Catarina Serra, *A Falência no Quadro da Tutela Jurisdicional dos Direitos de Crédito*, p. 388; Catarina Serra, *Lições de Direito da Insolvência*, pp. 70-71 e Gonçalo Andrade e Castro, *"Efeitos da declaração de insolvência sobre os créditos"*, pp. 265 e ss.

[95] Como nota Catarina Serra, a classificação apresentada pelo CIRE é semelhante à da lei alemã apresentada no §39 da *InsO* que distingue credores subordinados e credores não subordinados. Os credores subordinados são titulares de créditos de natureza patrimonial que são graduados depois dos créditos não subordinados (que são os restantes créditos da insolvência). Cfr. Catarina Serra, *A Falência no Quadro da Tutela Jurisdicional dos Direitos de Crédito*, (nota 1003), p. 388.

[96] Nos termos do art. 180.º do CIRE, o facto de haver créditos verificados por sentença transitada em julgado não significa que os restantes créditos se encontram desprotegidos, na medida em que, havendo recurso da sentença de verificação e graduação de créditos, ou protesto por ação pendente, consideram-se condicionalmente verificados os créditos dos autores do recurso ou protesto até ao montante máximo que puder resultar do conhecimento dos mesmos.

[97] No entanto, quando estes créditos não são pagos integralmente, dispõe o art. 174.º, n.º 1 *in fine* que *«quanto àqueles que não fiquem integralmente pagos e perante os quais o devedor responda com a generalidade do seu património, são os saldos respectivos incluídos entre os créditos comuns, em substituição dos saldos estimados, caso não se verifique coincidência entre eles»*. Quer isto dizer que, o credor garantido, nessas circunstâncias, passa a concorrer nos rateios sucessivos – parciais e finais – em igualdade com os credores comuns.

[98] Quando os créditos privilegiados não são pagos na íntegra aplica-se o procedimento descrito supra (art. 174.º, n.ºs 1 e 2 *ex vi* 175.º, n.º 2 do CIRE).

suficiente para a respetiva satisfação integral (art. 176.º do CIRE); e, por último, o pagamento dos *créditos subordinados*, que só se verifica após o pagamento integral dos créditos comuns, de acordo com a ordem constante no art. 48.º do CIRE, na proporção dos respetivos montantes, se a massa for insuficiente para a satisfação integral (art. 177.º do CIRE).

Credores da massa são, por sua vez, os titulares dos créditos que se constituem no decurso do processo de insolvência e qualificados no CIRE como créditos da massa (art. 51.º). O seu fundamento reside, portanto, na própria situação de insolvência, razão pela qual estes beneficiam de um regime mais favorável, porquanto são satisfeitos antes dos créditos sobre a insolvência (art. 172.º, n.º 1 do CIRE) e pagos na data em que ocorre o seu vencimento, independentemente do estado do processo (art. 172.º, n.º 3 do CIRE)[99]. De facto, de acordo com o disposto no art. 172.º, n.º 1 do CIRE, antes de proceder ao pagamento dos créditos da insolvência, o administrador da insolvência deduz da massa insolvente os bens ou direitos efetiva ou previsivelmente necessários à satisfação das dívidas desta. As dívidas da massa insolvente são, conforme o n.º 2 do mesmo artigo, *«imputadas aos rendimentos da massa e, quanto ao excedente, na devida proporção, ao produto de cada bem, móvel ou imóvel»* sem que, no entanto, essa imputação possa exceder os dez por cento do produto de bens objeto de garantias reais, *«salvo na medida do indispensável à satisfação integral das dívidas da massa insolvente ou do que não prejudique a satisfação integral dos créditos garantidos»*.

No âmbito do processo de insolvência, podem estar em causa créditos emergentes do contrato de trabalho, referentes, entre outros, a salários, subsídios de férias e de Natal, subsídio de alimentação, ou seja créditos que resultam da simples existência e normal cumprimento do contrato de trabalho, classificados como créditos remuneratórios[100].

Além destes, podem também estar em causa créditos emergentes da cessação do contrato de trabalho que podemos classificar como créditos indemnizatórios ou créditos compensatórios.

Os créditos indemnizatórios consistem nos créditos que resultam de uma indemnização devida pela resolução do contrato de trabalho com justa causa por iniciativa do trabalhador anteriormente à declaração judicial de

---

[99] É por esta razão que o pagamento dos créditos sobre a massa pode ser exigido pelos credores diretamente ao administrador da insolvência, uma vez que, nos termos do art. 128.º e ss. do CIRE, estes não estão sujeitos ao processo de verificação e graduação de créditos.

[100] Cfr. Catarina Serra, *Lições de Direito da Insolvência*, pp. 276-277.

insolvência; ou de uma indemnização pela cessação do contrato de trabalho que resulta de um despedimento ilícito motivado pelo não cumprimento das normas previstas no CT pelo administrador da insolvência, nomeadamente das normas previstas para o procedimento do despedimento coletivo (arts. 359.º e ss. e art. 383.º do CT).

Os créditos compensatórios, por sua vez, consistem nos créditos resultantes da compensação devida ao trabalhador por cessação do contrato de trabalho por despedimento coletivo ou extinção do posto de trabalho[101].

A graduação destes créditos no processo de insolvência realizar-se-á consoante o momento em que se constituem e atendendo às vicissitudes da empresa decorrentes desse processo, pelo que os trabalhadores tanto podem ser credores da massa como credores da insolvência.

Como sabemos, a declaração judicial de insolvência do trabalhador não implica a cessação imediata dos contratos de trabalho, pelo que a sua cessação pode resultar de uma deliberação da assembleia de credores (quando esta determina o encerramento definitivo da empresa nos termos do art. 156.º, n.º 2 do CIRE) ou de uma decisão do administrador da insolvência (quando este, perante a manutenção da empresa procede ao despedimento de trabalhador dispensável, nos termos do art. 347.º, n.º 2 do CIRE, ou à contratação de novos trabalhadores nos termos do art. 55.º, n.º 4 do CIRE, cujo vínculo cessa com a verificação do seu termo, com o encerramento de estabelecimento ou com a transmissão da empresa).

No que respeita aos créditos remuneratórios dos trabalhadores já constituídos antes da situação de insolvência, os mesmos constituem créditos sobre a insolvência, reconduzindo-se à classe dos créditos privilegiados e garantidos nos termos das als. a) e b) do n.º 1 do art. 333.º do CT (art. 47.º, n.º 4 do CIRE), pelo que o seu pagamento apenas se fará após a satisfação dos créditos sobre a massa nos termos dos arts. 174.º e 175.º do CIRE.

No entanto, já não poderemos considerar créditos da insolvência os créditos remuneratórios constituídos após a declaração de insolvência, uma vez que, se o trabalhador continua a prestar trabalho na empresa insolvente após a declaração de insolvência, o pagamento dos seus salários vencidos após essa data devem ser considerados dívidas da massa insolvente e, consequentemente, devem ser satisfeitas no momento do seu vencimento, independen-

[101] Neste sentido, cfr. Paula Quintas/Hélder Quintas, *Código do Trabalho Anotado e Comentado*, pp. 656-657 e Ac. do STJ, de 09.02.1999, in: *CJ*, Ano VII, Tomo I, p. 88.

temente do estado do processo (art. 172.°, n.° 3 do CIRE)[102]. Luís Menezes Leitão, em anotação ao acórdão da Relação de Coimbra de 14/07/2010, Proc. n.° 562/09, refere que se esses créditos fossem considerados créditos da insolvência estaríamos perante uma situação laboral em que o trabalhador que permanece ao serviço da empresa insolvente mas apenas auferiria o seu salário num momento futuro e após a reclamação do seu crédito no âmbito do processo de insolvência[103].

Assim, incluem-se nos créditos sobre a massa: os créditos remuneratórios (constituídos desde a data da declaração de insolvência) dos trabalhadores, cujo contrato de trabalho foi celebrado pelo empregador (agora insolvente) e que se manteve após a declaração de insolvência [art. 51.°, n.° 1, al.f) do CIRE]; bem como, os créditos remuneratórios resultantes dos contratos a termo certo ou incerto celebrados pelo administrador nos termos do art. 55.°, n.° 4 do CIRE.

Com efeito, sendo que as contratações se realizam para fazer face às necessidades decorrentes da liquidação da massa insolvente ou da manutenção da empresa, os créditos remuneratórios delas resultantes são uma consequência de um ato de administração e liquidação da massa ou, então, da atuação do administrador da insolvência, logo deverão ser considerados dívidas da massa nos termos do art. 51.°, al.c) e d) do CIRE[104].

Quanto aos créditos indemnizatórios do trabalhador que resultam de um despedimento ilícito motivado pelo não cumprimento pelo administrador de insolvência das normas previstas no CT, nomeadamente das normas previstas para o procedimento do despedimento coletivo (art. 359.° e ss. e art. 383.° do CT), também estes devem ser classificados como créditos da massa.

Embora estejamos perante uma situação de insolvência da entidade empregadora, a cessação dos contratos de trabalho pelo administrador da insolvência deve ocorrer, ainda que com as necessárias adaptações, com respeito pelas disposições previstas nos arts. 359.° e ss. do CT, nomeadamente pelos

---

[102] No mesmo sentido, cfr. Maria do Rosário Palma Ramalho, *"Os trabalhadores no processo de insolvência"*, in: *III Congresso de Direito da Insolvência*, p.400, e Catarina Serra, *"Para um novo entendimento dos créditos laborais na insolvência e na pré-insolvência da empresa – Um contributo feito de velhas e novas questões"*, in: *20 Anos de Questões Laborais*, p. 190.

[103] Luís Menezes Leitão, *"A natureza dos créditos laborais resultantes de decisão do administrador de insolvência"*, in: *CDP*, n.° 34, Abril/Junho 2011, p. 64.

[104] Se assim não fosse, refere Luís Menezes Leitão, *«a norma do art. 55.°, n.° 4 do CIRE ficaria sem qualquer aplicação, uma vez que nenhum trabalhador aceitaria ir trabalhar para uma empresa insolvente, sabendo que o seu salário só poderia ser pago como crédito sobre a insolvência.»*. Cfr. Luís Menezes Leitão, ob. cit., p.64.

arts. 360.º e 363.º do CT que preveem a existência de uma comunicação da intenção de proceder ao despedimento coletivo e, mais tarde, uma comunicação com a decisão de despedimento[105].

Ora, não sendo cumpridas estas normas com as adaptações necessárias à situação de insolvência e embora os contratos sejam pré-existentes à sua declaração judicial, a indemnização resulta da violação de normas legais, devendo estes créditos ser classificados como créditos da massa, merecendo – a contrario da compensação devida por cessação do contrato em que não existe violação de qualquer norma legal – um tratamento prioritário face aos restantes créditos da insolvência nos termos dos arts. 51.º, n.º 1, al. d) e 172.º, n.º 1 do CIRE. Se, nestes casos, a indemnização fosse considerada crédito sobre a insolvência, o seu pagamento teria de aguardar a satisfação dos créditos da massa e ficaria dependente da existência de bens para pagamento dos créditos sobre a insolvência, o que não é de admitir porquanto a indemnização resulta da prática de uma ilicitude[106].

Este regime dos créditos indemnizatórios distingue-se, em parte, do regime aplicável à compensação laboral resultante da cessação dos contratos de trabalho.

Para análise deste regime importa distinguir: os créditos que resultam da compensação devida pela cessação do contrato celebrado a termo certo ou incerto pelo administrador da insolvência com trabalhador necessário à liquidação da massa insolvente ou à continuação da exploração da empresa nos termos do art. 55.º, n.º 4 do CIRE; e os créditos que resultam da compensação devida pela cessação do contrato de trabalho por força de uma deliberação da assembleia de credores ou por decisão do administrador da insolvência quando este, nos termos do art. 347.º, n.º 2 do CT, procede ao despedimento de trabalhador dispensável ao funcionamento da empresa.

---

[105] Este foi o entendimento defendido, entre outros, pelo Ac. do TRP, de 06/07/2010, onde se lê: *"No entanto, nunca será prescindível a comunicação prévia da intenção de se proceder ao despedimento dos trabalhadores como resultado da decisão de encerrar a empresa, uma vez que, nestes casos de insolvência, não deixam de se fazer sentir as necessidades de consensualização e de prevenção da exposição a prejuízos dos trabalhadores aquando do seu encerramento. A extinção dos contratos de trabalho não pode ocorrer de uma forma abrupta de forma a permitir a tomada de medidas que possam minorar os graves danos que resultam para os trabalhadores da perda de emprego (...)"*. Ac. do TRP de 06/07/2010, Proc. n.º 1/08.0TJVNF-L.S1.P1, in: www.dgsi.pt.

[106] No mesmo sentido, cfr. CATARINA SERRA, *"Para um novo entendimento dos créditos laborais na insolvência e na pré-insolvência da empresa – Um contributo feito de velhas e novas questões"*, in: *20 Anos de Questões Laborais*, p. 192.

Assim, quanto à compensação devida pela cessação do contrato celebrado a termo certo ou incerto pelo administrador da insolvência com trabalhador necessário à liquidação da massa insolvente ou à continuação da exploração da empresa nos termos do art. 55.°, n.° 4 do CIRE, esta deve ser reconduzida à classe dos créditos da massa insolvente nos termos do art. 51.°, n.° 1, al.c) do CIRE, porquanto trata-se de um crédito emergente de um ato de administração da massa insolvente realizado pelo administrador da insolvência[107].

O mesmo não sucede com os créditos que resultam da compensação devida pela cessação do contrato de trabalho por força do encerramento definitivo da empresa em resultado de uma deliberação da assembleia de credores ou por decisão do administrador da insolvência quando este, nos termos do art. 347.°, n.° 2 do CT, procede ao despedimento de trabalhador dispensável ao funcionamento da empresa.

Quanto a estes entendemos que devem ser reconduzidos à classe dos créditos da insolvência, posição que tem, todavia, sido criticada e contrariada por parte da doutrina nacional.

Com efeito, parte da doutrina portuguesa tem adotado uma posição divergente, considerando que a compensação devida ao trabalhador pelo despedimento pelo administrador da insolvência deve ser qualificada como um crédito da massa insolvente. Esta posição é advogada por Luís Carvalho Fernandes[108], que defende que a compensação devida ao trabalhador por força da cessação do contrato de trabalho nos termos do art. 347.°, n.° 2 do CT, enquadra-se na al.c) do, n.° 1 do art. 51.° do CIRE, beneficiando de um *«regime especial e privilegiado»* nos termos do art. 172.°, na medida em que se trata de uma dívida emergente de atos de administração da massa insolvente.

Também Luís Menezes Leitão[109] se pronunciou em sentido favorável à qualificação como dívida da massa insolvente, defendendo que a compensação resultante da cessação do contrato nos termos do art. 347.°, n.° 2 do CT se enquadra na al.c) do n.° 1 do art. 51.° do CIRE, pois é um resultado de uma decisão do administrador da insolvência; ou, então, na al.e) do n.° 1 do

---

[107] No mesmo sentido, cfr. Catarina Serra, *Lições de Direito da Insolvência*, p. 278.

[108] Cfr. Luís Carvalho Fernandes, *"Efeitos da Declaração de Insolvência no Contrato de Trabalho segundo o Código da Insolvência e da Recuperação de Empresas"*, in: *RDES*, 1-2-3, p. 26.

[109] Cfr. Luís Menezes Leitão, *Direito da Insolvência*, 5.ª ed., p. 185. Posição que é corroborada no comentário ao Ac. da TRC já citado (pp.65 e ss.). Mais recentemente, Luís Menezes Leitão, *"As dívidas da massa insolvente"*, in: *IV Congresso de Direito da Insolvência*, pp. 29-32.

art. 51.º do CIRE, porquanto resulta do cumprimento pelo administrador da insolvência dos deveres que inerentes à manutenção do contrato de trabalho após a declaração judicial de insolvência. Para o *A.*, a qualificação destes créditos como créditos da insolvência é de afastar porque o seu fundamento não é anterior à declaração judicial de insolvência, condição exigida pelo art. 47.º, n.º 1 do CIRE. Acresce que, segundo o *A.*, a classificação destes créditos como créditos sobre a massa não afeta a teleologia das dívidas da massa, não sendo, por isso, necessário proceder-se à interpretação restritiva do art. 51.º, al.d) do CIRE sugerida por JÚLIO GOMES. Aos argumentos apresentados, o *A.* acrescenta que outra solução atribuiria ao administrador da insolvência o poder de qualificar ou não os créditos laborais como créditos sobre a massa *"pois em qualquer momento que decidisse pôr termo ao contrato converteria os créditos laborais sobre a massa numa indemnização a liquidar como crédito da insolvência"*[110].

Recorrendo a novos argumentos, também MARIA DO ROSÁRIO PALMA RAMALHO colhe o entendimento de que a compensação devida ao trabalhador pelo despedimento pelo administrador da insolvência deve ser qualificada como um crédito da massa insolvente. Para a *A.*, a classificação desta compensação como crédito da insolvência não é de aceitar porque esta conflitua com o art. 51.º, n.º 1, al.d) (segundo qual são dívidas da massa insolvente aquelas que resultam da atuação do administrador da insolvência no exercício das suas funções) e contraria o princípio geral da imunidade dos contratos de trabalho à declaração de insolvência do empregador previsto no art. 437.º n.º 1 do CT[111]. A *A.* rejeita ainda uma eventual separação da compensação em duas parcelas, ou seja, a qualificação de parte da compensação correspondente à execução do contrato de trabalho antes da declaração judicial de insolvência como crédito sobre a insolvência e, por outro lado, a qualificação da parte da compensação respeitante à execução do contrato de trabalho após a declaração judicial de insolvência como crédito da massa insolvente[112].

---

[110] LUÍS MENEZES LEITÃO, *"A natureza dos créditos laborais resultantes de decisão do administrador de insolvência"*, in: *CDP*, n.º 34, Abril/Junho 2011, p. 65.

[111] No entender da *A.* se em contexto de insolvência os contratos de trabalho se mantêm *«seria, no mínimo, incongruente, permitir que a empresa beneficiasse da actividade dos trabalhadores depois da declaração de insolvência, mas para efeitos dos créditos indemnizatórios ficcionasse, aquando da cessação dos respectivos contratos, que o fundamento de tal cessação era, afinal, a própria insolvência»*. Cfr. MARIA DO ROSÁRIO PALMA RAMALHO, *"Os trabalhadores no processo de insolvência"*, in: *III Congresso de Direito da Insolvência*, p. 402.

[112] A *A.* apresenta dois argumentos para a rejeição desta «solução salomónica». Cfr. MARIA DO ROSÁRIO PALMA RAMALHO, *"Os trabalhadores no processo de insolvência"*, in: *ob. cit.*, p.403. No sentido de rejeição

Demonstrando alguma sensibilidade à qualificação da compensação devida ao trabalhador pelo despedimento pelo administrador da insolvência como um crédito da insolvência Júlio Gomes e Catarina Serra[113] apresentam alguns argumentos que refutam esta posição da maioria da doutrina.

Embora reconheça que a classificação como crédito da massa seja mais adequada à letra do art. 51.º do CIRE, Júlio Gomes alerta para a necessidade de se fazer uma interpretação teleológica e restritiva do art. 51.º, al.d) do CIRE[114]. Embora a regra seja a de que os créditos constituídos após a declaração judicial de insolvência são qualificados como dívidas da massa, o *A.* alerta para o facto de esta conhecer exceções, nomeadamente aquelas previstas nas alíneas e) e f) do art. 51.º do CIRE, que preveem a possibilidade de qualificação de algumas dívidas como créditos da insolvência por-

desta solução, também o Ac. do TRG de 14/01/2016, Proc. n.º 6034/13.8TBBRG-O.G1 refere que «*É que, para nós, difícil é conceber que um crédito, que é uno (único), e ancorado inevitavelmente na mesma e única declaração receptícia, possa, concomitantemente e ao mesmo tempo, ser qualificado como crédito sobre a massa e crédito sobre a insolvência, ou seja, o respectivo titular, e com referência à mesma realidade jurídica, vê-se obrigado a reclamar o crédito em termos adjectivos diferenciados (o referente à dívida da insolvência nos termos do art.º 128.º, do Cire e, já os credores da massa, não estando onerados com a reclamação dos seus créditos, devem aguardar que os respectivos créditos lhes sejam liquidados com precipuidade , cfr. art 172.º do Cire) e sujeito, porque fraccionado, a timings de pagamento diversos (que o mesmo é dizer, passa a corresponder a prestação pecuniária que não é realizada integralmente, mas por artes, ao arrepio do que dispõe o art.º 763.º, n.º 1, do CC). Depois, tal forma de abordagem, é para nós outrossim dificilmente conciliável com o disposto o art.º 347.º, do Cód. do trabalho, no sentido de que, em rigor, e por si (a se), não consubstancia a declaração judicial de insolvência do empregador uma qualquer vicissitude contratual relevante no tocante aos vínculos de natureza laboral à data existentes*», in www.dgsi.pt .

[113] Cfr. Catarina Serra, *"Para um novo entendimento dos créditos laborais na insolvência e na pré-insolvência da empresa – Um contributo feito de velhas e novas questões"*, in: *20 Anos de Questões Laborais*, pp. 196-198 e, mais recentemente, Catarina Serra, *Lições de Direito da Insolvência*, pp. 273-284; Júlio Vieira Gomes, *"Nótula sobre os efeitos da insolvência do empregador nas relações de trabalho"*, in: *I Congresso de Direito da Insolvência"*, pp. 293 e ss.

[114] Nas palavras de Júlio Gomes, «*a teleologia das dívidas da massa é (...) a de permitir que a empresa permaneça em funcionamento, nem que seja para facilitar a sua liquidação, mas também, por vezes, para tentar a sua recuperação*». Referindo concretamente à al.d) do art. 51.º do CIRE, o *A.* entende que «*A situação referida na alínea d) é também ela uma dívida que resulta da atuação do administrador da insolvência na medida em que este optou por não recusar o cumprimento do contrato, o que de resto, legalmente, não poderia fazer. O contrato de trabalho não cessa automaticamente, como vimos, pela declaração de insolvência do empregador e, além disso, de acordo com a doutrina dominante, o administrador não terá a possibilidade de simplesmente recusar o seu cumprimento, mas poderá fazê-lo cessar, por exemplo, por despedimento coletivo ou por caducidade (se houver encerramento definitivo da empresa). No entanto, se o fizer cessar – e terá sempre que praticar um ato para o fazer, por mais economicamente necessária que seja a cessação dos contratos de trabalho – não nos parece que se possa dizer, regra geral, que a compensação devida pela cessação seja uma daquelas despesas que se inserem no escopo da lei ao qualificar certas dívidas como dívidas da massa*». Cfr. Júlio Vieira Gomes, *"Nótula sobre os efeitos da insolvência do empregador nas relações de trabalho"*, in: *CEJ Ebook Processo de Insolvência e Acções Conexas,* p. 204.

que se reportarem a um período anterior à insolvência. Assim, pese embora a compensação decorra de uma atuação do administrador da insolvência, o seu cálculo efetua-se em função da antiguidade e o seu fundamento reside na situação económica da empresa que pré-existe à declaração de insolvência. Por essa razão, defende o *A.* devemos fazer uma interpretação restritiva do preceito e ajustá-lo à sua *"ratio legis"*, sob pena de criar uma desigualdade de tratamento entre trabalhadores da mesma empresa. Com efeito, alerta o *A.* que a qualificação da compensação como crédito da massa potencia uma desigualdade de tratamento inaceitável entre os trabalhadores da empresa cujo contrato de trabalho cessou por caducidade ou despedimento coletivo antes da declaração judicial de insolvência e aqueles trabalhadores cujo contrato cessou após aquela declaração judicial, pois, ainda que entre as duas hipóteses mediassem apenas dias ou semanas, os primeiros seriam detentores de um crédito sobre a insolvência e os segundos detentores de um crédito sobre a massa[115].

Já Catarina Serra evidencia a teleologia subjacente à disciplina das dívidas da massa, referindo que *«a classificação como créditos da massa é excecional»*, excecionalidade essa que *«compreende-se bem tendo presentes os efeitos que a classificação produz quanto às garantias (acrescidas) de pagamento dos créditos»*, razão pela qual, e tendo sempre em consideração a impossibilidade da entidade patronal insolvente cumprir integralmente com as suas obrigações, *«deverá observar-se, tanto quanto possível, a igualdade de tratamento dos credores (uma distribuição equitativa de perdas)»* [116]. Para a *A.* o tratamento *«privilegiado, preferencial ou prioritário»* de alguns credores deve ser pontual pois, se assim não for, *«o processo de insolvência serviria, em última análise, para satisfazer exclusivamente os créditos constituídos depois da declaração de insolvência e seria impotente perante os créditos anteriores (que deram origem ao processo), nada ou quase nada restando para a sua satisfação. O que seria incompreensível»*[117].

À semelhança do que temos vindo a defender, o nosso entendimento é que a posição sustentada pela doutrina maioritária não é de acolher pois, pese embora a cessação do contrato de trabalho ocorra após a declaração de

---

[115] Cfr. Júlio Vieira Gomes, *"Nótula sobre os efeitos da insolvência do empregador nas relações de trabalho"*, in: *I Congresso de Direito da Insolvência"*, in: *Ebook Processo de Insolvência e Acções Conexas*, p. 203.

[116] Cfr. Catarina Serra, *"Para um novo entendimento dos créditos laborais na insolvência e na pré-insolvência da empresa – Um contributo feito de velhas e novas questões"*, in: *20 Anos de Questões Laborais*, p. 196 e, ainda, Catarina Serra, *Lições de Direito da Insolvência*, p. 68 e pp. 283-285.

[117] Cfr. Catarina Serra, *ob.cit.*, p. 284.

insolvência do empregador por ato do administrador da insolvência ou por decisão dos credores em assembleia é, contudo, consequência daquele estado de insolvência, uma vez que a compensação é um direito adquirido com referência à duração do vínculo laboral, cujo contrato de trabalho perdurou enquanto a empresa insolvente esteve em atividade[118].

Na verdade, não nos parece que o simples facto de a cessação do contrato de trabalho ocorrer após a declaração judicial de insolvência seja argumento suficiente para conduzir a compensação à classe dos créditos da massa, na medida em que existem outros créditos cuja reclamação tem lugar após a declaração judicial de insolvência e que são considerados créditos sobre a insolvência, nomeadamente aqueles que se vencem no decurso do processo de insolvência e cujo fundamento não reside no processo de insolvência (arts. 51.º, n.º 1, als. e) e f) e 102.º, n.º 3, als. c) e d) do CIRE).

Além disso, a compensação em causa, tendo por base o mesmo facto constitutivo da obrigação – encerramento do estabelecimento do insolvente e cessação do contrato de trabalho – não poderá ter tratamento diferenciado se o encerramento do estabelecimento e a cessação do contrato de trabalho ocorreu por decisão do insolvente imediatamente antes da declaração de insolvência ou por decisão dos credores em assembleia ou de um ato do administrador da insolvência.

Ao que acresce, a lei não distingue entre créditos compensatórios e créditos remuneratórios dos trabalhadores ao conceder o privilégio creditório, não fazendo sentido que o legislador tivesse consagrado esse privilégio de forma tão ampla e, na prática, aquela proteção ficasse, na sua aplicação, restrita aos créditos remuneratórios, diminuindo de conteúdo aquela garantia se o mesmo tivesse a natureza de dívida da massa insolvente.

---

[118] Chamado a pronunciar-se sobre esta questão, o Supremo Tribunal de Justiça no acórdão recente de 05/07/2016, Proc. n.º 6034/13.8TBBRG-N.G1.S1 refere que: «*É uma reparação presente e futura, que tem a sua origem num acto de despedimento colectivo encetado pelo administrador da insolvência após a sua declaração e por causa da mesma, actual pois, embora o respectivo cálculo se encontre pré-fixado e por referência aos anos de trabalho desempenhados antes daquela declaração, por imposição legal, sendo aqui que reside, quanto a nós, o quid para a qualificação da divida assim contraída como sendo da insolvência, porquanto se não reporta a um período anterior, calculada previamente pela própria Lei, com base numa situação laboral pretérita, constituindo um direito adquirido com referência duração do vínculo laboral, cujo contrato de trabalho perdurou enquanto a empresa insolvente esteve em actividade, sendo duvidoso que a fonte de tais créditos radique na actuação do administrador*». Previamente à pronúncia do STJ, também o Tribunal da Relação de Guimarães, no Ac. de 14/01/2016, havia decidido no processo referido em sentido favorável à qualificação do crédito como crédito sobre a insolvência. Ainda no sentido favorável à qualificação do crédito como crédito sobre a insolvência ver Ac. do TRG de 15/03/2016, Proc. n.º 814/14.4TJVNF-F.G1.

3.3. A tutela dos créditos laborais conferida pelos privilégios creditórios

Enquanto credores da empresa insolvente, os trabalhadores gozam de medidas de proteção dos créditos laborais previstas na legislação nacional e no direito comunitário cuja proveniência se baseia no facto de a retribuição do trabalhador ser o suporte da sua existência e subsistência, bem como do agregado familiar que dele depende[119].

A Constituição da República Portuguesa prevê, no art. 59.º, n.º 1, o direito à retribuição, elevando-o à categoria de direito, liberdade e garantia de natureza análoga. Mais prevê no art. 59.º, n.º 3 que os créditos laborais gozam de garantias especiais.

A tutela dos créditos laborais não se verifica, todavia, apenas a nível constitucional, existindo outras normas protetoras dos créditos dos trabalhadores, nomeadamente na legislação laboral[120], que, a par das possibilidades de reação do trabalhador ao incumprimento do dever remuneratório por parte do empregador[121], prevê nos arts. 333.º e ss. medidas que tutelam os créditos dos trabalhadores.

Com efeito, o CT prevê regras de reforço da responsabilidade do empregador pelos créditos laborais (arts. 334.º e 335.º do CT) e, ainda, de prescrição dos créditos laborais, consagrando no art. 337.º do CT um regime especial de prescrição dos créditos resultantes do contrato de trabalho[122/123].

---

[119] No âmbito do processo de insolvência, as regras protetoras dos trabalhadores constantes da Diretiva 80/987/CEE, do Conselho, alterada pela Diretiva 2002/74/CE, de 23 de Setembro de 2002, e a Diretiva 2008/94/CE, de 22 de Outubro de 2008 referentes à proteção dos trabalhadores em casos de insolvência do empregador, conjugando-as com as normas do CT, do CIRE e do Decreto-Lei n.º 59/2015, de 21 de Abril.

[120] Além das formas de proteção que enunciaremos alerta-se para a inadmissibilidade de compensação integral da retribuição em dívida com créditos da entidade patronal sobre o trabalhador (art. 279.º, n.º 1 do CT), a insuscetibilidade de cessão do crédito de retribuição na medida em que o mesmo seja penhorável (art. 280.º do CT), a impenhorabilidade tendencial de dois terços do salário (art. 738.º, n.º 1 do CPC).

[121] Possibilidades que podem conduzir à suspensão ou à resolução do contrato de trabalho nos termos dos arts. 325.º e 394.º do CT, respetivamente.

[122] Sobre este tema cfr. João Leal Amado, *Contrato de Trabalho*, pp. 324 e ss.; Maria do Rosário Palma Ramalho, *Direito do Trabalho*, 3.ª ed., pp. 669-670 e p.1037; Luís Menezes Leitão, *Direito do* Trabalho, 2.ª ed., pp. 468-469; António Monteiro Fernandes, *Direito do Trabalho*, 13.ª ed., pp. 480-484; Júlio Vieira Gomes, *ob. cit.*, pp. 904-906; e Arturo Maresca, *La Prescrizione dei Creditidi Lavoro*; Giuseppe Pera, *Prescrizione nel diritto del lavoro*, in: Digesto delle Discipline Privatistiche, Sezione Commerciale, pp. 216 e ss.

[123] Segundo Maria do Rosário Palma Ramalho, o conceito de créditos laborais que está em causa no n.º 1 do preceito é um conceito amplo, na medida em que nele se incluem não só os créditos remuneratórios em sentido estrito, mas também todos os créditos que resultam da celebração, execução, violação e cessação do contrato de trabalho. Cfr. Maria do Rosário Palma Ramalho, *ob. cit.*, p. 669.

Não obstante, é o regime de privilégio dos créditos dos trabalhadores e a existência de um Fundo de Garantia Salarial (previstos nos arts. 333.º e 336.º do CT respetivamente) que ganham especial destaque no âmbito do processo de insolvência.

O art. 333.º do CT dispõe que os créditos emergentes do contrato de trabalho e da sua violação ou cessação gozam de um privilégio mobiliário geral ou privilégio imobiliário especial sobre bem imóvel do empregador no qual o trabalhador presta a sua atividade[124].

A consagração do privilégio dos créditos laborais é tradicional no ordenamento jurídico português, tendo a sua configuração e graduação sido alvo de várias alterações legislativas e suscitado inúmeras divergências na doutrina e jurisprudência[125].

Com efeito, o art. 333.º do CT deu continuidade às modificações introduzidas pelo Código do Trabalho de 2003[126] que alargou os privilégios creditórios à generalidade dos créditos laborais (créditos emergentes do contrato de trabalho, da sua violação ou cessação), prevendo um tratamento uniforme, alterando a sua graduação e substituindo o privilégio imobiliário geral por um privilégio imobiliário especial[127].

---

[124] De acordo com o art. 733.º do CC, «privilégio creditório é a faculdade que a lei, em atenção à causa do crédito, concede a certos credores, independentemente do registo, de serem pagos com preferência a outros». Sobre os privilégios creditórios, cfr. LUÍS MENEZES LEITÃO, *Garantias das Obrigações*, 2.ª ed., pp. 233-238; ALMEIDA COSTA, *Direito das Obrigações*, 10.ª ed., pp. 959-973; ANTUNES VARELA, Obrigações, vol. II, 7.ª ed., pp. 571-576, LUÍS CARVALHO FERNANDES, *Lições de direitos reais*, 5.ª ed., pp. 157-159; A. SANTOS JUSTO, *Direitos Reais*, pp. 477-483; RUI PINTO DUARTE, *Direitos Reais*, 2.ª ed., pp. 243-249; PEDRO ROMANO MARTINEZ/FUZETA DA PONTE, *Garantias de Cumprimento*, 5.ª ed., pp.207-225; e MIGUEL LUCAS PIRES, *Dos Privilégios Creditórios*, 2.ª Ed..

[125] Para maior desenvolvimento sobre as alterações legislativas e controvérsias suscitadas cfr. MIGUEL LUCAS PIRES, *A amplitude e a (in)constitucionalidade dos privilégios creditórios dos trabalhadores"*, in: *Questões Laborais*, n.º 31, pp. 59-88; MIGUEL LUCAS PIRES, *Dos Privilégios Creditórios: Regime Jurídico e sua Influência no Concurso de Credores*, pp. 263-288; MIGUEL LUCAS PIRES, *Dos Privilégios Creditórios*, 2.ª ed.; JOÃO LEAL AMADO, *A protecção do salário*, SBFDUC, Vol. 39, pp. 135-162; e JOANA COSTEIRA, *Os Efeitos da Declaração de Insolvência no Contrato de Trabalho: A Tutela dos Créditos Laborais*, 2.ª ed., pp. 98-106.

[126] O art. 333.º do CT corresponde ao art. 377.º do anterior Código do Trabalho que, por sua vez, correspondia aos arts. 25.º da LCT, 12.º do Regime Jurídico dos Salários em Atraso (aprovado pela Lei n.º 17/86, de 14 de Junho) e 4.º da Lei n.º 96/2001, de 20 de Agosto, sendo o regime do privilégio dos créditos dos trabalhadores tradicional no ordenamento jurídico nacional.

[127] Não obstante, este reforço dos privilégios creditórios laborais foi, na opinião de MARIA DO ROSÁRIO PALMA RAMALHO, atenuado pelo facto de o Código do Trabalho de 2003 ter cingido o privilégio imobiliário especial ao imóvel onde o trabalhador presta a sua atividade. De acordo com a *A.*, tendo em conta o alcance prático da alteração, a posição do trabalhador enquanto credor ficou «*enfraquecida*», uma vez que se «*afasta automaticamente o privilégio sempre que, por exemplo, o trabalhador preste a sua actividade em instalações arrendadas ou cedidas ao empregador*». Cfr. MARIA DO ROSÁRIO PALMA RAMALHO, *"Aspectos*

Configurando uma derrogação ao princípio da *"par conditio creditorum"*[128] consagrado no art. 604.º, n.º1 do CC, os privilégios creditórios dos trabalhadores constituem uma garantia especial das obrigações de natureza real que permite aos trabalhadores serem pagos com preferência, por força da lei, em relação a outros credores[129].

3.3.1. O privilégio mobiliário geral dos trabalhadores

O art. 333.º, n.º 1, al.a) e n.º 2, al.a) do CT prevê que os trabalhadores gozam de um privilégio mobiliário geral que é graduado antes dos créditos previstos no art. 747.º do CC[130].

Os privilégios gerais, para além da indeterminação do seu objeto, não se podem opor a terceiros adquirentes das coisas por eles abrangidas[131]. Ora o mesmo se aplica, naturalmente, aos privilégios mobiliários gerais, nomeadamente aqueles que beneficiam os créditos laborais, na medida em que estes não prevalecem sobre o penhor, a hipoteca, a penhora, o direito de retenção

---

Laborais da Insolvência. Notas breves sobre as implicações laborais no regime do Código da Insolvência e Recuperação de Empresas", in: *Estudos em memória do Professor Doutor José Dias Marques*, p. 703.

[128] Parece evidente que, de acordo com o art. 1.º do CIRE, no processo de insolvência, como *"processo de execução universal"*, vigora o princípio da igualdade dos credores ou princípio da "*par conditio creditorum*". Este determina que, à partida, os credores estão em pé de igualdade perante o devedor, o que significa que, na ausência de factos que determinem a aplicação de regras especiais, os credores deverão ocupar uma posição de paridade, nos termos referidos pelo art. 604.º, n.º 1, do CC.

[129] As garantias reais são aquelas que incidem direta e imediatamente sobre os bens especificados, sendo irrelevante a identidade do respetivo proprietário pelo menos até ao momento da execução e venda dos mesmos bens, e que concedem ao credor que as detém a preferência sobre todos os outros que não tenham semelhante ou melhor. Entre as várias garantias reais, podemos encontrar os privilégios creditórios que consistem na *"faculdade que a lei, em atenção à causa do crédito, concede a certos credores, independentemente do registo, de serem pagos com preferência a outros"* – art. 733.º do CC.

[130] A natureza jurídica dos privilégios gerais não é consensual na doutrina, existindo posições propensas à sua qualificação como garantias reais e posições que negam o seu carácter real. Defendendo a qualificação como garantia real, cfr. Carneiro Pacheco, *Dos Privilégios Creditórios*, 1913; Domingos Martins Eusébio, *O privilégio creditório da fazenda nacional*, pp.64 e ss.; Soveral Martins, *Legislação anotada sobre salários em atraso*, pp.28 e ss.; e Miguel Lucas Pires, *Dos Privilégios Creditórios: Regime Jurídico e sua Influência no Concurso de Credores*, p.107; Miguel Lucas Pires, *Dos Privilégios Creditórios*, 2.ª ed., pp. 427 e ss. Contrariamente à qualificação dos privilégios gerais como garantias reais cfr. Orlando de Carvalho, *Direito das Coisas*, pp. 220-221 e 370; Almeida Costa, *Direito das Obrigações*, 9.ª ed., pp. 908-909; António Menezes Cordeiro, *Direito das Obrigações*, vol. II, p. 498; e Paulo Cunha, *Das garantias nas obrigações*, p. 270.

[131] Neste sentido, cfr. Mota Pinto, *Direitos Reais*, p.135 e, também, Penha Gonçalves, *Direitos Reais*, 2.ª ed., p. 200.

e a consignação de rendimentos, mesmo que estes direitos se tenham constituído num momento posterior (art. 749.º do CC)[132/133].

Com efeito, os créditos laborais que beneficiam de um privilégio mobiliário geral nos termos do art. 333.º, n.º 1, al.a) do CT, prevalecem, apenas, sobre os créditos referidos nas als.a) a e) do n.º 1 do art. 747.º do CC e no art. 737.º do CC, o que significa que os créditos laborais prevalecem, não só sobre os demais créditos com privilégio mobiliário geral, mas também sobre os créditos com privilégio mobiliário especial previstos no art. 747.º do CC [art. 333.º, n.º 2, al.a) do CT]. Estes são, assim, graduados imediatamente a seguir aos créditos por despesas de justiça (art. 746.º do CC), cedendo perante direitos reais de gozo que terceiros tenham adquirido, perante direitos reais de garantia constituídos anteriormente pelo devedor e, ainda, perante os créditos dos credores que, no decurso do PER, financiam a atividade da empresa disponibilizando-lhe capital para a sua revitalização (art. 17.º-H do CIRE).

Esta graduação dos créditos laborais que gozam de um privilégio mobiliário geral foi introduzida pelo Código do Trabalho de 2003[134] e, embora tenha conferido uma tutela mais eficaz dos créditos dos trabalhadores, não foi isenta de dúvidas, nomeadamente quanto ao confronto com créditos da Segurança Social e com créditos garantidos.

Não obstante ambos os créditos possuírem um privilégio mobiliário geral, tem-se entendido que os créditos laborais que beneficiam de um privilégio mobiliário geral por força do art.º 333.º, n.º 1, al. a) do CT devem ser graduados antes dos créditos da Segurança Social[135].

Este entendimento decorre da conjugação da lei laboral com a lei da Segurança Social. Dispõe o art.º 204, n.º 1 do Código dos Regimes Contributivos do Sistema Previdencial de Segurança Social[136] que «o*s créditos*

---

[132] Cfr. Pedro Romano Martinez, *Direito das Obrigações – Apontamentos*, 2.ª ed., p. 308.

[133] É por esta razão que, de acordo com Abílio Neto, se afasta a viabilidade do exercício do direito de sequela contra o possuidor destes bens. Cfr. Abílio Neto, *Código Civil Anotado*, 17.ª ed., p. 701.

[134] A legislação laboral de 2003, em conformidade com a doutrina, excluiu a parte final constante dos arts. 12.º, n.º 3, al.a) da LSA e 4.º, n.º 4, al.a) da Lei n.º 96/2001 (*«mas pela ordem dos créditos enunciados no art. 737.º do mesmo Código»*), estabelecendo, expressamente, no art. 377.º, n.º 2, al.a) que *«o crédito com privilégio mobiliário geral é graduado antes dos créditos referidos no n.º 1 do artigo 747.º do Código Civil»*.

[135] Sobre os privilégios creditórios da Segurança Social, cfr. Miguel Lucas Pires, *Dos Privilégios Creditórios*, 2.ª ed., pp.274 e ss.

[136] Aprovado pela Lei n.º 110/2009, de 16 de Setembro, e, posteriormente, alterado pela Lei n.º 119/2009, de 30 de Dezembro, Lei n.º 55-A/2010, de 31 de Dezembro, Lei n.º 64-B/2011, de 30 de Dezembro, e Lei n.º 20/2012, de 14 de Maio, o Código dos Regimes Contributivos do Sistema Previdencial de Segurança Social entrou em vigor no dia 1 de Janeiro de 2011. Doravante será designado por Código Contributivo.

da segurança social por contribuições, quotizações e respectivos juros de mora gozam de privilégio mobiliário geral, graduando-se nos termos referidos na alínea a) do n.º 1 do artigo 747.º do Código Civil»[137]. O art. 333.º, n.º 2, al.a) do CT, por sua vez, prevê que *«o crédito com privilégio mobiliário geral é graduado antes de crédito referido no n.º 1 do artigo 747.º do Código Civil»*. Ora, da conjugação destes preceitos não restam dúvidas que os créditos laborais que gozam de um privilégio mobiliário geral devem ser graduados antes dos créditos da Segurança Social[138].

A graduação dos créditos laborais que beneficiam de um privilégio mobiliário geral altera-se, todavia, sempre que estes se confrontam com créditos garantidos, nomeadamente por penhor.

Quando garantidos por penhor, os créditos podem prevalecer sobre os créditos laborais, na medida em que, nos termos do art. 666.º, n.º 1 do CC, *«o penhor confere ao credor o direito à satisfação do seu crédito, bem como dos juros, se os houver, com preferência sobre os demais credores, pelo valor de certa coisa móvel, ou pelo valor de créditos ou outros direitos não susceptíveis de hipoteca, pertencentes ao devedor ou a terceiro»*. Este tem, assim, preferência absoluta no concurso entre créditos laborais garantidos por privilégio mobiliário geral e créditos por ele garantidos[139].

Esta prevalência verifica-se mesmo quando estamos perante créditos da Segurança Social, uma vez que, estando estes garantidos por penhor, passam a prevalecer sobre os demais créditos laborais que não gozam de qualquer garantia, sendo, apenas, créditos garantidos por um privilégio mobiliário geral[140].

Assim, o privilégio mobiliário geral previsto no art. 333.º, n.º 1, al.a) e n.º 2, al.a) do CT não vale contra terceiros, titulares de direitos que recaiam sobre coisas abrangidas por aquele privilégio, o que significa que cedem

[137] Na vigência do do Decreto-Lei n.º 103/80, o art. 10.º, n.º 1 previa que *«os créditos das caixas de previdência por contribuições e os respectivos juros de mora gozam de privilégio mobiliário geral, graduando-se logo após os créditos referidos na alínea a) do n.º 1 do art. 747.º do Código Civil»*.

[138] No mesmo sentido, cfr. Ac. do TRP de 19.03.2015, Proc. n.º 1745/12.8TBVFR-B.P2 e Ac. do TRE de 05.11.2015, Proc. n.º 284/14.7TBRMR-A.E1, todos in: www.dgsi.pt.

[139] O mesmo sucede quando existem créditos garantidos por penhor mercantil.

[140] Este foi o entendimento colhido pela maioria da jurisprudência nacional. Na doutrina, este entendimento foi rebatido por Lucas Pires que, reportando-se ao momento de vigência do CT de 2003 e partindo do art. 10.º, n.º 2 do DL. n.º 103/80 (que determinava a prevalência do privilégio mobiliário geral da Segurança Social sobre qualquer penhor), concluiu que os créditos laborais prevaleciam sobre os previdenciais e estes, por sua vez, prevaleciam sobre os créditos pignoratícios, logo os créditos laborais prevaleceriam sobre aqueles que estavam garantidos por penhor. Cfr. Lucas Pires, *A amplitude e a (in)constitucionalidade dos privilégios creditórios dos trabalhadores"*, in: *QL*, n.º 31, pp.74-76 e 87-88.

perante direitos reais de gozo que terceiros tenham adquirido e perante direitos reais de garantia anteriormente constituídos como o penhor.

A prevalência de eventuais direitos reais de garantia que incidam sobre os mesmos bens da massa insolvente pode enfraquecer a tutela dos créditos laborais, comprometendo a sua satisfação. No entanto, não podemos ignorar que, atendendo às características inerentes a este privilégio, este possibilita que, muitas vezes, os créditos laborais sejam graduados com preferência sobre os restantes créditos existentes sobre o património do devedor.

3.3.2. O privilégio imobiliário especial dos trabalhadores

Nos termos do art. 333.º, n.º 1, al.b) e n.º 2, al.b) do CT, os créditos dos trabalhadores gozam de um privilégio creditório imobiliário especial sobre o bem imóvel do empregador no qual o trabalhador presta a sua atividade, sendo graduados antes dos créditos previstos no art. 748.º do CC e dos créditos relativos a contribuições para a Segurança Social.

A existência de um privilégio imobiliário dos créditos dos trabalhadores foi consagrada somente no Código do Trabalho de 2003, existindo, até então, um crédito imobiliário geral alvo de muita contestação[141].

Não obstante, também a previsão no art. 377.º, n.º 1, al.b) do Código do Trabalho de 2003 de um privilégio imobiliário especial dos trabalhadores deu origem a novas questões doutrinárias e jurisprudenciais (designadamente quanto à sua entrada em vigor e ao seu âmbito de eficácia[142]), perma-

---

[141] A propósito do regime de graduação destes privilégios imobiliários gerais e perante o silêncio do CC, a doutrina dividiu-se, tendo surgido dois entendimentos distintos quanto ao regime a aplicar. Por um lado defendia-se que aos privilégios imobiliários gerais se aplicava o art. 749.º do CC, razão pela qual estes privilégios cediam perante quaisquer direitos de terceiros sobre os bens; por outro lado, advogava-se a aplicação do art. 751.º do CC que determinava a prevalência destes privilégios creditórios sobre a hipoteca, a consignação de rendimentos e o penhor, mesmo que constituídos em momento anterior. Pese embora quanto aos demais privilégios imobiliários gerais tenha prevalecido o primeiro entendimento, o o Tribunal Constitucional, no acórdão n.º 498/2003, pronunciou-se sobre a interpretação segundo a qual, de acordo com a aplicação do art. 751.º do CC, o privilégio imobiliário geral do art. 12.º, n.º 1. al.b) da LSA prevalecia sobre as hipotecas, tendo considerado que esta não violava a CRP. Sobre esta querela jurídica e as diferentes posições cfr.. A. Luís Gonçalves, *"Privilégios creditórios: evolução histórica; regime; sua inserção no tráfico creditício"*, in: BUDFC, pp. 14 e ss.; Leal Amado, *"A protecção do salário"*, in: *BFDUC*, pp. 153-154 e Miguel Lucas Pires, *A amplitude e a (in)constitucionalidade dos privilégios creditórios dos trabalhadores"*, in: *QL*, n.º 31, p. 115.

[142] Sobre estas questões, entre outros, cfr. Joana Vasconcelos, *"O novo privilégio imobiliário especial – algumas questões suscitadas pelas suas primeiras aplicações jurisprudenciais"*, in: *Liberdade e Compromisso*, pp. 187 e ss.; Miguel Lucas Pires, *"A amplitude e a (in)constitucionalidade dos privilégios creditórios dos trabalhadores"*, in: *QL*, n.º 31, pp.77-78; Maria José Costeira e Fátima Reis Silva, *"Classificação, verificação e graduação de créditos no CIRE – Em especial os créditos laborais"*, pp. 359-371; Baptista Machado,

necendo algumas delas na vigência do atual CT, nomeadamente o conflito do privilégio imobiliário especial com direitos reais de gozo e de garantia (no caso especial das hipotecas já constituídas)[143] e, ainda, a sua extensibilidade.

Na vigência do CT de 2003, o art. 377.º previa que os créditos dos trabalhadores gozavam de um privilégio imobiliário especial *«sobre os bens imóveis do empregador nos quais o trabalhador preste a sua actividade»*. Esta redação da norma parecia excluir todos os trabalhadores que não prestam a atividade laboral nas instalações da entidade empregadora (de que são exemplo os trabalhadores temporários e teletrabalhadores no domicílio) ou todos aqueles que prestam a sua atividade numa filial da empresa cujo imóvel é arrendado, potenciando, nas palavras de Júlio Vieira Gomes, *«desigualdades de tratamento entre trabalhadores subordinados do mesmo empregador»*[144].

Neste contexto, parte da jurisprudência defendeu uma interpretação lata desta noção legal, sustentando que o privilégio imobiliário especial dos créditos dos trabalhadores deveria abranger todos os imóveis pertencentes ao empregador que estivessem associados à sua atividade empresarial[145]. Excluindo-se deste elenco de imóveis sobre que incide o privilégio aqueles que não se destinam à atividade empresarial do empregador, os imóveis afetos à atividade empresarial serviriam, assim, de garantia a todos os trabalhadores, independentemente das funções de cada um e do local onde estas são desempenhadas[146].

Embora visasse alertar para o risco de violação do princípio da igualdade previsto no art. 13.º da CRP, considerava-se que o entendimento que advogava a extensibilidade do privilégio creditório dos trabalhadores a todo o património imobiliário do devedor/empregador que faz parte da sua atividade empresarial "ressuscitava" o privilégio imobiliário geral existente no re-

---

Sobre a aplicação no tempo do novo código civil : (casos de aplicação imediata, critérios fundamentais), Almedina; e Joana Costeira, *Os Efeitos da Declaração de Insolvência no Contrato de Trabalho: A Tutela dos Créditos Laborais*, 2.ª ed., pp. 122-124.

[143] Pese embora a prevalência dos privilégios imobiliários especiais dos créditos dos trabalhadores sobre os direitos reais de garantia seja pacificamente aceita, a questão da sua eventual inconstitucionalidade foi suscitada inúmeras vezes, tendo os tribunais, nesta matéria, se pronunciado em sentido negativo. Cfr. Ac. do TC de 335/2208, de 19/06/2008.

[144] Júlio Manuel Vieira Gomes, *Direito do Trabalho*, vol. I, p. 389.

[145] Neste sentido, decisões do TRG de 5/12/2006, Proc. n.º 1587/06-1 e do TRC de 27/02/2007, Proc. n.º 530/04.5TBSEI-X.C1, e de 16/10/2007, Proc. n.º 3213/04.2TJCBR-AL.C1, todos os acórdãos in: www.dgsi.pt.

[146] Cfr. Joana Vasconcelos, *Anotação ao art. 333.º* in: *Código do Trabalho Anotado*, 7.ª ed., p. 750. Rejeitando este entendimento, cfr. Miguel Lucas Pires, *Dos Privilégios Creditórios: Regime Jurídico e sua Influência no Concurso de Credores*, (nota 107), p. 290.

gime pregresso e toda a problemática a ele inerente, tendo sido contrariado por várias decisões jurisprudenciais[147].

A atual norma do art. 333.°, n.° 1, al.b) do CT apresenta uma formulação mais restritiva que o correspondente art. 377.°, n.° 1, al.b) do Código do Trabalho de 2003, dispondo que o privilégio imobiliário especial incide sobre *«bem imóvel do empregador no qual o trabalhador presta a sua atividade»*[148].

Pese embora a redação da norma do actual CT aparente uma restrição do privilégio imobiliário especial dos créditos laborais a um único imóvel onde o trabalhador presta a sua atividade, tem-se entendido que é de aceitar uma interpretação ampla do art. 333.°, n.° 1, al.b) do CT no sentido de que o local específico onde os trabalhadores prestam as suas funções não pode funcionar como critério de atribuição de garantias dos créditos emergentes da relação laboral, razão pela qual o privilégio imobiliário especial deve abranger os imóveis que integram a organização empresarial e servem de suporte físico à atividade do empregador devedor[149].

Na doutrina, a interpretação ampla deste preceito tem sido defendida por Maria do Rosário Palma Ramalho que fundamenta a sua posição na teleologia da norma, a qual pretende excluir do privilégio os imóveis de uso pessoal do devedor, prosseguindo um imperativo de igualdade entre os trabalhadores[150]. Também Lucas Pires entende que, partindo de uma análise sistemática da norma e ainda dos trabalhos preparatórios à aprovação do CT,

---

[147] Entre outras, contrariam este entendimento as decisões do STJ de 29/04/2008, Proc. n.° 08.1090 e de 07/07/2008, Proc. n.° 07A4137, in: www.dgsi.pt.

[148] A propósito da nova redação do art. 333.°, n.° 1, al.b) do CT, Lucas Pires refere que *«esta alteração pode ser interpretada como um provável reconhecimento que a tese preferível era, mesmo em face da lei anterior, a de considerar que apenas estavam abrangidos pelo privilégio os concretos bens imóveis do empregador devedor nos quais o trabalhador credor exercesse a sua actividade, com a exclusão de quaisquer outros que eventualmente sejam propriedade da entidade patronal»*. Cfr. Miguel Lucas Pires, *Dos Privilégios Creditórios*, 2.ª ed., pp. 251-252.

[149] Contraria esta interpretação ampla Salvador da Costa, afirmando que *«Interpretando a expressão da lei a partir da sua letra e tendo em conta a natureza e o efeito deste privilégio imobiliário especial, bem como a exigência de uma publicidade mínima para a segurança do comércio jurídico, a referida garantia especial só releva em relação ao concreto imóvel onde o trabalhador exerça ou exerceu a sua actividade profissional»*; e Joana Vasconcelos, pois, para a *A.*, outra interpretação que não a restrita traduziria um *«ressurgir, ainda que sob outra veste, do privilégio imobiliário geral que o CT abolira em 2003, logo com toda a incerteza que rodeava esta figura, desde logo quanto à sua eventual inconstitucionalidade, porventura agravada pela prevalência, nos termos do artigo 751.° do CC, deste privilégio especial de "largo espectro"»*. cfr. Salvador da Costa, *O Concurso de Credores*, 5.ª ed., p. 251, e Joana Vasconcelos, *Código do Trabalho Anotado*, 9.ª ed., p. 707.

[150] Cfr. Maria do Rosário Palma Ramalho, *"Os trabalhadores no processo de insolvência"*, in: *III Congresso de Direito da Insolvência*, p. 399.

«tal restrição originaria situações profundamente absurdas, na medida em que trabalhadores ao serviço de uma empresa titular de inúmeros imóveis de valor considerável e nos quais exercessem a sua actividade, teriam que cingir a sua garantia a um deles, sem que esta conclusão, note-se, seja imposta pela natureza especial do privilégio, pois este não há-de recair obrigatoriamente sobre um determinado bem, podendo antes alcançar vários, desde que exista um critério objectivo de delimitação dos bens reentrantes na órbita da garantia, critério esse que, in casu, deriva da ligação à prestação laboral do trabalhador»[151].

A questão da extensão do privilégio creditório imobiliário especial suscita uma questão suplementar aquando da insolvência de empresas de construção civil, surgindo a dúvida se este se aplica também aos imóveis que o empregador insolvente construiu no exercício da sua atividade e que fazem parte do seu património imobiliário.

A abordagem desta extensão está intimamente conexionada com conceitos de direito do trabalho, nomeadamente com o conceito de local de trabalho[152].

Assim, existe por um lado quem defenda que os privilégios imobiliários especiais dos trabalhadores apenas se aplicam aos imóveis em que os trabalhadores prestem efetivamente a sua atividade e não aos imóveis da atividade do empregador onde o trabalhador presta a sua atividade[153]. Esta posição que entende que o local de trabalho é, em geral, o centro estável (ou permanente) da atividade de certo trabalhador e a sua determinação obedece essencialmente ao intuito de se dimensionarem no espaço as obrigações e os direitos e garantias que a lei lhe reconhece.

A esta posição contrapõe-se o entendimento segundo o qual a lei laboral não faz qualquer referência ou impõe limites à aplicação do privilégio imobiliário especial ao imóvel onde funcionam as instalações do empregador. Nesta perspetiva, no caso de empresas que desenvolvem a atividade industrial de construção civil e que, consequentemente, essa atividade se

---

[151] Miguel Lucas Pires, *Dos Privilégios Creditórios*, 2.ª ed., p. 253.

[152] Pedro Madeira de Brito refere que a expressão local de trabalho *«é usada na previsão de diferentes normas com diferentes estatuições e por isso é plurisignificante»*. Cfr. Pedro Madeira de Brito, *Estudos do Instituto de Direito do Trabalho*, vol. I, p. 355. Sobre o conceito de local de trabalho, cfr. Maria do Rosário Palma Ramalho, *Direito do Trabalho*, 3.ª ed., pp.473-480; Júlio Manuel Vieira Gomes, *Direito do Trabalho*, vol. I, pp. 636-649; António Monteiro Fernandes, *Direito do Trabalho*, 13.ª ed., pp. 419-422; Luís Menezes Leitão, *Direito do* Trabalho, 2.ª ed., pp. 297-298; e Bernardo da Gama Lobo Xavier, *"O lugar da prestação do trabalho"*, in: *ESC*, n.º 33, pp. 11-61.

[153] Neste sentido, cfr. Ac. do STJ de 31.01.2007; Ac. do STJ de 19.06.2008, Proc. n.º 08B974; e, mais recentemente, Ac. do TRP de 22.10.2013, todos in: www.dgsi.pt.

desenvolve nas obras que essas empresas têm em execução, os trabalhadores contratados para exercerem funções nas obras a executar devem ver os seus créditos graduados como privilegiados. Esta posição acolhe o entendimento que o local de trabalho é o lugar onde deve ser realizada a prestação e, na falta da sua indicação expressa, considera-se que é local de trabalho aquele que resulta da atividade do trabalhador. Deste modo, os créditos deveriam ser privilegiados quanto a todos os imóveis apreendidos para a massa insolvente onde os trabalhadores tivessem prestado de facto a sua atividade.

A jurisprudência mais recente tem-se pronunciado no sentido de os privilégios imobiliários especiais dos trabalhadores não se aplicarem aos imóveis construídos pela empresa insolvente no desenvolvimento da sua atividade da construção civil[154].

Ainda que reportado à redação do art. 377.°, n.° 1, al.b) do Código de Trabalho de 2003, o Acórdão Uniformizador de Jurisprudência pelo Supremo Tribunal de Justiça[155], embora reconhecendo que «*os termos utilizados na norma interpretanda favorecem, aparentemente, a tese da inclusão dos ditos imóveis no aludido privilégio especial*», entendeu que na situação concreta das empresas de construção civil, «*o conjunto de imóveis a que todos os trabalhadores estão funcionalmente ligados constitui, nesta perspectiva, o suporte físico da actividade empresarial, integrando, por isso, de forma estável, o património e a organização da empresa, o que não acontece com aqueles imóveis destinados à venda*». Colhe aqui o entendimento de que, após o fim de cada obra, o trabalhador mantém o seu vínculo laboral com a entidade patronal e, consequentemente, uma ligação funcional estável aos demais imóveis afetos ao exercício da sua atividade empresarial, dos quais não fazem parte os imóveis edificados para comercialização que representam o produto ou resultado dessa mesma atividade. Assim, os privilégios imobiliários especiais são extensíveis apenas aos imóveis integram a organização empresarial estável do empregador insolvente.

Alertando para as consequências que poderiam derivar de uma tutela absoluta dos créditos laborais preconizada pela extensão do privilégio imo-

---

[154] Cfr. neste sentido, entre outros, Ac. do STJ de 23.09.2010, Proc. n.° 5210/06; Ac. do STJ de 22.10.2013, Proc. n.° 1193/07; Ac. do STJ de 13.11.2014, Proc. n.° 1315/11.8TJVNF-A.P1.S1; Ac. do STJ de 13.01.2015, Proc. n.° 1145/12; Ac. do TRP de 22.10.2013, Proc. n.° 1206/11.2TBLSD-H.P1; Ac. do TRP de 28.04.2014, Proc. n.° 434/07.0TYVNG-B.P1; Ac. do TRC de 12.11.2013, Proc. n.° 2579/04.9TJCBR-A.C2; Ac. do TRG de 29.05.2014, Proc. n.° 5049/11.5TBBRG-J.G1; e Ac. do TRG de 17.09.2015, Proc. n.° 2731/11.0TBBRG-E.G1, todos in: www.dgsi.pt.

[155] Cfr. Ac. do STJ de 23.02.2016, Proc. n.°1444/08.5TBAMT-A.P1.S1-A, in: www.dgsi.pt.

biliário especial a todo o património do devedor, o aresto conclui que, quando em confronto com os terceiros titulares de direitos reais cujas legítimas expectativas assentes na fiabilidade do registo também merecem ser salvaguardadas, a proteção dos créditos salariais não exige que o privilégio se estenda aos imóveis destinados à comercialização nem justifica o sacrifício dos referidos direitos de terceiros.

A posição defendida neste aresto parece-nos, com efeito, a que melhor salvaguarda os interesses de todos os credores do processo de insolvência sem, no entanto, prejudicar a tutela dos créditos laborais.

Admitir que a lei laboral permite a aplicação do privilégio imobiliário especial aos imóveis que resultam do exercício da atividade de construção civil parece-nos uma posição demasiado ampla e injusta, porquanto estamos a admitir não só a existência de um privilégio imobiliário geral, mas também a contribuir para a neutralização da hipoteca[156].

Além disso, não podemos esquecer que enquanto as instalações da empresa resultam do seu capital próprio, as obras que esta executa resultam não só, mas também, do capital de outros credores na insolvência[157] que, por essa razão, também devem ver os seus créditos ressarcidos.

Embora a proteção conferida aos trabalhadores pelo art. 333.º do CT tenha sido – no que diz respeito ao privilégio imobiliário atribuído aos créditos laborais e face ao regime anterior ao Código do Trabalho de 2003 – atenuada pela substituição do privilégio imobiliário geral pelo especial, não podemos olvidar que a tutela dos trabalhadores foi, também, alvo de reforços, nomeadamente no âmbito do privilégio mobiliário geral, o qual se estende a todos os créditos laborais, assim como as restantes formas de tutela dos créditos laborais previstas na lei, nomeadamente a proteção conferida pelo Fundo de Garantia Salarial.

---

[156] Em sentido contrário, cfr. Miguel Lucas Pires, *Dos Privilégios Creditórios*, 2.ª ed., pp. 258-259.

[157] Como é o caso, apenas a título de exemplo, dos fornecedores de materiais.

SOBRE A IMPUGNAÇÃO PELO EMPREGADOR DA RESOLUÇÃO DO CONTRATO DE TRABALHO*

Joana Vasconcelos
Professora Associada da Faculdade de Direito da Universidade Católica Portuguesa (Escola de Lisboa)

SUMÁRIO: *1. Impugnação pelo empregador da resolução do contrato de trabalho: considerações prévias 2. Forma de processo e especialidades de regime 3. Momento processual 4. Prazo 5. Pedidos do empregador: declaração da ilicitude da resolução do contrato de trabalho 6. Pedidos do empregador (cont.): condenação do trabalhador a indemnizá-lo dos "prejuízos causados" 7. Pedidos do empregador (cont.): condenação do trabalhador no pagamento de quantias emergentes de pacto de permanência ajustado entre as partes 8. Defesa do trabalhador: aspetos gerais 9. Defesa do trabalhador (cont.): limitação aos factos invocados na respetiva comunicação 10. Defesa do trabalhador (cont.): possibilidade de correção de vícios procedimentais 11. Resposta do empregador à versão corrigida da comunicação de resolução 12. Termos subsequentes 13. O artigo 60.º resultante da recente revisão do CPT: mudar algo, para que tudo fique na mesma.*

Palavras-chave: *Resolução do contrato de trabalho; impugnação pelo empregador; responsabilidade do trabalhador; factos constantes da comunicação; correção de vícios procedimentais.*

1. Confrontado com a declaração extintiva do trabalhador fundada na verificação de justa causa de resolução, pode o empregador impugná-la, requerendo ao tribunal que declare a sua ilicitude e, consequentemente, condene o trabalhador a indemnizá-lo dos prejuízos causados pela abrupta cessação do contrato de trabalho: é o que estabelecem os artigos 398.º e 399.º do Código do Trabalho (CT).

Baseada em razões de ordem procedimental (preterição dos requisitos legalmente exigidos para a comunicação dos factos que legitimam a imediata cessação contratual) e/ou substancial (não demonstração da justa causa invocada), a impugnação judicial da resolução do contrato de trabalho envolve a apreciação pelo tribunal da sua invocada desconformidade e, procedendo esta, a fixação do montante destinado a ressarcir o empregador, uma e outra

* O presente texto reproduz, na íntegra, o elaborado para os Estudos em Homenagem ao Professor Doutor Germano Marques da Silva (em preparação).

necessariamente antecedidas da dedução por este das correspondentes pretensões e da defesa do trabalhador quanto às mesmas.

Sendo esta uma matéria na qual convergem as disciplinas substantiva e adjetiva laborais, cuja articulação não é isenta de dificuldades, é também uma matéria que, apesar do seu inegável relevo teórico e prático, tem sito votada a um incompreensível desinteresse pela doutrina nacional[1]. Propomo-nos, com o presente estudo, contribuir para alterar este estado de coisas. Nesse sentido, centrar-nos-emos na impugnação judicial pelo empregador da resolução do contrato de trabalho efetuada pelo trabalhador, versando sucessivamente aqueles que se nos afiguram ser os seus pontos essenciais: forma de processo e especialidades do regime adjetivo, fase processual em que pode ocorrer, prazo, pedidos a deduzir pelo empregador, modos de o trabalhador reagir aos mesmos e respetivas implicações processuais.

2. Não fazendo o Código de Processo do Trabalho (CPT) corresponder qualquer processo especial à impugnação pelo empregador da resolução com justa causa do contrato de trabalho pelo trabalhador, segue esta, nos termos gerais do seu artigo 48.º, n.º 3, a forma de processo declarativo comum[2].

A sua tramitação corresponde, assim, à prevista nos artigos 51.º segs. do CPT, com as especialidades de regime estabelecidas no respetivo artigo 60.º, n.º 2, que concretiza, no plano adjetivo, a singular solução prevista no artigo 398.º, n.º 4, do CT.

Significa isto que a ação em que é deduzida tal impugnação se inicia com a apresentação em juízo de uma petição inicial, a que se seguem o despacho liminar e a audiência de partes, na qual se tenta a respetiva conciliação, e, frustrada esta, a contestação do réu e a resposta do autor à mesma (artigos 54.º a 56.º, 51.º a 53.º e 60.º do CPT). Finda a fase dos articulados, são pro-

---

[1] São, com efeito, escassas as análises que, entre nós, vão além da mera referência à previsão legal que consagra este direito do empregador e da enunciação das suas linhas gerais, a propósito do regime mais vasto da resolução do contrato de trabalho pelo trabalhador em que, desde 2003, a mesma se insere. É o caso das efetuadas por Albino Mendes Baptista, "Notas sobre a cessação do contrato de trabalho por iniciativa do trabalhador no novo Código do Trabalho", *in A Reforma do Código do Trabalho*, Coimbra Editora, Coimbra, 2004, pp. 542 segs.; José Eusébio Almeida, "A cessação do contrato de trabalho por iniciativa do trabalhador – notas e dúvidas ao novo regime", *in A Reforma do Código do Trabalho*, Coimbra Editora, Coimbra, 2004, pp. 566 segs. e "O processo do trabalho e o Código do Trabalho" *in Prontuário de Direito do Trabalho*, n.º 71, 2005, pp. 141 segs.; e Pedro Furtado Martins, *Cessação do Contrato de Trabalho*, 4.ª ed., Princípia, Cascais, 2017, pp. 577 segs.

[2] Sobre a articulação entre processo comum e processo especial no plano adjetivo laboral, v. Joana Vasconcelos, *Direito Processual do Trabalho*, Universidade Católica Editora, Lisboa, 2017, pp. 77 segs.

feridos o despacho saneador e o despacho destinado a identificar o objeto do litígio e a enunciar os temas da prova, podendo, entre um e outro, ser as partes convocadas para uma audiência prévia[3] (artigos 61.º e 62.º do CPT e 595.º, 591.º a 593.º e 596.º do Código de Processo Civil, doravante CPC). A instrução e a discussão da causa decorrem na audiência final, cuja abertura é antecedida de mais uma tentativa de conciliação das partes, após o que é proferida sentença a julgar a causa de facto e de direito (artigos 68.º e 70.º do CPT e 155.º e 607.º do CPC)[4].

Porque, conforme melhor se mostrará já adiante, a apreciação da ilicitude da resolução do contrato de trabalho pode ser submetida ao tribunal pelo empregador, tanto na qualidade de autor, como enquanto réu, por via reconvencional[5], o correspondente pedido integrará, ou não, *ab initio* o objeto do processo, só no primeiro caso sendo versado na audiência de partes.

Quanto às aludidas especialidades de regime, aplicáveis em qualquer destes cenários, são três, incidem todas na fase dos articulados e não têm alcance geral, porquanto visam, uma, apenas a impugnação da resolução baseada na inexistência da justa causa invocada, as demais unicamente as situações em que a alegada ilicitude da resolução se funda na preterição de requisitos procedimentais. Antecipando o que adiante se desenvolverá, a primeira traduz-se na limitação dos factos que pode o trabalhador trazer a juízo para demonstrar ter sido a sua declaração extintiva devidamente motivada[6]. Já a segunda consiste na atribuição ao trabalhador, como meio adicional de defesa, da possibilidade de regularizar essa mesma declaração extintiva e a terceira na concessão ao empregador, sempre que o trabalhador se prevaleça de tal faculdade, da oportunidade de sobre o resultado da mesma se pronunciar[7].

---

[3] Prevista e regulada nos artigos 591.º a 593.º do CPC, a audiência prévia é aplicável ao processo declarativo comum laboral por força da remissão contida no artigo 62.º, n.º 1, do CPT, sendo convocada nos termos aí estabelecidos, a saber, "quando a complexidade da causa o justifique". Significa isto que, diferentemente do que sucede no processo civil, em que a sua realização constitui a regra, neste contexto a audiência prévia é eventual e excecional, cabendo, pois, ao juiz justificar a decisão de a convocar, não a inversa. V., sobre este ponto, Joana Vasconcelos, *Direito Processual do Trabalho*, 2017 cit., pág. 88.

[4] Para mais desenvolvimentos sobre a marcha do processo declarativo comum, sinteticamente referida no texto *supra*, v. Joana Vasconcelos, *Direito Processual do Trabalho*, 2017 cit., pp. 83 segs.

[5] Este aspeto do regime adjetivo da impugnação da resolução do contrato de trabalho será tratado nos n.ºs 4, 10 e 11.

[6] Esta solução e as suas implicações serão analisadas no n.º 9.

[7] Estes dois traços específicos do regime adjetivo da impugnação da resolução do contrato de trabalho serão versados nos n.ºs 10 e 11.

3. São duas as vias que se abrem diante do empregador que pretenda impugnar judicialmente a resolução do contrato de trabalho por parte do trabalhador.

A primeira, expressamente contemplada nos artigos 398.º, n.º 1, do CT e 60.º, n.º 2, do CPT, supõe uma ação especificamente intentada para o efeito, na qual o empregador, na petição inicial, formula os pedidos de declaração de ilicitude da resolução do contrato de trabalho e de condenação do trabalhador a indemnizá-lo dos danos por esta causados[8].

Já a segunda radica no artigo 30.º, n.º 1, do CPT, que permite a reconvenção "quando o pedido do réu emerge do facto jurídico que serve de fundamento à ação" – no caso, a resolução do contrato de trabalho[9]. E traduz-se na dedução pelo empregador desses mesmos pedidos contra o trabalhador, em ação por este proposta com vista a efetivar o seu direito a indemnização ou a compensação pela resolução por si efetuada, consoante a mesma se haja fundado em justa causa "subjetiva" ou "objetiva"[10], e por aplicação, respetivamente, dos artigos 396.º[11] e 194.º, n.º 5, e 394.º, n.º 3, al. d)[12], do CT – bem

[8] Todos estes pontos serão mais detidamente versados adiante, nos n.ºs 5 e 6.

[9] Sobre este ponto, v. José Lebre de Freitas / Isabel Alexandre, Anotação ao artigo 266.º, *in Código de Processo Civil Anotado*, Vol. 1.º, 4.ª ed., Almedina, Coimbra, 2018, pág. 531. E, ainda, o Ac. RP de 4-3-2013 (Proc. n.º 432/11, António José Ramos), integralmente acessível em www.dgsi.pt – como todos os demais referidos ao longo do presente texto.

[10] De acordo com as designações há muito adotadas entre nós em matéria de resolução do contrato de trabalho, a justa causa é "subjetiva" ou "objetiva" consoante suponha, ou não, um comportamento ilícito e culposo do empregador – de uma e de outra tratando, respetivamente, os n.ºs 2 e 3 do artigo 394.º do CT. Sobre este ponto, com indicações de doutrina e de jurisprudência, v. Joana Vasconcelos, Anotação IV ao artigo 394.º in Pedro Romano Martinez / Luís Miguel Monteiro / Joana Vasconcelos / Pedro Madeira de Brito / Guilherme Dray / Luís Gonçalves da Silva, *Código do Trabalho Anotado*, 11.ª ed., Almedina, Coimbra, 2017.

[11] Sempre que a resolução do contrato de trabalho se funde em justa causa "subjetiva", o artigo 396.º do CT atribui ao trabalhador "direito a indemnização", cujo montante será fixado pelo tribunal segundo a regra estabelecida nos seus n.ºs 1, *in fine*, e 2 (em linha com o prescrito no artigo 391.º, n.º 1, do CT para a indemnização em substituição da reintegração, em caso de despedimento declarado ilícito): "15 a 45 dias de retribuição base e diuturnidades por cada ano completo de antiguidade" ou fração, "atendendo ao valor da retribuição e ao grau de ilicitude do comportamento do empregador". Excecionalmente, e caso esta regra resulte num valor de indemnização que fique aquém do montante dos danos patrimoniais e não patrimoniais efetivamente sofridos pelo trabalhador, o n.º 3 do mesmo artigo 396.º do CT permite que a mesma, e o limite máximo nela implícito, sejam afastados, e que, com recurso ao regime comum da responsabilidade civil, se obtenha um valor mais adequado à realidade. Sobre este regime, v. Joana Vasconcelos, Anotações II a V ao artigo 396.º *in* Pedro Romano Martinez / Luís Miguel Monteiro / Joana Vasconcelos / Pedro Madeira de Brito / Guilherme Dray / Luís Gonçalves da Silva, *Código do Trabalho Anotado*, 2017 cit.

[12] Em virtude de opção que remonta ao direito anterior ao CT, a nossa lei laboral não concede, por princípio, qualquer compensação ao trabalhador que resolva o contrato com justa causa "objetiva" – salvo

como outros créditos emergentes do contrato de trabalho, da sua violação ou cessação que sobre aquele detenha[13].

Ao longo da análise que se segue, procurar-se-á determinar quais os pontos que estas duas vias têm em comum no plano processual e que singularidades, fruto da respetiva diferença, marcam a correspondente disciplina.

Antes, porém, cumpre notar que a opção do empregador por uma ou por outra pode ser norteada pelas concretas finalidades visadas com a impugnação, mais exatamente com a pretensão indemnizatória que este pretende efetivar contra o trabalhador. Com efeito, sendo esta de montante mais elevado que o mínimo legalmente estabelecido, por serem, em seu entender, muito avultados os "prejuízos causados" pela súbita rutura do contrato de trabalho[14], é de antever que o empregador tome a iniciativa de propor a necessária ação, formulando o correspondente pedido e alegando factos demonstrativos dos pressupostos desta responsabilidade cuja prova lhe cabe, nos termos gerais – não ficando à espera que o trabalhador o demande, exigindo a indemnização ou compensação a que entende ter direito em virtude da resolução, para só então deduzir tal pretensão. De igual modo, a atuação do empregador pode ser ditada pela própria justa causa invocada. Assim, caso esta confira ao trabalhador direito a indemnização ou compensação[15], será expectável a propositura de ação por este, com

---

nas duas situações previstas nos artigos 194.°, n.° 5, e 394.°, n.° 3, al. d), do CT, de resolução do contrato de trabalho com invocação, respetivamente, de prejuízo sério causado ao trabalhador pela transferência resultante da mudança definitiva de local da empresa ou do estabelecimento e da suscetibilidade de prejuízo sério resultante da "transmissão para o adquirente da posição do empregador no respetivo contrato de trabalho, em consequência da transmissão da empresa". Para mais desenvolvimentos acerca desta opção, que contrasta, compreensivelmente, com a orientação seguida em matéria de resolução com justa causa "subjetiva", das duas derrogações que comporta e que se reconduzem a responsabilidade civil por facto lícito, porquanto não lhe subjaz qualquer juízo de censura dirigido ao empregador e, bem assim, das regras que lhes são aplicáveis, com destaque para as relativas ao respetivo cálculo, v. Joana Vasconcelos, "Sobre a resolução do contrato de trabalho fundada na transmissão para o adquirente da empresa ou estabelecimento da posição contratual do empregador" *in RDES,* 2018, 1-4, pp. 125 segs.

13 Será, desde logo, o caso do crédito retributivo correspondente ao período de aviso prévio fixado na lei para a denúncia do contrato de trabalho (artigo 400.°, n.° 1, do CT), caso o empregador, no acerto final de contas com o trabalhador e invocando a pretensa ilicitude da resolução, haja procedido à compensação do respetivo montante com outros valores àquele devidos, valendo-se, para tanto, dos artigos 399.° e 401.° do CT – como sucedeu na situação que deu origem ao Ac. RP de 15-10-2012 (Proc. n.° 1020/10, Maria José Costa Pinto).

14 V. os artigos 399.° e 401.° do CT e adiante o n.° 6, onde este ponto será tratado.

15 Por se tratar de justa causa subjetiva, que confere sempre direito a indemnização, ou de justa causa objetiva, numa das situações em que, excecionalmente, o trabalhador tem direito a compensação (v. *supra* as n. 10, 11 e 12).

vista a efetivar o correspondente direito, podendo o empregador ponderar as duas possibilidades que tem diante de si. Diferentemente, limitando-se aquela a possibilitar ao trabalhador a imediata desvinculação do contrato de trabalho, não é provável que este venha, com base na resolução operada, a demandar o empregador, o qual, querendo impugná-la, terá de intentar a necessária ação. Não raro, contudo, a escolha do empregador será ditada, bem mais prosaicamente, pela noção de que, em virtude da opção expressa no artigo 31.º, n.º 1, do CPT, a lide por si iniciada já depois de proposta pelo trabalhador a ação destinada a efetivar direitos emergentes da resolução do contrato de trabalho, virá com toda a probabilidade a ser apreciada junto com esta, na sequência da respetiva apensação, decretada oficiosamente ou a requerimento do Ministério Público.

4. É de "um ano a contar da respetiva data" o prazo para o empregador intentar a ação destinada a obter a declaração judicial da ilicitude da resolução do contrato de trabalho.

Sobre este prazo, fixado pelo n.º 2 do artigo 398.º do CT, dir-se-á, antes de mais, que o seu *dies a quo*, sendo a resolução uma declaração negocial recetícia[16], coincidirá com a receção pelo empregador da correspondente comunicação[17].

Depois, e porque este mesmo prazo marca o tempo em que deve ser exercido o direito do empregador de impugnar a resolução do contrato de trabalho, é de caducidade, nos termos gerais do artigo 298.º, n.º 2, do Código Civil (CódCiv)[18]. E, como tal, contrapõe-se ao prazo prescricional de um ano "a partir do dia seguinte àquele em que cessou o contrato de trabalho" a que o artigo 337.º, n.º 1, do CT sujeita os créditos laborais de ambas as partes, aplicável também nesta matéria. Esta concorrência de prazos implica a delimitação recíproca do correspondente âmbito de aplicação: assim, se o direito do trabalhador a indemnização ou compensação pela resolução do contrato de trabalho se rege por este último, o mesmo não sucede com o

[16] Sobre a caracterização e o regime da declaração negocial recetícia ou recipienda – aquela que, tendo um destinatário determinado, carece de ser por este recebida para produzir os seus efeitos –, v. Fernando A. Ferreira Pinto, "Anotação ao artigo 224.º" *in Comentário ao Código Civil – Parte Geral*, Universidade Católica Editora, Lisboa, 2014, pp. 503 segs.

[17] Afirmam-no expressamente, entre outros, os Acs. RC de 8-9-2014 (Proc. n.º 58/11, João Nunes), RP de 29-2-2016 (Proc. n.º 651/15, António José Ramos) e RC de 28-4-2017 (Proc. n.º 176/16, Felizardo Paiva).

[18] Para mais desenvolvimento acerca desta matéria, v. Ana Filipa Morais Antunes, *Prescrição e Caducidade – Anotação aos artigos 296.º a 333.º do Código Civil*, 2.ª ed., Coimbra Editora, Coimbra, 2015, pp. 21 segs.

direito do empregador de ser ressarcido pela ilicitude daquela, o qual não preexiste na sua esfera jurídica à respetiva impugnação, pois que depende desta, mais exatamente da sua procedência[19].

Por último, muito embora a letra do artigo 398.º, n.º 1, do CT não seja, quanto a este ponto, inequívoca, porquanto parece limitar o prazo nele estabelecido à "ação intentada pelo empregador" para impugnar a resolução do contrato, entendemos que o mesmo se aplica também à impugnação da resolução através de reconvenção[20] – ou não fosse esta "uma contra ação que se cruza com a proposta pelo autor"[21] e que, podendo ser intentada autonomamente, não o é por opção do réu empregador[22]. O qual deve, não obstante, ter presente nessa sua ponderação que a tendencial coincidência do termo dos prazos de prescrição dos créditos laborais e de caducidade da impugnação da resolução (previstos respetivamente nos artigos 337.º, n.º 1, e 398.º, n.º 2, do CT)[23], implica um risco de ultrapassagem deste último e de consequente perda do seu direito, risco esse que será tanto maior quanto mais próximo do final do primeiro seja proposta pelo trabalhador a ação visando a indemnização, a compensação ou a cobrança de créditos[24].

---

[19] Em sentido diverso, e a nosso ver questionável, o Ac. RP de 18-6-2012 (Proc. n.º 728/10, Eduardo Petersen Silva), julgou aplicável ao "direito do empregador de pedir indemnização por resolução ilícita", o prazo prescricional previsto no artigo 337.º, n.º 1, do CT. Ora, tal como se evidenciou no texto *supra*, e bem ao contrário do que nesta decisão se dá – infundadamente –, como assente, o empregador não tem qualquer direito a ser indemnizado pela resolução ilícita do contrato de trabalho senão depois de deduzida e julgada procedente a respetiva impugnação. E esta tem como *conditio sine qua non* a sua tempestividade, *i.e.*, o fazer-se dentro do prazo de caducidade a que está legalmente sujeita – sendo este o prazo aplicável à pretensão indemnizatória daquela emergente, pelas razões apontadas e, bem assim, por carecer de sentido a sujeição do correspondente direito do empregador a um prazo de prescrição iniciado em momento anterior à sua aquisição por este.

[20] Em sentido diverso, e em nosso entender desacertado, o já referido Ac. RP de 18-6-2012 (Proc. n.º 728/10, Eduardo Petersen Silva) julgou aplicável ao exercício por via reconvencional do "direito do empregador de pedir indemnização por resolução ilícita" o prazo prescricional previsto no artigo 337.º, n.º 1, do CT, assumindo, para tanto – e contra o que resulta do quadro normativo aplicável (v. a n. anterior) – ser tal direito do empregador invocável por via reconvencional, mediante um simples pedido de condenação do trabalhador na correspondente quantia, como qualquer outro que integrasse já a sua titularidade.

[21] José Lebre de Freitas / Isabel Alexandre, "Anotação ao artigo 266.º", *in Código de Processo Civil Anotado*, Vol. 1.º, 2018 cit., pág. 531.

[22] Sobre as razões determinantes de tal opção, v. *supra* o n.º 3.

[23] Tendencial e não total, por não ser o mesmo o respetivo *dies a quo*: "o dia seguinte àquele em que cessou o contrato de trabalho", tratando-se do prazo previsto no artigo 337.º, n.º 1, a "data da resolução", nos termos explicitados no texto *supra*, para o prazo fixado no artigo 398.º, n.º 4, ambos do CT.

[24] Sendo certo que, estando em causa direitos e prazos diversos, de modo algum a tempestividade da pretensão formulada pelo trabalhador determina a da que em momento necessariamente subsequente virá a ser deduzida pelo empregador. V. neste sentido, se bem que, reportando-se a dois direitos pretensamente

5. O empregador que queira ver judicialmente declarada a ilicitude da resolução do contrato de trabalho deve formular o correspondente pedido. Significa isto que, quer escolha fazê-lo em ação especialmente intentada para o efeito, quer opte pela via reconvencional[25], terá de requerer ao tribunal que aprecie e se pronuncie sobre as circunstâncias em que ocorreu a extinção do contrato do trabalho por declaração unilateral do trabalhador, indicando os motivos que, em seu entender, determinam a respetiva ilicitude, e os factos em que estes se baseiam, cuja prova lhe cabe, nos termos gerais do artigo 342.°, n.° 1, do CódCiv[26].

Justifica-se que nos detenhamos nas causas da ilicitude da resolução. Estas repartem-se por dois grandes planos – procedimental e substantivo –, aos quais, já se antecipou, faz a lei corresponder soluções diversas, no tocante à sua refutação e à sua sanação pelo trabalhador, que serão mais adiante versadas[27].

Para já, cabe destacar que o primeiro grupo de causas de ilicitude engloba diversas hipóteses, tendo como denominador comum a preterição de qualquer dos requisitos a que a lei submete a atendibilidade dos factos invocados para justificar a imediata cessação do contrato pelo trabalhador[28] e que a jurisprudência qualifica como formalidades *ad substantiam*[29], a saber:

---

sujeitos ao prazo prescricional do artigo 337.°, n.° 1, do CT (em termos que tivemos já ocasião de criticar nas n. 19 e 20), o Ac. RP de 18-6-2012 (Proc. n.° 728/10, Eduardo Petersen Silva).

[25] V. *supra* o n.° 3.

[26] Sobre este preceito e a repartição do ónus da prova a que procede, sublinhando que o respetivo critério "tem por base a relação jurídica material, independentemente da posição da parte na relação processual" e que, por isso, tratando-se de factos constitutivos, a sua "distribuição não é efetuada necessariamente entre autor e réu" – desde logo porque "não apenas o autor, mas também o réu, podem invocar direitos na ação", assim sucedendo quando este deduz um pedido reconvencional, v. Rita Lynce de Faria, "Anotação ao artigo 342.°" *in Comentário ao Código Civil – Parte Geral*, 2014 cit., pág. 812.

[27] Nos n.°s 9 e 10, *infra*.

[28] Porque só a justa causa regularmente invocada dispensa o trabalhador da obrigação de aviso prévio (decorrente do artigo 400.°, n.° 1, do CT), sempre que a comunicação ao empregador da resolução não cumpra qualquer das imposições a que a submete o artigo 395.°, n.° 1, do CT, tudo se passa como tendo aquele feito cessar o contrato com base numa justa causa não verificada (Joana Vasconcelos, Anotação II ao artigo 395.° in Pedro Romano Martinez / Luís Miguel Monteiro / Joana Vasconcelos / Pedro Madeira de Brito / Guilherme Dray / Luís Gonçalves da Silva, *Código do Trabalho Anotado*, 2017 cit.).

[29] Porquanto a sua imposição, longe de ter "por finalidade a mera prova" pelo trabalhador da sua declaração extintiva, constitui "condição de licitude" da resolução com justa causa, da sua observância dependendo "a invocabilidade em juízo", para tal efeito, dos "factos que hajam sido determinantes" da imediata cessação do contrato pelo trabalhador. Neste sentido, entre outros, v. os Acs. RP de 26-3-2012 (Proc. n.° 1282/10, Paula Leal de Carvalho), RP de 29-9-2016 (Proc. n.° 651/15, António José Ramos), RP de 29-5-2017 (Proc. n.° 2364/15, Jerónimo Freitas) e RP de 20-11-2017 (Proc. n.° 10948/14, Nelson Fernandes).

comunicação por escrito da resolução, com "indicação sucinta dos factos que a justificam"[30], no prazo de "30 dias subsequentes" ao respetivo conhecimento por aquele[31] ou, tratando-se da justa causa "objetiva" decorrente da "necessidade de cumprimento de obrigação legal incompatível com a continuação" da relação laboral, "logo que possível" (artigos 394.°, n.° 3, al. a), e 395.°, n.° 3, do CT). Por constituir pressuposto do surgimento do direito que pretende fazer valer contra o trabalhador[32], recai sobre o empregador a alegação e prova de que a intenção daquele de resolver o contrato lhe foi transmitida de forma meramente verbal ou que, apesar de a respetiva comunicação ter sido reduzida a escrito, falta nela a "indicação sucinta" dos factos – por apenas conter "imputações genéricas, juízos de valor e conclusões,

[30] Na concretização do que seja esta "indicação sucinta", a jurisprudência dos nossos tribunais superiores, após assinalar o contraste e a patente menor exigência face à "descrição circunstanciada dos factos" que marca a nota de culpa, insiste, não obstante, na necessidade de "enunciar os fundamentos da resolução imediata do contrato" e de "concretizar, com o mínimo de precisão, os factos que estão na base da sua decisão" – de forma a permitir ao empregador apreender e avaliar tais motivos e, se assim o entender, reagir contra os mesmos, bem como possibilitar uma eventual "apreciação judicial da justa causa" – a que a comunicação da resolução não se pode esquivar: v., neste sentido, os Acs. RP de 9-3-2015 (Proc. n.° 64/14, Isabel São Pedro Soeiro),RP de 8-9-2014 (Proc. n.° 58/11, João Nunes) e RP de 7-12-2018 (Proc. n.° 1953/17, Jerónimo Freitas), bem como os Acs. RP de 18-6-2012 (Proc. n.° 728/10, Eduardo Petersen Silva), RG de 18-2-2016 (Proc. n.° 1085/15, Manuela Fialho), RP de 29-5-2017 (Proc. n.° 2364/15, Jerónimo Freitas), RP de 20-11-2017 (Proc. n.° 10948/14, Nelson Fernandes), RE de 12-7-2018 (Proc. n.° 638/17, Moisés Silva) e STJ de 31-10-2018 (Proc. n.° 16066/16, Chambel Mourisco).

[31] Com frequência chamada a pronunciar-se acerca do *dies a quo* do prazo de caducidade fixado na parte final do n.° 1 do artigo 395.°, n.° 1, do CT – que o faz coincidir, sem mais, com o "conhecimento dos factos" pelo trabalhador – a jurisprudência dos nossos tribunais superiores cedo se firmou na necessidade de diferenciar as várias situações que podem verificar-se. Assim, tratando-se de "factos instantâneos", releva o "momento do conhecimento" da sua "materialidade" pelo trabalhador. Já diante de um "comportamento ilícito do empregador" que seja "continuado", tal prazo "só se inicia quando for praticado o último ato de violação do contrato, pois o conhecimento da situação ilícita renova-se permanentemente enquanto ela se mantiver". E na hipótese de "factos instantâneos com efeitos duradouros, suscetíveis de agravamento com o decurso do tempo", o mesmo prazo conta-se, não do "momento do conhecimento da materialidade dos factos", mas apenas daquele em que "no contexto da relação laboral", estes assumem tal gravidade que a subsistência do contrato de trabalho se torna a partir de então imediatamente impossível". V., neste sentido o Ac. RP de 17-11-2014 (Proc. n.° 739/12, Maria José Costa Pinto), que aqui se transcreve e, bem assim, entre outros, os Acs. RP de 7-9-2015 (Proc. n.° 762/12, Paula Maria Roberto), RL de 16-11-2016 (Proc. n.° 15354/14, Albertina Pereira), RC de 15-12-2016 (Proc. n.° 7122/15, Paula do Paço), e RC de 28-4-2017 (Proc. n.° 176/16, Felizardo Paiva), RE de 14-9-2017 (Proc. n.° 64/13, Paulo Amaral), STJ de 19-11-2014 (Proc. n.° 72/05, Mário Belo Morgado) e STJ de 11-2-2015 (Proc. n.° 575/08, Leones Dantas).

[32] Sobre os factos constitutivos do direito como "aqueles que constituem pressuposto do respetivo aparecimento" e sua diferenciação dos factos impeditivos, modificativos e extintivos, v. Rita Lynce de Faria, "Anotação ao artigo 342.°" *in Comentário ao Código Civil – Parte Geral*, 2014 cit., pág. 812.

sem indicação de factos concretos"[33] ou aludir, sem mais, às prescrições legais aplicáveis[34]. O mesmo vale para a invocação da sua extemporaneidade, se feita[35] mais de trinta dias volvidos sobre o *dies a quo* ditado pelas concretas circunstâncias do caso[36] ou para lá do que seria o "logo que possível" que a lei excecionalmente admite[37].

Quanto ao segundo grupo de causas de ilicitude, abarca situações em que a desconformidade respeita à justa causa invocada pelo trabalhador, mais exatamente à sua insuficiente demonstração – da qual não resulta ocorrer no caso a própria situação que tornaria premente a desvinculação do trabalhador ou não gerar tal situação, apesar de comprovadamente verificada, a inexigibilidade da prossecução da relação laboral com o empregador[38].

Para se prevalecer de qualquer destas hipóteses, o empregador terá de incluir no correspondente articulado factos que indiciem a sua produção no caso – seja completando, modificando ou mesmo contrariando a versão do sucedido constante da comunicação de resolução feita pelo trabalhador[39], seja atenuando, matizando e até alterando, face ao pretendido por este na

---

[33] Ac. RE de 12-7-2018 (Proc. n.º 638/17, Moisés Silva).

[34] Ac. RP de 29-5-2017 (Proc. n.º 2364/15, Jerónimo Freitas).

[35] *I.e.*, entregue em mão ou enviada – se bem que não forçosamente recebida, nesta última hipótese, dada a natureza recetícia da declaração em causa, *supra* versada no n.º 4. V. expressamente neste sentido, o Ac. RC de 28-4-2017 (Proc. n.º 176/16, Felizardo Paiva).

[36] O ponto foi desenvolvido *supra* na n. 31.

[37] A saber, quando a resolução se funda em justa causa "objetiva" que integre a previsão do artigo 394.º, n.º 1, al. a), do CT: v. *supra* o n.º 4.

[38] Muito embora o artigo 394.º, do CT, relativo à "justa causa de resolução" estabeleça no seu n.º 1 que a verificação desta legitima a imediata cessação do contrato pelo trabalhador, enumerando, depois, nos seus n.ºs 2 e 3, situações que geram tal premência na respetiva desvinculação, nada adianta quanto ao critério definidor da mesma. Há muito que entendemos que tal critério resulta "da consequência jurídica que lhe é associada e das suas várias concretizações e exprime-se na inexigibilidade da manutenção da relação laboral pelo trabalhador" (Joana Vasconcelos, Anotação III ao artigo 394.º *in* Pedro Romano Martinez / Luís Miguel Monteiro / Joana Vasconcelos / Pedro Madeira de Brito / Guilherme Dray / Luís Gonçalves da Silva, *Código do Trabalho Anotado*, 2017 cit.). Este mesmo critério é acolhido por um significativo sector da jurisprudência dos nossos tribunais superiores: v., entre outros, os Acs. RP de 27-4-2015 (Proc. n.º 363/13, Maria José Costa Pinto), Ac. RP de 15-10-2015 (Proc. n.º 1020/10, Maria José Costa Pinto), Ac. RE de 28-6-2017 (Proc. n.º 717/16, Moisés Silva), STJ de 6-12-2017 (Proc. n.º 3649/13, Gonçalves Rocha), RP de 18-2-2019 (Proc. n.º 22074/17, Rui Ataíde de Araújo), RG de 24-4-2019 (Proc. n.º 1047/18, Alda Martins) e STJ de 4-7-2018 (Proc. n.º 14383/16, António Leones Dantas).

[39] Sendo certo que ao trabalhador é vedado, pelo n.º 3 do artigo 398.º do CT, trazer a juízo outros factos, para além dos constantes da comunicação referida no artigo 395.º, n.º 1, do CT, destinados a provar a verificação no caso da justa causa invocada – desde logo em reação aos alegados pelo empregador, nos termos aludidos no texto *supra*. Esta opção legal e suas implicações, já assinaladas no n.º 2 *supra*, serão tratadas adiante, no n.º 9.

sua declaração extintiva, as concretas repercussões na relação laboral dos eventos ocorridos.

6. A ilicitude da resolução do contrato de trabalho por desrespeito de requisitos procedimentais e/ou da invocação de justa causa não provada[40] faz incorrer o trabalhador na obrigação de indemnizar o empregador pelos "prejuízos causados" (artigo 399.º do CT), sendo este o único efeito que a lei substantiva lhe associa. Contrariamente ao que sucede em matéria de despedimento (artigos 389.º a 392.º do CT), a ilicitude da resolução não gera a sua invalidade, logo, não afeta o seu efeito extintivo, o qual se produz sempre, no momento em que a mesma se torna eficaz[41].

Porque este efeito radica na ilicitude da resolução, a qual constitui facto gerador de responsabilidade civil – não sendo, como a reintegração e as retribuições intercalares em caso de despedimento declarado ilícito, consequência imediata da sua invalidade, enquanto expressão da subsistência do vínculo laboral, inatingido pelo ato extintivo viciado – deve o correspondente pedido de indemnização "dos prejuízos causados" ser autonomamente deduzido contra o trabalhador, não podendo ter-se por efetuado com a mera impugnação da resolução[42]. Mais, faltando tal pedido, o tribunal não pode substituir-se ao empregador, apreciando e decidindo quanto a este ponto, já que o direito em causa, por ser disponível, não integra a previsão do artigo 74.º do CPT[43].

Assente, pois, que deve o empregador peticionar, para além da declaração da ilicitude da resolução do contrato de trabalho pelo trabalhador, a condenação deste a indemnizá-lo dos danos que lhe causou com a sua repentina cessação, importa atentar no conteúdo da respetiva pretensão, porquanto são duas as possibilidades que neste plano se lhe oferecem.

---

[40] V. *supra* o n.º 5.

[41] O ponto foi versado *supra* no n.º 4.

[42] O ponto foi por nós tratado em "Reintegração, retribuições intercalares e pedido na acção com processo especial para impugnação do despedimento", *in Para Jorge Leite – Escritos jurídico-laborais, Vol. I*, Coimbra Editora, Coimbra, 2014, pp. 1035-1036, para onde se remete. Na jurisprudência disponível sobre resolução do contrato de trabalho, afirmam expressamente a necessidade de pedido indemnizatório por parte do empregador, entre outros, os Acs. RP de 9-3-2015 (Proc. n.º 712/12, Rui Penha) e RP de 29-6-2015 (Proc. n.º 953/14, João Nunes).

[43] Afirma-o expressamente, com referência ao valor do pedido formulado, o Ac. RP de 8-6-2017 (Proc. n.º 2759/15, Paula Leal de Carvalho). Sobre a condenação *extra vel ultra petitum* prescrita no artigo 74.º do CPT e a delimitação do seu âmbito de aplicação, com destaque para a sua inaplicabilidade aos direitos disponíveis, v. Joana Vasconcelos, *Direito Processual do Trabalho*, 2017 cit., pp. 90 segs.

Com efeito, os artigos 399.º e 401.º do CT – o primeiro relativo à resolução ilícita, o segundo relativo à denúncia sem aviso prévio e aplicável por remissão daquele –, estabelecem um montante mínimo para a indemnização a conceder ao empregador, igual à "retribuição base e diuturnidades" correspondentes ao período de aviso prévio em falta, admitindo, não obstante, que o respetivo valor corresponda à totalidade dos prejuízos por aquele sofridos.

Diante deste modelo, o empregador que se baste com o montante mínimo legalmente fixado só terá de deduzir o correspondente pedido, sem necessidade de alegar e provar quaisquer prejuízos[44] que, no limite, podem nem sequer se ter produzido[45]: na sugestiva expressão da nossa jurisprudência, tal indemnização opera "automaticamente"[46], como se de uma cláusula penal se tratasse[47]. Donde, apenas quando pretenda valer-se da segunda hipótese contemplada deve o empregador, no seu pedido de indemnização, invocar os danos patrimoniais e não patrimoniais efetivamente sofridos – em decorrência, quer da abrupta interrupção do vínculo laboral, quer das circunstâncias em que a mesma se deu[48] –, cuja prova, bem como a do correspondente nexo de causalidade, lhe cabe, nos termos gerais, produzir.

7. Qualquer que seja a opção que tome o empregador nesta matéria, em nada a mesma prejudica o seu direito de fazer valer contra o trabalhador uma pretensão emergente de pacto de permanência entre ambos vigente quando da ilícita resolução do contrato de trabalho: afirma-o a parte final do artigo 401.º do CT, relativo à "denúncia sem aviso prévio", aplicável também nesta situação.

Ajustado com vista a acautelar relevantes interesses do empregador relacionados com o retorno de um seu significativo investimento na formação profissional do trabalhador, o pacto de permanência obriga o trabalhador a

---

[44] Neste sentido, v., entre outros, os Acs. RP de 9-3-2015 (Proc. n.º 712/12, Rui Penha), RP de 1-6-2015 (Proc. n.º 853/13, Rui Penha) e RC de 28-4-2016 (Proc. n.º 6745/14, Paula do Paço).

[45] Afirma-o expressamente o Ac. RP de 29-6-2015 (Proc. n.º 953/14, João Nunes).

[46] Neste sentido, entre outros, v. os Acs. RP de 9-3-2015 (Proc. n.º 712/12, Rui Penha), RP de 1-6-2015 (Proc. n.º 853/13, Rui Penha), RP de 29-6-2015 (Proc. n.º 953/14, João Nunes) e RC de 28-4-2016 (Proc. n.º 6745/14, Paula do Paço).

[47] Ac. RP de 9-3-2015 (Proc. n.º 712/12, Rui Penha).

[48] Pense-se, por exemplo, na invocação como justa causa de eventos jamais ocorridos ou apresentados com propositada deturpação factual, cuja imputação ao empregador lesou gravemente o seu bom nome e reputação.

não denunciar o contrato de trabalho antes de decorrido o período de estabilização acordado[49].

Ora, reconduzindo-se a resolução ilícita, em razão da irrelevância dos motivos invocados para justificar a imediata desvinculação do trabalhador[50], a uma intempestiva cessação daquele, ou seja, a uma denúncia não antecedida do aviso prévio legalmente imposto, aplica-se-lhe o estatuído no artigo 137.º, n.º 2, do CT. Daí que, com base neste, possa o empregador exigir ao trabalhador o reembolso da parte do montante total das "despesas avultadas" em que incorreu com a sua formação profissional correspondente à proporção do tempo de permanência estipulado e à data ainda não decorrido[51], devendo, para tanto, formular o correspondente pedido, junto com os demais, já aqui versados, por qualquer das duas vias que a lei lhe consente.

8. O trabalhador contra quem sejam deduzidas a impugnação da resolução do contrato de trabalho e a consequente pretensão indemnizatória pode defender-se de uma e de outra no articulado subsequente ao utilizado pelo empregador – contestação ou resposta à contestação –, no prazo, respetivamente, de 10 e de 15 dias (artigos 56.º, al. a), e 60.º, n.º 1, do CPT).

Quaisquer que sejam as causas de ilicitude em que se baseie o empregador[52], cabe ao trabalhador, nos termos gerais, refutar a respetiva versão do sucedido, bem como os pedidos nela estribados, seja impugnando os factos por aquele alegados, seja deduzindo exceções – como a caducidade do seu

---

[49] Neste sentido, e com maior desenvolvimento sobre todos estes pontos, v. Joana Vasconcelos, "Pacto de permanência, liberdade de trabalho e desvinculação do trabalhador", *in Estudos em Homenagem a Miguel Galvão Teles*, Vol. II, Almedina, Coimbra, 2012, pp. 821 segs. (também *in RDES*, 2013, n.ºs 1 a 3, pp. 23 segs.).

[50] Irrelevância essa resultante da sua inadequação ou insuficiência para o efeito, mas também da irregularidade (insuprível, ou não suprida, nos termos já a seguir versados no n.º 10) da sua invocação.

[51] Esta a leitura, conforme com a Constituição e baseada no artigo 81.º, n.º 2, do CódCiv, que fazemos da norma contida no n.º 2 do artigo 137.º do CT, cuja letra, ao não estabelecer qualquer distinção, sugere que a desvinculação do trabalhador implica sempre o pagamento de um montante fixo e invariável. Por outras palavras, que qualquer que seja o momento em que aquela ocorra, o trabalhador terá de pagar ao empregador a totalidade das "despesas avultadas feitas com a sua formação profissional" a que alude o seu n.º 1 – no que representaria uma desproporcionada compressão da faculdade de desvinculação que lhe é garantida, enquanto expressão da liberdade de trabalho constitucionalmente consagrada. Sobre este ponto, com mais desenvolvimento, v. Joana Vasconcelos, "Pacto de permanência, liberdade de trabalho e desvinculação do trabalhador", 2012 cit., pp. 828 segs. e Anotação VII ao artigo 137.º *in* Pedro Romano Martinez / Luís Miguel Monteiro / Joana Vasconcelos / Pedro Madeira de Brito / Guilherme Dray / Luís Gonçalves da Silva, *Código do Trabalho Anotado*, 2017 cit.

[52] V. *supra* o n.º 5.

direito de impugnar a resolução[53] ou a menor duração do contrato de trabalho extinto[54] –, para o que, naturalmente, articulará novos factos em suporte da sua posição.

Advirta-se, não obstante, e quanto a este último ponto, que tendo sido invocada a ilicitude substantiva da resolução, o trabalhador se defronta com um significativo limite aos factos de que pode valer-se em juízo para evidenciar ter sido devidamente motivada a sua declaração extintiva, que representa uma das especialidades do regime processual aplicável à respetiva impugnação[55].

Num outro plano, sempre que a ilicitude da resolução decorra de alegados motivos de ordem procedimental, o trabalhador pode, ainda, lançar mão de um outro meio de defesa, cuja previsão representa outra das já assinaladas especialidades[56].

9. Por força da regra estabelecida no artigo 398.º, n.º 3, do CT – que limita os factos a atender na apreciação judicial da regularidade substancial da resolução[57] aos "constantes da comunicação" referida no n.º 1 do artigo 395.º do CT –, não pode o trabalhador, na sua defesa, alterar o elenco de factos indiciadores da ocorrência de justa causa, de modo a contrariar a arguição pelo empregador da sua não verificação no caso.

Esta solução trata de garantir, em linha com o que se prescreve em sede de impugnação do despedimento[58], que a apreciação judicial de uma declaração extintiva que a lei conforma como vinculada incide sobre os fundamentos de facto em que esta efetivamente se baseou, sendo as respetivas adequação e suficiência, ou a falta delas, a ditar o sentido do juízo a proferir acerca da sua invocada ilicitude. Por isso obsta a que o trabalhador, em juízo, modifique tais fundamentos de facto – alterando os respetivos contornos ou até acrescentando outros –, de tal modo que a justificação por tal modo obtida pouco ou nada corresponda à invocada na comunicação de

---

[53] V. *supra* o n.º 4.

[54] A qual, implicando um período inferior de aviso prévio, resulta num montante inferior da indemnização calculada segundo a parte inicial do artigo 401.º do CT (v. *supra* o n.º 6).

[55] V. supra o n.º 2.

[56] V. supra o n.º 2.

[57] V. *supra* o n.º 5.

[58] Referimo-nos, evidentemente, aos artigos 387.º, n.º 3, do CT e 98.º-J, n.º 3, do CPT, que com a finalidade explicitada no texto *supra*, determinam que, "em caso de apreciação judicial do despedimento", o empregador apenas possa "invocar factos e fundamentos constantes da decisão de despedimento comunicada ao trabalhador".

resolução[59]. Mas não impede o trabalhador de, atendo-se aos factos nesta sucintamente indicados[60], os detalhar, completar ou concretizar, de modo a evidenciar a premência deles resultante na cessação da relação laboral. O ponto foi desenvolvido na nossa jurisprudência, a qual, em termos que no essencial subscrevemos, julgou não estar o trabalhador "impedido de alegar e provar a ocorrência de factos circunstanciais que, tendo conexão com os fundamentos sucintamente invocados na carta, se mostrem pertinentes para o tribunal avaliar da gravidade destes e da sua natureza inviabilizadora da manutenção da relação laboral"[61]: é que bastando-se a lei, na comunicação de resolução, com "uma breve ou curta indicação" da "ocorrência da vida real" cujo conteúdo seja "facilmente apreensível pelo destinatário", será "depois, na ação" que cabe "operar a devida concretização de quanto se invocou"[62].

10. Fundando-se a invocada ilicitude da resolução do contrato de trabalho na preterição das imposições procedimentais legalmente estabelecidas, ao trabalhador é dada, pelo n.º 4 do artigo 398.º do CT, uma – e só uma[63] – oportunidade de "corrigir o vício até ao termo do prazo para contestar"[64].

Esta faculdade que ao trabalhador se concede de regularizar a sua declaração extintiva e de, por tal modo, evitar *in extremis* uma decisão judicial

[59] Neste sentido, sublinhando que "o trabalhador não pode vir invocar, na acão judicial, fundamentos fácticos diferentes dos mencionados na carta de resolução, v. o Ac. RP de 15-10-2012 (Proc. n.º 1020/10, Maria José Costa Pinto), bem como o Ac. RP de 20-11-2017 (Proc. n.º 10948/14, Nelson Fernandes). Especialmente esclarecedor quanto a este ponto é o Ac. RE de 13-10-2016 (Proc. n.º 303/13, João Nunes), proferido num caso em que o trabalhador invocara na sua comunicação, como motivo da resolução, "um concreto fundamento": não pagamento da retribuição num dado mês. Ora, tendo o empregador feito prova desse pagamento, "forçosamente terá que se concluir pela inexistência de justa causa de resolução do contrato e, por consequência pela ilicitude da mesma" – ainda que a prova produzida em juízo aponte para outras "alegadas retribuições em dívida".

[60] V. *supra* o n.º 5.

[61] Ac. RP de 15-10-2012 (Proc. n.º 1020/10, Maria José Costa Pinto).

[62] Ac. RG de 18-2-2016 (Proc. n.º 1085/15, Manuela Fialho).

[63] Advertindo expressamente o n.º 4 do artigo 398.º do CT que a faculdade nele prevista só pode ser utilizada "uma vez".

[64] Sobre a génese desta norma, no articulado de 2003 do CT, onde surgia como simétrica da possibilidade que era então concedida ao empregador pelo respetivo artigo 436.º, n.º 2, de reabrir o procedimento disciplinar, com vista a corrigir vícios causadores da sua invalidade, na qual se basearia a impugnação judicial do despedimento efetuado, e que foi eliminada em 2009, v. Pedro Romano Martinez, *Direito do Trabalho*, 8.ª edição, 2017, pág. 1064 e Maria do Rosário Palma Ramalho, *Tratado de Direito do Trabalho*, Parte II, 5.ª ed., 2014, pp. 1101-1102.

condenatória, visa apenas as causas de ilicitude decorrentes da inobservância dos requisitos enumerados no artigo 395.º, n.º 1, do CT[65].

E pressupõe, naturalmente, que o "vício" de que padece a comunicação da resolução pelo trabalhador seja sanável – pelo que se aplica à sua não redução a escrito, mas não já ao esgotamento do prazo a que está sujeita[66]. Caso o "vício" respeite à "indicação sucinta dos factos" que justificam a imediata cessação do contrato pelo trabalhador, haverá que ter presente o n.º 3 do artigo 398.º do CT, que impede o trabalhador de, em juízo, modificar o essencial do suporte factual da resolução levada a cabo[67], e que não pode, evidentemente, ser por esta via esvaziado de sentido. Daí que se mostre necessário distinguir consoante o "vício" consista na ausência de indicação de factos[68], hipótese em que será insanável[69], ou resida na sua mera incompletude, caso em que se mostra possível a sua correção, dentro dos limites traçados pelo artigo 398.º, n.º 2, do CT[70]. Significa isto que ao trabalhador se consente que desenvolva, esclareça ou concretize os factos inicialmente contidos na comunicação de resolução, sendo-lhe, em qualquer hipótese, vedado, a pretexto de tal correção, dar diversa fisionomia ou caracterização aos factos invocados, bem como invocar novos factos suscetíveis de legitimar a sua imediata desvinculação[71].

Constituindo mais um meio de que pode o trabalhador lançar mão para se defender da impugnação pelo empregador da resolução do contrato de

---

[65] Sendo certo que a regularização dos vícios de ordem procedimental permitida pelo n.º 4 do artigo 398.º do CT assegura a licitude da resolução também no plano substantivo, já que da observância dos requisitos enunciados no n.º 1 do artigo 395.º do CT depende a atendibilidade dos factos invocados para justificar a imediata cessação do contrato de trabalho: v. *supra* o n.º 5.

[66] Trata-se de um ponto pacífico nas nossas doutrina e jurisprudência. V., por todos, com indicações de uma e de outra, Joana Vasconcelos Anotação IV ao artigo 398.º *in* Pedro Romano Martinez / Luís Miguel Monteiro / Joana Vasconcelos / Pedro Madeira de Brito / Guilherme Dray / Luís Gonçalves da Silva, *Código do Trabalho Anotado*, 2017 cit.

[67] V. *supra* o n.º 9.

[68] Por a declaração extintiva do trabalhador não conter senão considerações genéricas, imputações não concretizadas, juízos conclusivos e/ou alusões a preceitos legais pretensamente aplicáveis ao caso: o ponto foi versado *supra* no n.º 5, para onde se remete.

[69] Afirmou-o expressamente o Ac. RP de 26-3-2012 (Proc. n.º 1282/10, Paula Leal de Carvalho): "esta faculdade não visa suprir a omissão da factualidade justificativa da resolução e que deve constar da comunicação".

[70] Neste sentido, José Eusébio Almeida, "O processo do trabalho e o Código do Trabalho" *in Prontuário de Direito do Trabalho*, 2005 cit., pág. 142, e na sua esteira, o Ac. RP de 26-3-2012 (Proc. n.º 1282/10, Paula Leal de Carvalho), para os quais a faculdade prevista no artigo 398.º, n.º 4, do CT visa somente "a possibilidade de "uma melhor caracterização" dos factos "já anteriormente invocados e por escrito".

[71] V. *supra* o n.º 9.

trabalho por si operada[72], esta prerrogativa deve ser exercida até ao final do prazo de que aquele dispõe para apresentar a contestação[73]. É o que estabelece o n.º 4 do artigo 398.º do CT que, em linha com os seus n.ºs 1 e 2, e tal como já aqui se assinalou[74], se reporta unicamente à hipótese de essa impugnação se fazer em ação para tanto intentada pelo empregador, sem considerar a possibilidade, paralela, de a mesma se fazer por via reconvencional na ação proposta pelo trabalhador para efetivar direitos baseados na resolução do contrato de trabalho que os vinculava.

Daí que, contra o que foi já entre nós sustentado, com base numa leitura muito presa à sua letra[75], se nos afigure que de modo algum o n.º 4 do artigo 398.º do CT limita a aplicabilidade da prerrogativa que concede ao trabalhador à situação nele contemplada. Aliás, nem se vislumbra por que haveria de o fazer. É que visando tal solução assegurar a prevalência da substância sobre a forma[76] sempre que seja questionada a licitude da resolução do contrato de trabalho, e podendo tal suceder por duas vias, sendo numa e noutra rigorosamente iguais as pretensões deduzidas pelo empregador e os termos e limites a observar pelo trabalhador na reação a estas, carece de qualquer sentido fazer depender a sua concessão a este do sentido da opção processual por aquele tomada[77].

O preceito em causa, não é demais insistir, atribui ao trabalhador um meio simples e eficaz de obstar a que a sua declaração extintiva seja julgada ilícita por motivos meramente procedimentais, invocados estes em juízo

---

[72] Que, quando aplicável, se soma aos demais à sua disposição: v. *supra* os n.ºs 2 e 8.

[73] V. *supra* o n.º 8.

[74] V. *supra* os n.ºs 3 e 4.

[75] V., neste sentido, perante o articulado de 2003 do CT, José Eusébio Almeida, "A cessação do contrato de trabalho por iniciativa do trabalhador – notas e dúvidas ao novo regime", 2004 cit., pág. 569 e Albino Mendes Baptista, "Notas sobre a cessação do contrato de trabalho por iniciativa do trabalhador no novo Código do Trabalho", 2004 cit., pág. 544; no mesmo sentido, referindo-se já ao texto de 2009 do CT, v. o Ac. RP de 26-3-2012 (Proc. n.º 1282/10, Paula Leal de Carvalho)

[76] Albino Mendes Baptista, "Notas sobre a cessação do contrato de trabalho por iniciativa do trabalhador no novo Código do Trabalho", 2004 cit., pág. 544.

[77] O "absurdo" desta pretensa disparidade de tratamento deferido ao trabalhador visado pela impugnação da resolução é, aliás, evidenciado, em tom muito crítico, por Albino Mendes Baptista ("Notas sobre a cessação do contrato de trabalho por iniciativa do trabalhador no novo Código do Trabalho", 2004 cit., pág. 544), que após notar que "se a iniciativa judicial parte do empregador, o trabalhador pode corrigir o vício procedimental, mas se é o trabalhador que assume essa iniciativa, já o empregador pode invocar a ilicitude do procedimento sem que o trabalhador tenha a oportunidade de corrigir o vício", adverte para um possível cenário em que os empregadores "poderão não ter interesse em impugnar a resolução para não darem um pretexto aos trabalhadores para corrigir o vício procedimental, preferindo guardar esse trunfo para uma hipotética ação judicial do trabalhador".

pelo empregador. Após o que baliza temporalmente o seu exercício, nos termos já referidos – os quais, longe de confinarem a aplicação de tal faculdade à impugnação deduzida em ação proposta pelo empregador contra o trabalhador, exprimem, bem ao invés, um critério transponível para o outro cenário em que pode tal impugnação ocorrer, e por força do qual a correção pelo trabalhador de vícios procedimentais pelo trabalhador pode fazer-se até ao fim do prazo dentro do qual pode este reagir àquela, *i.e.*, o da resposta à contestação[78].

11. Demonstrada que está a genérica aplicabilidade da prerrogativa conferida ao trabalhador pelo n.º 4 do artigo 398.º do CT como meio de defesa contra a impugnação da resolução baseada em causas procedimentais, é tempo de indagar das suas repercussões na tramitação do processo em que aquele dela decida valer-se.

O ponto é especificamente versado no artigo 60.º do CPT, cujo n.º 2 – em assumida articulação com o artigo 398.º, n.º 4, do CT e reportando-se à situação nele prevista, de impugnação da resolução do contrato de trabalho mediante ação intentada pelo empregador contra o trabalhador[79] –, prescreve ser sempre possível a resposta à contestação quando o trabalhador tenha procedido à correção de vícios de natureza procedimental dentro do prazo nele fixado.

Ditada por um evidente propósito de permitir ao empregador pronunciar-se sobre a versão corrigida da comunicação da resolução, esta solução representa mais uma especialidade da disciplina adjetiva da sua impugnação[80]. E comporta duas vertentes: a expressa derrogação do limiar fixado no artigo 60.º, n.º 1, do CPT, sendo o articulado que a contenha[81] admitido

[78] V. *supra* o n.º 8.

[79] V. *supra* os n.ºs 4 e 10.

[80] V. *supra* o n.º 2.

[81] Articulado esse que se segue, nos termos gerais, à apresentação pelo trabalhador da versão corrigida da sua comunicação de resolução e da sua contestação, nada nas normas aplicáveis permitindo sustentar, quer a sua apresentação em momentos temporalmente distintos, quer a necessidade de suspensão da ação "para que o trabalhador corrija os vícios procedimentais". Tais hipóteses são avançadas por Pedro Furtado Martins, *Cessação do Contrato de Trabalho*, 2017 cit., pp. 578-579, que considera a segunda como "o caminho mais adequado", a que "se seguirá a concessão de novo prazo para que o empregador reformule a petição inicial em função dos factos que o trabalhador alegar na comunicação e só depois terá lugar a contestação do trabalhador", numa proposta cuja sustentação e conformidade com o quadro normativo aplicável são muito questionáveis. Em sentido diverso, e em termos que, no essencial, subscrevemos, José Eusébio Almeida, "O processo do trabalho e o Código do Trabalho" *in Prontuário de Direito do Trabalho*, 2005 cit., pág. 143 afirma que "sem embargo da natural e posterior apreciação da correção propriamente dita, em termos processuais a ação não tem de parar e nada tem de aguardar".

"independentemente do valor da causa"[82] e a fixação de um prazo para a sua apresentação, decalcado no que até à recente revisão do CPT era previsto para a resposta à defesa por exceção. Tratando-se de impugnação deduzida mediante reconvenção, e tendo o trabalhador procedido à sua regularização no prazo para apresentar a resposta à mesma, o empregador terá, de igual modo, oportunidade de se pronunciar sobre a versão reformulada da comunicação de resolução. Simplesmente, e por ser aquele o "último articulado admissível", a que se refere o n.º 5 do artigo 60.º do CPT, em linha com o artigo 3.º, n.º 4, do CPC, tal sucederá na audiência prévia, caso esta se realize[83], ou no início da audiência final.

12. Porque as especialidades do regime adjetivo da impugnação da resolução do contrato de trabalho se cingem à fase dos articulados, finda esta o processo prossegue, segundo o estabelecido nos artigos 51.º segs. do CPT, até à sentença[84].

Esta será favorável ao empregador caso o tribunal julgue verificado, no caso, vício procedimental insanável ou não devidamente corrigido pelo trabalhador que obste à apreciação judicial da motivação por este apresentada na comunicação da resolução[85]. O mesmo sucederá caso o mesmo tribunal conclua pela inexistência de justa causa, por não ter sido provada a ocorrência da situação fáctica que a configuraria ou a sua repercussão na relação laboral, geradora da inexigibilidade da respetiva manutenção pelo trabalhador.

Num e noutro caso, a resolução será declarada ilícita e o trabalhador condenado a indemnizar o empregador segundo o peticionado: apenas pelo montante mínimo legalmente fixado ou, sendo o caso e tendo este logrado provar os respetivos pressupostos, com destaque para os danos causados pela resolução e o nexo de causalidade, no correspondente montante.

13. A terminar, impõe-se, em tempo de reforma do nosso direito adjetivo laboral, uma referência ao que em sede de impugnação da resolução do

[82] Dirigida a viabilizar a resposta do empregador à correção de vícios procedimentais pelo trabalhador a derrogação operada na parte inicial do n.º 2 do artigo 60.º do CPT aplica-se unicamente a esta – e não às exceções que o trabalhador haja deduzido na sua contestação contra o peticionado pelo empregador, as quais seguem o regime geral doravante contido no artigo 60.º, n.º 5 do CPT.

[83] O ponto foi versado *supra* na n.º 3.

[84] V. *supra* o n.º 2.

[85] V. *supra* os n.ºs 5 e 10.

contrato de trabalho resultou da recente revisão do CPT[86] – referência necessariamente breve, porquanto este deixa, no essencial, intocada a especialidade de regime face ao processo declarativo comum contida no n.º 2 do artigo 60.º do CPT.

São duas as principais alterações a assinalar nas matérias versadas por este preceito, e ambas concretizam o propósito de adequação do modelo do CPT ao adotado em 2013 no CPC. Não é outro, com efeito, o sentido, quer da eliminação da possibilidade, até agora prevista no n.º 1 do artigo 60.º do CPT, de o autor reagir às exceções deduzidas pelo réu na contestação no seu articulado de resposta a esta, quer da inclusão de um novo n.º 5 que, em linha com o artigo 3.º, n.º 4, do CPC, remete para a audiência prévia, quando esta se realize, ou para a audiência final, a resposta de qualquer parte às exceções deduzidas no "último articulado admissível".

Ora, tendo o n.º 2 do artigo 60.º do CPT optado por disciplinar especificamente, traçando-lhe regras próprias[87], a resposta que ao empregador se consente sempre que o trabalhador lance mão, no prazo para contestar, da faculdade prevista no artigo 398.º, n.º 4, do CT, a nova orientação adotada quanto ao momento processual para responder a exceções não tem quaisquer reflexos naquela e no respetivo regime.

O que antecede não resulta infirmado pelo facto de o novo n.º 5 do artigo 60.º do CPT responder agora expressamente à questão *supra* versada do momento em que pode o empregador pronunciar-se sobre a versão reformulada da comunicação de resolução quando, tendo esta sido por si impugnada na reconvenção, o trabalhador haja procedido à respetiva regularização no prazo para resposta à mesma. É que, obtendo-se já tal resultado mediante a conjugação dos artigos 1.º, n.º 2, al. a) do CPT e 3.º, n.º 4, do CPC, mostra-se mais formal que substancial o impacto quanto a este ponto desta modificação.

---

[86] Lei n.º 107/2019, de 9-9, que alterou o CPT, adequando-o ao CPC.

[87] V. *supra* o n.º 11.

OS CRÉDITOS LABORAIS E OS GRUPOS TRANSFRONTEIRIÇOS DE SOCIEDADES[1]

Alexandre de Soveral Martins
Professor da Faculdade de Direito da Universidade de Coimbra
Investigador do Instituto Jurídico da Faculdade de Direito da Universidade de Coimbra

SUMÁRIO: *1. Introdução. Os grupos no Código do Trabalho (CT). 2. O Regulamento (UE) 2015/848 sobre insolvências transfronteiriças e os créditos dos trabalhadores. 3. Os processos principais e os processos secundários. 4. A reclamação de créditos no Regulamento. 5. O art 334.º do CT e as insolvências transfronteiriças. 5.1. O art. 334.º do CT e a aplicabilidade do regime das sociedades coligadas. 5.2. A filha tem como lei pessoal a portuguesa, a mãe tem sede principal e efetiva e o centro dos interesses principais em Espanha. 6. Os direitos reais de credores: em especial, os direitos reais de garantia dos créditos dos trabalhadores. 7. Créditos dos trabalhadores de sociedade que é membro de grupo: no Regulamento não há consolidação . 8. O trabalhador e o processo de coordenação de grupo. 9. Em jeito de conclusão…*

Palavras-chave: *Créditos laborais; Grupos de sociedades; Insolvência; Insolvência transfronteiriça; Processo principal de insolvência; Processo secundário de insolvência; Sociedades coligadas.*

1. INTRODUÇÃO. OS GRUPOS NO CÓDIGO DO TRABALHO (CT)

Se é verdade que a atividade económica é frequentemente desenvolvida por entes coletivos e, sobretudo, por sociedades, também é um facto que tais sociedades surgem, muitas vezes, como membros de um grupo transfronteiriço.

Os grupos de sociedades foram objeto de alguma atenção no CT. Lembre-se o art. 101.º[2] para casos de pluralidade de empregadores. Lembre-se

[1] Este é o texto que serviu de base a uma conferência proferida pelo autor no dia 22 de fevereiro de 2019 no Tribunal de Comarca de Braga. A conferência foi proferida no âmbito de um Seminário sobre «Insolvência e Créditos Laborais», integrado na formação contínua do Centro de Estudos Judiciários. Agradecemos à Senhora Dra. Cristina Martins da Cruz, Distinta Magistrada, o convite que para o efeito nos dirigiu.

[2] Sob a epígrafe «Pluralidade de empregadores», trata da prestação de trabalho a «vários empregadores entre os quais exista uma relação societária de participações recíprocas, de domínio ou de grupo, ou que tenham estruturas organizativas comuns».

também o art. 106.º, 3, a), quanto ao dever de informação[3]. Ou o art. 143.º quanto à sucessão de contrato de trabalho a termo[4]. Ou o artigo 148.º a propósito da duração de contrato de trabalho a termo[5]. Por sua vez, o artigo 289.º ocupa-se da cedência ocasional de trabalhador «entre sociedades coligadas, em relação societária de participações recíprocas, de domínio ou de grupo, ou entre empregadores que tenham estruturas organizativas comuns». E o artigo 415.º dedica um número às comissões coordenadoras de trabalhadores para articulação de atividades das comissões de trabalhadores constituídas nas empresas em relação de domínio ou de grupo, bem como para o exercício de outros direitos previstos na lei e no CT.

No artigo 510.º (Admissibilidade da arbitragem necessária), surge referida a possibilidade de, no caso de caducidade de convenção coletiva, ser aplicada outra convenção aplicável a pelo menos 50 % dos trabalhadores da mesma empresa, grupo de empresas ou sector de actividade. E no art. 511.º isso é relevante para se recorrer ou não à arbitragem necessária.

Mais importantes para o que nos interessa agora são os preceitos que tratam de temas relativos à responsabilidade.

Assim, vemos os grupos a surgirem referidos no artigo 174.º (Casos especiais de responsabilidade da empresa de trabalho temporário ou do utilizador), que responsabiliza, subsidiariamente, «pelos créditos do trabalhador e pelos encargos sociais correspondentes, assim como pelo pagamento das respetivas coimas», «as sociedades que com a empresa de trabalho temporário ou com o utilizador se encontrem em relação de participações recíprocas, de domínio ou de grupo».

Outro preceito que não podemos deixar de mencionar é o artigo 551.º (Sujeito responsável por contraordenação laboral). Do seu n.º 4 resulta que,

---

[3] Obrigando o empregador a informar o trabalhador sobre «a existência de uma relação de coligação societária, de participações recíprocas, de domínio ou de grupo, bem como a sede ou domicílio».

[4] Impedindo, no caso de «cessação de contrato de trabalho a termo, por motivo não imputável ao trabalhador», uma «nova admissão ou afectação de trabalhador através de contrato de trabalho a termo ou de trabalho temporário cuja execução se concretize no mesmo posto de trabalho, ou ainda de contrato de prestação de serviços para o mesmo objecto, celebrado com o mesmo empregador ou sociedade que com este se encontre em relação de domínio ou de grupo, ou mantenha estruturas organizativas comuns, antes de decorrido um período de tempo equivalente a um terço da duração do contrato, incluindo renovações».

[5] «É incluída no cômputo do limite referido na alínea c) do n.º 1 a duração de contratos de trabalho a termo ou de trabalho temporário cuja execução se concretiza no mesmo posto de trabalho, bem como de contrato de prestação de serviço para o mesmo objecto, entre o trabalhador e o mesmo empregador ou sociedades que com este se encontrem em relação de domínio ou de grupo ou mantenham estruturas organizativas comuns».

em matéria de contraordenações laborais, «as sociedades que com o contratante, dono da obra, empresa ou exploração agrícola se encontrem em relação de participações recíprocas, de domínio ou de grupo, são solidariamente responsáveis pelo cumprimento das disposições legais e por eventuais violações cometidas pelo subcontratante que executa todo ou parte do contrato nas instalações daquele ou sob responsabilidade do mesmo, assim como pelo pagamento das respetivas coimas».

Para o fim deixamos o artigo 334.º. Este ocupa-se da «Responsabilidade solidária de sociedade em relação de participações recíprocas, de domínio ou de grupo», dispondo que «Por crédito emergente de contrato de trabalho, ou da sua violação ou cessação, vencido há mais de três meses, respondem solidariamente o empregador e sociedade que com este se encontre em relação de participações recíprocas, de domínio ou de grupo, nos termos previstos nos artigos 481.º e seguintes do Código das Sociedades Comerciais».

Este último preceito (o art. 481.º do CSC) é de grande importância quando, eventualmente, a sociedade que tenha a lei portuguesa como lei pessoal é declarada insolvente e integra um grupo de sociedades. A importância é menor quando estamos a falar de sociedades estrangeiras. Com efeito, é ali dito que o título em causa (o das sociedades coligadas) só é aplicável, em regra, se as sociedades têm sede em Portugal[6]. A norma obriga a cautelas adicionais quando falamos de sociedades que possam invocar a liberdade de estabelecimento que resulta do TFUE.

Tratando-se de crédito laboral, o trabalhador enfrentará dificuldades em ver reconhecidos os direitos previstos no art. 334.º do CT em relação a essas outras sociedades do grupo que não têm sede em Portugal. Note-se que há dois planos a distinguir: de um lado, a referida questão de saber se a responsabilidade das outras sociedades do grupo que não têm sede em Portugal será apurada nos termos do art. 334.º do CT; do outro, a questão relativa à aplicação do art. 334.º ao contrato de trabalho celebrado com determinada sociedade.

Antes de aprofundarmos a análise do tema, é importante conhecer alguns aspetos do regime contido no Regulamento 2015/848, que se ocupa de insolvências transfronteiriças. E isto porque há que comparar duas noções: a de sede principal e efetiva da administração, a que se recorre no art. 3.º, 1, do CSC e que parece ser relevante para o art. 281.º do CSC, e a de centro dos

---

[6] Cfr., sobre isto, Rui Pereira Dias, «Artigo 481.º», in J. M. Coutinho de Abreu (coord.), *Código das Sociedades Comerciais em comentário*, VII, Almedina, Coimbra, 2014, p. 15-42, a p. 37 s..

interesses principais do devedor, usada no art. 3.º do Regulamento. Note-se, porém, que apenas estamos a pensar em créditos que surgiram antes da abertura do processo de insolvência.

2. O REGULAMENTO (UE) 2015/848 SOBRE INSOLVÊNCIAS TRANSFRONTEIRIÇAS E OS CRÉDITOS DOS TRABALHADORES

O Regulamento UE 2015/848, de 20 de maio de 2015, é relativo aos processos de insolvência transfronteiriços. Nele vemos algumas normas dedicadas à insolvência de sociedades que integram grupos. Mas os trabalhadores e os seus créditos não merecem ali muita atenção. Bem pelo contrário.

O legislador europeu teve, aliás, consciência disso mesmo. Tanto mais que no Considerando (22) expressamente admite que na próxima revisão do Regulamento «será necessário identificar novas medidas a fim de melhorar os privilégios creditórios dos trabalhadores a nível europeu».

Depois, o art. 13.º do Regulamento ocupa-se dos efeitos do processo de insolvência no contrato de trabalho e na relação laboral. Porém, o Regulamento não esclarece quais são esses efeitos. Limita-se a mandar aplicar a lei do Estado-Membro que é aplicável ao contrato de trabalho.

Na União Europeia, a lei aplicável ao contrato de trabalho será determinada por recurso ao Regulamento Roma I e, em particular, através do disposto no art. 8.º, em que é visível a vontade de proteger o trabalhador contra a tentativa de fraude[7].

3. OS PROCESSOS PRINCIPAIS E OS PROCESSOS SECUNDÁRIOS

Para se compreender o regime que vamos encontrar no Regulamento, devemos ter presente a distinção entre processos principais de insolvência e processos territoriais de insolvência. De forma sucinta, podemos dizer que os processos principais devem correr no Estado-Membro em que se situa

[7] «Artigo 8.º Contratos individuais de trabalho 1. O contrato individual de trabalho é regulado pela lei escolhida pelas partes nos termos do artigo 3.º. Esta escolha da lei não pode, porém, ter como consequência privar o trabalhador da proteção que lhe proporcionam as disposições não derrogáveis por acordo, ao abrigo da lei que, na falta de escolha, seria aplicável nos termos dos n.ºs 2, 3 e 4 do presente artigo. 2. Se a lei aplicável ao contrato individual de trabalho não tiver sido escolhida pelas partes, o contrato é regulado pela lei do país em que o trabalhador presta habitualmente o seu trabalho em execução do contrato ou, na sua falta, a partir do qual o trabalhador presta habitualmente o seu trabalho em execução do contrato. Não se considera que o país onde o trabalhador presta habitualmente o seu trabalho mude quando o trabalhador estiver temporariamente empregado noutro país. 3. Se não for possível determinar a lei aplicável nos termos do n.º 2, o contrato é regulado pela lei do país onde se situa o estabelecimento que contratou o trabalhador. 4. Se resultar do conjunto das circunstâncias que o contrato apresenta uma conexão mais estreita com um país diferente do indicado nos n.ºs 2 ou 3, é aplicável a lei desse outro país».

o centro dos interesses principais do devedor. Os processos territoriais de insolvência devem correr no Estado-Membro em que se situa um estabelecimento do devedor.

Os processos territoriais só produzem efeitos quanto aos bens do devedor que se encontrem no território do Estado-Membro em que são abertos. Se o processo territorial é aberto depois de ser aberto um processo principal, o processo territorial é chamado processo secundário. Os processos principais de insolvência abrangem tendencialmente todos os bens do devedor onde quer que se encontrem.

Em regra, o processo territorial só pode ser aberto depois de aberto um processo principal. No entanto, há casos em que o processo territorial pode ser aberto antes da abertura de um processo principal. É o que sucede se um credor que requer a abertura do processo territorial da insolvência o faz com fundamento em crédito que decorre da exploração, ou esteja relacionado com a exploração, de um estabelecimento situado no território do estado Membro onde é requerida essa abertura. Pode perfeitamente tratar-se de um trabalhador de um estabelecimento aberto em Portugal por uma sociedade que tem o centro dos interesses principais em Vigo.

A abertura de um processo territorial de insolvência vai limitar bastante os poderes do administrador da insolvência no processo principal. Com a abertura do processo territorial, o administrador da insolvência no processo principal deixa de poder transferir os bens do devedor do território do Estado-Membro em que é aberto o processo territorial. Por isso, os trabalhadores poderão ter interesse em conseguir a abertura desse processo territorial.

Contudo, o Regulamento prevê a possibilidade de o administrador da insolvência no processo principal dar uma garantia para evitar a abertura de um processo secundário de insolvência, que também será territorial. O administrador da insolvência no processo principal terá, assim, de garantir que ao distribuir os bens ou receitas provenientes da sua liquidação, respeitará os direitos de distribuição e os privilégios creditórios consignados na lei nacional que assistiriam aos credores se o processo secundário de insolvência ali fosse aberto. Essa garantia terá de ser aprovada pelos credores, e aí os trabalhadores também terão uma palavra a dizer.

Do Regulamento retira-se alguma primazia do processo principal de insolvência sobre os processos secundários. Daí que possa surgir uma «luta pela qualificação» do processo como processo principal e pelo reconhecimento da decisão de abertura do processo principal noutros Estados-Membros. Tanto mais que a decisão de abertura de um processo principal num

Estado-Membro deve ser reconhecida, em regra, nos outros Estados-Membros. E, assim sendo, nesses outros Estados-Membros só podem ser abertos processos secundários.

Se, por exemplo, é requerida a abertura de um processo principal de insolvência num Estado-Membro e isso mesmo é rapidamente comunicado a outro Estado-Membro, pode suceder que se tente a abertura de outro processo principal neste segundo Estado. E isso poderá dar lugar a uma discussão: a de saber quando teve lugar a primeira abertura de processo principal de insolvência. Porque para o Regulamento o que conta não é o momento em que a petição dá entrada em Tribunal.

4. A RECLAMAÇÃO DE CRÉDITOS NO REGULAMENTO

O trabalhador, como qualquer credor, pode reclamar o seu crédito no processo principal de insolvência e em qualquer processo secundário. Como os processos estarão a correr em diferentes Estados-Membros, o Regulamento contém algumas normas que visam facilitar a vida aos pequenos credores, nos quais se incluem, geralmente, os trabalhadores.

Assim, vemos que o art. 53.° permite que os credores estrangeiros reclamem os créditos no processo de insolvência por qualquer meio de comunicação admitido pela lei do Estado de abertura do processo. E não é obrigatória a representação por advogado para efeitos da reclamação. O trabalhador português pode, sem recorrer a advogado, apresentar reclamação de créditos em processo principal ou secundário que corra termos em qualquer Estado-Membro. A reclamação pode ser feita através de um formulário-tipo, que foi aprovado pelo Regulamento de Execução (UE) 2017/1105. Pode ser feita a reclamação em português, mas pode depois vir a ser exigida tradução para a língua do Estado-Membro da abertura.

5. O ART 334.° DO CT E AS INSOLVÊNCIAS TRANSFRONTEIRIÇAS

5.1. O art. 334.° do CT e a aplicabilidade do regime das sociedades coligadas

Olhemos outra vez para o artigo 334.° («Responsabilidade solidária de sociedade em relação de participações recíprocas, de domínio ou de grupo»). Vimos que «Por crédito emergente de contrato de trabalho, ou da sua violação ou cessação, vencido há mais de três meses, respondem solidariamente o empregador e sociedade que com este se encontre em relação de participações recíprocas, de domínio ou de grupo, nos termos previstos nos artigos 481.° e seguintes do Código das Sociedades Comerciais».

Se as sociedades em relação de grupo respondem solidariamente pelos créditos referidos, pode tornar-se necessário reclamar esses créditos nos processos de insolvência dessas outras sociedades do grupo.

A remissão que no art. 334.º do CT é feita para o art. 481.º do CSC é muito importante. Desse preceito resulta que o regime das sociedades coligadas e, portanto, também o regime dos grupos, apenas se aplica, em regra, a sociedades com sede em Portugal. Esta sede parece ser a da sede efetiva do art. 3.º, 1: a sede principal e efetiva da administração.

Se as sociedades têm a sede principal e efetiva da administração em Portugal, poderão ser consideradas em relação de grupo nos termos do CSC. E se têm a sede principal e efetiva da administração em Portugal, a sua lei pessoal, de acordo com o art. 3.º CSC, é a portuguesa. Logo, é pela lei portuguesa que se determina a responsabilidade perante terceiros, nos termos do art. 33.º do CCiv. E a lei portuguesa inclui o art. 334.º do CT.

Se, porém, entra em jogo o direito de estabelecimento do Tratado sobre o Funcionamento da EU, pode discutir-se se a lei pessoal não deve ser determinada pela lei do Estado-Membro da constituição. Para não complicar o discurso, vamos supor, ao longo do texto, que a lei do Estado-Membro da constituição escolhe a lei portuguesa como lei pessoal.

Outro problema reside na aparente falta de coincidência total entre as noções de sede principal e efetiva da administração e de centro dos interesses principais do devedor[8]. Parece, ainda assim, que serão residuais os casos em que é aberto um processo principal de insolvência em Portugal relativamente a uma sociedade que tem cá o centro dos interesses principais, mas que, afinal, não tem cá a sede principal e efetiva da administração.

5.2. A filha tem como lei pessoal a portuguesa, a mãe tem sede principal e efetiva e o centro dos interesses principais noutro EM

Vamos supor que temos a sociedade A declarada insolvente em Portugal. Essa sociedade A tem como lei pessoal a portuguesa. Vamos também supor que a sociedade B detém a 100% o capital da sociedade A. A sociedade B tem, porém, a sede principal e efetiva noutro Estado-Membro, mas tem um estabelecimento em Portugal.

---

[8] Para uma análise do conceito de sede principal e efetiva da administração, RUI PEREIRA DIAS, «Artigo 3.º», in J. M. COUTINHO DE ABREU (coord.), *Código das Sociedades Comerciais em comentário*, I, 2.ª ed., Almedina, Coimbra, 2017, p. 75-91, a p. 79 e s..

Se a sociedade B também tem o centro dos interesses principais noutro Estado-Membro, é aí que será aberto o processo principal em relação a ela. Como a sociedade B tem noutro Estado-Membro a sua sede principal e efetiva da administração, é preciso ver se nesse outro Estado se considera aplicável o art. 334.º do nosso CT. O mesmo vale para Portugal. É que o art. 334.º do CT, voltemos a lembrar, pressupõe que o regime português dos grupos previsto no CSC é aplicável. Mas também vimos que o art. 481.º do CSC estabelece que o regime das sociedades coligadas e, portanto, também o regime dos grupos, apenas se aplica, em regra, a sociedades com sede efetiva em Portugal. Com a sede principal e efetiva da administração em Portugal. Mas se estamos a falar de sociedades que podem invocar a liberdade de estabelecimento, parece que as coisas mudam de figura.

Se for aberto em Portugal um processo secundário de insolvência contra a sociedade B, os trabalhadores em Portugal de outra sociedade do grupo terão dificuldades em sustentar que o art. 334.º do CT é aplicável ao caso para permitir reclamar créditos naquele processo secundário. Isto porque aquela sociedade-mãe do grupo terá o centro dos interesses principais fora de Portugal e também aí tem a sede principal e efetiva da administração. E a lei pessoal, já o vimos, determina a responsabilidade perante terceiros, nos termos do art. 33.º do CCiv.

Mas, se essa sociedade B tiver a sede estatutária em Portugal, não pode opor cá a terceiros a sujeição a lei diferente da portuguesa. No entanto, se no Estado-Membro em que corre o processo principal contra a outra sociedade do grupo isso não for reconhecido, haverá lugar a grandes discussões jurídicas tendo em conta o que corre no processo secundário e o que acontece no processo principal.

6. OS DIREITOS REAIS DE CREDORES: EM ESPECIAL, OS DIREITOS REAIS DE GARANTIA DOS CRÉDITOS DOS TRABALHADORES

Outro aspeto muito importante que tem algum tratamento no Regulamento é o que diz respeito aos direitos reais de credores sobre bens corpóreos ou incorpóreos, móveis ou imóveis, e quer sejam bens específicos, quer sejam conjuntos de bens indeterminados considerados como um todo, cuja composição pode sofrer alterações ao longo do tempo, e que se encontrem no território de outro Estado-Membro no momento da abertura do processo. De acordo com o art. 8.º, 1, do Regulamento, a abertura do processo de insolvência não afeta os direitos reais de credores ou de terceiros sobre aqueles bens.

Isto quer dizer que, se for aberto um processo principal em Espanha contra o empregador, os privilégios creditórios especiais de que beneficie o crédito do trabalhador relativamente a bens em Portugal não serão afetados se a lei portuguesa for aplicável ao contrato de trabalho.

Há quem, no estrangeiro, afirme que a questão de saber se os créditos dos trabalhadores estão garantidos por um privilégio deve ser resolvida pela *lex concursus*: pela lei do Estado-Membro da abertura do processo de insolvência[9]. Pensamos, porém, que estão a pensar em privilégios que não são direitos reais de garantia.

A questão de saber se um direito é ou não real deve ser resolvida pelos direitos nacionais aplicáveis. É o que resulta do Ac. do TJUE no processo *SCI Senior Home*, de 26 de outubro de 2016, Proc. C-195/15, que também estabelece limites.

No entanto, é a lei do Estado-Membro em que é aberto o processo que determina a graduação dos créditos. Ou seja: de um lado temos a questão de saber se o crédito tem garantia e o problema das consequências da abertura do processo de insolvência quanto a essa garantia; do outro, o problema da graduação do crédito.

Qual é a lei que determina se os créditos do trabalhador beneficiam ou não de privilégio creditório, especial ou geral? Será, a nosso ver, a lei aplicável ao contrato. Na União Europeia, vimos que a lei aplicável ao contrato de trabalho será determinada por recurso ao Regulamento Roma I.

Como a lei aplicável à graduação do crédito é a lei do Estado-Membro de abertura do processo de insolvência, logo se vê a importância de se abrir em Portugal um processo secundário para os trabalhadores cujos contratos de trabalho estão sujeitos à lei portuguesa. Ainda para mais havendo quem entenda que a lei do Estado-Membro da abertura também regula a questão de saber se os créditos dos trabalhadores têm privilégio.

Além disso, também se pode discutir se cabe à lei do Estado-Membro da abertura do concurso determinar os poderes do administrador da insolvência. E isto é importante para sabermos quem pode fazer cessar os contratos de trabalho. O art. 7.º, 2, c), do Regulamento atribui à lei do Estado de abertura do processo a determinação dos poderes do administrador da insolvência. Mas o art. 13.º, 1, já considera que os efeitos do processo de insolvência nos contratos de trabalho e na relação laboral são regulados pela lei do Estado-Membro aplicável ao contrato de trabalho.

---

[9] V. Gilles Cuniberti/Paola Nabet/Michael Raimon, *Droit européen de l'insolvabilité*, LGDG, Issy-les--Moulineus, 2017, p. 260.

O problema é sobretudo mais difícil quanto aos casos do art. 347.º, 2, do CT: antes do encerramento definitivo do estabelecimento, o administrador da insolvência pode fazer cessar o contrato de trabalho de trabalhador cuja colaboração não seja indispensável ao funcionamento da empresa. Este preceito aplica-se em processos abertos em Portugal ainda que a lei aplicável ao contrato de trabalho não seja a lei portuguesa? Pensamos que sim, pois não estamos a falar dos efeitos do processo de insolvência, e sim dos poderes do administrador da insolvência. Valeria o art. 7.º do Regulamento, e não o art. 13.º.

7. CRÉDITOS DOS TRABALHADORES DE SOCIEDADE QUE É MEMBRO DE GRUPO: NO REGULAMENTO NÃO HÁ CONSOLIDAÇÃO

No que diz respeito aos créditos dos trabalhadores em caso de insolvência de sociedades membros de grupos de sociedades, e embora nada de específico exista no Regulamento quanto àqueles créditos, vários aspetos devem ser destacados.

Primeiro, é necessário ter em atenção que a noção de grupo tem um sentido específico naquele texto europeu. O grupo não é identificado recorrendo apenas ao direito interno de um Estado-Membro. O Regulamento procura construir uma definição europeia de grupo para o efeito da aplicação do próprio Regulamento.

O art. 2.º, 13), do Regulamento 2015/848 esclarece que, para efeitos do mesmo, «grupo de sociedades» deve entender-se como «uma empresa-mãe e todas as suas empresas filiais»[10]. Algo de semelhante encontramos no art. 2.º, 1, a), do DL 158/2009, que aprovou o SNC. No entanto, a definição do art. 2.º, 13), do NR não quer dizer que este apenas se aplique quando todas as empresas filiais também estão abrangidas por processos de insolvência[11].

Por sua vez, o art. 2.º, 14), do Regulamento acrescenta que empresa-mãe é «uma empresa que controla, direta ou indiretamente, uma ou mais empresas filiais. Uma empresa que elabora demonstrações financeiras consolidadas nos termos da Diretiva 2013/34/EU do Parlamento Europeu e do Conselho é considerada uma empresa-mãe». Fundamental é, assim, que

[10] É de lamentar a flutuação terminológica: grupo de empresas e grupo de sociedades não são exatamente a mesma coisa. A redação em língua alemã é mais estável (*Unternehmensgruppe*, *Mutterunternehmen*, *Tochterunternehmen*).

[11] Christoph Thole, «VO (EG) 2015/848 Art. 2 Begriffsbestimmungen», in Hans-Peter Kirchhof/Horst Eidenmüller/Rolf Stürner (her), *Münchener Kommentar zur Insolvenzordnung*, 3. Aufl., Beck (Beck on-line), München, 2016, Rn. 19.

exista controlo, direto ou indireto. Isso significa que o grupo pode abranger sociedades filhas, netas, bisnetas, etc.[12].

A elaboração de demonstrações financeiras consolidadas constitui critério para tentar clarificar as águas. Existe, assim, uma remissão para os arts. 21.º, 22.º e 23.º da Diretiva 2013/34. Esta remissão terá ficado a dever-se às delegações da Alemanha e da França no Conselho, pois a Proposta da Comissão continha uma definição autónoma de «sociedade mãe»[13]. Em Portugal, o art. 6.º do DL 158/2009 fornece os critérios para identificarmos as empresas-mãe que estão obrigadas a elaborar demonstrações financeiras consolidadas do grupo.

Como vimos, o art. 2.º, 14), do NR considera, na sua parte final, que uma «empresa que elabora demonstrações financeiras consolidadas nos termos da Diretiva 2013/34/EU do Parlamento Europeu e do Conselho é considerada uma empresa-mãe». Não é claro se a parte final da definição significa estarmos perante uma ficção[14], uma presunção ilidível[15], uma presunção inilidível[16] ou, na leitura que prefiro, uma norma imperativa.

Também é discutido se, para valer a segunda parte da al. 14), será ou não necessária a existência de dever de consolidação de contas. Tendo a considerar que sim[17]. No entanto, Holger Sutschet[18] entende que basta que sejam apresentadas contas consolidadas nos termos da Diretiva para que deva considerar-se que é empresa-mãe.

---

[12] Jessica Schmidt, «EuInsVO 2017 Art. 2 Begriffsbestimmungen», in Peter Mankowski/Michael / Müller/Jessica Schmidt, *EuInsVO 2015. Europäische Insolvenzverordnung 2015 Kommentar*, Beck (Beck on-line), München, 2016, Rn. 75.

[13] Lembrando isso mesmo, Jessica Schmidt, «EuInsVO 2017 Art. 2 Begriffsbestimmungen», cit., Rn. 73.

[14] Referindo-se a uma *Fiktion*, Clemens Jaufer, «Konzerninsolvenz nach der EuInsVO 2015», cit., p. 260, Christoph Thole, «VO (EG) 2015/848 Art. 2 Begriffsbestimmungen», in Hans-Peter Kirchhof/Horst Eidenmüller/Rolf Stürner (her), *Münchener Kommentar zur Insolvenzordnung*, cit., Rn. 22.

[15] Nesse sentido, Annerose Tashiro, «EuInsVO 2017 Art. 2 Begriffsbestimmungen», in Braun, *Insolvenzordnung*, 7. Aufl., Beck (Beck on-line), München, 2017, Rn. 82 e 83.

[16] Assim, Jessica Schmidt, «EuInsVO 2017 Art. 2 Begriffsbestimmungen», cit., Rn. 79, Holger Sutschet, «Artikel 2», in Heinz Vallender (her.), *EuInsVO. Kommentar zur Verordnung (EU) 2015/848* über *Insolvenzverfahren*, RWS, Köln, 2017, Rn. 65, Christoph Paulus, *Europäische Insolvenzverordnung. Kommentar*, 5. Aufl., Fachhmedien Recht und Wirtschaft, Frankfurt a.M., 2017, Rn. 79.

[17] Nesse sentido também, Christoph Paulus, *Europäische Insolvenzverordnung. Kommentar*, cit., Rn. 79, Annerose Tashiro, «EuInsVO 2017 Art. 2 Begriffsbestimmungen», cit., Rn. 82 («Konsolidierungspflicht»).

[18] «[…] muss sich auch dann als Mutterunternehmen i.S. des Art. 14 Nr. 1 behandeln lassen, wenn eine Pflicht zur Erstellung nicht bestanden haben sollte»: cfr. «Artikel 2», in Heinz Vallender (her.), *EuInsVO. Kommentar zur Verordnung (EU) 2015/848* über *Insolvenzverfahren*, cit., p. Rn. 64.

As soluções nacionais são postas de lado? Há quem defenda que sim[19]. Isso permitiria alcançar alguma segurança e alcançar a uniformidade pretendida com a remissão. Mas também há quem sustente que o que faz sentido é recorrer às normas nacionais de transposição da Diretiva[20]. Na Alemanha, já se defendeu que o controlo ainda deverá ser o que resulta do § 290, *Abs.* 1 e 2 do *HGB*[21]: a possibilidade de exercer influência dominante[22].

Mas no NR não se esclarece o que deve entender-se por controlo. E esse controlo volta a ganhar considerável importância quando se verifica uma causa de dispensa da consolidação de contas, nos termos do art. 23.º da Diretiva ou das normas de transposição.

A UNCITRAL recomenda que seja aceite a definição de controlo como «a capacidade de determinar, direta ou indiretamente, as políticas operacionais e financeiras de uma empresa»[23]. É, aliás, a definição que consta das «Draft legislative provisions on facilitating the cross-border insolvency of enterprise groups» da Uncitral. E é também muito próxima a definição de controlo que surge no art. 2.º, 1, a), do DL 158/2009: «o poder de gerir as políticas financeiras e operacionais de uma entidade ou de uma atividade económica a fim de obter benefícios da mesma».

Assim, a definição de grupo do Regulamento da insolvência não coincide com o que resulta do CSC português. Como também não coincide com a definição de grupo que encontramos no § 3e da *Insolvenzordnung* alemã[24], com a redação de 2017.

---

[19] Parece ser o que sustenta JEAN-LUC VALLENS, «Article 2. Définitions», in LAURA SAUTONIE-LAGUIONIE (dir.), *Règlement (UE) n.º 2015/848 du 20 Mai 2015 relatif aux procedures d'insolvabilité*, Société de législation comparée, Paris, 2015, p. 53 («Il faut donc laisse à l'écart les notions de droit national qui peuvent varier»).

[20] JESSICA SCHMIDT, «EuInsVO 2017 Art. 2 Begriffsbestimmungen», cit., Rn. 79, UNDRITZ, «§ 8 Internationales Konzerninsolvenzrecht», in FLÖTHER, *Konzerninsolvenzrecht*, 2. Aufl., Beck (Beck on-line), München, 2018, Rn. 91.

[21] § 290 Pflicht zur Aufstellung *(1) 1*Die gesetzlichen Vertreter einer Kapitalgesellschaft (Mutterunternehmen) mit Sitz im Inland haben in den ersten fünf Monaten des Konzerngeschäftsjahrs für das vergangene Konzerngeschäftsjahr einen Konzernabschluss und einen Konzernlagebericht aufzustellen, wenn diese auf ein anderes Unternehmen (Tochterunternehmen) unmittel- oder mittelbar einen beherrschenden Einfluss ausüben kann [...]».

[22] CHRISTOPH THOLE, «VO (EG) 2015/848 Art. 2 Begriffsbestimmungen», in HANS-PETER KIRCHHOF/HORST EIDENMÜLLER/ROLF STÜRNER (her), *Münchener Kommentar zur Insolvenzordnung*, cit., Rn. 22. JESSICA SCHMIDT, «EuInsVO 2017 Art. 2 Begriffsbestimmungen», cit., Rn. 79.

[23] V. o documento de trabalho A/CN9/WGV, 128, e o relatório de 9 de junho de 2015 identificado como doc. A/CN9/835.

[24] «(1) Eine Unternehmensgruppe besteht aus rechtlich selbständigen Unternehmen, die den Mittelpunkt ihrer hauptsächlichen Interessen im Inland haben und die unmittelbar oder mittelbar miteinander

Numa leitura mais apressada, poderá considerar-se que não estão abrangidos pela definição de grupo do NR os grupos constituídos por contrato de grupo paritário ou os *Gleichordnungskonzernen*[25]. Mas até isso é discutido. Holger Sutschet[26] entende que no *Gleichordnunskonzern* a presunção vale para se dizer que é empresa-mãe o membro do grupo que consolida as contas: as outras serão filiais. E a Diretiva permite que os Estados-Membros sujeitem à consolidação de contas as empresas que estejam sob direção única em virtude de contrato: é o que resulta do art. 22.°, 7, da Diretiva.

O NR não define «empresa filial», mas parece ser a «empresa» que é direta ou indiretamente controlada por outra empresa. Já o DL 158/2009 dá a definição de subsidiária no art. 2.°, 1, d): «uma entidade, ainda que não constituída sob a forma de sociedade, que é controlada por uma outra entidade, designada por empresa-mãe, incluindo qualquer subsidiária da empresa-mãe de que essa empresa depende em última instância».

Outro problema que já surgiu[27] é o de saber se uma empresa que elabora demonstrações financeiras consolidadas não nos termos da Diretiva 2013/34/EU do Parlamento Europeu e do Conselho, mas nos termos do Regulamento 1606/2002, é considerada uma empresa-mãe para efeitos do Regulamento 2015/848. O Regulamento 1606/2002, como é sabido, é relativo às NICs e, em particular, às *International Financial Reporting Standards* (IFRS ou Normas Internacionais de Informação Financeira – NIIF). De acordo com o art. 4.° do Regulamento NICs, as sociedades «regidas pela legislação de um Estado-Membro devem elaborar as suas contas consolidadas em conformidade com as normas internacionais de contabilidade, adotadas nos termos do n.° 2 do artigo 6.°, se, à data do balanço e contas, os seus valores mobiliários estiverem admitidos à negociação num mercado regulamentado de qualquer Estado-Membro». É o que vemos hoje escrito no

verbunden sind durch 1. die Möglichkeit der Ausübung eines beherrschenden Einflusses oder 2. eine Zusammenfassung unter einheitlicher Leitung. (2) Als Unternehmentsgruppe im Sinne des Absatzes 1 gelten auch eine Gesellschaft und ihre persönlich haftenden Gesellschafter, wenn zu diesen weder eine natürliche Person noch eine Gesellschaft zählt, an der eine natürliche Person als persönlich haftender Gesellschafter beteiligt ist, oder sich die Verbindung von Gesellschaften in dieser Art fortesetzt».

[25] Expressamente nesse sentido, Thole, «VO (EG) 2015/848 Art. 2 Begriffsbestimmungen», in Hans-Peter Kirchhof/Horst Eidenmüller/Rolf Stürner (her), *Münchener Kommentar zur Insolvenzordnung*, cit., Rn. 20.

[26] «Artikel 2», in Heinz Vallender (her.), *EuInsVO. Kommentar zur Verordnung (EU) 2015/848* über *Insolvenzverfahren*, Rn. 63.

[27] V. Jessica Schmidt, «EuInsVO 2017 Art. 2 Begriffsbestimmungen», cit., Rn. 80.

art. 4.º, 1, do DL 158/2009. Nesses casos, perguntar-se-á: as sociedades obrigadas a elaborar contas consolidadas nos termos das NICs são empresas-mãe para o Regulamento da Insolvência? Penso que sim. O Regulamento NICs parece apenas determinar como devem ser apresentadas as contas consolidadas[28].

O que interessa ainda destacar é que no Regulamento não há previsão de qualquer consolidação patrimonial. Isto é, não haverá uma reunião de massas insolventes das diversas sociedades que integram o grupo e em relação às quais sejam abertos processos de insolvência. O trabalhador que é credor de uma sociedade que é membro de um grupo tal como este é entendido no Regulamento não pode contar, sem mais, com os bens que integram a massa insolvente das outras sociedades do grupo.

No Regulamento nem sequer está prevista verdadeiramente uma consolidação processual. O art. 56.º, 1, do Regulamento, na sua versão portuguesa, tem uma redação enganadora. Ali se faz menção a um processo de insolvência que «se referir a dois ou mais membros de um grupo de sociedades». Isso daria a entender que no mesmo processo poderiam estar abrangidas duas ou mais sociedades. Mas não parece que seja assim. Se lermos as redações do preceito em inglês, francês ou espanhol, verificamos que a redação portuguesa carece de uma cuidadosa interpretação. No texto em inglês, por exemplo, lê-se: «Where insolvency proceedings relate to two or more members of a group of companies». E veja-se também a versão em francês: «Lorsque des procédures d'insolvabilité concernent deux membres ou plus d'un groupe de sociétés». *Proceedings* é plural, *procédures* é plural; o processo é singular…

8. O TRABALHADOR E O PROCESSO DE COORDENAÇÃO DE GRUPO

Um dos temas a que deve ser dedicado algum cuidado é ao da eventual abertura de processo de coordenação de grupo. Esse processo de coordenação só pode ser aberto se nenhum credor de qualquer membro do grupo de sociedades cuja participação no processo de coordenação esteja prevista é suscetível de ser financeiramente prejudicado pela participação desse membro no processo. Esse credor pode ser um trabalhador.

---

[28] Nesse sentido, Jessica Schmidt, «EuInsVO 2017 Art. 2 Begriffsbestimmungen», cit., Rn. 80; em sentido próximo, Undritz, «§ 8 Internationales Konzerninsolvenzrecht», cit., Rn. 91 («Bilanziert ein Unternehmen nach IFRS, greift die unwiderlegliche Vermutung des Art. 2 Nr. 14 EuInsVO 2015 entsprechen»).

Importa referir que o processo de coordenação de grupo é aberto a requerimento de um administrador da insolvência de um dos membros do grupo. Mas esse pedido, à luz do CIRE, parece ser um ato de especial relevo, sujeito ao regime de consentimento previsto no art. 161.º daquele Código. Logo aí poderá eventualmente haver intervenção dos credores trabalhadores financeiramente prejudicados. O administrador da insolvência deve objetar à inclusão do processo de insolvência no processo de coordenação se dessa inclusão resultar prejuízo financeiro para algum dos credores daquele processo de insolvência. E se o processo de insolvência é incluído no processo de coordenação, também deve procurar garantir que o referido prejuízo não surja por causa do processo de coordenação e do plano de coordenação.

9. EM JEITO DE CONCLUSÃO...

Terminado este breve percurso por uma temática de tão grande complexidade, o que fica é, sobretudo, a sensação de que os trabalhadores de sociedades em relação de grupo não têm ainda à sua disposição mecanismos que permitam tutelar de forma eficaz e eficiente os seus direitos enquanto credores. Vimos que isso mesmo é reconhecido nos Considerandos do Regulamento 2015/848. O exercício de direitos num cenário transfronteiriço pode sair caro e implicar perda de tempo. E o problema não desaparecerá se todos os trabalhadores forem convertidos em colaboradores.

Urge clarificar o regime dos privilégios de que beneficiam os créditos dos trabalhadores ao nível europeu. E urge adaptar o direito português dos grupos à liberdade de estabelecimento para evitar incertezas como as que decorrem do art. 481.º do CSC. Esperamos que esta reflexão tenha, pelo menos, contribuído para que se avance nessa direção.

BREVES NOTAS SOBRE O PASSADO, O PRESENTE E O FUTURO DO REGIME DA TRANSMISSÃO DE EMPRESA OU ESTABELECIMENTO[1]

Hélder Quintas
Advogado

SUMÁRIO: *I. Uma breve resenha histórica do regime da transmissão de empresa ou estabelecimento II. A L n.º 14/2018, de 19 de março 1. Unidade económica 2. A manutenção dos direitos contratuais e adquiridos do trabalhador transmitido 3. A responsabilidade solidária do transmitente 4. A comissão representativa 5. Informação ao serviço com competência inspetiva do ministério responsável pela área laboral 6. Informação e consulta dos trabalhadores e dos representantes dos trabalhadores 7. Direito de oposição do trabalhador 7.1. Resenha histórica 7.2. Fundamentos do direito de oposição 7.2.1. O prejuízo sério 7.2.2. A falta de confiança na política de organização do trabalho do adquirente 7.3. Prazo e forma de exercício do direito de oposição 7.4. Consequências da ilicitude do exercício do direito de oposição 7.5. Efeitos jurídicos da oposição 8. Resolução do contrato de trabalho. Abreviaturas.*

Palavras-chave: *Transmissão de empresa ou estabelecimento; unidade económica; responsabilidade solidária; direito de oposição; resolução do contrato.*

I – UMA BREVE RESENHA HISTÓRICA DO REGIME DA TRANSMISSÃO DE EMPRESA OU ESTABELECIMENTO

No âmbito da relação jurídico-laboral, a transmissão de estabelecimento foi tratada pela primeira vez na L n.º 1:952, de 10 de março de 1937, a qual estabeleceu as bases da regulação do contrato de trabalho[2].

Algumas das dúvidas que este regime suscitava só viriam a ser esclarecidas cerca de 30 anos mais tarde, com o DL n.º 47032, de 27 de maio 1966,

[1] As disposições doravante citadas sem indicação da respetiva fonte pertencem ao CT/2009.

[2] Da leitura conjugada dos arts. 10.º e 20.º, deste diploma, podíamos retirar que a transferência da exploração ou o trespasse do estabelecimento não importavam, automaticamente, a extinção dos contratos de trabalho. No entanto, à entidade patronal era conferida a possibilidade de despedir os empregados ou assalariados, mediante aviso prévio, ficando obrigada a pagar-lhes apenas o ordenado correspondente ao tempo de serviço.

que instituiu um regime da transmissão de estabelecimento mais próximo do que temos atualmente[3].

Volvidos apenas 3 anos, o DL n.º 49408, de 24 de novembro de 1969, aprovou o novo regime jurídico do contrato individual de trabalho (de ora em diante LCT)[4]. Ao nível da transmissão do estabelecimento, o DL n.º 47032 e a LCT não apresentavam grandes diferenças[5].

Entretanto, no quadro da CEE, era reconhecida uma nova dinâmica na organização empresarial, que passava pela transmissão de empresas, estabelecimentos ou partes de estabelecimentos resultante de cedências ou fusões. Fenómeno que impunha a adoção de um regime que assegurasse a manutenção dos direitos dos trabalhadores e aproximasse a legislação dos Estados membros sobre esta matéria. Missão que foi confiada à Diretiva 77/187/CEE[6].

Numa comparação com o art. 37.º, da LCT, sobressaia o tratamento mais amplo que esta Diretiva dava à transmissão, começando pela alusão às convenções coletivas[7]. Por outro lado, o seu art. 4.º, n.º 1, esclarecia que a

[3] Na verdade, ao abrigo do seu art. 37.º, a transmissão do estabelecimento implicava a transmissão para o adquirente da posição que dos contratos de trabalho decorria para a entidade patronal. A transmissão só não se verificava caso o transmitente e o adquirente tivessem acordado na continuação dos trabalhadores ao serviço daquele, mas agora noutro estabelecimento. Impunha-se ainda que tal mudança não causasse prejuízo sério ao trabalhador e o transmitente custeasse as despesas daí resultantes (arts. 37.º, n.º 1 e 24.º, n.ºs 1 e 3, do DL n.º 47032).

O trabalhador, alegando o prejuízo sério, podia rescindir o contrato, tendo direito, caso a entidade patronal não provasse a inexistência de tal prejuízo, à indemnização fixada nos arts. 106.º e 107.º (art. 24.º, n.º 2, do DL n.º 47032).

A responsabilidade solidária do adquirente pelas obrigações do transmitente passava a gozar de consagração expressa no quadro normativo específico da relação laboral. Esta solidariedade aplicava-se a obrigações vencidas nos seis meses anteriores à transmissão e reclamadas até esse momento, ainda que o contrato já tivesse cessado. De modo a assegurar a eficácia da proteção creditícia aqui atribuída aos trabalhadores, sob o adquirente impendia o dever de afixar o pedido de reclamação nos locais de trabalho durante quinze dias antes da transmissão (art. 37.º, n.º 2, do DL n.º 47032).

[4] Convém ter em linha de conta que o DL n.º 47032, na medida em que comportava algumas soluções inovadoras, gozava de uma vigência "quase experimental". Aliás, no seu art. 132.º, era fixada uma revisão obrigatória até 31 de dezembro de 1968.

[5] As únicas a apontar prendiam-se, em primeiro lugar, com o facto de, no DL n.º 47032, o dever de o adquirente afixar o pedido de reclamação nos locais de trabalho durante quinze dias antes da transmissão estar inserido na parte final, do n.º 2, enquanto que na LCT passou a ocupar um número autónomo, mais concretamente o n.º 3. A segunda alteração tinha que ver com a estipulação, no n.º 3, do art. 37.º, da LCT, da obrigação de o adquirente dar a conhecer aos trabalhadores a necessidade de reclamarem os seus créditos.

[6] Publicada no JOC L 61, de 05.03.1977.

[7] O seu art. 3.º, n.º 2, impunha o dever de o adquirente (cessionário), após a transmissão, manter, pelo menos durante um ano, as condições de trabalho acordadas por convenção coletiva nos mesmos termos

transmissão não constitui, *per si*, fundamento de despedimento, mantendo--se, no entanto, a possibilidade de recorrer a esta modalidade de cessação por razões económicas, técnicas ou de organização que implicassem mudanças no plano do emprego[8]. Notava-se também a preocupação em garantir o estatuto e a função dos representantes dos trabalhadores implicados na transmissão tal como estavam previstos nas disposições legislativas, regulamentares e administrativas dos Estados membros (art. 5.º, n.º 1)[9]. Uma importante novidade da Diretiva 77/187/CEE foi a consagração do dever de o adquirente (cessionário) e o transmitente (cedente) informarem, em tempo útil antes da realização da transmissão, os representantes dos trabalhadores afetados pela transferência dos motivos desta, das respetivas consequências jurídicas, económicas e sociais para os trabalhadores e das medidas projetadas em relação a estes (art. 6.º, n.º 1). Para além do mais, se projetassem tomar estas medidas deviam consultar, em tempo útil, os respetivos representantes, tendo em vista alcançar um acordo (art. 6.º, n.º 2). Finalmente, era também preceituada a possibilidade de eleição ou designação de um órgão colegial que representasse os trabalhadores (art. 6.º, n.º 4). Importa destacar que o art. 7.º, em respeito pelo princípio do *favor laboratoris*, admitia a aplicação e introdução de disposições mais favoráveis aos trabalhadores.

Após 21 anos de vigência, com inúmeras questões suscitadas no âmbito da sua aplicação e perante uma maior complexidade do exercício da atividade económica, a Diretiva 77/187/CEE seria alterada pela Diretiva 98/50/CE, do Conselho[10].

Em 2001, por motivos essencialmente de ordem sistemática, foi publicada a Diretiva 2001/23/CE[11], que se traduziu, no fundo, numa mera codificação, sem significativas mudanças, da Diretiva 77/187/CEE, com as alterações inseridas pela Diretiva 98/50/CE.

---

em que esta as previa para o transmitente (cedente), até à data da sua rescisão ou do seu termo ou da entrada em vigor ou aplicação de outra convenção.

[8] O n.º 2, desta disposição, estipulava que a rescisão do contrato de trabalho motivada pelo facto de a transmissão implicar uma modificação substancial das condições laborais em detrimento do trabalhador considerava-se como sendo da responsabilidade do empregador.

[9] Se o mandato dos representantes dos trabalhadores afetados por uma transmissão cessasse em virtude desta, as respetivas medidas de proteção previstas naquelas disposições ou resultantes da prática dos Estados membros continuavam a ser aplicáveis (art. 5.º, n.º 2, da Diretiva 77/187/CEE).

[10] Publicada no JOC L 201, de 17.07.1998.

[11] Publicada no JOC L 82, de 22.03.2001.

Perante todo este afã do legislador comunitário, o art. 37.º, da LCT, mantinha a sua versão primitiva. Seria o CT/2003 a adequar o regime da transmissão à mencionada Diretiva[12].

Um dos primeiros avanços foi a transposição para o art. 318.º, n.º 4, do conceito de unidade económica previsto no art. 1.º, n.º 1, al. *b*)[13].

O caso dos trabalhadores que antes da transmissão já tivessem sido transferidos para outro estabelecimento ou parte da empresa ou estabelecimento passava a estar especificamente regulado no art. 319.º.

Num esforço de transposição do art. 7.º, a matéria da informação e consulta tinha finalmente uma disciplina própria inserida no art. 320.º. De forma igualmente inovadora, o art. 321.º, transpondo o art. 6.º, consagrava um regime de proteção dos representantes dos trabalhadores após a transmissão.

Com o CT/2009, a transmissão passou a estar regulada, sem grandes modificações, nos arts. 285.º a 287.º. Merecem destaque a inclusão, no n.º 4, do art. 285.º, da matéria relativa à transferência do local de trabalho anterior à transmissão[14] e o reconhecimento do estatuto e da função dos representantes dos trabalhadores (art. 287.º, n.º 1)[15].

II – A L N.º 14/2018, DE 19 DE MARÇO

A L n.º 14/2018, numa tentativa de reforço dos direitos dos trabalhadores, trouxe significativas mexidas no regime jurídico aplicável à transmissão[16], que iremos analisar.

1. UNIDADE ECONÓMICA

No Direito Comunitário, definia-se unidade económica como um conjunto de meios organizados, com o objetivo de prosseguir uma atividade económica (essencial ou acessória), mantendo a sua identidade[17]. Na versão

---

[12] Cfr. exposição de motivos da proposta de lei n.º 29/IX, que esteve na base do CT/2003 e o art. 2.º, al. *q*), da L n.º 99/2003.

[13] De notar que o elemento "identidade própria" não era incluída no preceito nacional.

[14] Que estava autonomamente contida no art. 319.º, do CT/2003.

[15] Em relação aos representantes dos trabalhadores para a segurança e saúde no trabalho, veja-se a al. *b*), do n.º 3, do art. 287.º. A este propósito é de frisar que, no CT/2003, estes representantes não faziam parte do elenco das estruturas de representação. Tal só viria a suceder com o CT/2009 (al. *c*), do art. 404.º).

[16] Este regime aplica-se à transmissão da titularidade, total ou parcial, de empresa ou de estabelecimento, bem como à transmissão, cessão ou reversão da exploração de empresa, estabelecimento ou unidade económica (art. 285.º, n.ºs 1 e 2).

[17] Cfr. a al. *b*), do n.º 1, do art. 1.º, da Diretiva 2001/23/CE.

anterior à L n.º 14/2018, o n.º 5, do art. 285.º, continha uma noção de unidade económica que não incluía essa manutenção[18].

Como resposta às dúvidas geradas em relação à classificação de uma parte de empresa ou de estabelecimento enquanto unidade económica, a doutrina começou a apontar "a autonomia para poder funcionar no mercado" como um critério atendível. Deste modo, procurava-se evitar as transmissões para um empregador (sem património) de uma parte da empresa pouco ou nada rentável, as quais se traduziam em verdadeiras extinções *premeditadas* dos contratos de trabalho.

Com a L n.º 14/2018, para que um conjunto de meios (humanos e materiais) organizados se considere, agora, uma unidade económica deve ter como objetivo o exercício de uma atividade económica (principal ou acessória) e constituir também uma unidade produtiva dotada de autonomia técnico-organizativa, mantendo a identidade própria[19] [20].

Para determinar se a entidade económica mantinha (ou não) a sua identidade, o TJ recorria a um método indiciário, que assentava na ponderação de um grupo de factores, designadamente "a manutenção de elementos do ativo corpóreo (equipamento, edifícios), incorpóreo (*Know-how*, segredos de fabrico), a manutenção da clientela, se chegou a haver um encerramento do estabelecimento e qual o hiato temporal entre esse encerramento e a reabertura, a proximidade da atividade desenvolvida, a manutenção da maioria

---

[18] A definição do art. 285.º, n.º 5, continha apenas os elementos organizatório ("conjunto de meios organizados") e funcional (prossecução de uma "actividade económica").

[19] Esta versão corresponde à proposta do PS, que consta do projeto de lei n.º 606/XIII/2.ª. Na exposição de motivos deste projeto, lê-se que o conceito anterior "obriga a um juízo de discricionariedade que pode implicar decisões diferentes consoante o setor de atividade ou consoante a avaliação casuística que é feita. É por isso que o Partido Socialista considera que, antes de mais, é necessário densificar este conceito e garantir a eficaz proteção dos trabalhadores".

Nesta linha, o BE, na exposição de motivos do projeto de lei n.º 587/XIII/2.ª, faz notar que "quando uma grande empresa seleciona determinados grupos de trabalhadores para serem abrangidos pela "transferência de estabelecimento", esses trabalhadores devem constituir verdadeiramente unidades económicas viáveis para prosseguirem uma atividade económica dotada de um fim próprio. Com efeito, para que possa constituir uma "unidade económica", a parte da empresa ou estabelecimento em causa deve corresponder a um conjunto de meios organizados e com autonomia suficiente para poder funcionar no mercado com independência em relação à empresa ou estabelecimento cedente, realizando de forma autossuficiente um serviço".

[20] Júlio Gomes, – *Algumas reflexões críticas sobre a lei n.º 14/2018 de 19 de março,* PDT, 1.º Semestre de 2018, Número I, CEJ, p. 90, esclarece que "o que se exige para que se possa falar em transmissão é que a unidade económica mantenha a sua identidade, podendo conservar, ou não, a sua autonomia".

Na opinião de David Carvalho Martins, *Novo regime da transmissão de unidade económica: algumas notas*, PDT, 1.º Semestre de 2018, Número I, CEJ, p. 126, a nova noção de unidade económica, "interpretada à luz do Direito europeu, não deverá trazer qualquer modificação sensível do regime em vigor".

ou o essencial dos efetivos e, mesmo, a existência de uma relação contratual entre os sucessivos responsáveis pela exploração"[21].

2. A MANUTENÇÃO DOS DIREITOS CONTRATUAIS E ADQUIRIDOS DO TRABALHADOR TRANSMITIDO

Nos casos de transmissão, a doutrina e a jurisprudência vinham considerando, de modo consensual, que o trabalhador mantinha a sua posição jurídica na relação jurídico-laboral, onde se incluíam todos os direitos previstos na lei, no contrato ou adquiridos por outra via, como, por exemplo, os usos laborais. Aliás, este entendimento resultava do n.º 1, do art. 285.º, que estabelecia a transmissão plena da posição do empregador para o adquirente. A L n.º 14/2018, para, segundo cremos, dissipar dúvidas que ainda pudessem persistir, introduziu o n.º 3, do art. 285.º, que determina expressamente a manutenção de todos os direitos dos trabalhadores contratuais e adquiridos[22], nomeadamente retribuição, antiguidade, categoria profissional e conteúdo funcional e benefícios sociais adquiridos[23].

Quanto a nós, esta medida legislativa pode gerar alguma confusão, dado que, para a mesma questão, foram usadas duas técnicas legislativas diferentes. Basta ver que, no n.º 1, fala-se de transmissão da posição jurídica do empregador em geral e não apenas em manutenção de direitos contratuais ou adquiridos do trabalhador em especial, como acontece no n.º 3. Por conseguinte, para que não restem dúvidas, devemos encarar o n.º 3, do art. 285.º, como um reforço (no que ao trabalhador diz respeito) do princípio da manutenção *ope legis* do conteúdo da relação juslaboral previsto no n.º 1.

3. A RESPONSABILIDADE SOLIDÁRIA DO TRANSMITENTE

A proteção do trabalhador passou também pela inclusão do transmitente no lado passivo das obrigações laborais, o qual, de acordo com o art. 285.º, n.º 6 (anterior n.º 2), é solidariamente responsável pelos créditos daí emer-

---

[21] JÚLIO GOMES, – *Comentário de Urgência ao Acórdão do TJCE, de 20 de novembro de 2003*, RDES, Ano XLV, Jan./Set., 2004, p. 214.

[22] Segundo JÚLIO GOMES, *Algumas reflexões críticas sobre a lei n.º 14/2018 de 19 de março,* p. 91, a "norma salvaguarda agora, não apenas a manutenção dos direitos contratuais, mas também dos adquiridos, o que pode ter interesse, por exemplo, relativamente a direitos que resultem de usos laborais, mormente de usos da empresa...".

[23] Para DAVID CARVALHO MARTINS, *Novo regime da transmissão de unidade económica: algumas notas*, p. 157, este "regime limita, de forma, muito significativa o direito do cessionário de proceder aos ajustamentos e às adaptações necessárias à manutenção da atividade e, por isso, pode conflituar com a jurisprudência do TJ, bem como com a liberdade de iniciativa económica (art. 61.º, n.º 1, da CRP) ...".

gentes. Neste campo, a L n.º 14/2018 trouxe duas importantes alterações: uma relacionada com o objeto da obrigação e a outra com o seu período de duração.

Em relação à primeira, é de notar que o n.º 2, do art. 285.º, referia-se genericamente às obrigações vencidas até à data da transmissão, vindo agora, o n.º 6, do art. 285.º, estipular expressamente que a obrigação solidária abrange os créditos do trabalhador emergentes do contrato de trabalho, da sua violação ou cessação, bem como os encargos sociais correspondentes vencidos até àquela data[24].

A outra modificação prende-se com o prazo de duração da obrigação solidária, que passou de 1 para 2 anos[25]. Vislumbramos aqui uma afetação da harmonia do sistema, no que concerne aos prazos de reclamação de créditos laborais. Tenhamos em linha de conta que a transmissão constitui, de certa forma, uma causa de cessação da relação juslaboral estabelecida entre o trabalhador e o transmitente, dado que a posição do empregador passa a ser assumida pelo adquirente. Ora, se atendermos a que, de acordo com o art. 337.º, n.º 1, o trabalhador tem o prazo de 1 ano após a cessação do contrato para reivindicar os seus créditos, razões de coerência sistemática impunham que se mantivesse igual prazo para a duração da obrigação solidária em análise[26]. Certo é que, com o regime atual, o transmitente mantém-se, ainda que num *estado de latência*, ligado ao vínculo laboral durante o período de 2 anos. É provável que o legislador tenha, aqui, procurado reforçar as garantias creditórias do trabalhador, a questão é saber se o prazo do art. 337.º também não mereceria tal alargamento temporal ou adequação face àquele alteração[27] [28].

---

[24] Nunca é de mais realçar que os créditos emergentes de contratos de trabalho que tenham cessado antes da transmissão (e que não foram, naturalmente, abrangidos por esta) não caiem na alçada desta norma, pelo que a responsabilidade pelos mesmos continua a ser, única e exclusivamente, do transmitente. Já no caso de a cessação do vínculo laboral ser judicialmente declarada ilícita, as obrigações daí resultantes transmitem-se ao adquirente, sendo solidariamente responsável o transmitente.

[25] Ao que conseguimos apurar, esta alteração não estava prevista em nenhum dos projetos de lei que estiveram na base da L n.º 14/2018.

[26] Cumpre frisar que, em relação à responsabilidade solidária do cedente e cessionário, os arts. 3.º, 2.º parágrafo, das Diretivas 77/187/CEE; 98/50/CE e 2001/23/CE, não previram nenhum prazo para a sua duração, dando abertura aos Estados-membros para fazerem as respetivas transposições de acordo, nomeadamente, com o regime de prazos que estivesse em vigor em cada ordenamento jurídico.

[27] Sobre esta questão, *vide* David Carvalho Martins, *Novo regime da transmissão de unidade económica: algumas notas*, p. 157.

[28] Sobre o recurso ao prazo de prescrição dos créditos laborais atualmente previsto no art. 337.º como referência para a duração da solidariedade, *vide* Catarina Carvalho, *– Algumas questões sobre a empresa*

Suponhamos, por exemplo, que a transmissão ocorreu no dia 01.04.2019 e o contrato de trabalho vem a cessar em 30.09.2019. Nesta hipótese, o trabalhador terá o prazo de 1 ano após esta cessação (ou seja, até 01.10.2020), para reclamar os créditos laborais nos termos do art. 337.° ou pode fazê-lo dentro do prazo de 2 anos após a transmissão (ou seja, até 02.04.2021), previsto no art. 285.°, n.° 6?

Sentimo-nos inclinados a considerar que vale aqui o prazo prescricional de 1 ano do art. 337.°. Na realidade, ao contrário do que se verifica na maioria dos casos de solidariedade passiva legal[29], o legislador estabeleceu uma baliza temporal (2 anos) para a responsabilidade solidária do transmitente (art. 285.°, n.° 6), impedindo que este permanecesse ligado a uma relação jurídica em que deixou de ser sujeito. De facto, na falta deste prazo, a solidariedade estender-se-ia durante a vigência do contrato (que poderia, obviamente, ir para além dos 2 anos) e 1 ano após a sua cessação.

Já o art. 337.° contém um regime especial que se funda essencialmente na ideia de que o trabalhador só estará em condições de independência para exercer os seus direitos, após a cessação do contrato[30]. Com a completação do prazo de 1 ano, aí previsto, o devedor tem a faculdade de recusar o cumprimento da prestação ou de se opor ao exercício do direito prescrito (art. 304.°, n.° 1, do CC).

---

e o Direito do trabalho no novo Código do Trabalho, A Reforma do Código do Trabalho, Coimbra Editora, 2004, ps. 468 e 469; Fabrícia de Almeida Henriques, – *Transmissão de estabelecimento e flexibilização das relações de trabalho,* ROA, Ano 61, II, Abril de 2001, p. 997; Mário Pinto/Pedro Furtado Martins/António Nunes de Carvalho, – *Comentário às Leis do Trabalho*, Volume I, *Lex*, 1994, p. 183 e Jorge Leite/Coutinho de Almeida, *Colectânea Colectânea de Leis do Trabalho*, Coimbra Editora, 1985, p. 80.

[29] Nestes casos, a única barreira temporal é o prazo de prescrição aplicável a cada um. *V.g.*, solidariedade dos gestores (art. 467.°, do CC); responsabilidade por factos ilícitos (art. 497.°, do CC); responsabilidade pelo risco (art. 507.°, do CC); assunção de dívida (art. 595.°, n.° 2, do CC); responsabilidade dos fiadores (art. 649.°, do CC); garantia do pagamento de benfeitorias (art. 901.°, do CC); solidariedade dos comodatários (art. 1139.°, do CC); solidariedade dos mandantes (art. 1169.°, do CC); acessão industrial imobiliária (art. 1342.°, n.° 2, do CC); bens que respondem pelas dívidas da responsabilidade de ambos os cônjuges (art. 1695.°, do CC); encargos da herança (art. 2128.°, do CC); responsabilidade dos fundadores, gerentes ou administradores (art. 73.°, n.° 1, do CSC); responsabilidade solidária do sócio (art. 83.°, do CSC); responsabilidade por dívidas (art. 122.°, do CSC), etc.. O mesmo se passa nos casos previstos no CT, mais concretamente nos arts. 174.° (responsabilidade solidária de empresa de trabalho temporário não licenciada) e 334.° (responsabilidade solidária de sociedade em relação de participações recíprocas, de domínio ou de grupo).

[30] Aos olhos da nossa doutrina, os créditos laborais são vistos como imprescritíveis na vigência da relação laboral. Sobre as razões desta regra, veja-se João Leal Amado, *A proteção do salário*, Coimbra, 1993, ps. 186 e ss.. Para uma visão crítica sobre esta questão, *vide* Bernardo da Gama Lobo Xavier, *Prescrição dos Créditos Laborais*, RDES, Janeiro-Dezembro 2008, Ano XLIX, n.°s 1-4, ps. 243 e ss..

Em suma, entendemos que a prescrição de 1 ano estabelecida no art. 337.º não pode ser prejudicada pelo prazo de duração da responsabilidade solidária fixado no art. 285.º, n.º 6. Aliás, resulta do próprio art. 521.º, do CC, que a prescrição faz precludir o direito do credor independentemente da natureza e das características da obrigação[31].

4. A COMISSÃO REPRESENTATIVA

O transmitente e o adquirente devem informar os representantes dos trabalhadores[32] ou, caso não existam, os próprios trabalhadores, sobre a data e motivos da transmissão, suas consequências jurídicas, económicas e sociais e medidas projetadas em relação a estes, bem como sobre o conteúdo do contrato celebrado entre ambos (art. 286.º, n.º 1).

Na falta daqueles representantes, os trabalhadores podem agora designar, de entre eles, no prazo de cinco dias úteis a contar da receção da informação referida nos n.ºs 1 ou 2, do art. 286.º, uma comissão representativa com o máximo de três[33] (se a transmissão abranger 5 ou menos trabalhadores) ou cinco membros (se a transmissão abranger mais de 5 trabalhadores)[34] [35].

A transmissão fica dependente deste prazo, só podendo ter lugar sete dias úteis após o seu termo (se a comissão não tiver sido constituída) ou sete dias úteis após o acordo ou o termo da consulta aos representantes dos respetivos trabalhadores[36].

5. INFORMAÇÃO AO SERVIÇO COM COMPETÊNCIA INSPETIVA DO MINISTÉRIO RESPONSÁVEL PELA ÁREA LABORAL

Uma das medidas destinadas ao controlo da legalidade do processo transmissivo foi a consagração do dever de informar o serviço com competência inspetiva do ministério responsável pela área laboral (ACT) do conteúdo

[31] Como reza o n.º 1, deste preceito, se, "por efeito da suspensão ou interrupção da prescrição, ou de outra causa, a obrigação de um dos devedores se mantiver, apesar de prescritas as obrigações dos outros, e aquele for obrigado a cumprir, cabe-lhe o direito de regresso contra os seus condevedores".

[32] Consideram-se representantes dos trabalhadores as comissões de trabalhadores, as associações sindicais, as comissões intersindicais, as comissões sindicais, os delegados sindicais existentes nas respetivas empresas ou a comissão representativa, pela indicada ordem de precedência (art. 286.º, n.º 7).

[33] O número ímpar de membros, respeitando as regras da colegialidade, visa evitar o empate nas decisões a tomar. Igual número é exigido, por exemplo, para os titulares dos órgãos de administração de pessoas coletivas (art. 162.º, do CC).

[34] Cfr. o art. 286.º, n.º 6.

[35] Desta faculdade já gozavam os trabalhadores, por exemplo, no caso de despedimento coletivo (art. 360.º, n.º 3).

[36] Cfr., conjugadamente, o n.º 7, do art. 285.º e o n.º 4, do art. 286.º.

do contrato[37] celebrado entre transmitente e adquirente (al. *a*), do n.º 8, do art. 285.º)[38]. Convém reter, desde já, que, por força do art. 286.º, n.ºs 1 e 2, esta informação deve ser prestada, não só à ACT, mas também, aos trabalhadores[39] e respetivos representantes[40], servindo, no caso daqueles, como um elemento fundamental na formação da sua vontade resolutivo ou opoente.

A questão essencial que se impõe é a de saber quais as informações que devem ser concretamente prestadas[41]. Note-se que o conteúdo do contrato, que pode ser definido como o *campo normativo* onde se irão mover os interesses resultantes do acordo obtido pelas partes[42], está delimitado, não apenas pelas cláusulas contratuais apostas, mas também, pelas regras de interpretação, de integração ou de convalidação que lhe sejam aplicáveis[43].

---

[37] Não devemos confundir conteúdo com objeto contratual (bem ou bens a que se reporta o negócio), o qual é apenas um dos seus elementos.

[38] Ficam excluídas do âmbito deste dever, as informações confidenciais previstas nos arts. 412.º e 413.º (art. 285.º, n.º 8, al. *a*), *in fine*).

[39] O dever de informar impende, aqui, apenas sobre o transmitente.

[40] Nesta hipótese, o dever de informar recai cumulativamente sobre o transmitente e o adquirente.

[41] A transmissão do art. 285.º tem sido encarada pela doutrina como uma sub-rogação *ex lege* no contrato e não como uma cessão da posição contratual. Neste sentido, *vide*, entre outros, Carlos Alberto da Mota Pinto, *Cessão da Posição Contratual*, reimpressão, Almedina, 2003, p. 90; Maria do Rosário Palma Ramalho, *Tratado de Direito do Trabalho*, Parte II, Almedina, 2016, p. 654; Júlio Gomes, *Direito do Trabalho*, Volume I, Coimbra Editora, 2007, p. 831; Pedro Romano Martinez, *Direito do Trabalho*, 7.ª edição, Almedina, 2015, p. 769 e João Leal Amado, *Transmissão da empresa e contrato de trabalho: algumas notas sobre o regime jurídico do direito de oposição*, RLJ, Ano 147.º, maio-junho de 2018, n.º 4010, ps. 290 e ss.. Um dos pontos principais que a distinguia desta figura era, precisamente, a desnecessidade de consentimento do trabalhador, a quem não era sequer reconhecido, pelo menos no domínio do direito constituído, o direito de oposição. Com a consagração deste direito, esbateu-se esse ponto diferenciador, embora, convém frisar, o consentimento continue a não ser exigido.
A eficácia da cessão da posição contratual depende do consentimento prestado pelo cedido (art. 424.º, n.º 1, do CC). Se o consentimento for dado em momento anterior à cessão, exige-se, naturalmente, que esta seja comunicada ao cedido mediante notificação unilateral e recetícia (art. 424.º, n.º 2, do CC). O legislador limitou-se aqui a fazer menção à necessidade de notificação, sem definir o seu objeto. Na transmissão de créditos e de dívidas onde a notificação é exigida para a produção de efeitos em relação ao devedor, Maria de Assunção Oliveira Cristas, *Transmissão Contratual do Direito de Crédito*, Almedina, 2005, p. 118, debruçando-se sobre o seu conteúdo, concluí que a mesma deve "informar expressamente e com toda a clareza a ocorrência de uma transmissão do direito de crédito a favor de dada pessoa e que, em consequência, é perante essa pessoa que o devedor deve cumprir. Neste caso, a simples informação de que ocorreu uma transmissão de créditos não reveste os requisitos necessários para ser configurada como notificação".
Para maiores desenvolvimentos sobre a relevância jurídica do conhecimento, veja-se Raúl Guichard, *Da Relevância Jurídica do Conhecimento no Direito Civil*, Universidade Católica Editora, 1996.

[42] Inocêncio Galvão Telles, *Manual do Contratos em Geral*, 4.ª edição, Coimbra Editora, 2002, p. 253, define o conteúdo do contrato como "o seu âmago, a *regulamentação de interesses formulada pelas partes* em posição de autonomia".

[43] Como salienta Carlos Ferreira de Almeida, *Contratos*, II, Almedina, 2007, p. 14, o conteúdo do con-

Ademais, na sua constituição, podemos distinguir elementos essenciais[44], naturais[45] e acidentais (ou cláusulas acessórias)[46], que variam consoante o tipo negocial e os interesses das partes. Por outro lado, não temos dúvidas que a intenção de legislador não foi exigir a entrega da cópia do contrato[47], a qual teria que estar expressamente prevista na lei[48]. Esta conclusão ancora-se, *prima facie*, nas regras da interpretação que impõem a reconstituição do pensamento legislativo a partir do texto da lei, tendo, designadamente, em conta a unidade do sistema jurídico.

No caso específico do contrato de transmissão, consideramos que, no seu conteúdo, dependendo naturalmente das cláusulas acordadas, podem incluir-se:

– o objeto da transmissão (*v.g.*, o estabelecimento com todos os elementos que o compõem);

– o preço estipulado[49] e respetivos momento e forma de pagamento;

– deveres secundários com prestação autónoma (*v.g.*, indemnização por danos sofridos com o incumprimento contratual);

– Deveres secundários, acessórios da prestação principal, como o dever de proteger e conservar os elementos que compõem o estabelecimento e/ou de entregar determinados objetos, como chaves ou códigos de acesso;

– Cláusulas condicionais (arts. 270.° e ss., do CC);

– Cláusulas penais (art. 810.°, do CC).

---

trato será "o resultado jurídico do acordo ou consenso, isto é, a estrutura correspondente ao significado global do consenso, tal como determinado de harmonia com os cânones da interpretação, eventualmente transformado (aditado ou corrigido) pelas implicações jurídicas decorrentes da interpretação de lacunas ou da convalidação (por redução ou conversão) de contratos inválidos". Numa tentativa de concretização deste conceito, Carlos Ferreira de Almeida, *ob. cit.*, p. 15, acaba por admitir que o texto do contrato, enquanto conjunto de enunciados e de declarações, significa conteúdo em sentido formal.
Sobre a controlo do conteúdo contratual, veja-se Joaquim Sousa Ribeiro, *O Problema do Contrato*, Almedina, 2003, ps. 441 e ss..

[44] Os elementos essenciais formam o cerne do contrato, *v.g.*, a coisa negociada e o preço de venda.

[45] Os elementos naturais resultam da própria natureza do contrato.

[46] Os elementos acidentais não integram o núcleo essencial ou natural do contrato, *v.g.*, a condição e o termo.

[47] Veja-se David Carvalho Martins, *Novo regime da transmissão de unidade económica: algumas notas*, p. 152.

[48] Conforme fez o legislador, por exemplo, no art. 371.°, n.° 3, do CT, quando obriga o empregador a comunicar a decisão de despedimento, por cópia ou transcrição.

[49] Quando o adquirente adquire a posição contratual do transmitente mediante um preço, a transmissão reveste a "fisionomia jurídica duma *compra e venda*", João de Matos Antunes Varela, *Das Obrigações em geral*, vol. II, 6.ª edição, Almedina, 1995, p. 392.

Chegados aqui, parece-nos aconselhável, por razões de mera cautela[50], que o dever de informação do conteúdo do contrato seja cumprido, pelo menos, mediante transcrição do texto do contrato, ficando ressalvadas todas as cláusulas que contenham informações suscetíveis de prejudicar gravemente o funcionamento da empresa ou do estabelecimento (art. 412.º)[51]. Neste caso, a não prestação destas informações devem ser fundamentada por escrito, tendo por base critérios objetivos, assentes em exigências de gestão[52].

Se a transmissão tiver por objeto uma unidade económica, o dever de informação compreende o conjunto de meios organizados que a constituem, enquanto unidade produtiva dotada de autonomia técnico-organizativa com identidade própria, bem com a atividade económica (principal ou acessória) que irá ser exercida[53].

O dever de informação recai sobre as médias[54] ou grandes[55] empresas, independentemente de pedido da ACT (n.º 9, do art. 285.º). Já no caso das microempresas[56] e das pequenas empresas[57] o seu cumprimento só é exigível com o mencionado pedido (n.º 9, do art. 285.º).

6. INFORMAÇÃO E CONSULTA DOS TRABALHADORES E DOS REPRESENTANTES DOS TRABALHADORES

A transmissão acarreta a substituição de um dos sujeitos da relação jurídica, por isso, os representantes dos respetivos trabalhadores[58] ou, caso não existam, os próprios trabalhadores, devem ser informados pelo transmitente e pelo adquirente dos respetivos motivos, data, consequências jurídicas,

---

[50] Convém ter presente que a violação do dever de informação do conteúdo do contrato constitui contraordenação grave (arts. 285.º, n.º 12 e 286.º, n.º 9).

[51] Esta ressalva está expressamente plasmada nas partes finais da al. *a*), do n.º 8, do art. 285.º e do n.º 1, do art. 286.º.

[52] Cfr. articuladamente, os arts. 413.º, n.º 1, 285.º, n.º 8, al. *a*) e 286.º, n.º 1.

[53] Cfr., conjugadamente, os n.ºs 5 e 8, al. *b*), do art. 285.º.

[54] Empresas que empregam de 50 a menos de 250 trabalhadores, al. *c*), do art. 100.º.

[55] Empresas que empregam 250 ou mais trabalhadores, al. *d*), do art. 100.º.

[56] Empresas que empregam menos de 10 trabalhadores, al. *a*), do art. 100.º.

[57] Empresas que empregam de 10 a menos de 50 trabalhadores, al. *b*), do art. 100.º.

[58] Para além das comissões de trabalhadores, comissões intersindicais, comissões sindicais e delegados sindicais existentes nas respetivas empresas, são agora considerados também representantes dos trabalhadores, para efeitos de informação e consulta, as associações sindicais e a comissão representativa (art. 286.º, n.º 7).

económicas e sociais e medidas projetadas em relação aos trabalhadores (art. 286.°, do n.° 1)[59].

Com a Lei n.° 14/2018, o conteúdo do contrato entre transmitente e adquirente passou a estar incluído no âmbito do dever de informação (art. 286.°, do n.° 1).

O regime de confidencialidade consagrado nos arts. 412.° e 413.° é também aqui aplicável (art. 286.°, do n.° 1).

O n.° 2, do art. 286.°[60], diz-nos que o transmitente deve ainda, se o mesmo não resultar do disposto no n.° 1, do art. 286.°, prestar aos respetivos trabalhadores a informação aí referida. A expressão "se o mesmo não resultar do disposto no número anterior" parece abarcar as situações em que o transmitente e o adquirente estão obrigados a informar os próprios trabalhadores, em virtude da inexistência dos respetivos representantes. De forma a assegurar que os trabalhadores do transmitente tenham sempre (ou seja, quer haja, quer não haja, representantes dos trabalhadores) os elementos necessários para, por exemplo, tomarem, esclarecidamente, a decisão de se oporem à transmissão ou de resolverem o contrato, o n.° 2, do art. 286.°, faz impender sobre o transmitente o dever de informar os trabalhadores abrangidos, mesmo quando existam os referidos representantes[61].

Devemos já apontar algumas diferenças, quanto ao âmbito subjetivo, dos n.°s 1 e 2, do art. 286.°. Assim, enquanto que no n.° 1, os obrigados são o transmitente e o adquirente e os destinatários todos os trabalhadores de cada um deles, no n.° 2, o transmitente é o único obrigado, sendo os destinatários apenas os respetivos trabalhadores abrangidos pela transmissão.

O não cumprimento deste dever pode ter consequências contraordenacionais[62] e civis. Na verdade, existe obrigação de indemnizar quando o dever jurídico de dar informação[63] for cumprido com negligência ou intenção de prejudicar (art. 485.°, n.° 2, do CC)[64]. Não é descabido imaginarmos situa-

---

[59] A violação do n.° 1, do art. 286.°, constitui contraordenação grave (n.° 9, do art. 286.°). A L n.° 14/2018 fez refletir a preocupação de proteger os trabalhadores também através dos escalões de gravidade das contraordenações. Recordemos que, no regime anterior, esta violação configurava uma contraordenação leve.

[60] Introduzido pela L n.° 14/2018.

[61] Como facilmente se compreende, esta proteção não se justifica para os trabalhadores do adquirente, dado que a estes não é reconhecido o direito de se oporem ou de resolverem o contrato com base na transmissão.

[62] A violação do n.° 2, do art. 286.°, constitui contraordenação grave (art. 286.°, n.° 9).

[63] Imposta pela lei ou pelo contrato.

[64] Para maiores desenvolvimentos sobre a problemática que envolve a interpretação deste preceito, *vide* Jorge Ferreira Sinde Monteiro, *Responsabilidade por Conselhos, Recomendações ou Informações*,

ções em que o direito de oposição (ou mesmo de resolução[65]) é exercido pelo trabalhador sem estar munido dos elementos relevantes que o transmitente estava obrigado a transmitir e omitiu ou possuindo informações falsas que lhe foram comunicadas por este. Neste cenário, pode suceder que o direito de oposição (ou de resolução) não seja judicialmente reconhecido, precisamente por força da falta daqueles elementos ou da falsidade dos factos invocados. É também configurável a hipótese de o trabalhador/opoente aperceber-se que, se tivesse sido devidamente informado dos elementos a que alude o art. 286.º, n.º 1, provavelmente não optaria pela oposição.

Quanto à forma e prazo de prestação da informação, o n.º 3, do art. 286.º[66], prevê que a mesma deve ser facultada por escrito, antes da transmissão, em tempo útil, pelo menos nos 10 dias úteis antes da consulta aos representantes dos respetivos trabalhadores com vista à obtenção de um acordo sobre as medidas que pretendam aplicar a estes[67]. O legislador procurou assim assegurar que, no momento da consulta, os representantes dos trabalhadores estejam já munidos de informação relevante para a formação da sua convicção e elaboração da proposta que pretendam apresentar.

Para além do dever de informação, o transmitente e o adquirente estão obrigados a consultar os representantes dos respetivos trabalhadores, antes da transmissão, com vista à obtenção de um acordo sobre as medidas que pretendam aplicar aos trabalhadores na sequência da transmissão, sem prejuízo das disposições legais e convencionais aplicáveis a tais medidas (n.º 4, do art. 286.º). O objetivo, aqui, é permitir que as partes possam alcançar um acordo em relação a eventuais alterações na execução da prestação laboral[68].

Novidade introduzida pela L n.º 14/2018 foi a possibilidade de as partes pedirem a participação na negociação do serviço competente do ministério responsável pela área laboral (DGERT), de modo a promover a regularidade da instrução substantiva e procedimental, a conciliação dos interesses das partes e o respeito dos direitos dos trabalhadores (art. 286.º, n.º 5) [69]. Se existir irregularidade da instrução, aquele serviço deve advertir o empre-

---

Almedina, 1989, ps. 331 e ss. e Manuel Carneiro da Frada, *Teoria da Confiança e Responsabilidade Civil*, reimpressão, Almedina, 2007, ps. 159 e ss..

[65] Nos termos do art. 394.º, n.º 3, al. *d*).

[66] A violação deste preceito constitui, agora, contraordenação grave (n.º 9, do art. 286.º).

[67] Cfr., articuladamente, os n.ºs 3 e 4, do art. 286.º.

[68] Este preceito não foi alterado pela L n.º 14/2018, sendo apenas de destacar que a sua violação passou a constituir contraordenação grave (n.º 9, do art. 286.º).

[69] Constitui contraordenação leve o impedimento à participação do serviço competente na negociação (art. 362.º, n.º 4 *ex vi* n.º 5, do art. 286.º).

gador e, se a mesma persistir, fazer constar essa menção da ata das reuniões de negociação (art. 362.º, n.º 2 *ex vi* n.º 5, do art. 286.º).

Já foi referido que os trabalhadores abrangidos pela transmissão têm agora a faculdade de designar, de entre eles, uma comissão representativa (n.º 6, do art. 286.º) e que o transmitente e o adquirente devem consultar os representantes dos respetivos trabalhadores com vista à obtenção de um acordo sobre as medidas que pretendam aplicar (n.º 4, do art. 286.º). Ora, não havendo intervenção da comissão representativa, o transmitente deve informar imediatamente os trabalhadores abrangidos pela transmissão do conteúdo daquele acordo ou do termo da consulta (n.º 8, do art. 286.º[70]).

7. DIREITO DE OPOSIÇÃO DO TRABALHADOR

7.1. Resenha histórica

Antes da L n.º 14/2018, a faculdade de o trabalhador se opor à transmissão era objeto de discussão na doutrina e na jurisprudência. Até porque, quer a Diretiva 77/187/CEE, quer a Diretiva 2001/23/CE, não forneciam uma resposta clara sobre esta questão.

Mesmo o TJ, no famigerado Ac. Katsikas *v.* Konstantinidis[71], *limitou-se a considerar que as* "disposições do n.º 1 do artigo 3.º da Directiva 77/187/CEE (...), devem ser interpretadas no sentido de que não obstam a que um trabalhador empregado pelo cedente à data da transferência da empresa (...) se oponha à transferência do seu contrato ou da sua relação laboral para o cessionário", reservando para os Estados membros a determinação do destino da relação laboral (ou seja, a opção pela manutenção da relação laboral com o transmitente ou pela sua extinção)[72].

---

[70] A violação deste preceito constitui contraordenação grave (n.º 9, do art. 286.º).

[71] Proferido em 16.12.1992, no âmbito dos procs. apensos C-132/91, C-138/91 e C-139/91, publicado na Coletânea, 1992, I, p. 6600.

[72] *Vide* ainda os Acs. Merckx e Neuhuys *v.* Ford (proferido em 07.05.1996, no âmbito dos procs. apensos C-171/94 e C-172/94, publicado na Coletânea, I, p. 1267) e Europièces *v.* Sanders (proferido em 12.11.1998, no âmbito do proc. C-399/96, publicado na Coletânea, I, p. 6979).

No Ac. Berg *v.* Besselsen (proferido em 05.05.1988, no âmbito dos procs. 144/87 e 145/87, publicado na Coletânea, p. 2577), o TJ sustentou que o mencionado n.º 1, do art. 3.º, devia ser interpretado no sentido de que, após a data da transferência, "o cedente fica exonerado das suas obrigações resultantes do contrato ou da relação de trabalho pelo simples facto da transferência, ainda que os trabalhadores da empresa não consintam nisso ou se lhe oponham, sob reserva, todavia, da faculdade dos Estados-membros de imporem a responsabilidade solidária do cedente e do cessionário após a data da transferência". Sobre a irrenunciabilidade dos direitos conferidos ao trabalhador pelas normas imperativas da Directiva,

Ao nível da doutrina nacional, Francisco Liberal Fernandes[73] defendia que ao legislador nacional estava "vedado negar a faculdade oposição, cabendo-lhe tão só regular os efeitos do seu exercício; quanto a este último aspecto, e porque o direito comunitário é omisso, o Tribunal de Justiça sustenta que a Diretiva admite qualquer solução, ficando, por isso, os Estados-membros com liberdade para optar pela subsistência ou pela extinção da relação laboral"[74].

Também nos nossos tribunais não reinava o consenso. No sentido de que a transmissão produzia-se *ipso iure*, sem necessidade de anuência do trabalhador, alinhavam-se os Acs. do STJ, de 09.11.1994 *in* CJ, Ano II, Tomo III, p. 287 e de 24.05.1995 *in* CJ, Ano III, Tomo II, p. 294. Com este mesmo entendimento, mas fazendo referência expressa à impossibilidade de os tra-

---

veja-se o Ac. do TJ, Tellerup *v.* "Daddy's Dance Hall" (proferido em 10.02.1988, no âmbito do proc. 324/86, publicado na Coletânea, p. 749).

Dando nota do tratamento jurídico dado a esta matéria no seio da União Europeia, *vide* A.-C. Hartzén/N. Hös/F. Lecomte/C. Marzo/B. Mestre/H. Olbrich/S. Fuller, *The Right of the Employee to Refuse to be Transferred. A comparative and theoretical analysis*, EUI Working Papers, publicado em *European University Institute – Department of Law*, EUI Working Paper LAW n.º 2008/20.

[73] *Transmissão Transmissão do estabelecimento e oposição do trabalhador*, QL, Ano VI, n.º 14, Coimbra Editora, 1999, p. 230.

[74] Nesta mesma linha, *vide* ainda Júlio Gomes, *Novas, novíssimas e não tão novas questões sobre a transmissão da unidade económica em Direito do Trabalho*, QL, Ano XV, n.º 32, Coimbra Editora, 2008, ps. 145 e ss. e *A jurisprudência recente do tribunal de justiça das comunidades europeias em matéria de transmissão de empresa, estabelecimento ou parte de estabelecimento – inflexão ou continuidade?*, EIDT, Vol. I, Almedina, 2001, ps. 519 e ss.; Rita Garcia Pereira, *Natureza jurídica da transmissão de estabelecimento comercial*, verbo jurídico, 2005, disponível em www.verbojuridico.pt, ps. 14 e ss.; Catarina Carvalho, *Algumas questões sobre a empresa e o Direito do trabalho no novo Código do Trabalho,* ps. 471 e ss.; João Reis, *O regime da transmissão da empresa no Código do Trabalho*, Nos 20 Anos do Código das Sociedades Comerciais, vol. I, Coimbra Editora, 2007, ps. 336 e ss. e Fabrícia de Almeida Henriques, *Transmissão de Estabelecimento e flexibilização das Relações de Trabalho*, ps. 986 e ss..

No sentido de que o direito de oposição não era admissível à luz do nosso direito interno, veja-se Joana Vasconcelos, *A transmissão da empresa ou estabelecimento no Código do Trabalho*, PDT, 71, Maio – Agosto de 2005, Coimbra Editora, ps. 89 e ss.; Pedro Furtado Martins, *Duas questões a propósito dos efeitos da transferência do estabelecimento nas relações de trabalho: Artigo 321.º do Código do Trabalho e oposição do trabalhador à transmissão do contrato de trabalho*, IX e X CNDT, Almedina, 2007, ps. 329 e ss. e Maria do Rosário Palma Ramalho, *Tratado de Direito do Trabalho*, Parte II, p. 650.

Rodrigo Serra Lourenço, *Sobre o direito de oposição dos trabalhadores na transmissão do estabelecimento ou empresa*, ROA, Ano 69, 2009, ps. 286 e 287, admitia que "havia uma lacuna na legislação nacional face ao direito comunitário, emergente da interpretação feita pelo TJCE da Diretiva 77/187/CEE, que importará, a bem da certeza e segurança jurídica, quer integrar no plano do direito constituído, quer preencher no plano do direito a constituir". Este autor, *ob. cit.*, p. 293, conclui que o direito de oposição deve ser visto como a exceção ao regime da transmissão automática dos contratos "disponível para situações em que o trabalhador pura e simplesmente não quer ter um relação laboral com o cessionário, no uso da sua vontade livre e esclarecida".

balhadores se oporem, bem como ao facto de a Diretiva 77/187/CEE não obrigar os Estados membros a prever tal direito, é de indicar o Ac. do STJ, de 30.06.1999 *in* www.dgsi.pt (Proc. n.º 98S390)[75].

Foi assim, neste contexto de alguma convulsão doutrinal e jurisprudencial, que o legislador aditou o art. 286.º-A, consagrando expressamente o direito de oposição do trabalhador nos casos de transmissão[76].

A transmissão, no fundo, traduz-se num *novo contrato* que o trabalhador celebra, *involuntariamente*, com outro empregador, embora mantendo, é certo, todos os "direitos contratuais e adquiridos" da relação jurídica estabelecida com o transmitente. Por conseguinte, com a consagração do direito de oposição, é dada expressão, desde logo, ao princípio da autonomia da vontade, plasmada no art. 405.º, do CC (*liberdade contratual*), o qual é aqui perspetivado como um elemento de proteção e não de fragilização do trabalhador[77].

De natureza especificamente laboral, vemos também refletido o direito de o trabalhador escolher livremente a profissão ou o género de trabalho (art. 47.º, n.º 1, da CRP) e o direito ao trabalho (art. 58.º, n.º 1, da CRP)[78].

---

[75] No sentido contrário, podemos apontar o Ac. do STJ, de 27.05.2004 *in* www.dgsi.pt (Proc. n.º 03S2467), para quem os princípios da autonomia contratual e da livre escolha de profissão justificam a possibilidade de o trabalhador se opor à transferência, sem que tal possa ser interpretado como uma declaração de rescisão unilateral do contrato. Também o Ac. do STJ, de 29.06.2005 *in* www.dgsi.pt (Proc. n.º 05S164), reconheceu o direito de oposição, embora negando a necessidade de consentimento do trabalhador. Já a RL, no Ac. de 29.09.2004 *in* www.dgsi.pt (Proc. n.º 4812/2003-4), admitiu tal direito, mas em determinadas circunstâncias, "designadamente se estiver em causa a sua dignidade como pessoa e como trabalhador sujeito de direitos, na medida em que não possam ser obrigados a prestar serviço a quem não queiram".

[76] Na opinião de Rodrigo Serra Lourenço, *Sobre o direito de oposição dos trabalhadores na transmissão do estabelecimento ou empresa*, p. 282, o direito de oposição, tal como é concebido pela doutrina, "é sempre um direito potestativo, seja de modificar a relação laboral no sentido de seguir o transmitente, seja de rescindir unilateralmente o contrato, o que manifestamente não encontra correspondência expressa na nossa legislação". Para este autor, *ob. cit.*, p. 293, este direito deve ser visto como a exceção ao regime da transmissão automática dos contratos, "disponível para situações em que o trabalhador pura e simplesmente não quer ter uma relação laboral com o cessionário, no uso da sua vontade livre e esclarecida".

[77] Devemos considerar que a autonomia privada tem sempre por limite, sejam quais forem as circunstâncias, o respeito pelo conteúdo essencial dos direitos fundamentais, "enquanto garantes da liberdade e da dignidade humana", José João Abrantes, *Contrato de Trabalho e Direitos Fundamentais*, Coimbra Editora, 2005, p. 139.

Cfr. ainda Júlio Gomes, *Algumas reflexões críticas sobre a lei n.º 14/2018 de 19 de março*, p. 76.

[78] Na opinião de J. J. Gomes Canotilho/Vital Moreira, *Constituição da República Portuguesa – Anotada*, volume I, 4.ª edição, Coimbra Editora, 2007, p. 763, o direito ao trabalho "consiste, em primeiro lugar, no *direito de obter emprego ou de exercer uma actividade profissional*".

7.2. Fundamentos do direito de oposição

O direito de oposição, ao contrário do que à luz dos princípios supra referidos seria talvez desejável, não pode ser exercido livremente. Na realidade, a 2.ª parte, do n.º 1, do art. 286.º-A, estabelece dois pressupostos (ou fundamentos) para o seu exercício: o "prejuízo sério" e a "falta de confiança na política de organização do trabalho do adquirente".

7.2.1. O prejuízo sério

O "prejuízo sério" constitui uma consequência hipotético-virtual que deve ser avaliada casuisticamente, isto significa que o trabalhador só se pode opor à transmissão quando esta, face às circunstâncias concretas, se revele, de acordo com um juízo antecipado de probabilidade, geradora de tal prejuízo[79].

Numa tentativa de dar uma referência para a integração deste conceito, o n.º 1, do art. 286.º-A, aponta, como situações típicas de prejuízo sério, a manifesta falta de solvabilidade ou a situação financeira difícil do adquirente[80].

Se atendermos à expressão "nomeadamente", mostra-se aceitável considerar que estamos perante *exemplos-padrão* que indiciam uma especial probabilidade de verificação de um prejuízo sério para o trabalhador, os quais contêm conceitos indeterminados[81].

---

[79] Sobre este pressuposto, JOÃO LEAL AMADO, *Transmissão da empresa e contrato de trabalho: algumas notas sobre o regime jurídico do direito de oposição*, p. 294, considera que "trata-se de um fundamento racional, demonstrável e externamente sindicável, suscetível de prova e de contraprova, que poderá ser apreciado pelo tribunal, em função de dados objetivos que lhe permitam formular um juízo de prognose sobre se a transmissão poderia ou não causar ao trabalhador o aludido "prejuízo sério"".

O "prejuízo sério" é um conceito já utilizado pelo legislador, por exemplo, na disciplina da transferência do local de trabalho (al. *b*), do n.º 1, do art. 194.º). Para maiores desenvolvimentos, veja-se, entre outros, ALBINO MENDES BAPTISTA, *O Conceito de "Prejuízo Sério" e a Transferência de Local de Trabalho nas Grandes Aglomerações Urbanas*, PDT, n.º 54.

Na perspetiva de DAVID CARVALHO MARTINS, *Novo regime da transmissão de unidade económica: algumas notas*, p. 134, o "trabalhador não poderá ser colocado numa situação globalmente menos favorável do que aquela que existia antes da transmissão da unidade económica".

Veja-se ainda JÚLIO GOMES, *Algumas reflexões críticas sobre a lei n.º 14/2018 de 19 de março,* ps. 77 e ss..

[80] A este propósito é legítimo questionar se esta não será uma forma de retirar ao julgador a possibilidade de, segundo o seu prudente arbítrio, *ajustar* o conceito à situação jurídica concreta. Na realidade, muitas são as situações em que a transmissão poderá implicar um prejuízo sério para o trabalhador.

[81] No âmbito ainda da LCT, FRANCISCO LIBERAL FERNANDES, *Transmissão do estabelecimento e oposição do trabalhador*, p. 228, já enunciava como exemplo de fundamento para o trabalhador, em seu benefício, não desejar mudar de empregador, as dúvidas quanto à solvabilidade ou viabilidade da empresa ou a falta de confiança na política de pessoal ou na organização do trabalho adotadas pelo cessionário.

Também FABRÍCIA DE ALMEIDA HENRIQUES, *Transmissão de estabelecimento e flexibilização das relações de trabalho*, p. 988, apontava "como motivos legítimos de desconfiança por parte do trabalhador, a estra-

Em situação de "manifesta falta de solvabilidade" talvez possamos incluir os adquirentes em situação de insolvência, definidos legalmente como os devedores que se encontrem impossibilitados de cumprir as suas obrigações vencidas (art. 3.º, n.º 1, do CIRE)[82]. Se for este o caso, estaremos perante um devedor que, mediante requerimento seu ou de um credor, pode vir a ser declarado insolvente (cfr., respetivamente, os arts. 18.º e 20.º, do CIRE).

Por sua vez, a expressão "situação financeira difícil" está muito próxima da expressão "situação económica difícil" utilizada no art. 1.º, n.º 2, do CIRE, a qual constitui um dos pressupostos objetivos do PER[83]. Tendo por bitola o art. 17.º-B, do CIRE[84], podemos definir "situação económica difícil" como a situação em que se encontra o devedor que enfrenta "dificuldade séria para cumprir pontualmente as suas obrigações, designadamente por ter falta de liquidez ou por não conseguir obter crédito"[85].

Com esta solução, procurou-se evitar aqueles casos, muito frequentes, em que o adquirente é uma empresa sem património ou sem património suficiente para, no caso de cessação dos contratos de trabalho (por exemplo, através de despedimento coletivo), satisfazer os créditos dos trabalhadores.

É pertinente perguntar se outras situações não tipificadas, para serem encaradas como potencialmente causadoras de prejuízo sério, devem possuir uma base valorativa correspondente à dos exemplos enunciados?

A expressão "nomeadamente" leva-nos a concluir que o elenco não é taxativo, podendo a oposição fundar-se noutras situações que, à luz de um juízo de prognose, sejam aptas a provocar o prejuízo sério e apresentem afinidade valorativa com as indicadas pelo legislador[86].

---

tégia comercial adoptada, a solvência da empresa ou a política de pessoal do cessionário". Por seu turno, Joana Simão, *A transmissão de estabelecimento na jurisprudência do trabalho comunitária e nacional*, QL, Ano IX, n.º 20, Coimbra Editora, 2002, p. 217, realçava que o exercício do direito de oposição podia "ser uma forma de evitar a vinculação a uma entidade empregadora que não ofereça condições económicas ou confiança ao trabalhador".

[82] As pessoas coletivas e os patrimónios autónomos são também considerados insolventes quando o seu passivo seja manifestamente superior ao ativo, avaliados segundo as normas contabilísticas aplicáveis (art. 3.º, n.º 2, do CIRE).

[83] O PER está regulado nos arts. 17.º-A a 17.º-J, do CIRE.

[84] Para maiores desenvolvimentos sobre este preceito, veja-se Nuno Salazar Casanova/David Sequeira Dinis, *O Processo Especial de Revitalização*, Coimbra Editora, 2014, ps. 21 e ss..

[85] Por outras palavras, o "devedor não está impossibilitado de cumprir, apenas apresenta dificuldades sérias, como se se tratasse de um momento anterior à situação de insolvência iminente.", Soraia Filipa Pereira Cardoso, *Processo Especial de Revitalização*, Almedina, 2016, ps. 27 e 28.

[86] Na nossa perspetiva, os valores que se pretende aqui proteger são a garantia de sustentabilidade económica e financeira do adquirente e a estabilidade das condições de vida do trabalhador.

Imaginemos que o transmitente cumpria atempadamente as suas obrigações, no entanto, é consabido que o adquirente, a despeito de não ter falta de solvabilidade, nem atravessar uma situação financeira difícil, faz sistematicamente o pagamento da retribuição muito para além do respetivo período de vencimento. Se o trabalhador tiver, por exemplo, a seu cargo despesas mensais previamente calendarizadas, tal situação é passível de afetar (seriamente) as suas condições de vida.

O "prejuízo sério" constitui um facto constitutivo do direito de oposição, por isso, a sua prova impende sobre o trabalhador (art. 342.º, n.º 1, do CC). A questão que se pode adivinhar é, todavia, a de saber se os exemplos-padrão ("manifesta falta de solvabilidade" ou "situação financeira difícil do adquirente") funcionam como presunção legal da existência desse prejuízo, invertendo assim o ónus da prova, ao abrigo do art. 344.º, n.º 1, do CC[87].

No regime da presunção, temos um facto (presumido) que se dá como assente em virtude da prova do facto base[88]. Tirante o caso das presunções *iuris et de iure*, a presunção legal admite prova em contrário (presunções *iuris tantum*), a qual se insurge contra o facto presumido[89].

"A manifesta falta de solvabilidade" e "situação financeira difícil do adquirente" podem ser encaradas como factos-base (que o trabalhador deve demonstrar), sendo "o prejuízo sério" o facto presumido?[90]

O legislador quando pretendeu estabelecer presunções no CT, fê-lo recorrendo às expressões "presume-se", "incumbindo provar" e "presumindo-se"[91]. Por conseguinte e tendo em linha de conta que a interpretação deve,

---

[87] Como esclarece Luís Filipe Pires de Sousa, *Prova por Presunção no Direito Civil*, Almedina, 2012, p. 85, a presunção legal "impõe ao juiz uma determinada decisão para todos os casos a que se refere em abstracto".

[88] A prova do facto base cabe ao beneficiário da presunção legal que fica assim dispensado de demonstrar o facto presumido (art. 350.º, n.º 1, do CC).

[89] A parte contra quem opera a presunção procurará demonstrar judicialmente que este facto não ocorreu.

[90] As presunções legais, habitualmente, estão corporizadas no texto legal através das expressões "salvo (ou exceto) se provar" (cfr. os arts. 493.º, 503.º, n.º 3, 2071.º, n.º 1 e 2315.º, n.º 1, todos do CC); "incumbe provar que" (cfr. o art. 799.º n.º 1, do CC); "presume-se" (cfr. os arts. 1254.º, 1260.º, n.º 2, 1371.º, n.ºs 1 e 2 e 1826.º, n.º 1, todos do CC); "presunção" (cfr. o art. 1268.º, n.º 1, do CC) ou "é admissível a prova de que" (cfr. o art. 2316.º, n.º 3, do CC).

[91] No Código do Trabalho, podemos destacar as seguintes presunções: de contrato de trabalho ("presume-se", art. 12.º, n.º 1); de tratamento discriminatório ("incumbindo provar", art. 25.º, n.º 5); de inexistência de justa causa no caso de despedimento de trabalhadora grávida, puérpera ou lactante ("presume-se", art. 63.º, n.º 2); de adesão do trabalhador a regulamento interno de empresa ("presume-se", art. 104.º, n.º 2); de contrato celebrado a tempo completo ("presume-se", art. 153.º, n.º 2); da titularidade dos instrumentos de trabalho no caso de teletrabalho ("presume-se", art. 168.º, n.º 1); de aceitação de acordo de adaptabilidade individual ou de banco de horas individual ("presumindo-se", arts. 205.º,

em regra, orientar-se pela letra da lei e pela unidade do sistema jurídico, somos tentados a considerar que não houve intenção de introduzir nenhuma presunção na 2.ª parte, do n.º 1, do art. 286.º-A. Destarte, sendo afastada esta possibilidade, teremos que tratar as situações indicadas pelo legislador como meros exemplos, os quais devem passar pelo crivo da cláusula geral ("prejuízo sério")[92]. Na prática, o trabalhador, para se poder opor à transmissão, terá que demonstrar que as situações mencionadas no n.º 1, do art. 286.º-A, são, em concreto, suscetíveis de lhe causar prejuízo sério.

7.2.2. A falta de confiança na política de organização do trabalho do adquirente

Comecemos por esclarecer que, ao contrário do que acontece no primeiro fundamento, a verificação deste segundo não depende do prejuízo sério do trabalhador. Como menciona JOÃO LEAL AMADO[93], trata-se "de um sentimento, de uma crença, de algo emocional e do foro puramente interno do trabalho, algo insuscetível, enquanto tal, de ser demonstrado ou desmentido em tribunal, de ser comprovado pelo trabalhador ou de ser contestado pelo empregador"[94]. Se encararmos assim este fundamento, estamos, na prática, a admitir que o direito de oposição pode ser exercido sem que ao trabalhador caiba fazer prova dos respetivos factos constitutivos, conforme imporia o art. 342.º, n.º 1, do CC. Isto porque, tendo o trabalhador ao seu dispor um fundamento que carece de alegação e prova e outro onde tal não é exigido, certamente irá optar por este último. Por outras palavras, se o trabalhador pode opor-se à transmissão com base na falta de confiança cujos factos não precisa de alegar e muito menos de provar, não vemos qual a vantagem em

n.º 4 e 208.º-A, n.º 2); da natureza retributiva da prestação do empregador ao trabalhador ("presume-se", art. 258.º, n.º 3); da natureza abusiva do despedimento ou de outra sanção ("presume-se", art. 331.º, n.º 2); de inclusão de créditos vencidos na compensação pecuniária global ("presume-se", art. 349.º, n.º 5); de aceitação de despedimento coletivo ("presume-se", art. 366.º, n.º 4) e de abandono do trabalho ("presume-se", art. 403.º, n.º 2).

[92] Esta solução assemelha-se à adotada na resolução com justa causa, prevista no art. 394.º. Segundo este preceito, o trabalhador tem que provar não só o comportamento do empregador, mas também que o mesmo torna impossível a manutenção do vínculo laboral.

[93] *Transmissão da empresa e contrato de trabalho: algumas notas sobre o regime jurídico do direito de oposição*, p. 294.

[94] Este autor, *ob. cit.*, p. 295, acaba mesmo por concluir que a lei não obriga "o trabalhador a invocar e a provar quaisquer factos que, externamente ponderados, possam fundamentar ou justificar a ausência de confiança do trabalhador no adquirente; a lei basta-se, e muito bem, com a circunstância de o trabalhador, independentemente da causa, não sentir confiança no adquirente da empresa (note-se: um estranho para o trabalhador, com o qual ele não celebrou qualquer contrato) e não pretende, por isso, passar a trabalhar sobre a sua autoridade e direção".

recorrer ao primeiro fundamento (prejuízo sério), atravessando o calvário que, muitas vezes, é a tarefa probatória[95] [96]. Por este motivo, temos algumas dificuldades em aceitar que o trabalhador possa opor-se à transmissão com base neste fundamento sem alegar e demonstrar nenhum facto constitutivo.

Procurando agora decifrar a expressão "política de organização do trabalho", diga-se que a esfera jurídica do empregador é encabeçada, entre outros, pelo poder de direção, entendido como o poder de definir, dentro dos limites decorrentes do contrato e das normas que o regem, os termos em que o trabalho deve ser prestado (art. 97.º)[97]. Um dos seus campos privilegiados de manifestação é precisamente a organização do trabalho, a qual pode ser vista como a concretização do conteúdo e dos métodos da atividade produtiva e da coordenação inter-relacional dos trabalhadores apoiada na estrutura hierárquica da empresa, tendo por objetivo a rentabilização da produção e a maximização do lucro. Sem nos determos sobre esta matéria,

---

[95] Júlio Gomes, *Algumas reflexões críticas sobre a lei n.º 14/2018 de 19 de março,* p. 78, questiona se "a falta de confiança não terá que assentar em alguns indícios concretos que devam ser referidos, mencionados, tanto no caso de oposição, como no caso de resolução".

[96] Achamos oportuno trazer à colação a princípio que impõe ao empregador e ao trabalhador o dever de agirem de boa fé no exercício dos seus direitos e no cumprimento das suas obrigações (art. 126.º, n.º 1), sendo a confiança um dos seus factores materiais. Cfr. António Menezes Cordeiro, *Da boa fé no direito civil,* Almedina, 1997, p. 1251. Debruçando-se profundamente sobre este tema, Manuel Carneiro da Frada, *Teoria da Confiança e Responsabilidade Civil,* p. 373, afirma que "o fundamento da proteção da confiança é sempre a tutela das expectativas", pelo que a "respetiva existência é constitutivo-causal dos efeitos normativos em jogo".

A relação jurídico-laboral, tendo natureza duradoura, apresenta-se como uma relação de confiança. Segundo Manuel Carneiro da Frada, *ob. cit.*, p. 560, as "relações duradoiras põem tipicamente em causa um determinado paradigma do contrato (...), apelando a um aperfeiçoamento da dogmática geral dos contratos que (entre outros aspectos) reflicta devidamente o concreto dinamismo da relação entre as partes do contrato e as marcas que nela vai imprimindo a experiência da execução contratual".

A tutela da confiança manifesta-se, entre outros, no regime da alteração das circunstâncias do contrato. Com efeito, nos termos do art. 437.º, n.º 1, do CC, se "as circunstâncias em que as partes fundaram a decisão de contratar tiverem sofrido uma alteração anormal, tem a parte lesada direito à resolução do contrato, ou à modificação dele segundo juízos de equidade, desde que a exigência das obrigações por ela assumidas afecte gravemente os princípios da boa fé e não esteja coberta pelos riscos próprios do contrato". Nas palavras de António Menezes Cordeiro, *Convenções Colectivas de Trabalho e Alterações de Circunstâncias, Lex,* 1995, p. 97, "... as alterações registadas dentro da álea dos contratos são normais e não contundem com a boa fé". Veja-se ainda António Menezes Cordeiro, *Da alteração das circunstâncias*, Separata dos Estudos em Memória do Prof. Doutor Paulo Cunha, Lisboa, 1987, p. 43 e Luís Carvalho Fernandes, *A teoria da imprevisão no direito civil português*, reimpressão, *Quid Iuris*, 2001, ps. 270 e ss..

Não podemos esquecer que a perda de confiança *ancora* o despedimento e a resolução com justa causa (cfr. os arts. 351.º e 394.º).

[97] Este poder funda-se no princípio da livre iniciativa económica, constitucionalmente consagrado no art. 80.º, da CRP.

diga-se que a organização do trabalho surge como um fenómeno de natureza social e técnica com implicações no equilíbrio da relação jurídico-laboral. Talvez por esta razão, o legislador tenha procurado garantir ao trabalhador a faculdade de se opor à transmissão quando a política de organização do trabalho do adquirente não lhe *inspire* confiança[98].

7.3. Prazo e forma de exercício do direito de oposição

O transmitente e o adquirente devem informar os representantes dos trabalhadores ou, caso não existam, os próprios trabalhadores nos termos do art. 286.º, n.º 1. Na falta de representantes, os trabalhadores abrangidos pela transmissão podem designar uma comissão representativa, no prazo de cinco dias úteis a contar da receção da informação supra referida (art. 286.º, n.º 6). Após o termo deste prazo, se a comissão não for constituída, ou após o acordo ou o termo da consulta a que se refere o n.º 4, do art. 286.º[99], o trabalhador tem cinco dias úteis para exercer o direito de oposição (art. 286.º-A, n.º 3).

Será aconselhável que os trabalhadores, depois de terem conhecimento da transmissão, procurem obter os elementos necessários à formação da sua convicção, eventualmente, opoente.

A declaração de oposição é unilateral e receptícia, ou seja, produz os seus efeitos a partir do momento em que é recebida ou chega ao conhecimento do destinatário (art. 224.º, n.º 1, do CC)[100].

Quanto à forma, o direito de oposição deve ser exercido mediante informação escrita, de onde conste a identificação do trabalhador/opoente, a

---

[98] Para uma análise acerca da organização qualificante, *vide* Glória Rebelo, *Para uma Organização Qualificante: da importância dos conceitos de actividade e de mobilidade funcional no Código do Trabalho*, QL, Ano XII, n.º 25, Coimbra Editora, 2005, ps. 1 e ss.. Já a perspetiva histórica e económica da organização do trabalho pode ser desenvolvida em António Gustavo da Mota, *A Evolução da Técnica e da Organização do Trabalho*, Almedina, 1996.

De referir que, no domínio das sociedades comerciais, os gerentes ou administradores devem observar os deveres de lealdade, no interesse da sociedade, atendendo aos interesses de longo prazo dos sócios e ponderando os interesses dos outros sujeitos relevantes para a sustentabilidade da sociedade, tais como os seus trabalhadores, clientes e credores (art. 64.º, n.º 1, al. *b*), do CSC). Para maiores desenvolvimentos acerca do interesse social e interesse da empresa, *vide* Jorge Manuel Coutinho de Abreu, *Da empresarialidade – As empresas no direito*, Almedina, 1996, ps. 225 e ss..

[99] Nos termos desta norma, o "transmitente e o adquirente devem consultar os representantes dos respectivos trabalhadores, antes da transmissão, com vista à obtenção de um acordo sobre as medidas que pretendam aplicar aos trabalhadores na sequência da transmissão, sem prejuízo das disposições legais e convencionais aplicáveis a tais medidas".

[100] Note-se que a declaração que não tenha sido recebida pelo destinatário por culpa sua é também considerada eficaz (art. 224.º, n.º 2, do CC).

atividade contratada e o fundamento da oposição (cfr., conjugadamente, os n.ºs 1 e 2, do art. 286.º-A)[101].

Se olharmos para o regime da resolução com justa causa, verificamos que a forma escrita (com indicação dos respetivos motivos), exigida no art. 395.º, tem sido vista como uma condição de validade e, para alguns, até mesmo de licitude[102]. O que vale por dizer que estamos perante uma formalidade *ad substantiam* e não *ad probationem*[103] [104].

Por debaixo do *escudo* da justa causa, a resolução extingue imediatamente o contrato de trabalho. Assim, quando a forma escrita não for respeitada[105], considera-se que o trabalhador fez cessar o contrato sem justa causa e, em consequência, sem direito à indemnização prevista no art. 396.º, podendo incorrer em responsabilidade civil nos termos do art. 399.º.

Daqui extraímos que a resolução com justa causa, tem dois efeitos autónomos: o extintivo (art. 394.º, n.º 1) e o indemnizatório (art. 396.º, n.º 1). Se este último não se verificar, o primeiro não deixa de se produzir (isto é, o contrato extingue-se na mesma).

Também o exercício do direito de oposição está sujeita ao cumprimento de requisitos substanciais (art. 286.º-A, n.º 1, parte final) e formais (art. 286.º-A, n.º 3). Entre estes últimos, está a observância da forma escrita,

---

[101] O formalismo aqui estabelecido é semelhante ao previsto para a resolução com justa causa (art. 395.º, n.º 1) e para a denúncia (art. 400.º, n.º 1).

[102] Veja-se Pedro Furtado Martins, *Da Cessação do Contrato de Trabalho*, Principia, 1999, 164 e Joana Vasconcelos *in* Martinez, Pedro Romano e Outros, *Código do Trabalho – Anotado*, 7.ª edição, Almedina, 2009, p. 883 e João Leal Amado, *Contrato de Trabalho*, Coimbra Editora, 2009, p. 448. Sobre esta questão, ver ainda, Ricardo Nascimento, *Da Cessação do Contrato de Trabalho*, Coimbra Editora, 2008, ps. 245 e 246. Na jurisprudência, destacamos os Acs. da RP, de 26.03.2012 *in* www.dgsi.pt (Proc. n.º 1282/10.5TTBRG.P1); de 29.02.2016 *in* www.dgsi.pt (Proc. n.º 651/15.9T8MTS.P1) e de 12.09.2016 *in* www.dgsi.pt (Proc. n.º 896/13.6TTMTS.P1).

[103] Para maiores desenvolvimentos sobre as formalidades *ad substantiam* e *ad probationem*, veja-se, entre outros, José de Oliveira Ascensão, *Direito Civil – Teoria Geral*, Volume II, Coimbra Editora, 1999, ps. 52 e ss.; João de Castro Mendes, *Teoria Geral do Direito Civil*, vol. II, AAFDL, 1995, ps. 87 e ss. e Carlos Alberto da Mota Pinto, *Teoria Geral do Direito Civil*, 3.ª edição, 12.ª reimpressão, Coimbra Editora, 1999, ps. 435 e ss..

[104] Já sobre a forma *ad probationem* da denúncia, veja-se Albino Mendes Baptista, *A Cessação do Contrato de Trabalho por Iniciativa do Trabalhador no Código do Trabalho*, Estudos sobre o Código do Trabalho, Coimbra Editora, 2004, p. 51 e, na jurisprudência, os Acs. da RP, de 27.11.1989 *in* CJ, Ano XIV, Tomo V, p. 247; da RL, de 22.01.1992 *in* CJ, Ano XVII, Tomo I, p. 191; da RL, de 28.02.2004 *in* CJ, Ano XXIX, Tomo I, p. 149; do STJ, de 20.02.2008 *in* www.dgsi.pt (Proc. n.º 07S3529); do STJ, de 15.09.2010 *in* www.dgsi.pt (Proc. n.º 293/07.2TTSNT.L1.S1) e da RL, de 29.04.2015 *in* www.dgsi.pt (Proc. n.º 113/14.1TTFUN.L1-4).

[105] Não esqueçamos que na ação em que for apreciada a ilicitude da resolução, apenas são atendíveis os factos que constam da comunicação enviada ao empregador (arts. 395.º, n.º 1 e 398.º, n.º 3).

com menção da identificação, atividade contratada e fundamento invocado. O legislador procurou aqui assegurar que o empregador tome conhecimento inequívoco das razões aduzidas pelo trabalhador, de molde a decidir, de forma séria, esclarecida e ponderada, qual o comportamento que irá adotar[106]. Nesta linha, somos levados a concluir que, sendo a forma escrita um requisito de validade do exercício do direito de oposição, a sua natureza é *ad substantiam*[107].

Uma vez que a oposição tem o efeito impeditivo da transmissão da posição do empregador, conduzindo à manutenção do contrato de trabalho celebrado com o transmitente (art. 286.°-A, n.° 2), se admitirmos que a declaração de oposição que não seja emitida por escrito é nula (art. 220.°, do CC), tal efeito não se produz. Por outras palavras, se o direito de oposição não for exercido por escrito, verifica-se a transmissão, passando o trabalhador/opoente a integrar o quadro de pessoal do adquirente.

7.4. Consequências da ilicitude do exercício do direito de oposição

Do lado dos requisitos substanciais, importa procurar uma solução para os casos em que o trabalhador/opoente cumpre as regras formais exigidas (forma escrita e prazo legal), mas vê declarada a ilicitude da oposição por inexistência ou improcedência dos fundamentos invocados.

O exercício ilícito de um direito traduz-se numa manifestação de incumprimento contratual[108], daí que, aplicando-se, no âmbito da relação jurídico-laboral, o princípio segundo o qual a parte que falta culposamente ao cumprimento dos seus deveres é responsável pelo prejuízo causado à contraparte (art. 323.°, n.° 1, do CT)[109], seria juridicamente configurável que o trabalhador fosse responsabilizado pelo exercício ilícito do direito de oposição. É claro que, para além da ilicitude[110], seria sempre necessária a verificação

---

[106] É de destacar que a forma escrita funciona aqui como um *veículo* que leva ao conhecimento do empregador os motivos justificativos.

[107] Convém também relembrar que, em regra, a declaração negocial que careça de forma legalmente prescrita é nula (art. 220.°, do CC).

[108] Assunção Cristas, *É possível impedir judicialmente a resolução de um contrato?*, Estudos Comemorativos dos 10 Anos da Faculdade de Direito da Universidade Nova de Lisboa, Volume II, Almedina, 2008, p. 63, propõe esta solução para a resolução ilícita.

[109] Preceito decalcado do art. 798.°, do CC. Na opinião de Pedro Romano Martinez, *Direito do Trabalho*, p. 792, os arts. 323.° e 324.° correspondem a meros esclarecimentos "no sentido de que valem as regras gerais do direito das obrigações".

[110] Que emana da desconformidade "entre a conduta devida (prestação debitória) e o comportamento observado" João de Matos Antunes Varela, *Das Obrigações em geral*, vol. II, p. 93.

dos restantes pressupostos da responsabilidade civil (a culpa; o dano e o nexo de causalidade entre o ato ilícito e o prejuízo)[111].

Uma abordagem perfunctória da questão, tenderia a encarar o exercício do direito de oposição, que viesse a ser considerado ilícito apenas em virtude da improcedência dos motivos justificativos, como uma fonte de responsabilidade civil[112]. Ou seja, bastava que os pressupostos substanciais não se considerassem verificados para que o trabalhador pudesse ser responsabilizado pelos danos eventualmente causados.

Não nos parece que esta perspetiva se coadune com as finalidades do direito de oposição, promova o equilíbrio entre as partes e garanta a formação livre, esclarecida e consciente da vontade opoente[113]. Razão pela qual consideramos que só a conduta que configure um abuso de direito[114] é geradora de responsabilidade civil[115]. Transpondo esta visão para o nosso estudo, o trabalhador/opoente, na nossa perspetiva, só pode ser responsabilizado pelos danos eventualmente causados se o exercício do direito de oposição se traduzir num abuso de direito, cabendo ao empregador a demonstração desse desvio normativo, do dano e do nexo causal. O que vale por dizer que a ilicitude do exercício do direito de oposição que emirja simplesmente da improcedência dos motivos justificativos, não é, por si só, apta a gerar responsabilidade civil. Em suma, exige-se que o trabalhador tenha agido em desconformidade com o conteúdo normativo do direito, excedendo os limites impostos pela boa fé, pelos bons costumes ou pelo respetivo fim social ou económico (art. 334.°, do CC).

Quanto a nós, a solução proposta, incentivando as partes a atuarem dentro dos limites balizados pela boa fé, fomenta o equilíbrio contratual.

Não cremos que o efeito indemnizatório atribuído à resolução ilícita pelo art. 399.°, possa servir como padrão de referência para as consequências da

---

[111] Segundo Fernando Pessoa Jorge, *Ensaio Sobre os Pressupostos da Responsabilidade Civil,* Almedina, 1995, p. 55, os pressupostos da responsabilidade civil podem reconduzir-se essencialmente a dois: o *acto ilícito* e o *prejuízo reparável*".

[112] Devemos realçar que o não cumprimento contratual só é geralmente admissível quando proceder do exercício lícito de um direito. Cfr. Fernando Augusto Cunha de Sá, *Abuso de Direito*, Almedina, 2005, ps. 465 e 466.

[113] O trabalhador seria assolado por um temor reverencial que fragilizaria ainda mais a sua posição jurídica.

[114] Nos termos do art. 334.°, do CC, é "ilegítimo o exercício de um direito, quando o titular exceda manifestamente os limites impostos pela boa fé, pelos bons costumes ou pelo fim social ou económico desse direito".

[115] Cfr. Jorge Manuel Coutinho de Abreu, *Do Abuso de Direito*, Almedina, 1999, ps. 76 e 77.

ilicitude do exercício do direito de oposição. Na verdade, enquanto que a oposição impede apenas a transmissão da posição do empregador, a resolução produz um efeito extintivo e um efeito indemnizatório. Daí que, não sendo provada a justa causa em que assenta este último, o contrato de trabalho cessa na mesma, convertendo-se a resolução numa denúncia sem cumprimento do aviso prévio[116]. Cfr. os arts. 399.º e 401.º.

7.5. Efeitos jurídicos da oposição

A transmissão implica a substituição de um empregador (transmitente) por outro (adquirente), sendo assim, ao manifestar a sua oposição, o trabalhador/opoente está a recusar a sua *passagem para essa nova linha relacional*, optando por manter o vínculo laboral com o transmitente (n.º 2, do art. 286.º-A)[117]. Todavia, a manutenção do vínculo pode revelar-se impossível, *v.g.*, se empregador transmite o único estabelecimento comercial que explora e de seguida encerra a sua atividade económica.

A situação pode enquadrar-se no art. 346.º, tendo o trabalhador direito à compensação prevista no art. 366.º?

Para JOÃO LEAL AMADO[118], a aplicabilidade do art. 346.º depende de remissão legal que o art. 286.º-A não previu. Para este autor, "a norma aplicável ao caso será, em princípio, a constante da al. *b*) do art. 343.º, pelo que o contrato caducará, sem direito a compensação".

Temos algumas dúvidas em aceitar, sem mais, este entendimento, atendendo a que, naquele cenário, o trabalhador, sem qualquer compensação, não só não teria vínculo contratual com o adquirente (em virtude da oposição), como não manteria o vínculo com o transmitente (por força da caducidade), o que constituiria uma ofensa às finalidades do direito de oposição[119]. Não percamos de vista que a principal consequência da oposição do trabalhador é a manutenção do vínculo laboral com o transmitente, tudo se passando, no fundo, como se a transmissão não tivesse existido.

---

[116] Note-se que, ocorrendo justa causa, o trabalhador pode fazer cessar imediatamente o contrato (art. 394.º, n.º 1), sem estar sujeito a nenhum prazo de aviso prévio.

[117] O legislador nacional, no âmbito dos poderes conferidos pela Diretiva 2001/23/CE e reconhecidos pelo TJ, definiu assim, finalmente, o destino da relação jurídica após a oposição do trabalhador.

[118] *Transmissão da empresa e contrato de trabalho: algumas notas sobre o regime jurídico do direito de oposição*, p. 296.

[119] Vimos já que o direito de oposição assenta não só no princípio da autonomia da vontade (art. 405.º, do CC), mas também nos direitos ao trabalho (art. 58.º, n.º 1, da CRP) e à livre escolha de profissão ou género de trabalho (art. 47.º, n.º 1, da CRP).

O art. 346.º, n.º 2, estabelece que a extinção de pessoa coletiva empregadora determina a caducidade do contrato, salvo havendo transmissão. Sucede que, com a oposição, a transmissão é inexistente em relação ao trabalhador, ou seja, o seu vínculo laboral com o transmitente é conservado. Desta forma, se a extinção do empregador/transmitente (que seja uma pessoa coletiva) ocorrer após a transmissão verifica-se a caducidade do contrato de trabalho celebrado com o trabalhador/opoente, nos termos da citada norma (apesar da ausência de remissão legal). Por sua vez, o n.º 3, do art. 346.º, determina que o contrato de trabalho caduca havendo encerramento total e definitivo da empresa, o qual verifica-se, por exemplo, quando o único estabelecimento que o empregador explorava foi objeto da transmissão. Assim, como a oposição do trabalhador implica a manutenção do vínculo laboral com o empregador/transmitente, aquele encerramento pode fazer caducar o contrato de trabalho, nos termos da mencionada disposição legal. Em boa verdade, o estabelecimento onde o trabalhador desempenhava funções e que consistia no único objeto de exploração da atividade do empregador/transmitente deixou de existir na esfera jurídica deste, isto é, o trabalhador, embora mantenha o vínculo laboral, não tem local de trabalho, nem funções para exercer.

Em suma, não nos choca subsumir as duas situações que apontamos aos citados n.ºs 2 e 3, do art. 346.º, mais ainda porque ambas resultam de atos de vontade do empregador[120], que não são imputáveis ao trabalhador[121].

Esta posição escora-se nas regras da interpretação declarativa ou, partindo do pressuposto que a letra do texto ficou aquém do espírito da lei, da interpretação extensiva[122] [123]. No entanto, se admitirmos que a situação em causa nem sequer está compreendida no espírito da lei, podemos sempre seguir o caminho da integração[124], perfilando-se a analogia como uma

---

[120] Convém não esquecer que a transmissão da empresa ou estabelecimento é um negócio jurídico.

[121] Esta interpretação do regime vigente pauta-se também pela regra que impõe ao jurista uma compreensão do sistema para, à luz deste, "compreender depois cada parte", José de Oliveira Ascensão, *O Direito – Introdução e Teoria Geral*, 7.ª edição, Almedina, 1993, p. 381.

[122] Sobre a distinção entre interpretação declarativa e extensiva, *vide* J. Baptista Machado, *Introdução ao Direito e ao Discurso Legitimador*, Almedina, 1983, ps. 185 e 186.

[123] Júlio Gomes, *Algumas reflexões críticas sobre a lei n.º 14/2018 de 19 de março,* p. 85, entende que "se a pessoa do transmitente se extinguir e se o trabalhador exercer o seu direito de oposição à transmissão da posição de empregador a norma do artigo 346.º do CT deverá ser objeto de uma interpretação atualizadora e aplicar-se à situação…". A favor da aplicação do art. 346.º, veja-se ainda David Carvalho Martins, *Novo regime da transmissão de unidade económica: algumas notas*, p. 136.

[124] Sem ousarmos entrar nos meandros desta distinção, atrevemo-nos a adiantar que a interpretação estende a aplicação da norma a situações jurídicas não previstas na sua letra, mas acolhidas no seu

solução possível[125]. Existe analogia sempre que no caso omisso procedam as razões justificativas da regulamentação do caso previsto na lei (art. 10.º, n.º 2, do CC)[126]. Ora, as situações em análise resultam ambas de factos imputáveis ao empregador/transmitente que têm como consequência a extinção do contrato de trabalho[127], pelo que, também por aqui, o art. 346.º é aplicável.

8. RESOLUÇÃO DO CONTRATO DE TRABALHO

O direito de oposição não pode ser confundido com o direito de resolução com justa causa. A propósito desta modalidade de cessação do contrato de trabalho, Jorge Leite/Coutinho de Almeida[128] reconheciam o direito de o trabalhador "rescindir com justa causa o contrato se alegar (e vier a provar) interesses sérios em não continuar ao serviço do adquirente". Entendíamos que o trabalhador apenas seria obrigado a manter-se na empresa se a modificação contratual não implicasse nenhuma alteração substancial da sua posição jurídica. Com a L n.º 14/2018, o trabalhador, servindo-se dos mesmos fundamentos da oposição, pode optar por resolver o contrato de trabalho com justa causa (cfr., conjugadamente, a al. *d*), do n.º 3, do art. 394.º e o n.º 1 do artigo 286.º -A).

Assim, no caso de possível verificação de prejuízo sério ou de perda de confiança na política de organização do trabalho do adquirente, o trabalhador tem duas alternativas: opor-se à transmissão, mantendo o vínculo laboral

---

espírito, enquanto que a integração conduz a norma a situações que nem sequer estão abrangidas pelo seu espírito.

[125] Nos termos do art. 10.º, n.º 1, do CC, os casos que a lei não prevê são regulados segundo a norma aplicável aos casos análogos.

[126] Isto não significa que as situações jurídicas tenham de ser idênticas. Como salienta José de Oliveira Ascensão, *O Direito – Introdução e Teoria Geral*, p. 436, o "caso omisso tem de ter sempre alguma diversidade em relação ao caso previsto. (...) O que a analogia supõe é que as semelhanças são mais fortes que as diferenças. Há um núcleo fundamental nos dois casos que exige a mesma estatuição. Se esse núcleo fundamental pesar mais que as diversidades, podemos então afirmar que há analogia".

[127] Daí o direito à compensação previsto no n.º 5, do art. 346.º. Por outras palavras, o trabalhador recebe o mesmo que receberia se tivesse ocorrido um despedimento por motivos objetivos (*v.g.*, o despedimento coletivo).

Para David Falcão/Sérgio Tenreiro Tomás, *Algumas notas sobre o regime jurídico aplicável à transmissão de empresa,* PDT, 1.º Semestre de 2018, Número I, CEJ, p. 115, a caducidade do contrato, com direito a compensação calculada nos termos do art. 366.º, perfila-se como a resposta mais lógica, embora no plano do direito a constituir.

[128] *Colectânea de Leis do Trabalho,* p. 79.

com o transmitente ou extinguir esse vínculo, através da resolução com justa causa[129].

ABREVIATURAS

AAFDL – Associação Académica da Faculdade de Direito de Lisboa
Ac. – Acórdão
ACT – Autoridade para as Condições do Trabalho
BE – Bloco de Esquerda
CC – Código Civil, aprovado pelo Decreto-Lei n.º 47344, de 25 de novembro de 1966
CE – Comunidade Europeia
CEE – Comunidade Económica Europeia
CIRE – Código de Insolvência e da Recuperação de Empresas, aprovado pelo Decreto-Lei n.º 53/2004, de 18 de março
CJ – Colectânea de Jurisprudência
CNDT – Congresso Nacional de Direito do Trabalho
CRP – Constituição da República Portuguesa de 02 de abril de 1975
CSC – Código das Sociedades Comerciais, aprovado pelo Decreto-Lei n.º 262/86, de 02 de setembro
CT/2003 – Código do Trabalho, aprovado pela Lei n.º 99/2003, de 27 de agosto
CT/2009 – Código do Trabalho, aprovado pela Lei n.º 7/2009, de 12 de fevereiro
DGERT – Direção-Geral do Emprego e das Relações de Trabalho
DL – Decreto-Lei
ESC – Estudos Sociais e Corporativos
JOC – Jornal Oficial das Comunidades Europeias
JOUE – Jornal Oficial da União Europeia
L – Lei
LCT – Regime Jurídico do Contrato Individual de Trabalho, aprovado pelo Decreto-Lei n.º 49 408, de 24 de novembro de 1969
PDT – Prontuário de Direito do Trabalho
PER – Processo Especial de Revitalização
PS – Partido Socialista
QL – Questões Laborais
RC – Tribunal da Relação de Coimbra
RDES – Revista de Direito e de Estudos Sociais
RE – Tribunal da Relação de Évora
RG – Tribunal da Relação de Guimarães
RL – Tribunal da Relação de Lisboa
RP – Tribunal da Relação do Porto

[129] Fabrícia de Almeida Henriques, *Transmissão de estabelecimento e flexibilização das relações de trabalho*, p. 993, colocava a questão de saber "se não deveria ser admitido que o trabalhador fosse dispensado de invocar qualquer circunstância especial, bastando, para rescindir o contrato sem necessidade de aviso prévio", a alteração contratual em causa (a transmissão).

RLJ – Revista de Legislação e Jurisprudência
ROA – Revista da Ordem dos Advogados
STA – Supremo Tribunal Administrativo
STJ – Supremo Tribunal de Justiça
TJ – Tribunal de Justiça
TJC – Tribunal de Justiça das Comunidades
TJCE – Tribunal de Justiça das Comunidades Europeias

TRANSMISSÃO INDIRETA: ALGUMAS NOTAS À LUZ DA LEI N.º 14/2018, DE 19 DE MARÇO[1,2]

Tiago Cochofel de Azevedo
Advogado

SUMÁRIO: *1. Introdução; 2. Transmissão Indireta; 3. Lei n.º 14/2018, de 19 de março, e transmissão indireta; 3.1. A unidade económica; 3.2. O procedimento de informação e consulta; 3.3. Oposição; 3.4. Resolução; 4. Nota final.*

RESUMO: *O presente texto constitui uma primeira reflexão sobre a aplicação do atual (ainda porventura qualificável como "novo") regime legal de transmissão de empresa ou estabelecimento aos casos de transmissão indireta, focando-se nas grandes áreas da revisão legislativa operada pela Lei n.º 14/2018, de 19 de março: conceito de unidade económica, procedimento, oposição e resolução.*

Palavras-chave: *Transmissão de estabelecimento; transmissão de unidade económica; transmissão indireta; deveres de informação e consulta; oposição; resolução.*

1. INTRODUÇÃO

A Lei n.º 14/2018, de 19 de março, introduziu alterações significativas ao regime da transmissão da unidade económica, previsto no art.º 285.º e seguintes do CT[3]. Algumas dessas alterações correspondem a soluções já

---

[1] O presente texto corresponde, na sua essencialidade, à intervenção realizada no Centro de Estudos Judiciários, em 1 de março de 2019, no âmbito da ação de formação "Temas de Direito do Trabalho e de Processo do Trabalho", visando sistematizar as reflexões então partilhadas.

[2] O presente texto segue as regras do novo acordo ortográfico.

[3] Sobre o regime resultante da revisão operada pela Lei n.º 14/2018, de 19 de março, vejam-se os recentes textos de Júlio Gomes, "Algumas Reflexões Críticas sobre a Lei n.º 14/2018 de 19 de março", *Prontuário de Direito do Trabalho*, número I, 2018, págs. 75 e ss; David Falcão e Sérgio Tenreiro Tomás, "Algumas notas sobre o regime jurídico aplicável à transmissão de empresa ou estabelecimento à luz da lei n.º 14/2018, de 19 de março", *Prontuário de Direito do Trabalho*, número I, 2018, págs. 105 e ss; David Carvalho Martins, "Novo regime de transmissão de unidade económica: algumas notas", *Prontuário de Direito do Trabalho*, número I, 2018, págs. 117 e ss; Pedro Romano Martinez e Pedro Madeira de Brito, "O novo regime da transmissão da unidade económica introduzido pela Lei n.º 14/2018, de 19 de março", *Revista de Direito e Estudos Sociais*, Ano LIX (XXXII) n.º 1-4, Janeiro-Dezembro 2018, págs. 7 e ss; Joana Vasconcelos, "Sobre a resolução do contrato de trabalho fundada na transmissão para o adquirente da empresa ou do estabelecimento ou da posição contratual do empregador", *Revista de Direito*

reclamadas ou sustentadas por parte da nossa doutrina e jurisprudência, outras constituem inovações ou aprofundamento de aspetos do regime anterior.

O novo regime legal resulta da discussão de quatro projetos de lei, apresentados pelo Bloco de Esquerda (Projeto de Lei n.º 587/XIII/2.ª), Partido Comunista Português (Projeto de Lei n.º 600/XIII/2.ª), Partido Pessoas Animais e Natureza (Projeto de Lei n.º 603/XIII/2.ª) e Partido Socialista (Projeto de Lei n.º 606/XIII/2.ª). Os projetos em causa partilham um objetivo comum de reforço dos diretos e garantias dos trabalhadores, em particular contra o risco de utilização fraudulenta da figura da transmissão de estabelecimento, consubstanciado na transferência de trabalhadores[4] para estruturas empresariais com pouca ou nenhuma solvabilidade, ou veículos financeiros criados com o específico propósito de os receber, facilitando despedimentos futuros (nomeadamente pela extinção dessa estrutura) e/ou deteriorando as garantias de pagamento da retribuição e compensação (dado o empregador originário ser solidariamente responsável pelas dívidas vencidas apenas até à data da transmissão e, nos termos do anterior art.º 285.º, n.º 2, do CT, somente durante um ano subsequente a esta)[5].

---

e Estudos Sociais, Ano LIX (XXXII) n.º 1-4, Janeiro-Dezembro 2018, págs. 125 e ss; António Monteiro Fernandes, "Alguns aspectos do novo regime jurídico-laboral da transmissão de empresa ou estabelecimento", *Questões Laborais*, n.º 53, págs. 7 e ss; João Leal Amado, "Transmissão de unidade económica e dos contratos de trabalho: oposição *ma non troppo*?", *Questões Laborais*, n.º 53, págs. 43 e ss; Melanie Oliveira Neiva Santos e Susana Ferreira dos Santos, "O (novíssimo) direito de oposição em caso de transmissão de empresa ou estabelecimento", *Questões Laborais*, n.º 53, págs. 65 e ss.

[4] Em rigor, é consabido que a transmissão de estabelecimento não opera qualquer transferência de trabalhadores, mas sim a modificação subjetiva da parte que, na relação laboral, assume a posição de empregador (note-se, por isso, a falta de rigor do legislador na redação do art.º 285.º, n.º 3, do CT, quando alude a "*trabalhadores transmitidos ao adquirente*").

[5] No exposição de motivos do Projeto de Lei n.º 587/XIII/2.ª, do Bloco de Esquerda pode ler-se, que "*(...) têm-se observado, nos últimos anos, práticas de utilização fraudulenta desta lei, designadamente defraudando os direitos dos trabalhadores e impedindo a eficácia do princípio da estabilidade do emprego*", em que, o "*(...) automatismo da transmissão dos contratos de trabalho para o cessionário poderia, em casos de fraude, funcionar perversamente contra os interesses do trabalhador e não como meio de proteção deste*". Em sentido idêntico, o Projeto de Lei n.º 600/XIII/2.ª do Partido Comunista Português aponta para a "*(...) utilização fraudulenta do mecanismo da transmissão da empresa e do estabelecimento – e bem assim da lei – para alcançar objetivos de fragilização dos trabalhadores e violação dos seus direitos, justificar operações de externalização (outsourcing) e/ou de trabalho temporário "encapotado", desrespeitar direitos adquiridos e não aplicar Instrumentos de Regulamentação Coletiva de Trabalho existentes, fazendo deste mecanismo uma verdadeira antecâmara de despedimento de trabalhadores*". Também o Projecto de Lei n.º 603/XIII/2.ª do PAN vem referir que "*a experiência tem demonstrado que este regime potencia situações de abuso, cabendo ao legislador procurar soluções nomeadamente contra manobras fraudulentas levadas a cabo pelos empregadores que, através deste mecanismo, procuram prejudicar os trabalhadores, levando-os,*

A revisão legislativa é, pois, animada por uma visão patológica da figura da transmissão de empresa ou estabelecimento[6], o que justifica, segundo cremos, grande parte das soluções implementadas.

Num primeiro grupo de alterações encontramos a densificação do conceito de unidade económica, com o objetivo de evitar o efeito transmissivo quando não exista uma realidade económica subjacente suficientemente materializada, assim impedindo que o empregador selecione certo grupo de trabalhadores (enquanto "unidade" ou parte integrante da mesma) com o único propósito de os transferir para terceiro.

Num segundo grupo incluir-se-ia a revisão do procedimento legal de informação e consulta – mediante alargamento do objeto, densificação processual e sujeição a controlo externo (pela ACT e DGERT) – tornando mais visível aos trabalhadores abrangidos os contornos das operações transmissivas, os seus impactos na relação laboral e facilitando a identificação das transmissões fictícias ou fraudulentas.

Em termos inovadores face ao regime anterior, a lei prevê agora expressamente o direito de oposição do trabalhador (com manutenção do vínculo no transmitente), atribuindo-lhe a decisão sobre o destino final do seu contrato (e dissipando a dúvida que sobre o tema desde há muito estava instalada).

Por fim, a Lei n.º 14/2018, de 19 de março, acrescenta uma nova causa de resolução do contrato de trabalho por iniciativa do trabalhador, na sequência da transmissão e atribuindo-lhe o direito a compensação[7].

Não sendo o escopo do nosso trabalho, não podemos deixar de subscrever as (justas) críticas tecidas à forma como os interesses das partes envolvidas foram aqui sopesadas, numa revisão legislativa que não prima pela clareza.

---

por exemplo, a rescindir os seus contratos, pela consequente degradação das condições de trabalho." O Projeto de Lei n.º 606/XIII/2.ª do Partido Socialista segue a mesma linha geral de orientação, ainda que com uma exposição de motivos mais enxuta: "*apesar do grau de proteção existente dos direitos dos trabalhadores, pilar fundamental de uma sociedade coesa e desenvolvida, ainda é possível reforçar as garantias que são dadas, bem como a clareza e transparência do processo de transmissão de estabelecimento*".

[6] Para o efeito, os referidos projetos tomaram como exemplo um caso concreto (sem, no entanto, diga-se, serem apresentados dados ou referências claras sobre a efetiva utilização abusiva da figura pelos empregadores nacionais, e sendo certo que na maioria dos casos analisados pelos Tribunais o enfoque não está na natureza "fraudulenta" da transmissão, mas sim na simples verificação, ou não, da sua ocorrência).

[7] O pagamento da compensação constitui o elemento verdadeiramente inovador, pois que ao trabalhador já assistia a faculdade de (i) denúncia nos termos do art.º 400.º e seguintes do CT ou (ii) resolução com justa causa, por alteração substancial e duradoura das condições de trabalho, nos termos do art.º 394.º, n.º 3, alínea b), do CT, podendo o trabalhador a eles recorrer para pôr termo ao contrato de trabalho, mas sem qualquer compensação.

A ligação umbilical entre o contrato de trabalho e a unidade onde este se desenvolve visa a proteção do trabalhador, garantindo que este acompanha o negócio que dá justificação à existência e manutenção do seu posto de trabalho, e no qual o trabalhador se empenha e se realiza pessoal e profissionalmente no exercício da atividade. Mas o regime legal leva (e deverá necessariamente levar) igualmente em linha de conta os interesses do empregador, tanto do transmitente como do adquirente (este último com uma legítima expectativa de receber um negócio em funcionamento, dotado dos meios materiais e humanos para o efeito). Ora, a Lei n.º 14/2018, de 19 de março, é estritamente unidirecional, tendo como único e declarado propósito o reforço da posição do trabalhador, não se vislumbrando, pois, qualquer preocupação de manter um equilíbrio de interesses conflituantes, num regime que era e deveria manter-se o resultado de uma articulação desses interesses (de uma parte, a proteção do emprego; do outro, o exercício da liberdade de iniciativa económica do empregador)[8].

2. TRANSMISSÃO INDIRETA

Nos termos do disposto no art.º 285.º, n.º 1, do CT, o regime da transmissão aplica-se aos casos de (i) transmissão da titularidade da empresa, (ii) transmissão da titularidade do estabelecimento e (iii) transmissão da titularidade de uma parte da empresa, ou do estabelecimento, quando essa parte constitua uma unidade económica. Esta "unidade económica" constitui, assim, o *mínimo denominador comum* para efeitos de aplicação do regime legal[9].

Por seu turno, e uma vez que nem todas as operações transmissivas implicam uma alteração na titularidade do negócio, estão ainda abrangidos pelo CT os casos em que apenas a exploração (e já não a titularidade) é concedida, por transmissão, cessão ou reversão.

Na transmissão da titularidade, o transmitente transfere um *quid* relevante (a empresa, o estabelecimento, a unidade económica) para o respetivo adquirente, que assume a qualidade de empregador nos contratos dos traba-

---

[8] Sobre o regime da transmissão de estabelecimento enquanto protetor de ambos trabalhador e empregadores, ver nomeadamente Maria do Rosário Palma Ramalho, *Direito do Trabalho – Parte II – Situações laborais Individuais*, Almedina, 2010, pág. 763 e ss. e António Monteiro Fernandes, "Alguns aspectos…", *op. cit.* pp. 8-12. Equacionando a inconstitucionalidade das alterações introduzidas pela Lei n.º 14/2018, atento o desequilíbrio de posições dela resultante, veja-se Pedro Romano Martinez e Pedro Madeira de Brito, "O novo regime…", *op. cit.* pp. 81-86.

[9] Recorremos aqui à expressão utilizada por David Carvalho Martins, "Novo regime…" *op. cit.*, pág. 121.

lhadores afetos ao *quid* transmitido. Na exploração, quem a detém originalmente transfere-a para terceiro, cede-a para que terceiro a tome ou recebe-a de volta para si, sendo a posição de empregador nos contratos de trabalho assumida, sucessivamente, pela entidade que, em cada momento, procede a essa exploração.

Todo o regime legal assenta num paradigma de relação bilateral, envolvendo uma entidade de origem (onde se encontra o objeto da transmissão ou cedência de exploração, bem como os trabalhadores que lhe estão afetos) e uma entidade de destino (que recebe esse objeto, e com ele os respetivos trabalhadores). Esta tipologia transmissiva – e que corresponde à figura prototípica desenhada na lei – assume uma natureza "direta", porque decorrente de relação comercial imediata entre as partes envolvidas, onde o negócio estabelecido entre ambas (esteja ele formalizado, ou não) constitui o catalisador do efeito transmissivo.

Ora, o CT é totalmente omisso quanto a uma outra tipologia transmissiva, vulgarmente denominada de "transmissões indiretas", muito embora estas sejam frequentes (senão mesmo prevalecentes) no tráfego jurídico: transmissões que ocorrem sem qualquer vínculo jurídico ou negócio subjacente entre transmitente e adquirente. Já o era na versão anterior do CT e continua a sê-lo mesmo após a revisão efetuada pela Lei n.º 14/2018, de 19 de março.

Com efeito, constitui prática normal na gestão empresarial o recurso a relações comerciais com terceiros para realização de uma parte da atividade da empresa, em particular quando esta é complementar ou acessória à atividade principal. Assim, serviços como a limpeza, a segurança, o IT, os *call centers*, o processamento salarial, a contabilidade, são frequentemente externalizados e contratados a terceiros, que as realizam nas instalações do cliente (e.g. serviços de limpeza do estabelecimento) ou em outros locais, incluindo a partir do estrangeiro e/ou no âmbito do mesmo grupo empresarial (e.g. "centros de excelência" responsáveis por serviços intragrupo). A externalização (ou "*outsourcing*") apresenta vantagens que justificam a sua utilização pelas empresas (a eficiência ou a especialização do serviço, bem como a redução de custos, são geralmente apontadas). Mas também a internalização de atividades inicialmente acometidas a terceiros (ou "*insourcing*") é utilizada pelas empresas quando mais vantajoso (e.g. permitindo um controlo mais apertado e direto da qualidade).

Ambos *outsourcing* ou *insourcing* são, ainda, relações bilaterais assentes numa prestação de serviços entre cliente (ou ex-cliente) e empresa prestadora (ou ex-prestador). Quando a internalização ou externalização implique a transmissão, ou cessão de exploração, de uma unidade económica, estaremos perante uma transmissão relevante para efeitos do CT, na modalidade de transmissão direta: decorrem da celebração (no *outsourcing*) ou cessação (no *insourcing*) da prestação de serviços entre quem assumia a posição de empregador nos contratos de trabalho dos trabalhadores afetos à unidade transmitida, e quem a passou a assumir em resultado da transmissão dessa unidade.

A este propósito convém recordar que tanto a externalização como a internalização não consubstanciam, necessária e automaticamente, uma transmissão ou cessão de exploração de unidade económica. Só haverá transmissão relevante, para efeitos de aplicação do regime do CT, se a atividade for executada com recurso à unidade económica previamente utilizada para o efeito[10]. Nada impede que a empresa contratada para prestar certo serviço o faça com os seus próprios meios e equipa, sem necessidade de recorrer a meios do cliente que a contratou. De igual forma, a empresa que decida internalizar uma atividade que vem sendo contratada a um terceiro poderá recorrer aos seus meios materiais e humanos (ou os que adquira para o efeito), sem necessidade de utilizar os do prestador inicialmente contratado. Mais controvertidos serão os casos de serviços/atividades, inicialmente prestados por uma entidade de direito privado, internalizados, com transmissão de unidade económica, por uma entidade pública[11].

---

[10] Neste sentido, Ac. TJUE, de 11.03.1997 (processo C-13/95), Ayse Süzen contra Zehnacker Gebäudereinigung GmbH Krankenhausservice, na qual o TJUE clarifica que "*A simples perda de um contrato de prestação de serviços em favor de um concorrente não pode, portanto, por si só, revelar a existência de uma transferência na acepção da directiva. Nesta situação, a empresa anteriormente titular do contrato, mesmo que perca um cliente, nem por isso deixa de continuar a existir plenamente, sem que se possa considerar que um dos seus estabelecimentos, ou partes de estabelecimento, foi cedido ao novo adjudicatário do contrato*".

[11] A potencial aplicação do regime de transmissão a estes casos implicaria que uma entidade pública assumisse trabalhadores sem qualquer concurso público prévio, o que atentaria contra as restrições constitucionalmente impostas na matéria e que exigem igualdade de condições de acesso à função pública (cfr. art.º 47.º, n.º 2, da CRP). Ora, e desde logo, não é sequer evidente qual o tribunal materialmente competente para reconhecer a existência de contrato de trabalho entre o trabalhador e o ente público. Ainda assim, apelando à jurisprudência firmada no Ac. STJ, de 10.04.2019 (sobre a competência para apreciar a requalificação de uma prestação de serviços como contrato de trabalho), dir-se-ia que a competência do tribunal é aferida pelo pedido e respetivos fundamentos, nos termos em que o sejam configurados pelo autor, pelo que, se este peticionar a manutenção do seu contrato de trabalho nos termos em que vinha vigorando no transmitente (sujeito ao regime do CT), seriam competentes os Juízos dos Trabalho e não os Tribunais Administrativos (objeções sobre a potencial natureza pública do vínculo laboral seriam apenas relevantes na apreciação material do caso). Já sobre o *thema decidendum* importa convocar a jurisprudência comunitária existente e produzida no âmbito de litígios nacionais em que trabalhadores do setor privado invocam a transmissão de estabelecimento para reclamar um vínculo com uma entidade pública. Assim, no Ac. de 20.07.2017 (processo C-416/16), Luís Manuel Piscarreta Ricardo contra Portimão

O recurso ao *outsourcing* já assumirá, porém, uma qualidade "indireta" quando, por decisão do cliente e beneficiário do serviço, ocorra a simples substituição do prestador inicial por um seu concorrente. Neste caso, se a contratação do concorrente implicar a assunção, da parte deste último, da unidade económica em funcionamento e por meio da qual o serviço era executado, a "transferência de trabalhadores" que lhe siga não ocorre *inter partes* mas sim entre duas entidades que nenhuma relação têm entre si. As únicas relações comerciais em pano de fundo são as firmadas entre a empresa-cliente e o prestador inicial, e entre aquela e o prestador subsequente: não há relação entre os prestadores externos. E não obstante, pode verificar-se uma transmissão de unidade e, com ela, o novo prestador ser chamado a assumir os trabalhadores do concorrente.

Tem sido este o entendimento tradicional e desde há já largos anos consolidado na jurisprudência comunitária em matéria de âmbito de aplicação da Diretiva. Para o TJUE, o direito da União abarca todas as hipóteses de mudança, no âmbito de relações contratuais, da pessoa singular ou coletiva responsável pela exploração da unidade económica e que contraia obrigações de empregador perante os trabalhadores, não sendo necessário que existam relações contratuais diretas entre o cedente e o cessionário, já que a cessão pode também efetuar-se por intermédio de um terceiro[12].

Urbis, E.M., S.A., Município de Portimão e EMARP – Empresa Municipal de Águas e Resíduos de Portimão, E.M., S.A., o TJUE julgou no sentido de a Diretiva ser aplicável quando as atividades exercidas por uma empresa municipal são transferidas para o Município, na sequência da extinção dessa empresa, contanto que a identidade da empresa em causa seja mantida após a transferência. Na senda desta decisão, o TRE sustentou, em Ac. de 14.02.2019, que um empregador público pode assumir a qualidade de empregador em contrato de trabalho sujeito ao regime do CT, via transmissão de estabelecimento, e sem modificação da natureza do vínculo de origem (i.e. sem constituição de uma relação laboral de emprego público, até porque esta não poderia validamente existir atento o princípio constitucional de igualdade no acesso à função publica). A solução encontrada pelo TRE veio, muito recentemente, conhecer validação pelo TJUE, em Ac. de 13.06.2019 (processo C-317/18), Cátia Correia Moreira contra Município de Portimão, para quem "*A Diretiva 2001/23, em conjugação com o artigo 4.º, n.º 2, TUE, deve ser interpretada no sentido de que se opõe a uma legislação nacional que prevê que, em caso de transferência, na aceção desta diretiva, e por o cessionário ser um município, os trabalhadores em causa devem, por um lado, submeter-se a um processo de concurso público e, por outro, sujeitar-se a um novo vínculo com o cessionário*".

[12] Neste sentido veja-se, por exemplo, o Ac. TJUE, de 19.01.2017 (processo C-200/16), Securitas – Serviços e Tecnologia de Segurança, SA contra ICTS Portugal – Consultadoria de Aviação Comercial, SA, e jurisprudência nele citada (acórdãos de 7 de março de 1996, Merckx e Neuhuys, processos C-171/94 e C-172/94, e de 20 de novembro de 2003, Abler e o., processo C-340/01). O que ocorre nas transmissões indiretas é precisamente uma transmissão de unidade económica entre prestador originário e prestador subsequente, intermediado por um terceiro (a empresa-cliente) que estabelece as relações jurídicas subjacentes à transmissão (i.e. as sucessivas prestações de serviço com cada um dos prestadores-concorrentes). Não se pode deixar de salientar que a figura da transmissão indireta é aliás mais facilmente apreensível

A noção de transmissão indireta impõe ainda algumas considerações adicionais: (i) a transmissão indireta não se confunde com reversão de exploração; (ii) a substituição de um prestador de serviço por um seu concorrente não encerra, automaticamente, uma transmissão indireta; (iii) a mera sucessão na atividade poderá ser qualificada como transmissão indireta (ou produzir idênticos efeitos), se e quando existir norma que o imponha.

No que se refere à reversão de exploração, estamos ainda perante uma hipótese tradicional de efeito transmissivo bilateral: o cedente dá à exploração certa unidade económica e, findo o contrato de exploração, retoma-a para si, conjuntamente com os trabalhadores que lhe estão afetos. Diferentemente, nas transmissões indiretas ocorre como que uma transferência *per saltum*, onde o terceiro que explora a unidade económica é substituído por outro, mas sem que alguma vez a entidade que a dá à exploração retome essa atividade para si.

Relativamente à substituição de prestadores, nem sempre esta conduz a uma transmissão indireta. Tal como já mencionado a propósito das transmissões diretas, a circunstância de um serviço prestado pelo antigo e pelo novo adjudicatário de um contrato ser semelhante não permite concluir automaticamente pela transferência de uma unidade económica. A unidade económica não se reduz à atividade que a mesma desenvolve, antes resultando a sua identidade de uma conjugação de fatores (uma atividade que é realizada de certo modo, com certas características, com um certo pessoal, através de uma dada organização de meios e métodos de exploração). Assim, a mera cessação de um contrato de prestação de serviços e perda de cliente em favor de um concorrente não implica, por si só, uma transmissão de estabelecimento. A "mera sucessão na atividade" não é sinónimo de transmissão de unidade económica, direta ou indireta, à luz da Diretiva, ou para efeitos do CT.

à luz da Diretiva do que do direito interno, atento os conceitos normativos por aquela utilizados. A Diretiva recorre às noções de (i) "cedente", enquanto "*qualquer pessoa singular ou coletiva que,* (em consequência de uma transferência abrangida pelo escopo da Diretiva), *perca a qualidade de entidade patronal em relação à empresa ou estabelecimento ou à parte da empresa ou estabelecimento* (art.º 2.º, n.º 1, alínea a), da Diretiva) e (ii) "cessionário", definido como "*qualquer pessoa singular ou colectiva que,* (em consequência de uma transferência abrangida pelo escopo da Diretiva), *adquira a qualidade de entidade patronal em relação à empresa ou estabelecimento ou à parte de empresa ou de estabelecimento*" (conforme art.º 2.º, n.º 1, alínea b), da Diretiva). Mostra-se claro no regime comunitário que o cedente (o anterior empregador) não se confunde, nem tem de coincidir, com o titular da unidade económica ou aquele que a cede à exploração: quando coincidentes estaremos perante uma transmissão direta, quando não, perante uma indireta.

Por fim, se a mera sucessão na atividade não equivale a uma transmissão de unidade económica, pergunta-se se o poderá equivaler quando assim exista norma que o dite. A Diretiva não o prevê, permite ou proíbe, sendo antes omissa quanto ao tema. Tal decorre da configuração da Diretiva como um patamar de proteção mínima dos trabalhadores, que visa garantir a manutenção dos contratos de trabalho em caso de mudança de empresário. Essa proteção é conferida com o âmbito de aplicação definido no seu art.º 1.º, apenas constituindo transmissões relevantes as que se subsumam a esse escopo. As operações de transmissão que extravasem a Diretiva serão, em princípio, irrelevantes para o legislador comunitário. Acresce que, nos termos do art.º 8.º da Diretiva, as suas disposições não afetam a faculdade de os Estados-Membros aplicarem ou introduzirem disposições legislativas, regulamentares ou administrativas mais favoráveis aos trabalhadores ou de favorecerem ou permitirem a celebração de convenções coletivas ou acordos entre parceiros sociais que lhes sejam mais favoráveis.

Do exposto decorre que a Diretiva não qualifica como transmissão relevante, para efeitos da sua aplicação, os casos de mera sucessão na atividade desacompanhadas da transferência de unidade económica. No entanto, seja pela delimitação positiva e negativa do seu escopo, seja mediante o princípio de tratamento mais favorável resultante do art.º 8.º, não existe objeção do legislador comunitário a que, por exemplo, o direito interno dos Estados-Membros confira à mera sucessão na atividade a mesma proteção reservada para as transmissões indiretas. Naturalmente que esta conclusão assenta no pressuposto, igualmente afirmado pela jurisprudência comunitária, que (i) a "transferência do trabalhador" concomitante à assunção do negócio por um terceiro traduz uma solução que lhe é mais favorável, na medida em que estende uma proteção que, de outro modo e pela Diretiva, não beneficiaria[13]

[13] Neste sentido veja-se o Ac. TJUE, de 06.03.2014 (processo C-458/12), Lorenzo Amatori e o. contra Telecom Italia SpA e Telecom Italia Information Technology Srl: "*O artigo 1.º, n.º 1, alíneas a) e b), da Diretiva 2001/23/CE do Conselho, de 12 de março de 2001, relativa à aproximação das legislações dos Estados-Membros respeitantes à manutenção dos direitos dos trabalhadores em caso de transferência de empresas ou de estabelecimentos, ou de partes de empresas ou de estabelecimentos, deve ser interpretado no sentido de que não se opõe a uma legislação nacional, como a que está em causa no processo principal, que, por ocasião da transferência de uma parte de empresa, permite que o cessionário suceda nas relações laborais do cedente quando essa parte de empresa não seja uma entidade económica funcionalmente autónoma que já existia antes da transferência*". Veja-se ainda o exemplo britânico, cujo *Transfer of Undertakings (Protection of Employment) Regulations 2006* (ou "*TUPE*") contém normas específicas para os casos de alteração de prestador, qualificando como transmissão relevante as situações de *outsourcing*, *insourcing* ou de mera sucessão na atividade (*change of provider*).

e (ii) essa proteção não colida com outras normas da União que devam prevalecer[14].

No nosso ordenamento jurídico não parece igualmente existir proibição expressa de qualificação da "mera sucessão" como transmissão relevante para efeitos de aplicação do art.º 285.º e seguintes do CT. Aliás, a matéria da transmissão de estabelecimento é, precisamente, uma das qualificadas pela lei como tendo natureza imperativa mínima (cfr. art.º 3.º, n.º 3, alínea m), do CT). Não vemos assim à partida obstáculos a sustentar entendimento idêntico ao enunciado a propósito da articulação da Diretiva com o direito interno: a extensão do regime da transmissão (e dos direitos e garantias que dele constam) será em princípio mais benéfico aos interesses do trabalhador, pelo que, qualificar a "mera sucessão" de atividade como transmissão relevante constituiria uma solução conforme à lei e ao sistema da hierarquia de fontes.

Ora, são plenamente equacionáveis, desde logo, disposições convencionais aplicáveis a casos de transmissão indireta (substituição de empresas concorrentes num mesmo cliente, em que ocorre transmissão de unidade económica). Recorde-se que, a natureza indireta da transmissão não a descaracteriza nem tão-pouco a exclui do âmbito de aplicação do CT, pelo que, enquanto transmissão relevante para efeitos da lei, qualquer regime convencional que a regule ficará sujeito ao princípio do tratamento mais favorável, sendo complementar ao regime legal.

No entanto, maior relevância terão os regimes convencionais onde a substituição do prestador não implicaria, sequer, uma transmissão indireta, nomeadamente porque o novo prestador não assumiria necessariamente (porque não teria de o fazer) a unidade económica existente no anterior prestador, sendo por isso situações típicas de "mera sucessão na atividade". Veja-se neste sentido a contratação coletiva do setor das limpezas e, mais recentemente, do setor da segurança privada[15].

---

[14] Veja-se o Ac. TJUE, de 09.12.2004 (processo C-460/02), Comissão das Comunidades Europeias contra República Italiana, no qual se discutiu a conformidade com o Direito comunitário de um diploma do ordenamento italiano, que qualificava como transmissão de estabelecimento a substituição de empresas que prestam serviços de assistência aeroportuária em escala (com a consequente transferência de trabalhadores entre empresas). Neste caso, o Tribunal decidiu que a solução encontrada pelo sistema italiano violava os objetivos de livre acesso ao mercado de assistência em escala, imposto pela Diretiva 96/67/CE, dado que a manutenção dos mesmos trabalhadores, que transitam para a empresa que ganha o serviço, prejudicava um dos objetivos dessa diretiva: a redução de custos de exploração das companhias aéreas, incompatível com a obrigação de herdar o lastro salarial dos trabalhadores transferidos.

[15] No setor da limpeza rege a cláusula 14.ª do contrato coletivo celebrado entre a Associação Portuguesa de Facility Services – APFS e a Federação dos Sindicatos da Indústria e Serviços – FETESE, publicado no BTE n.º 34, de 15/9/2015 (CCT das Limpezas). No setor da segurança privada, veja-se a cláusula 14.ª

Em termos gerais, estas cláusulas convencionais asseguram que, sendo perdido o cliente em favor de um concorrente, este assume os trabalhadores do prestador originário. Desde logo, e à cabeça, é duvidosa a sua caracterização jurídica. Numa primeira leitura, poder-se-ia considerar que as cláusulas em apreço mais não fazem do que adotar uma noção ampla de "transmissão de unidade económica", nela incluído também os casos onde nenhuma unidade económica é transmitida (i.e. a mera sucessão de atividade) porque não é ínsito à assunção do serviço o recurso aos meios do anterior prestador. No entanto, uma segunda interpretação é igualmente possível, a de que as partes outorgantes da convenção não têm qualquer vontade especialmente dirigida à manipulação dos conceitos legais, mas apenas e tão só à negociação de um regime próprio que, na falta de aplicação do regime da transmissão de estabelecimento do CT, obtenha os mesmos (ou similares) efeitos nos contratos de trabalho, permitindo aos trabalhadores manterem-se ligados ao cliente no qual exerciam funções, e garantindo ao concorrente que recebe uma estrutura de recursos humanas apta a executar o serviço contratado. A "mera sucessão" não aparecia travestida de transmissão indireta, teria antes uma existência autónoma, paralela à transmissão de estabelecimento regulada na lei, idêntica nos seus efeitos, mas que com ela não se confunde. Aliás, este entendimento está porventura mais próximo da realidade, tendo até algum reflexo na formulação terminológica dos regimes convencionais

---

do contrato coletivo celebrado entre a AES – Associação de Empresas de Segurança e o Sindicato dos Trabalhadores de Serviços de Portaria, Vigilância, Limpeza, Domésticas e Actividades Diversas – STAD e outro, com as alterações publicadas no BTE n.º 48, de 29/12/2018 (CCT da Segurança), na sua atual redação. Com efeito, a redação inicial do CCT da Segurança – nos termos da qual "*não se enquadra no conceito de transmissão de empresa ou estabelecimento a perda de cliente por parte de um operador com a adjudicação de serviço a outro operador*" – foi contestada junto das instâncias nacionais, por incompatibilidade com a Diretiva, tendo o tema sido objeto de reenvio prejudicial para o TJUE. No já mencionado Ac. Securitas, o TJUE considerou que muito embora a perda de um contrato de prestação de serviços em favor de um concorrente não revele automaticamente uma transmissão de estabelecimento, uma disposição nacional que excluísse tal transmissão em todo e qualquer caso de adjudicação de serviço a concorrente violaria a Diretiva. À luz da interpretação perfilhada pelo TJUE, o STJ, em Ac. de 06.12.2017, decidiu que, no caso em apreço, não existiu transmissão de estabelecimento porquanto o novo prestador não assumiu trabalhadores do anterior, nem se verificou qualquer transferência de bens ou equipamentos. Poder-se-á até questionar se o STJ não pretendeu romper com a tradicional qualificação da segurança atividade como atividade de mão-de-obra intensiva quando invoca que: "*a complexidade e as exigências técnicas, materiais e de formação profissional dessa actividade de segurança privada, que são imprescindíveis para o exercício da actividade (...) não permitem, em nosso entender, que se equipare esta actividade a outras exclusivamente assentes em mão de obra/no «capital humano», v.g., os serviços de limpeza de escritórios e casas particulares*".

que optam por noções como "perda de local de trabalho"[16] ou "sucessão do posto de trabalho"[17], em detrimento da de "transmissão de empresa ou estabelecimento".

Independentemente da interpretação que se sustente – alargamento do âmbito de aplicação do regime legal ou mecanismo *ex novo* – será em princípio admissível à contratação coletiva, nestes casos, delimitar o modo como regula a "transferência" de trabalhadores entre concorrentes, até porque, na sua falta, a "mera sucessão na atividade" não garantiria essa transferência. Assumindo-se novamente que a manutenção do posto de trabalho associado à estrutura que o justifica (à unidade económica ou ao cliente) é sempre uma solução mais vantajosa para o trabalhador, os concretos termos, condições e limites em que essa vantagem se manifesta poderão ser conformados (pelo menos dentro de certos limites) pela contração coletiva.

Assim, e desde logo, parece-nos que a convenção coletiva poderá restringir o seu âmbito de aplicação, mediante a inclusão de requisitos específicos (não previstos na lei), como seja a fixação de um período mínimo de permanência dos trabalhadores ao serviço do cliente[18] ou a exclusão dos trabalhadores cuja retribuição tenha sido voluntariamente aumentada pelo anterior prestador antes da perda do cliente (medidas tipicamente disciplinadoras de concorrência, destinadas a evitar que o anterior prestador cause prejuízo ao concorrente com alterações introduzidas à constituição da força de trabalho

[16] Cfr. cláusula 14.ª do CCT das Limpezas. A este propósito refira-se que o nosso TC já se pronunciou sobre se a obrigação de receber os trabalhadores do anterior prestador, prevista pelo CCT das Limpezas, violava a liberdade constitucional de iniciativa económica, em termos aliás algo comparáveis aos do já citado Ac. TJUE, de 09.12.2004 (processo C-460/02, Comissão das Comunidades Europeias contra República Italiana). Em ambos os casos foi dado relevo ao facto de o novo prestador ver coartada a possibilidade de reduzir custos operacionais, ficando limitado na capacidade de agir concorrencialmente no mercado, e poder ter de executar os serviços com os mesmíssimos trabalhadores do anterior prestador, as quais poderão ter estado na origem da decisão de o substituir. Contrariamente ao TJUE, o nosso TC decidiu-se pela não-inconstitucionalidade, invocando, por exemplo, que a assunção dos trabalhadores pelo novo prestador protege os interesses de ambas as partes: de uma banda, os trabalhadores mantêm o posto de trabalho; de outra, o novo prestador recebe uma unidade em funcionamento e apta a cumprir os compromissos contratuais assumidos (evidenciando assim o equilíbrio de interesses que o legislador afinal pareceu olvidar quando aprovou a Lei n.º 14/2018, de 19 de março).

[17] Cfr. cláusula 14.ª do CCT da Segurança.

[18] Muito embora constitua pressuposto de aplicação do regime da transmissão a ligação do trabalhador à unidade transmitida – tanto que os transferidos para outro estabelecimento ou unidade económica, previamente à transmissão, não são por esta abrangidos, nos termos do art.º 285.º, n.º 4, do CT, o que aliás confere ao empregador alguma margem de conformação do âmbito subjetivo do regime – tal ligação impõe uma avaliação casuística, pelo que, a imposição de um período mínimo de permanência não seria atendida pelos tribunais se da mesma resultasse uma restrição do âmbito de aplicação da lei (o que não sucede quando a transmissão ocorre, em exclusivo, por via convencional, e não por via legal).

e/ou das suas condições remuneratórias). Uma vez mais, estaríamos ainda perante um regime que acresce à proteção mínima da lei, estendendo-a ou replicando-a (consoante o entendimento que dela se tenha), a que de outro modo o trabalhador não teria (ou poderia não ter) acesso.

Por seu turno, a convenção coletiva teria igualmente margem de delimitação dos efeitos da transferência. Poderia, por exemplo, a convenção coletiva alargar o regime de garantia dos créditos salariais do trabalhador, estipulando um prazo superior para a responsabilidade solidária do anterior prestador[19]. Mais duvidosa será a possibilidade inversa, de restrição (se o regime convencional for uma extensão do âmbito de aplicação do legal) ou não-previsão (se o regime convencional for autónomo do legal) dessas garantias, nomeadamente a eventual inexistência de qualquer responsabilidade solidária do anterior prestador, ou a não-assunção dos créditos laborais existentes à data da transferência pelo novo prestador (mantendo-se o anterior prestador como responsável exclusivo pelo seu pagamento). Note-se, porém, que muito embora o catalisador da transmissão seja a convenção coletiva, e não a lei, se o novo prestador incorpora na sua estrutura uma parte essencial dos trabalhadores em termos tais que permita concluir pela manutenção da unidade económica (isto será naturalmente mais preponderante nas atividades de mão-de-obra intensiva), teríamos, ainda assim, uma transmissão para efeitos do CT – e já agora, diga-se, da Diretiva[20] – na esfera

[19] Seria, no entanto, discutível se o poderia fazer de forma ilimitada – por exemplo, não estipulando qualquer prazo máximo para a responsabilidade – nomeadamente se tal seria compatível com a imposição de salvaguardar ambos os interesses de trabalhador e empregadores (e sendo certo que estes regimes convencionais podem ser objeto de extensão por via administrativa, impondo-se mesmo junto daqueles que não os subscreveram).

[20] Parece ser esse o entendimento sustentado no Ac. TJUE, de 11.07.2018 (processo C60/17), Ángel Somoza Hermo e Ilunión Seguridad, SA, contra Esabe Vigilancia, SA e Fondo de Garantía Salarial (Fogasa): "*O artigo 1.º, n.º 1, da Diretiva 2001/23/CE do Conselho, de 12 de março de 2001, relativa à aproximação das legislações dos Estados-Membros respeitantes à manutenção dos direitos dos trabalhadores em caso de transferência de empresas ou de estabelecimentos, ou de partes de empresas ou de estabelecimentos, deve ser interpretado no sentido de que esta diretiva se aplica a uma situação em que um contratante resolveu o contrato de prestação de serviços de vigilância de instalações celebrado com uma empresa e, para efeitos dessa prestação, celebrou um novo contrato com outra empresa que, por força de uma convenção coletiva, integra uma parte essencial, em termos de número e de competências, dos efetivos que a primeira empresa afetava à execução da referida prestação, desde que a operação seja acompanhada da transferência de uma entidade económica entre as duas empresas em causa*". No que ao regime de garantia de créditos diz respeito, o TJUE considerou-se incompetente para conhecer da matéria, na medida em que, saber se uma convenção coletiva pode afastar a responsabilidade solidária do cedente é questão a resolver à luz da hierarquia de fontes do direito interno de cada Estado-Membro (a Diretiva permite a responsabilidade solidária mas não a impõe).

do novo prestador. A partir do momento que se conclua pela manutenção da identidade dessa unidade, seria indiferente a origem (convencional ou legal) da transmissão, com a consequente aplicação do CT, nomeadamente em matéria de garantias dos créditos laborais.

3. LEI N.º 14/2018, DE 19 DE MARÇO, E TRANSMISSÃO INDIRETA

3.1. A unidade económica

O *leitmotiv* da Lei n.º 14/2018, de 19 de março, foi, como já referido, o combate ao recurso fraudulento da transmissão de estabelecimento. Para o efeito, o legislador pretendeu concretizar e densificar a noção de unidade económica, para que apenas realidades com substrato material suficientemente sólido fossem passíveis de acionar os efeitos transmissivo-laborais previstos no CT. Estabeleceu-se uma dupla tutela, aplicável no plano coletivo (a descaracterização da unidade económica obstaria à modificação do empregador por impedir a aplicação do regime da transmissão), e no plano individual (através do direito de oposição e do direito de resolução, adiante mencionados).

Atentando na redação do CT verifica-se que, na versão prévia à revisão operada pela Lei n.º 14/2018, de 19 de março, a unidade económica era definida como "*o conjunto de meios organizados com o objetivo de exercer uma atividade económica, principal ou acessória*" (cfr. art.º 285.º, n.º 5, do CT). A lei define-a agora como "*o conjunto de meios organizados que constitua uma unidade produtiva dotada de autonomia técnico-organizativa e que mantenha identidade própria, com o objetivo de exercer uma atividade económica, principal ou acessória*".

Em termos práticos, a referida densificação conceptual traduziu-se na inclusão de dois elementos adicionais à noção de unidade económica: a autonomia técnico-organizativa e a manutenção da identidade própria. Bem vistas as coisas, o legislador mais não fez do que positivar o que já resultava do entendimento jurisprudencial na matéria, tanto comunitário como nacional.

Com efeito, e por um lado, é pacífico na jurisprudência, *maxime* do TJUE, que a aplicação do regime de transmissão da Diretiva depende da transmissão ou cessão de exploração de uma unidade económica, e que esta só existirá se, na entidade transmitente, for dotada de autonomia técnico-

-organizativa[21]. De igual forma, também não tem merecido discussão o entendimento de que a unidade económica, após transmitida ou cedida, terá de manter a sua identidade própria[22]. E por fim, a jurisprudência do TJUE parece-nos clara quando refere que a autonomia técnico-organizativa não se confunde com a identidade da unidade económica: aquela exige-se no transmitente, ao passo que esta impõe-se no adquirente[23].

Como decorrência de uma vontade legislativa de intencionalmente concretizar/restringir o conceito de unidade económica, poder-se-ia interpretar o art.º 285.º, n.º 5, do CT no sentido de que a manutenção da identidade pelo adquirente reporta-se ao próprio conjunto de meios organizados (pelo que a diluição desses meios pela organização seria passível de afetar a manutenção dessa identidade e, como tal, a aplicação do regime da transmissão de estabelecimento)[24]. A merecer provimento tal leitura, o art.º 285.º, n.º 5 seria desconforme à Diretiva, porquanto o legislador nacional não pode restringir o âmbito de aplicação daquela, sob pena de traduzir um tratamento menos

---

[21] A título meramente exemplificativo, veja-se o Ac. TJUE, de 06.09.2011 (processo C-108/10), Ivana Scattolon contra Ministero dell'Istruzione, dell'Università e della Ricerca, nos termos do qual "*o conceito de «empresa», na acepção do artigo 1.º, n.º 1, da Directiva 77/187, engloba qualquer entidade económica organizada de modo estável, independentemente do seu estatuto jurídico e do seu modo de financiamento. Constitui uma dessas entidades qualquer conjunto de pessoas e de elementos que permita o exercício de uma actividade económica que prossegue um objectivo próprio e que é suficientemente estruturada e autónoma*".

[22] Uma vez mais exemplificando na jurisprudência comunitária, pode ler-se no Ac. TJUE, de 06.03.2014 (processo C-458/12), Lorenzo Amatori e o. Contra Telecom Italia SpA e Telecom Italia Information Technology Srl, que "*Segundo jurisprudência constante, para determinar se há «transferência» da empresa, na aceção do artigo 1.º, n.º 1, da Diretiva 2001/23, o critério decisivo consiste em saber se a entidade em questão preserva a sua identidade depois de ter sido retomada pela nova entidade patronal*".

[23] Neste sentido, veja-se, por exemplo, o Ac. TJUE, de 12.02.2009 (processo C-466/07), Dietmar Klarenberg contra Ferrotron Technologies GmbH: "*não se deve interpretar a referida condição no sentido de que exige a manutenção da organização específica que o empresário impõe aos diversos factores de produção, transferidos, mas (...) no sentido de que pressupõe a manutenção de um nexo funcional de interdependência e complementaridade entre esses factores*" e "*a manutenção desse nexo funcional entre os diversos factores transferidos permite que o empresário os utilize mesmo que sejam integrados, depois da transferência, numa nova e diferente estrutura organizativa, a fim de prosseguir uma actividade económica idêntica ou análoga*". No mesmo sentido, e sobre um caso nacional, que envolveu a aquisição pela TAP de um conjunto de aviões anteriormente pertencentes à Air Atlantis, SA, e onde se discutia se esta configurava uma transmissão de estabelecimento, veja-se o Ac. TJUE, de 09.09.2015 (processo C-160/14), João Filipe Ferreira da Silva e Brito e o contra Estado português, onde se decidiu que "(...) *o facto de a entidade cujo equipamento e parte do pessoal foram transferidos ter sido integrada na estrutura da TAP, sem conservar a sua estrutura organizacional autónoma, não é pertinente, para efeitos da aplicação do artigo 1.º, n.º 1, da Diretiva 2001/23, na medida em que se conservou um nexo entre, por um lado, esse equipamento e essas pessoas transferidos para aquela e, por outro, a prossecução das atividades anteriormente exercidas pela sociedade dissolvida*".

[24] Sobre a restrição do conceito de unidade económica veja-se Pedro Romano Martinez e Pedro Madeira de Brito, "O novo regime...", *op. cit*, pp 24-35.

favorável aos trabalhadores[25]. Da nossa parte, parece-nos que (i) a letra da lei tem suficiente amplitude para ser lida nos moldes que acima indicámos (a manutenção da identidade reporta-se à "unidade económica") e (ii) devendo os tribunais interpretar a lei nacional em conformidade com a Diretiva, a mesma sempre tomaria em linha de conta a jurisprudência do TJUE nesta matéria.

Em qualquer caso, duvidamos do real alcance desta maior concretização da noção de unidade económica. É que as dificuldades na matéria ocorrem não no plano normativo-conceptual, mas sim na sua aplicação aos casos reais, onde é exigido um juízo valorativo sobre a quantidade, suficiência e/ou relevância de elementos / indícios factuais que permitam concluir pela existência, ou não, de uma unidade económica no transmitente (i.e. uma estrutura dotada de autonomia técnico-organizativa) e que retém a sua identidade própria após adquirida ou explorada por terceiro[26].

Não vemos, pois, que a alteração legislativa reclame um especial cuidado ou atenção que não existisse já no tratamento judicial do tema, sendo por isso muito discutível que ocorra aqui qualquer reforço da posição dos trabalhadores[27]. Parece-nos que o tradicional método indiciário continuará a ser realizado, procurando-se identificar os elementos caracterizadores da unidade económica[28].

---

[25] A Diretiva permite um tratamento mais favorável, alargando o leque de situações cobertas pelo regime de transmissão de estabelecimento, mas não o inverso (cfr. art.º 8.º da Diretiva). Entre restringir o conceito de unidade económica para combater a fraude (aplicável a toda e qualquer transmissão, independentemente do seu carácter fraudulento) ou manter um âmbito de aplicação alargado, a segunda opção parece-nos mais favorável ao trabalhador, tanto mais que a lei prevê agora o direito de oposição (na prática, o leque de opções para o trabalhador é maior com uma noção ampla de "unidade económica": beneficia do regime da transmissão de modo a acompanhar essa unidade no adquirente, podendo em todo o caso opor-se à transmissão se pretender ficar ao serviço do transmitente). Nesse sentido, veja-se Pedro Romano Martinez e Pedro Madeira de Brito, "O novo regime...", *op. cit*, pág. 28.

[26] A título provocatório, já que iniciou o trabalho de transposição jurisprudencial, poderia o legislador ter aproveitado para definir também *"atividade económica"* (que constitui afinal o objetivo de toda a unidade económica relevante para efeitos de transmissão), como sendo *qualquer atividade que consista na oferta de bens ou de serviços num determinado mercado* (Cfr. Ac. Scattolon (e jurisprudência nele citado: acórdãos de 25 de Outubro de 2001, Ambulanz Glöckner, C-475/99, Colect., p. I-8089, n.º 19; de 24 de Outubro de 2002, Aéroports de Paris/Comissão, C-82/01 P, Colect., p. I-9297, n.º 79; e de 10 de Janeiro de 2006, Cassa di Risparmio di Firenze e o., C-222/04, Colect., p. I-289, n.º 108).

[27] Ou como refere David Carvalho Martins, "Novo regime...", *op. cit*, pág. 126, esta noção afinada de unidade económica não deverá, afinal, trazer qualquer modificação sensível.

[28] Como sejam o tipo de empresa ou de estabelecimento, a transferência ou não de elementos corpóreos, como os edifícios e os bens móveis, o valor dos elementos incorpóreos no momento da transferência, a integração ou não do essencial dos efetivos pelo novo empresário, a transferência ou não da clientela, bem como o grau de semelhança das atividades exercidas antes e depois da transferência e a duração da

Do mesmo modo, a pretensão de combate ao recurso indevido ao regime da transmissão de estabelecimento através de um requisito expressamente inserido no texto da lei, de autonomia técnico-organizativa da unidade económica, não poderá ter como efeito a inflexão do caminho jurisprudencial já trilhado na matéria, mormente nas estruturas organizativas mais fluídas, assentes essencialmente em pessoas (e não em meios corpóreos).

Com efeito, o reconhecimento da existência de unidades compostas apenas (ou sobretudo) por equipas de trabalhadores, terá naturalmente de impor-se sobre potenciais interpretações restritivas do art.º 285.º, n.º 5, do CT: se consideradas como unidades económicas para efeitos de aplicação da Diretiva, terão igualmente de o ser para efeitos de aplicação da lei interna. Nas denominadas atividades de mão-de-obra intensiva poderá, pois, haver transmissão de unidade económica se o adquirente assumir trabalhadores do transmitente que, seja pelo seu número, seja pela relevância das funções que desempenham (por exemplo, de liderança das equipas de trabalho), permitam concluir que a unidade, tal como configurada no transmitente, mantém a sua identidade (i.e. um nexo funcional com a atividade a prosseguir) no adquirente.

Sobre os casos de mão-de-obra intensiva não é aliás de mais reforçar que se um prestador perde um cliente em benefício do seu concorrente, e se o serviço assenta essencialmente em mão-de-obra (i.e. eventuais ativos que possam ser transferidos para o concorrente não bastariam, por si só, para caracterizar uma unidade económica), não há imperativo legal que dite uma obrigação de este receber os trabalhadores daquele. Se o pretender, o concorrente poderá prestar o serviço em causa com os seus próprios trabalhadores, sem necessidade de utilizar, para o efeito, qualquer recurso humano do prestador original. E se o fizer, não vemos como se poderá considerar que se mantenha a identidade da unidade económica, na medida em que o essencial dessa unidade – os trabalhadores que a compõem – não são transferidos automaticamente por mero efeito de adjudicação do serviço[29].

---

eventual suspensão destas atividades (elementos que deverão ser apreciados no seu conjunto, em função das circunstâncias do caso).

[29] Para que ocorra transmissão o concorrente terá de, voluntariamente, admitir ao seu serviço os trabalhadores do prestador originário, seja pela continuação da execução do contrato de trabalho existente (por exemplo, através de uma cessão de posição contratual), seja pela celebração de um novo vínculo laboral. Só após o concorrente admitir um contingente suficientemente relevante (em número) e/ou importante (em funções desempenhadas ou *know how* detido) é que poderemos falar de transmissão de estabelecimento. E essa transmissão só produz efeitos relativamente aos trabalhadores que não foram admitidos diretamente pelo concorrente e, como tal, a poderiam invocar para reclamar a sua "passagem" para este

O normal funcionamento do regime legal nos casos de atividade de mão-de-obra intensiva levanta sérias dificuldades de delimitação da própria transmissão, e com ela dos meios de reação ao dispor do trabalhador.[30]

Ora, as cláusulas convencionais têm, aqui, palco privilegiado, ao imporem a transferência de trabalhadores entre prestadores na sequência de perda de cliente. Estas cláusulas evitam a necessidade de invocar e provar uma transmissão relevante, o que é especialmente útil nos casos de atividade de mão-de-obra intensiva (sem elas a transmissão dependeria de o novo prestador contratar os trabalhadores do anterior, o que não seria forçoso acontecer).

Se da atual redação do art.º 285.º, n.º 5, do CT, não parecem decorrer particulares alterações ao tratamento tradicional desta matéria, e se vemos mais como um risco teórico uma leitura da norma da qual se infira a necessidade de manutenção da autonomia no adquirente, já não temos tantas certezas que o atual regime seja tão inócuo no que toca a cláusulas convencionais.

Com a revisão do regime legal da transmissão de estabelecimento o legislador intencionalmente concretizou a noção de "unidade económica" com o específico propósito de apenas serem admitidas transmissões de estruturas

---

último (o que impediria o novo prestador de, por exemplo, admitir ao seu serviço a maioria da força de trabalho do prestador original, mas deixar de fora os trabalhadores mais onerosos, ou os sindicalizados, ou os mais contestatários).

Sobre o tema da transmissão de estabelecimento nas atividades de mão-de-obra é por vezes referido que o mesmo encerra um raciocínio circular: há transmissão se o novo prestador admitir os trabalhadores do anterior, mas para que tal aconteça é primeiro necessário que se verifique uma transmissão de estabelecimento que cause essa admissão. Segundo cremos, não existe real circularidade de raciocínio, mas antes o normal funcionamento do regime legal, escorado no entendimento de que a perda de cliente não revela automaticamente uma transmissão de estabelecimento. Para uma análise da temática veja-se António Monteiro Fernandes, "Alguns aspectos…", op. cit. pp. 40-41.

[30] Quantos ou quais os trabalhadores que o novo prestador tem de contratar para que se possa considerar existir já uma transmissão? E durante quanto tempo pode essa contratação ocorrer (se o novo prestador for paulatinamente contratando trabalhadores do anterior prestador, ao longo de meses, poderão os não-contratados vir ainda assim invocar uma transmissão de estabelecimento, ou o dilatar do tempo descaracteriza a transmissão)? E como podem os trabalhadores do anterior prestador controlar o *quantum* ou relevância dos contratados pelo novo prestador, para desse modo identificar o momento a partir da qual a transmissão ocorre? E o que devem aqueles fazer até lá (reclamar imediatamente um vínculo com o novo prestador, sem certeza de existir uma transmissão relevante; ou continuar ao serviço do anterior prestador, correndo o risco de tal comportamento ser interpretado como vontade de permanecer no empregador originário)? Estes problemas são frequentemente resolvidos de um modo informal, mas apenas quando os interesses de todas as partes estão alinhados: os trabalhadores querem manter o posto de trabalho ainda que no concorrente (apresentando-se ao seu serviço junto deste) e este tem todo o interesse em recebê-los, especialmente quando o serviço exige um elevado número de recurso humanos, ou seja prestado no âmbito de atividades reguladas (onde a oferta de mão-de-obra é limitada porque condicionada a habilitação ou autorização legal).

dotada de autonomia técnico-organizativa no transmitente. Serão admissíveis cláusulas em convenção coletiva de trabalho que determinem a transferência de trabalhadores em caso de perda de cliente, mesmo que o sucessor na atividade não adquira ou tome a exploração de uma unidade económica?

Efetivamente, estes regimes convencionais não são a causa jurídica imediata da transmissão de estabelecimento, mas apenas da "transferência" de trabalhadores entre dois prestadores. Vimos já que essa transferência pode implicar que, concomitantemente, ocorra uma transmissão de unidade económica. No entanto, não é forçoso que assim seja. Pense-se nos regimes convencionais que, por limitarem a transferência de trabalhadores entre concorrentes ao cumprimento de certas condições, poderão redundar na passagem apenas de alguns desses trabalhadores (em número ou relevância insuficiente para que se qualifiquem como "unidade económica"). Ou em regimes convencionais vincadamente de mão-de-obra intensiva, mas não exclusivamente assentes nesta (e onde os meios materiais serão ainda relevantes na caracterização da unidade). A serem transferidos os trabalhadores, mas não os meios, poderiam falhar os pressupostos de que depende o reconhecimento da unidade económica (esta existiria no transmitente, mas não no adquirente).

O que deverá prevalecer: o entendimento de que a assunção de contratos de trabalho por parte da entidade incumbida de executar a atividade que justifica a manutenção do posto de trabalho será sempre preferível, com a consequente validade da norma convencional; ou o de que transferência de trabalhadores imposta por convenção coletiva em caso de mera sucessão na atividade viola os objetivos da lei (ao permitir por via convencional o que se pretende restringir por meio legal: transmissões desprovidas de unidade económica subjacente)? Será, pois, equacionável a possibilidade de essas cláusulas virem a ser julgadas como desconformes ao regime legal[31]. Da nossa parte, cremos que a intermediação das estruturas sindicais na negociação coletiva poderá constituir um argumento ponderoso na interpretação da teleologia da lei, dado que, resultando a cláusula convencional

[31] Eventuais objeções de desconformidade com a Diretiva não parecem colher aqui: os casos de mera sucessão na atividade não são regulados pela Diretiva (a jurisprudência do TJUE afirma-o reiteradamente). É que, se a restrição do conceito de unidade económica, pela lei nacional, violaria a Diretiva, tal já não sucederia se o legislador pretendesse, por exemplo, impor essa restrição a outras realidades, como sejam os efeitos transmissivos previstos em contratação coletiva nos casos de mera sucessão na atividade. Aqui, não haveria o espartilho da interpretação conforme à Diretiva a limitar a atuação do legislador nacional, por estarmos já fora do âmbito de aplicação da norma comunitária.

de um ajuste realizado no plano *supra* individual e onde intervêm estruturas sindicais, estaria em princípio afastado o intuito abusivo ou fraudulento da transferência (com a consequente validade da "transferência de trabalhadores" via convenção coletiva).

3.2. O procedimento de informação e consulta

A Lei n.º 14/2018, de 19 de março, reviu de modo significativo o procedimento de informação e consulta.

As regras procedimentais encontravam-se previstas no art.º 286.º do CT, impondo ao transmitente e ao adquirente o dever de informar os representantes dos respetivos trabalhadores (identificados na lei como sendo as comissões de trabalhadores, comissões intersindicais, comissões sindicais ou delegados sindicais), ou, na sua ausência, os próprios trabalhadores, sobre a data e motivos da transmissão, as suas consequências jurídicas, económicas e sociais para os trabalhadores e as medidas projetadas em relação a estes.

A tramitação processual assumia assim uma dupla configuração, consoante a existência, ou não, de estruturas representativas no transmitente e/ou adquirente. Existindo estruturas representativas, seriam estas as destinatárias da informação, a qual teria de ser prestada, por escrito, com uma antecedência mínima de 10 dias relativamente à fase consultiva. A consulta tinha por objetivo a obtenção de um acordo sobre as (eventuais) medidas a aplicar aos trabalhadores na sequência da transmissão (ainda que nenhum acordo fosse, na verdade, necessário ou exigido). A fase de informação assumia, por conseguinte, natureza instrumental à consulta, motivo pelo qual a mesma era prestada com a referida antecedência mínima (permitindo um conhecimento antecipado pelas estruturas representativas). Na falta das referidas estruturas, o procedimento seguia uma tramitação meramente informativa (não havia lugar a consulta), impondo-se apenas a prestação de informação aos trabalhadores previamente à transmissão. Uma vez mais, a informação surgia como instrumental à consulta, dado que, na ausência desta, a lei entendia que nenhuma antecedência específica deveria ser concedida àquela (em última instância, a informação poderia ser prestada na véspera da transmissão).

Sendo simples na sua implementação, o procedimento legal apresentava lacunas e algumas perplexidades[32] e, termos práticos, o procedimento

[32] Em termos sumários podemos indicar as seguintes:

(i) Existindo estruturas representativas na empresa, os trabalhadores (em particular os diretamente afetados pela transmissão) não eram destinatários de qualquer informação. A lei implicitamente

resumia-se frequentemente a um conjunto de fórmulas relativamente vagas e estandardizadas, desprovidas de real conteúdo[33].

A Lei n.º 14/2018, de 19 de março, efetuou uma revisão significativa do procedimento, com o propósito de reforçar as garantias dos trabalhadores.

Em primeiro lugar, pretendeu-se assegurar a participação dos interessados. Muito embora a transmissão de estabelecimento seja um fenómeno de génese coletiva, o impacto nos contratos de trabalho é individual (é aquele trabalhador que, por adstrito à unidade transmitida, vê um terceiro assumir a qualidade de empregador na sua relação de trabalho). A lei vem agora acentuar o pendor individual do procedimento, através de uma participação ativa dos trabalhadores diretamente impactados pela transmissão. Com

---

delegava nas estruturas coletivas a responsabilidade de veicular a informação relevante aos trabalhadores (o que nem sempre acontecia, nomeadamente em estruturas de natureza sindical pouco representativas dos trabalhadores abrangidos). Claro está que incumbe ao empregador o dever de prestar ao trabalhador informação sobre todas as alterações relevantes para a prestação da atividade laboral, nomeadamente sobre os elementos referidos no art.º 106.º, n.º 3, do CT (cfr. art.º 109.º, n.º 3, do CT), o que até poderia incluir grande parte (ou mesmo a totalidade) dos elementos que compõem o dever de informação junto das estruturas representativas. Todavia, o prazo para cumprimento desse dever de informação – 30 dias após a alteração ocorrer – não assegura que a mesma chegasse ao conhecimento dos trabalhadores antes de a transmissão ocorrer.

(ii) A noção de "consulta" prestava-se a diversos entendimentos. Se, por um lado, a consulta era realizada com vista à obtenção de um acordo sobre as medidas que pretendam aplicar aos trabalhadores na sequência da transmissão, o que poderia indicar a necessidade de realização de, pelo menos, uma reunião presencial, por outro, e na falta de norma legal específica, o recurso à noção de "consulta" previsto no art.º 427.º, n.º 4, do CT suportava um entendimento mais restrito, de apenas troca escrita de informação.

(iii) O art.º 286.º do CT deixava ainda ampla margem na concretização do objeto do dever de informação, dado o legislador não clarificar o que entendia por motivos (tratar-se-ia da descrição do negócio subjacente à transmissão?), consequências jurídicas (além da evidente alteração de empregador, haveria algo mais a referir, por exemplo, em matéria de responsabilidade por créditos, ou manutenção do regime convencional do transmitente?), consequências económicas (deveriam os trabalhadores saber de antemão, por exemplo, qual a estrutura de retribuição e benefícios em vigor no adquirente?) consequências sociais (estar-se-ia o legislador a referir aos denominados *fringe benefits*, prestações complementares e acessórias às componentes salariais, a algo mais, ou a algo de diferente?) ou medidas projetadas (que tipo de medidas estaria o legislador a pensar, sendo certo que todas aquelas que implicassem, por exemplo, perda de postos de trabalho, dificilmente seriam partilhadas às claras).

(iv) Na ausência de estruturas representativas, a informação era prestada a todos os trabalhadores (a letra da lei assim o parecia indicar), mas sem qualquer especial dever em identificar os abrangidos pela transmissão (ainda que razões práticas ditassem uma interpelação direta destes – mais que não fosse para que se pudessem apresentar no adquirente – a lei não o impunha diretamente).

[33] Transmitente e adquirente informavam os trabalhadores, ou representantes, que a (i) transmissão ocorreria com efeitos a certa data, (ii) tal implicava a substituição da entidade que assumia a qualidade de empregador no contrato de trabalho, (iii) não se prevendo quaisquer consequências jurídicas, económicas ou sociais, ou adoção de quaisquer medidas relativamente aos trabalhadores.

efeito, importa reconhecer que a posição de transmitente e adquirente não é igual no que à proteção dos trabalhadores diz respeito. Se em matéria de tramitação, o processo que o adquirente deve cumprir é aliás similar ao anterior, o mesmo não se passa com o transmitente. Desde logo, os trabalhadores abrangidos pela transmissão recebem agora a mesma informação que a estrutura representativa (cfr. art.º 286.º, n.º 2, do CT). Assim, ainda que existam estruturas representativas, o cumprimento do dever de informação junto destas não prejudica o conhecimento dessa informação por parte dos trabalhadores que dela mais beneficiam. Por seu turno, a ausência de estruturas representativas não impede a realização da fase consultiva, dado que os trabalhadores têm oportunidade de formar uma comissão para o efeito (apenas na ausência dessa comissão o procedimento segue uma tramitação informativa). Por fim, os trabalhadores são informados pelo transmitente do resultado do acordo alcançado com as estruturas representativas ou do termo da fase de consulta, quando não tenham participação ativa na mesma via comissão representativa (cfr. art.º 286.º, n.º 8, do CT), o que não ocorria na anterior versão da lei (a responsabilidade recai agora diretamente sobre o transmitente).

O legislador quis ainda reforçar o conteúdo do dever de informação. Nada mais se adiantou sobre as medidas projetadas, consequências jurídicas, sociais e económicas, ainda que o reforço do papel da tramitação procedimental possa ser interpretado como reconhecimento de um dever de prestar esclarecimentos adicionais aos representantes dos trabalhadores, se e quando os mesmos forem solicitados[34]. A grande novidade prendeu-se com a obrigação de partilhar o conteúdo do contrato entre adquirente e transmitente, ainda que boa parte do mesmo de nada interesse ao trabalhador para efeitos de garantir que este é informado sobre as consequências da transmissão no seu contrato de trabalho[35].

[34] À semelhança do que sucede, por exemplo, em processos de despedimento coletivo, onde é usual os trabalhadores solicitarem à empresa informação complementar à já prestada na comunicação dos motivos do despedimento. Incorreria assim sobre transmitente e adquirente o ónus de garantir que as obrigações de informação são adequadamente cumpridas, o que implica (i) receber os pedidos de esclarecimentos ou documentação, (ii) avaliar se os mesmos se mostram abrangidos pelo escopo da fase consultiva, e eventualmente recusar os que sejam manifestamente excessivos ou despropositados e (iii) tomar a iniciativa de concluir a fase de consulta, caso não exista um acordo entre as partes quanto a essa conclusão.

[35] Parecendo-nos já relativamente pacífico o entendimento de que não é obrigatório partilhar o próprio contrato (a lei fala apenas em "conteúdo"), a questão vem sendo resolvida, na prática, por diversas vias: relegando para anexo a informação que respeite aos trabalhadores, entregando cópia apenas das cláusulas relevantes ou elaborando uma súmula descritiva das mesmas.

Ademais, introduziu-se o controlo externo do procedimento, com recurso à intervenção de duas entidades externas, a ACT e a DGERT. A intervenção da DGERT obedece a um princípio de intervenção provocada, cabendo às partes solicitá-la com vista à promoção da regularidade da instrução substantiva e procedimental, conciliação de interesses e respeito pelos direitos dos trabalhadores (cfr. art.º 286.º, n.º 5, do CT). A remissão operada para o artigo 362.º do CT aponta para a aparente necessidade de realizar reuniões presenciais (a mera troca escrita de informação não bastaria), dada a obrigação de redigir as correspondentes atas. No que toca à ACT, o regime apresenta-se como misto. A intervenção é necessária em caso de média ou grande empresa, e facultativa para micro ou pequenas empresas (cfr. art.º 285.º, n.º 9, do CT). Para o efeito, recai sobre o transmitente (e apenas sobre este) a obrigação de informar a ACT sobre o conteúdo do contrato entre transmitente e adquirente (art.º 286.º, n.º 8, alínea a), do CT) e, havendo transmissão de uma unidade económica, de todos os elementos que a constituem (art.º 286.º, n.º 8, alínea b), do CT). Ora, a letra da lei parece pressupor que, *a contrario*, poderiam existir transmissões de estabelecimento sem transmissão de unidade económica (contrariando todo o propósito da revisão legislativa). Parece-nos, porém, que apenas se pretendeu dizer que os casos de cessão ou reversão de exploração não estão abrangidos pela previsão do n.º 8 do art.º 285.º do CT. Já no que se refere ao conteúdo do contrato, não se alcança o objetivo de o mesmo ser partilhado com a ACT (a informação sobre os elementos que constituem a unidade económica deveria bastar para a mesma concluir se a transmissão incide, ou não, sobre uma efetiva unidade económica)[36].

Por fim, a lei sanciona agora o incumprimento do procedimento com responsabilidade contraordenacional grave (cfr. art.º 286.º, n.º 9, do CT), dispondo o art.º 285.º, n.º 7, do CT que a transmissão só pode ter lugar decorridos sete dias úteis após o termo do prazo para designação da comissão representativa (se esta não for constituída), ou após o acordo ou termo da fase de consulta. O incumprimento deste prazo gera responsabilidade contraordenacional grave (cfr. art.º 285.º, n.º 12, do CT) mas não será naturalmente apto a impedir a transmissão de ocorrer.

[36] Importa ainda referir que a lei é descabida quando qualifica como prática contraordenacional muito grave, sem mais, a conduta do empregador com base em transmissão (quando esta não ocorra) ou ausência da mesma (quando esta exista): fosse fácil identificar com clareza uma transmissão de estabelecimento e certamente não abundariam os litígios judiciais nos diversos ordenamentos da União e os múltiplos reenvios prejudiciais para apreciação do TJUE.

O procedimento previsto na lei tornou-se mais garantístico dos interesses do trabalhador, mas em prejuízo da celeridade e simplicidade. Exige-se agora um especial esforço de articulação de fases obrigatórias, e fases facultativas, sujeitas a *timings* específicos, e pouco evidentes.

Todo o procedimento de informação e consulta era, e permanece, profundamente desajustado às transmissões indiretas. A lei simplesmente não está pensada para este tipo de transmissões. A começar pelos sujeitos envolvidos nas operações transmissivas. Com efeito, da redação do art.º 286.º do CT não parece resultar uma obrigação de informação ou consulta plural, ou sequer, cruzada, mas antes unidirecional entre a empresa e os seus respetivos trabalhadores ou representantes (nos termos do n.º 1 e 3 o transmitente e o adquirente devem informar ou consultar os *representantes dos respetivos trabalhadores*; no n.º 2 impõe-se a obrigação de o transmitente – e apenas este – prestar informação aos trabalhadores abrangidos pela transmissão, que serão naturalmente os do próprio transmitente). Dito de outro modo, os referidos deveres são cumpridos por transmitente e adquirente de forma individual, e apenas relativamente aos seus próprios trabalhadores.

Os trabalhadores do adquirente terão certamente interesse em conhecer os destinos da organização empresarial onde estão inseridos, após a incorporação de uma nova unidade de negócio. Mas os principais interessados neste processo serão, indubitavelmente, os trabalhadores do transmitente. Sucede, porém, que o conteúdo da informação prestada visa, no seu essencial, clarificar os trabalhadores sobre as suas condições laborais pós-transmissão, dado que as consequências jurídicas, económicas e sociais, bem como medidas equacionadas a que alude o art.º 286.º do CT, projetam-se para o futuro, ou seja, na esfera do adquirente. Nessa medida, ainda que o transmitente seja a parte obrigada ao cumprimento do dever de informação e consulta relativamente àqueles trabalhadores, só o poderá fazer adequadamente se o objeto da informação lhe for, de algum modo, facultado pelo adquirente (atuando o transmitente mais como um retransmissor de informação).

Ora, a lei laboral não prevê qualquer obrigação expressa de transmitente e adquirente partilharem, entre si, a informação necessária à observância do procedimento. Essa partilha pode (e deve) ocorrer, quer por exigência jurídica, quer por imperativo de racionalidade económica. Assim, e desde logo, as partes estão obrigadas a deveres gerais de boa-fé na conclusão de contratos, tanto nos preliminares como na formação dele (cfr. art.º 227.º, n.º 1, do Código Civil)[37]. Estariam incluídos nesses deveres gerais a pres-

[37] Neste sentido aponta igualmente David Carvalho Martins, "Novo regime...", *op. cit.* pp. 148-151.

tação de informação, do adquirente ao transmitente, necessária para que este último cumprisse, junto dos seus trabalhadores, o procedimento de informação e consulta previsto no Código do Trabalho. Inversamente, os mesmos deveres de boa-fé legitimariam o adquirente a exigir do transmitente uma caracterização adequada da composição da unidade económica transmitida, o que incluiria por exemplo informação sobre os trabalhadores abrangidos pela transmissão (como seja o número de trabalhadores, tipologia de contrato, categorias profissionais, regimes de tempo de trabalho, condições retributivas ou benefícios complementares). No plano prático, a partilha de informação acaba por ocorrer na maioria dos casos, seja porque a aquisição da unidade económica pelo adquirente é geralmente precedida de um processo de auditoria ao transmitente, seja porque este cuida de garantir contratualmente a obrigação de aquele lhe prestar a informação necessária ao cumprimento do procedimento legal.

Nos casos de transmissão indireta, toda esta troca de informação torna-se, a mais das vezes, impraticável ou impossível de assegurar. Desde logo porque não existe qualquer relação entre transmitente (prestador inicial) e transmissário (prestador subsequente) que convoque deveres de lealdade pré-contratuais, mas apenas e tão-só entre o cliente e cada um daqueles, sendo que as obrigações procedimentais recaem sobre esse transmitente e transmissário (e não sobre o cliente). Por seu turno, as transmissões indiretas subsumem-se tipicamente aos casos de mudança de prestador pelo cliente, onde a celeridade e simplicidade imperam, não sendo equacionável na prática comercial que o novo prestador realize qualquer tipo de auditoria ao anterior, ou comum a existência de uma estrutura contratual onde, na falta de relação direta transmitente-adquirente, o cliente imponha ao novo prestador (em benefício do anterior) uma obrigação de prestar a informação necessária para que seja cumprido o procedimento legal.

Ademais, as dificuldades operacionais são evidentes quando se pensa na identidade do novo prestador. Estando o anterior prestador obrigado a informar os trabalhadores abrangidos pela transmissão sobre a identidade do seu futuro empregador, poderá dar-se o caso dessa identidade ser por si desconhecida. Com efeito, e sem prejuízo de processos concursais dotados de uma publicidade própria (como seja a contratação no setor público), o cliente não estará em princípio obrigado a informar o anterior prestador sobre a identidade do concorrente que ganhou o serviço (ainda que possa ter interesse em fazê-lo, nomeadamente para assegurar uma transição de serviços entre empresas).

O mesmo sucede, aliás, com a data da transmissão, dado a cessação do contrato com o prestador original não ter forçosamente de coincidir com a de início da prestação de serviços pelo seu concorrente (pense-se, por exemplo, numa interrupção para obras no local onde o serviço é prestado)[38].

No mesmo sentido, pergunta-se como vai o transmitente (anterior prestador) informar os trabalhadores sobre as consequências económicas e sociais, que se projetam no adquirente, sem intervenção deste último. Ou ainda, como pode o transmitente cumprir o dever de consulta – onde é pretensão do legislador a obtenção de um acordo sobe as medidas projetadas, tanto que a negociação com os trabalhadores ou estruturas representativas poderá ser mediada por uma entidade pública (DGERT) – se desconhecer as medidas que o adquirente pretende implementar. E assumindo-se que a fase de consulta não é apenas um simulacro de negociação, mas sim algo de materialmente útil, onde os trabalhadores poderão solicitar esclarecimentos adicionais – como julgamos ser o caso – como pode o transmitente dar cumprimento à mesma se toda a informação verdadeiramente relevante está na esfera do adquirente (ou do cliente que o contrata para a prestação do serviço)[39]?

Já no que se refere ao dever de informação sobre o contrato celebrado entre transmitente e adquirente a resposta não poderá ser outra: não existe qualquer dever, por não existir qualquer contrato. Uma vez mais, a lei equivale a noção de transmitente da unidade económica à de empregador originário, ignorando por completo que essa equivalência não ocorre nas transmissões indiretas: nestas o cedente/transmitente da unidade dada em exploração (i.e. o cliente) não é o cedente para efeitos laborais (i.e. a anterior entidade a explorar essa unidade e empregador dos trabalhadores a ela afetos).

Todas as dificuldades acima indicadas são amplificadas nos casos de transmissão indireta de atividades de mão-de-obra intensiva, onde a admissão de parte significativa dos trabalhadores pelo concorrente constitui um pressuposto essencial (ainda que não único) à ocorrência de transmissão. Nestes casos, para que o transmitente cumpra verdadeiramente o procedimento, teria de saber quantos, quais e quando os trabalhadores vão ser admitidos diretamente pelo adquirente, para concluir no sentido de este último ter

---

[38] E recorde-se que um dos indícios relevantes para a concluir pela (in)existência de uma transmissão de unidade económica é, precisamente, a eventual suspensão da atividade.

[39] Poder-se-ia sustentar que o procedimento está, nestes casos, restrito à informação que o cedente disponha: que pode ser nenhuma. Tal seria admissível à luz da Diretiva? Cremos que sim, mas apenas para afastar responsabilidade contraordenacional do transmitente.

reconstituído na sua esfera a unidade económica originária. Claro está que, quando tal suceder, o transmitente já terá incumprido o procedimento, porquanto quando este for iniciado já a transmissão ocorreu, tornando o procedimento extemporâneo. Para o transmitente observar o procedimento terá de o fazer à cautela, sem verdadeiramente saber se irá ocorrer, sequer, uma transmissão de unidade económica[40].

Em síntese, a intrincada tramitação imposta pela Lei n.º 14/2018, de 19 de março, em matéria de procedimento de informação e consulta, poderia perfeitamente ter acomodado as especificidades das transmissões indiretas, estabelecendo, por exemplo, obrigação de partilha de informação entre transmitente e adquirente ou, em alternativa, impondo ao cliente a obrigação de assegurar que essa partilha é efetuada, recolhendo do transmitente (e transmitindo ao adquirente) a caracterização da unidade económica (na qual se incluiria a caracterização da força de trabalho abrangida pela transmissão), e exigindo do adquirente os dados necessários para que o transmitente cumpra as obrigações a que está adstrito junto dos trabalhadores[41]. Perdeu-se, assim, uma boa oportunidade para regular adequadamente aquelas que são, porventura, as transmissões de unidade mais recorrentes no tráfego jurídico.

Uma última nota para os casos de mera sucessão na atividade, designadamente em atividades de mão-de-obra intensiva, mas que beneficiam de um regime convencional que assegura a transferência de trabalhadores entre prestadores e a assunção de uma "unidade económica" pelo novo prestador, questionando-se se (i) a ser um regime autónomo e distinto do da lei, está necessariamente sujeito a um processo prévio de informação e consulta e (ii) em caso afirmativo, que processo seria esse (o da lei, ou uma qualquer tramitação prevista pela própria convenção que poderia ser distinta da lei). O tema não é de imediata resolução. Por um lado, a ser um regime con-

---

[40] Em termos práticos, o prestador originário informaria os trabalhadores que, com a perda de cliente, os contratos de trabalho são "transferidos" para a empresa concorrente pelo mecanismo de transmissão de estabelecimento (o que, na verdade, não sucede): partindo-se de uma mera aparência de transmissão, o resultado final poderá até vir a ser o de uma transmissão real e efetiva, dependendo de o concorrente aceitar, ou recusar, esses mesmos trabalhadores. Por seu turno, a referida absorção de pessoal poderá até resultar de imposição do cliente, constituindo obrigação contratual do novo prestador assegurar que tal venha a ocorrer (ou pelo menos estar disponível para receber esse pessoal).

[41] Esta lacuna é ultrapassada em alguns caso por via convencional, onde está regulada uma tramitação procedimental própria, com obrigações de informação entre prestadores. Seria todavia preferível não deixar a matéria inteiramente ao crivo da contratação coletiva, estabelecendo-se na lei um patamar mínimo ajustado às transmissões indiretas (sem prejuízo da sua densificação por convenção coletiva).

vencional autónomo aplicável a um caso de "mera sucessão na atividade", não haveria aparentemente um imperativo legal de sujeição a um processo prévio de informação e consulta (estes estão pensados para transferências abrangidas pela Diretiva e pela lei, de transmissão de unidade económica). E mesmo que se entenda que a possibilidade de acordar num regime convencional que comporte uma alteração de empregador nas relações laborais em curso implica, sempre e em qualquer caso, uma qualquer obrigação de informação prévia, tal obrigação não careceria de ser configurada segundo os parâmetros do CT (as partes, os prazos, as fases e o conteúdo poderiam ser distintos). No entanto, e como vimos já, atividades que seriam qualificáveis como típicos casos de "mera sucessão" poderão redundar, a final, na incorporação de uma unidade económica (os trabalhadores do anterior prestador), por imposição convencional. E se assim for, não deveria tal incorporação ser precedida do mesmo procedimento que as situações configuradas, à partida, como transmissão indireta? É que em ambos os casos (i) o efeito transmissivo é idêntico e (ii) as partes envolvidas estão, em princípio, aptas a efetuar o mesmo juízo *ex ante* qualificativo de um facto jurídico futuro (o negócio, ou a aplicação da cláusula convencional) como uma transmissão relevante. Em termos sintéticos, será o regime procedimental previsto no CT aplicável apenas às transmissões de unidade assim qualificadas pela aplicação dos critérios legais, ou abrangerá igualmente as que por exigência convencional redundem no final do dia numa realidade material idêntica: a manutenção da identidade da unidade originariamente afeta à execução da atividade? Inclinamo-nos para este segundo entendimento.

3.3. Oposição

A Lei n.º 14/2018, de 19 de março, inovou ao prever expressamente o direito de oposição à transmissão da posição de empregador no contrato de trabalho, bem como ao introduzir um direito à resolução pelo trabalhador na sequência da transmissão.

No que à oposição respeita, esta pode ser exercida nos termos do art.º 286.º-A do CT, em qualquer dos tipos transmissivos (transmissão, cessão ou reversão) e na máxima extensão prevista na lei (i.e. na transmissão de empresa, estabelecimento ou partes destes que constituam uma unidade económica). O direito à oposição está dependente da verificação de requisitos materiais, apenas sendo formado na esfera jurídica do trabalhador quando a transmissão lhe causar (ou for apta a causar, em função de um juízo de prognose) um prejuízo sério[42], nomeadamente por manifesta falta de solvabilidade ou situação financeira difícil do adquirente, ou ainda se a política de organização do trabalho não lhe merecer confiança. O exercício do direito de oposição está sujeito ao cumprimento das formalidades previstas no art.º 286.º-A, do CT, devendo o trabalhador para o efeito informar o respetivo empregador, por escrito, no prazo de cinco dias úteis após o termo do prazo para designação da comissão representativa (quando não constituída) ou após o acordo ou o termo da fase da consulta, mencionando a sua identificação, a atividade contratada e o fundamento da oposição. Sendo exercida, a oposição tem como efeito a manutenção do vínculo laboral entre o trabalhador e o transmitente[43].

O reconhecimento de um direito de oposição do trabalhador foi sendo ora defendido, ora recusado, por doutrina e jurisprudência nacionais[44]. Ultrapassada que está a questão, discutem-se agora os termos em que o direito pode ser exercido, nomeadamente no que à fundamentação respeita. Assim, e de uma parte, parece não haver grande dúvida que a noção de prejuízo sério carece de algum tipo de materialização factual, mais não fosse pelo facto de o legislador adiantar à cabeça um desses potenciais prejuízos (a manifesta falta de solvabilidade ou situação financeira difícil[45]). Todavia,

---

[42] Para David Carvalho Martins, "Novo regime...", *op. cit.*, pág. 134 a noção de prejuízo sério constante do CT para outros efeitos (como seja no regime de alteração de local de trabalho) não deverá ser importada *tout court* para o direito de oposição, antes exigindo uma adaptação à situação de transmissão de unidade económica por em causa estar o exercício de liberdade individual do trabalhador.

[43] No caso de extinção do ente coletivo que assume a posição de empregador-transmitente (por exemplo, nas situações de fusão por incorporação), o direito de oposição poderá ser exercido, mas redundará na impossibilidade natural (e jurídica) de continuidade do contrato de trabalho, por desaparecimento da contraparte no mesmo. A solução apontada por Júlio Gomes é a que melhor se coaduna com estes casos: a caducidade do contrato de trabalho ("Algumas Reflexões Críticas...", *op. cit.* pág. 85).

[44] No plano do direito da União, o TJUE manteve uma posição de equidistância, reconhecendo a possibilidade de oposição mas delegando aos Estados-Membros a decisão de o positivarem no plano interno. No Ac. TJUE, de 16.12.1992 (processo C-132/91), Grigorios Katsikas, que "(...) *as disposições do artigo 3.º, n.º 1, da directiva não constituem obstáculo a que um trabalhador decida opor-se à transferência do seu contrato*" mas "(...) *a directiva não obriga os Estados-membros a determinar que o contrato ou relação de trabalho se mantenham com o cedente.* (...) *compete aos Estados-membros decidir do destino reservado ao contrato ou à relação de trabalho*". No direito interno, veja-se o Ac. STJ, de 27.05.2004, onde se conclui que "(...) *deve reconhecer-se ao trabalhador o direito de se recusar à transmissão da posição patronal no contrato de trabalho que vem mantendo com o cedente nos casos de transmissão ou cessão de exploração (total ou parcial) do estabelecimento onde exerce a sua actividade em execução do referido contrato*".

[45] Ainda que os conceitos de "falta de solvabilidade" ou "situação financeira difícil" carecem igualmente de concretização. Mais discutível será a forma como os trabalhadores terão acesso à informação que lhes permita concluir pelo prejuízo sério por falta de solvabilidade ou situação financeira difícil, já que os dados financeiros do adquirente não constam do elenco que compõe o objeto do dever de informação do

têm sido tecidas críticas à formulação utilizada pela lei quando permite ao trabalhador opor-se por falta de confiança na política de organização do trabalho do adquirente, dada a sua vacuidade. Há quem imponha ao trabalhador o ónus de alegar e provar factos dos quais se possa concluir, à luz de um critério de razoabilidade, que a política de organização adotada pelo adquirente seria merecedora da falta de confiança tendo por referência um trabalhador-médio, colocado em igualdade de circunstâncias[46]. Mas sustenta-se igualmente que o direito de oposição deve ser perspetivado na sua máxima extensão, enquanto corolário da liberdade contratual (o trabalhador não pode ser obrigado a trabalhar para quem não quer, e não deve ter como alternativa exclusiva a extinção do vínculo: a oposição constitui, pois, uma solução conservatória do trabalho que materializa essa liberdade de escolha), nada tendo o trabalhador a provar, bastando invocar que desconfia (sem indicar o porquê) da organização no adquirente[47].

Da nossa parte, cremos que a solução mais consentânea com o espírito e letra da norma será a de exigir que o trabalhador, no exercício do direito de oposição, concretize de algum modo (invocando os correspondentes factos) a sua justificada falta de confiança. Com efeito, e por um lado, não é toda e qualquer falta de confiança do trabalhador que fundamenta a oposição, mas somente aquela que se refira à política de organização do trabalho (tendo, pois, de existir um nexo causal entre essa política e a concreta ausência de confiança, e pelo menos este deveria ser sindicável). Por seu turno, a ausência de qualquer obrigação de concretização factual equivale à total liberdade de exercício do direito de oposição, o que contraria frontalmente a sua qualificação expressa como fundamento (o art.º 286.º-A, n.º 3, do CT obriga o trabalhador a mencionar o fundamento de acordo com o n.º 1)[48]. Ademais, seria estranho que o legislador consagrasse uma dupla tutela do trabalhador – conservatória, pela via da oposição, e resolutória-compensatória – sujeita

---

art.º 286.º, n.º 1, do CT (a menos que à comissão representativa fossem reconhecidos os mesmos direitos de informação de uma comissão de trabalhadores, nos termos do art.º 424 do CT, o que não parece ser o caso).

[46] Para David Carvalho Martins, "Novo regime..." *op.cit.* pág. 134 o trabalhador não pode fundamentar a oposição com "*estados de alma*" ou "*meros palpites*".

[47] Assim, João Leal Amado, "Transmissão..." *op.cit.* pág. 53, para quem o trabalhador "*pode, assim, dizer não porque não*".

[48] Com inteiro acerto Júlio Gomes, "Algumas Reflexões..." *op.cit.* pág. 78 questiona se a oposição não terá de assentar em indícios concretos, sob pena de, podendo o trabalhador simplesmente invocar a desconfiança (até em resultado do desconhecimento), esta ser totalmente subjetiva e insindicável, deixando de ser um genuíno fundamento.

às mesmas condições materiais (fundamentação nos termos do art.º 286.º-A, n.º 1, do CT, para o qual remete o art.º 394.º, n.º 3, alínea d) do CT) mas com exigências de forma tão díspares que acabam por descaracterizar as referidas condições (no direito de oposição o trabalhador apenas invoca "falta de confiança"; na resolução do contrato essa "falta de confiança" deve ser demonstrada mediante indicação sucinta dos factos, nos termos do art.º 395.º, n.º 1 do CT). Por fim, importa não perder de vista que o regime da transmissão de estabelecimento balanceia os princípios constitucionais de segurança no emprego e liberdade de iniciativa económica e de empresa (de ambos transmitente e adquirente), sendo que a compressão de um, em prole do outro, deve ser proporcional, necessária e adequada, equilíbrio que parece ficar injustificadamente afetado se os interesses do trabalhador forem unilateral e livremente impostos sem restrição (seria este o resultado da total ausência de concretização da "falta de confiança") perante os interesses do empregador.

Ora, cremos que o exercício do direito de oposição e o procedimento de informação e consulta encontram-se intrinsecamente ligados. Desde logo, o procedimento é imperativo para determinar o momento da oposição: o trabalhador tem um prazo de 5 dias úteis e este inicia-se com a ocorrência de determinados marcos processuais (termo do prazo para constituição da comissão representativa, conclusão de acordo ou termo da consulta). Por seu turno, o direito de oposição não é exercido no início do processo, mas sim após concluída a fase de informação e consulta (para que o trabalhador não decida às cegas). Por fim, o procedimento é instrumental ao exercício da oposição por permitir ao trabalhador conhecer em maior detalhe o futuro da relação de trabalho no adquirente (ainda que, reconheça-se, o escopo do dever de consulta possa, em si mesmo, ser insuficiente para que o trabalhador identifique um prejuízo sério ou desconfie da política da organização do trabalho).

Haverá alguma consequência decorrente de vício procedimental, além da responsabilidade contraordenacional? Sendo a resposta negativa, aniquila-se o direito à oposição. Assente na premissa de que o direito de oposição visa a conservação do vínculo no transmitente e, como tal, deve ser exercido antes de a transmissão ter lugar, bastaria ao transmitente não realizar qualquer procedimento prévio e com isso impediria os trabalhadores de se oporem (limitar-se-ia a informá-los da transmissão após esta ocorrer). Mas mesmo que o cumpra, o procedimento pode ser observado apenas na forma (o transmitente recusa-se a prestar qualquer esclarecimento além das estafadas fórmulas já usadas no passado para cumprimento do dever de informação), ou serem até prestadas informações falsas. Concebendo a oposição como um direito de exercício fundamentado, a ausência de informação (ou a prestação de informação errónea) poderá impedir o trabalhador de formar correta, e sobretudo, atempadamente, a sua vontade. Assim, e sob pena de beneficiar indevidamente o infrator, parece-nos que a solução que melhor salvaguarda o propósito da lei será o de permitir a oposição retroativa, já na esfera do adquirente – tendo por consequência a conservação do vínculo no transmitente – se e quando não for tempestivamente exercido por motivo imputável ao transmitente[49].

A repercussão do acima referido nas transmissões indiretas é óbvia. Desde logo, o acesso do transmitente a informação relevante para efeitos do exercício do direito de oposição é limitado (e poderá não existir, sequer). Recorde-se que ao trabalhador interessa verificar, invocar (e demonstrar, se for o caso), circunstâncias atinentes ao adquirente e que se repercutam negativamente na sua esfera individual (a ocorrência de prejuízo sério ou a falta de confiança), pelo que, salvo informação que seja pública e notória, o trabalhador poderá, pura e simplesmente, desconhecer a sua futura realidade no adquirente. Por seu turno, e tal como já referimos, o próprio cumprimento do processo de informação e consulta pode ser afetado, no seu todo[50]. Nessa medida, cremos que as transmissões indiretas serão, precisamente, um dos casos onde o exercício retroativo do direito de oposição maior aplicação terá, por serem as transmissões onde o procedimento – instrumental a esse exercício – mais facilmente será incumprido.

E no caso de existir regime convencional que regule a substituição do prestador do serviço? Se a substituição configurar, igualmente, uma transmissão de unidade económica à luz dos critérios da lei – na modalidade de transmissão indireta – os trabalhadores terão naturalmente o direito a opor-se individualmente (a convenção coletiva não o poderá afastar, sob pena de um tratamento menos favorável violador da hierarquia de fontes laborais).

---

[49] Não se exclui ainda que se possa defender esse exercício já no adquirente em caso de impossibilidade temporária não imputável ao trabalhador, e desde que feita logo que possível, justificando o trabalhador o motivo dessa impossibilidade (à semelhança do que sucede com a comunicação de faltas imprevisíveis). Sobre o exercício da oposição após a transmissão, veja-se Júlio Gomes, "Algumas Reflexões...", *op. cit.*, pp. 82-83 e 88, admitindo o autor tal solução. Admitindo-o, enquanto eficácia conservatória-reconstitutiva do vínculo David Carvalho Martins, "Novo regime...", *op. cit.*, pp 139-140.

[50] Nos casos de mão-de-obra intensiva, por exemplo, o empregador originário não tem de saber se, quando e em que termos, o concorrente a quem o serviço é adjudicado irá admitir os trabalhadores daquele, para daí concluir pela ocorrência de transmissão de unidade económica (no pressuposto, claro está, que essa transmissão se bastaria com essa admissão ao serviço).

E qual o prazo e formalidades? Não vemos motivo para afastar aqui o regime legal. Se a substituição de prestador configura uma transmissão indireta, esta fica sujeita ao regime do CT no que à tramitação procedimental diz respeito[51].

E a conclusão será a mesma se a transferência de trabalhadores entre prestadores concorrentes, por aplicação de norma convencional, não encerrar qualquer transmissão indireta (porque nenhuma unidade é transmitida)[52]? Na falta de previsão convencional de um direito de oposição, vale o previsto na lei? Novamente, a resposta não se afigura imediata porquanto (i) a lei prevê a oposição quando ocorra transmissão de unidade económica, mas tal não se aplica diretamente à mera sucessão na atividade, e (ii) a lei sujeita o regime da transmissão de unidade económica ao princípio do tratamento mais favorável, mas as normas convencionais aplicáveis aos casos de mera atividade não parecem, a mais das vezes, procurar uma extensão do âmbito de aplicação material do CT, antes criando uma solução específica, no plano convencional, que imita ou mimetiza os efeitos (ou parte deles) do regime legal, sendo por isso duvidoso que estejamos, sequer, no campo da aplicação do princípio de tratamento mais favorável (tal implicaria que a norma convencional fosse configurada como uma extensão do regime legal, e não como um mecanismo autónomo de transferência de trabalhadores)[53].

Em nosso entendimento, parece-nos que a solução não será verdadeiramente encontrada na Diretiva ou no CT (as regras da transmissão não se aplicariam à mera sucessão na atividade), mas na correta aplicação de princípios gerais de Direito Civil e preceitos constitucionais, já invocados aliás aquando da discussão sobre o reconhecimento do direito da oposição previamente à revisão da Lei n.º 14/2018, de 19 de março. Assim, para quem considere que o trabalhador poderá recusar uma alteração de empregador

---

[51] Incluem-se aqui quer os casos onde a execução do serviço, pelo novo prestador, sempre implicaria a assunção da unidade económica explorada pelo anterior, atentas as características próprias dessa unidade e do serviço contratado (o que será mais evidente nos casos onde a unidade assenta sobretudo em meios corpóreos), quer os casos onde o serviço não implicaria, à partida, uma necessária transmissão da anterior unidade, mas esta acaba por ocorrer como decorrência de o novo prestador integrar os trabalhadores do anterior por imposição convencional (que será mais evidentes nos casos onde a unidade assenta em mão-de-obra intensiva).

[52] Porque, por exemplo, os trabalhadores transferidos não o são em número ou com relevância suficiente para que se conclua pela manutenção da identidade da unidade económica.

[53] Sobre o tema veja-se Júlio Gomes, "Algumas Reflexões..." *op.cit.* pág. 86., para quem o direito de oposição permanece tanto pela sua natureza marcadamente individual, como por força do princípio do tratamento mais favorável.

unilateralmente imposta, enquanto manifestação da sua liberdade individual de escolher para quem trabalha (e a contraparte na sua relação contratual), o direito de oposição será sempre reconhecido, independentemente de essa alteração decorrer de norma legal ou convencional (e ainda que não expressamente previsto). Inversamente, para quem considere que o direito de oposição não é conatural à alteração da posição de empregador no contrato de trabalho, a configuração das normas convencionais como mecanismos autónomos (e não meros alargamentos do âmbito de aplicação do regime legal) destinados a permitir ao trabalhador a manutenção do seu posto de trabalho no novo prestador (e a garantir que este recebe os trabalhadores necessários à execução do serviço) implicaria que na ausência de previsão expressa de um direito de oposição (dado o previsto na lei ser inerente à noção de transmissão de unidade económica) este não existiria (à semelhança do que aliás sucedia no anterior regime legal, onde inexistia consagração expressa da oposição). Atenta a evolução jurisprudencial nacional sobre o tema, não constituirá surpresa se os nossos Tribunais reconhecerem ao trabalhador o direito a opor-se ainda que a contratação coletiva não o preveja, ou expressamente o recuse, seja com recurso aos referidos princípios gerais e constitucionais, seja interpretando o direito de oposição legalmente previsto como um posicionamento do legislador ordinário, relativamente a todas as formas de alteração de empregador, de recusa da sua imposição unilateral contra a vontade do trabalhador.

Conforme já avançado por alguns autores, o exercício do direito de oposição poderá, ainda, comportar um efeito descaracterizador da unidade económica, passível de afetar a própria transmissão[54]. Efetivamente, nos casos em que a manutenção de mão-de-obra constitua um elemento relevante na caracterização da unidade, a oposição por parte de um número significativo de trabalhadores – exercida, em princípio, no transmitente e previamente à transmissão – poderá implicar que uma componente essencial à caracterização e identidade da unidade não seja transferida ao adquirente, pelo que o negócio subjacente não seria qualificável como transmissão de estabelecimento (podendo até nem ser realizado se as partes, por exemplo, sujeitarem o negócio a condição suspensiva de não-oposição por parte dos trabalhadores incluídos no perímetro da transmissão). O impacto é particularmente relevante para os trabalhadores que não se opuseram, pois estes não teriam

[54] Para mais desenvolvimentos sobre o tema ver nomeadamente Júlio Gomes, "Algumas Reflexões...", *op. cit.*, pp. 82-83.

mais o suporte jurídico para exigirem a execução do contrato de trabalho junto do adquirente. Do mesmo modo, se o direito de oposição for retroativamente exercido já no adquirente – nomeadamente por incumprimento do procedimento de informação e consulta – poderemos equacionar se aquele exercício, com o consequente retorno do contrato de trabalho à esfera do transmitente não será em si mesmo uma nova transmissão (que levaria igualmente de arrasto os trabalhadores que não se opusessem, desta feita, na esfera do adquirente)[55].

Qual o impacto desta descaracterização quando exista um regime convencional específico para os casos de substituição de prestador? Na medida em que a transferência convencionalmente imposta não esteja contingente a um número mínimo de trabalhadores (extraindo-se esse limite quer do texto da norma, quer da intenção dos outorgantes quando a previram), o exercício do direito de oposição por parte de alguns (ou muitos) não deverá, em princípio, impedir os restantes de serem admitidos ao serviço do novo prestador. Uma vez mais, tal conclusão assenta na configuração dos regimes convencionais como autónomos, e não meras extensões do regime de transmissão de estabelecimento, pelo que as vicissitudes que afetam este último não afetam necessariamente aqueles.

3.4. Resolução

No que toca ao exercício do direito de resolução, importa determinar se o mesmo é, sequer, aplicável às transmissões indiretas.

A letra da lei parece favorecer um entendimento restrito do âmbito de aplicação material da resolução, circunscrito às transmissões de empresa (segundo art.º 394.º, n.º 3, alínea c), "*constituem justa causa de resolução do contrato a transmissão para o adquirente da posição de empregador no respetivo contrato de trabalho, em consequência da transmissão da empresa, nos termos*

[55] Temos dúvidas que o efeito descaracterizador seja, assim, tão evidente nos casos de atividade de mão-de-obra intensiva (em que a unidade se reconduz, essencialmente, aos próprios trabalhadores). Com efeito, (i) só existirá transmissão relevante se o novo prestador admitir, voluntariamente, uma parte significativa ou relevante dos trabalhadores do anterior prestador, pelo que, (ii) ocorrendo uma transmissão relevante, que convocaria o regime da oposição, tal significaria que o grosso da mão-de-obra já estaria ao serviço do adquirente, (iii) logo, a oposição apenas seria efetivamente exercível por parte dos trabalhadores que ainda se mantiveram no prestador original (e cuja recusa não seria, em princípio, suficiente para descaracterizar a transmissão). Não nos parece admissível que os trabalhadores contratados diretamente pelo novo prestador possam, *a posteriori*, invocar o direito de oposição caso pretendessem retornar ao anterior prestador (a oposição retroativa surge como válvula de escape apenas em situação de incumprimento imputável ao transmitente).

dos n.ºs 1 ou 2 do artigo 285.º"). Nesta leitura, o direito à resolução é concebido como solução *in extremis*, num sistema que privilegia a conservação do vínculo laboral – o trabalhador apenas tem, à partida, o direito de escolher a quem fica vinculado – sempre no pressuposto de que este irá perdurar no tempo (seja no transmitente, seja no adquirente). O direito de resolução teria assim uma aplicação meramente subsidiária, limitada aos casos em que a referida escolha já não é possível por "desaparecimento" do próprio transmitente, o que apenas ocorreria nas situações de transmissão da empresa. Ao trabalhador restaria, pois, uma de duas soluções: aceitar a continuidade da relação laboral no adquirente (à luz da vocação conservatória de emprego inerente ao regime da transmissão) ou cessar o contrato de trabalho com o menor prejuízo possível (mediante o pagamento de compensação calculada nos termos do art.º 396.º, n.º 5, do CT). Segundo esta interpretação, as transmissões indiretas estariam, por natureza, excluídas dos casos passíveis de exercício de direito de resolução.

Temos dúvidas que a conceção restrita do direito de resolução seja a que melhor se coaduna com os interesses em jogo, em particular com a proteção do trabalhador que o legislador quis expressa e intencionalmente reforçar[56]. Assim, e no plano literal, se é correto afirmar que a lei apenas prevê expressamente o conceito de empresa, também não será de ignorar a circunstância de o art.º 394.º, n.º 3, alínea d), do CT remeter para os n.ºs 1 e 2 do art.º 285.º (no qual estão igualmente incluídas outras situações abrangidas pelo regime de transmissão). Mas sobretudo, mais do que a conservação do vínculo, aprece-nos que o *animus* do legislador se prendeu com a materialização do exercício da liberdade individual, não podendo o trabalhador ser forçado a trabalhar para quem não quer ou penalizado pelo exercício dessa sua liberdade. Fará sentido o trabalhador ficar limitado a permanecer no transmitente (quando a unidade que sustenta o seu posto de trabalho, e cujo património poderia, por exemplo, garantir a satisfação dos seus créditos, transmitiu-se para o adquirente) ou ser impelido a trabalhar no adquirente? Não nos parece, pois, descabida a tese de que ao trabalhador é conferida

[56] Para Júlio Gomes, "Algumas Reflexões...", pág. 98, a interpretação teleológica que atente ao escopo tuitivo da intenção legislativa não parece coadunar-se com uma interpretação restritiva da resolução, mas antes com uma tutela ampla não restrita à transmissão da totalidade da empresa. No mesmo sentido, Joana Vasconcelos, "Sobre a resolução..." *op. cit.* pp. 142-143, para quem a resolução não é apenas mero sucedâneo da oposição, para os casos em que esta não é possível. Em sentido contrário, e sustentando uma interpretação mais restritiva da lei, Pedro Romano Martinez e Pedro Madeira de Brito, "O novo regime...", *op. cit.*, pp. 43-46.

uma dupla tutela, em função dos seus melhores interesses: conservatória do vínculo laboral no transmitente (pela oposição, ainda que com o risco de uma futura extinção do seu posto de trabalho ou inclusão em despedimento coletivo) ou no adquirente (pela continuidade do contrato de trabalho), e resolutória apenas neste último. A ser assim, também os trabalhadores abrangidos por uma transmissão indireta poderiam exercer o direito de resolução já na esfera do novo prestador de serviços.

No que toca a esse exercício, a necessidade de fundamentação da justa causa imposta pelo art.º 395.º, n.º 1, do CT, está, também ela, de alguma forma ligada com a tramitação procedimental da transmissão. Com efeito, assumindo-se que qualquer dos fundamentos previstos na lei exigem algum grau de concretização factual (incluindo a falta de confiança na organização do adquirente), o conhecimento desses factos poderá ficar condicionado nos casos de incumprimento (ou cumprimento defeituoso) do procedimento de informação e consulta, em especial nos casos de transmissão indireta (onde o risco de tal vir a ocorrer é elevado). Por conseguinte, é plausível que o trabalhador apenas tome conhecimento dos referidos factos após a transmissão já ter ocorrido, com o decurso da execução do trabalho e à medida que o trabalhador se vá inteirando do modo de funcionamento do adquirente.

Atendendo a que, a resolução do contrato depende de o trabalhador comunicá-la ao empregador, por escrito, e de forma fundamentada, no prazo de 30 dias após o conhecimento dos factos, será legítimo considerar que tal prazo inicia-se no dia imediatamente a seguir à transmissão[57]. Ainda assim, outras leituras seriam eventualmente possíveis, nomeadamente a de que o trabalhador pode resolver o contrato de trabalho em momento posterior, se e quando o adquirente introduzir alterações na sua organização do trabalho ou enfrentar dificuldades financeiras no futuro[58]. Se a primeira solução nos parece algo excessiva, na medida em que o trabalhador pode ainda não conhecer a totalidade dos factos relevantes imediatamente após a transmissão (designadamente porque não teve oportunidade de os conhecer

[57] Para Joana Vasconcelos, "Sobre a resolução...", *op. cit.*, pág. 139, o prazo de 30 dias inicia-se na data da transmissão, sendo por isso irrelevante o conhecimento anterior da parte do trabalhador sobre essa transmissão e os seus concretos impactos.

[58] Neste sentido, Pedro Romano Martinez / Pedro Madeira de Brito, "O novo regime...", *op. cit.* pp. 55-56, para quem a resolução pode ser exercida anos volvidos após a transmissão, sujeitando o adquirente ao risco incerto e sem limite temporal (ou na imagem dos autores, uma verdadeira "espada de Dâmocles").

antecipadamente em sede procedimento de informação e consulta), já a segunda solução redunda num trunfo que nenhum outro trabalhador dispõe, designadamente os trabalhadores originários do adquirente. Talvez seja possível equacionar uma solução de equilíbrio, conferindo ao trabalhador a possibilidade de resolver o contrato de trabalho volvidos mais de 30 dias desde a transmissão (i) contanto que o conhecimento dos factos constitutivos do seu direito seja posterior a essa data (e tal inclui não só a transmissão, mas também os concretos prejuízos ou factos justificadores da falta de confiança), (ii) no pressuposto de que tais factos são relacionados com as características do adquirente já existentes à data da transmissão ou que decorram imediatamente desta, (iii) devendo existir um nexo causal e temporalmente próximo entre eventuais alterações ocorridas no adquirente e a transmissão (alterações introduzidas à estrutura organizativa ou um deteriorar das condições financeiras da empresa ocorridas vários anos após a transmissão serão, em princípio, imputáveis ao normal risco do negócio, e não à transmissão em si mesma)[59] e (iv) sem prejuízo de o empregador poder sempre vir a demonstrar, em juízo, a caducidade do direito à resolução, por ter mediado mais de 30 dias entre o conhecimento dos referidos factos e a efetiva resolução.

4. NOTA FINAL

O atual regime legal não dá resposta aos desafios próprios da transmissão indireta. Reveste-se de incerteza a compatibilidade legal de soluções convencionais que assegurem a continuidade dos trabalhadores em casos de mera sucessão na atividade, quando o legislador pretendeu obstar a transmissões desprovidas de substrato material. O procedimento de informação e consulta é desajustado, quanto aos sujeitos envolvidos, à forma e ao conteúdo, com o inerente risco da sua inobservância ou cumprimento defeituoso. O exercício do direito de oposição e de resolução do contrato de trabalho implicam que o trabalhador possa formar adequadamente a sua vontade, o que poderá estar fortemente limitado em sequência de um deficiente (ou ausente)

[59] Sob pena de uma consolidação das posições jurídicas das diversas partes envolvidas. Este efeito confirmatório foi expressamente invocado no já citado Ac. do STJ de 27.05.2004, quando decidiu no sentido de que, muito embora os trabalhadores possam exercer a oposição, o concreto trabalhador no caso *sub judice* não o havia feito porquanto, muito embora tenha declarado opor-se à transmissão já no cessionário, o comportamento por si adotado (execução do contrato de trabalho nos seus normais termos, recebimento da retribuição, confirmação da exatidão dos dados referentes às condições laborais) e o hiato temporal decorrido acarretavam um efeito consolidante das posições contratuais.

procedimento de informação e consulta. As transmissões indiretas multiplicam-se no dia-a-dia das empresas, não beneficiam, em regra, de aturadas fases pré-contratuais que permitam conhecer a fundo as organizações e o negócio. Exigia-se do legislador um especial cuidado com as transmissões indiretas. Continuará a exigir-se.

NÓTULA SOBRE O TRABALHO TEMPORÁRIO NA DIRETIVA 2008/104/CE E O SEU ALCANCE

João Zenha Martins[1]
Professor da Faculdade de Direito da Universidade Nova de Lisboa

RESUMO: *A Diretiva 2008/104/CE tem como objetivo assegurar a proteção dos trabalhadores temporários e melhorar a qualidade do trabalho temporário. A regulação sobre o trabalho temporário continua relativamente diferenciada nos Estados Membros, embora existam preceitos da Diretiva que, tendo um recorte pouco preciso, suscitam uma intervenção teleologicamente orientada do TJUE que atalhe a essas diferenças.*

Palavras-chave: *Direito Social da União Europeia; igualdade de tratamento entre trabalhadores; restrições e proibições no recurso a trabalho temporário.*

ABSTRACT: *The purpose of the Directive 2008/104/CE is to ensure the protection of temporary agency workers and to improve the quality of the temporary work. Despite the differences of regulation in the Member States, there are legal provisions which raise up an intervention from the CJEU intended to remove differences which are in conflict with the Directive' objectives.*

Keywords: *European Social Law; The principle of equal treatment; prohibitions or restrictions on the use of temporary agency work.*

SUMÁRIO: *1. Enquadramento; 2. Coordenadas e âmbito de aplicação da Diretiva 2008/104/CE; 3. O princípio da igualdade de tratamento; 4. As restrições e proibições no recurso a trabalho temporário.*

1. ENQUADRAMENTO

I. O processo subjacente à intervenção do Direito da União Europeia no trabalho temporário foi lento e vicissitudinário[2].

[1] Professor da Faculdade de Direito da Universidade Nova de Lisboa e Investigador do CEDIS.

[2] Após o malogro em 2001 das negociações desenvolvidas pelos parceiros sociais a seguir à assinatura do AQ relativo ao contrato de trabalho a termo com vista à concretização de acordo similar sobre o trabalho temporário, a Comissão em 2002 apresentou uma Proposta de Diretiva do Parlamento Europeu e do Conselho relativa às condições de trabalho dos trabalhadores temporários [Documento COM(2002) 149 final – 2002/0072 (COD) 269], a qual foi sendo sucessivamente bloqueada, contando com a oposição de vários EM. Cfr. LUCA RATTI, «Agency work and the idea of dual employership: a compara-

Não sendo por certo alheia a essa procrastinação a confirmação de um conjunto de interesses dificilmente harmonizáveis – com "difícil resposta imediata através da utensilagem jurídico-laboral clássica[3] –, o fenómeno havia contudo merecido enquadramento jurisprudencial ainda na década de 1970, com o TJUE a considerar que "as relações de trabalho temporárias têm a particularidade de serem triangulares, na medida em que existem vínculos de natureza diferente, por um lado, entre o trabalhador e a empresa de trabalho temporário, que é o seu empregador, por outro, entre esta empresa e a empresa utilizadora e, por último, entre esta última empresa e o trabalhador que exerce a sua atividade sob a sua direção"[4].

Apesar de representar apenas uma pequena percentagem do total de trabalhadores empregados no espaço da UE, o trabalho temporário é muito significativo nalguns países, sendo visto, não raras vezes, como um processo subalterno de ocupação de postos de trabalho[5], mas também, e outras tantas, como um *stepping stone* no mercado de trabalho[6].

Considerado pela Comissão como uma forma de trabalho atípico (a par dos contratos a tempo parcial, contratos pontuais, contratos «zero horas» ou dos contratos de trabalho *freelance*[7]), alguns Estados Membros (EM) adotaram um quadro jurídico nacional relativo ao trabalho temporário ainda na década de 1960 (*Países Baixos*) ou de 1970 (*França, Alemanha, Reino Unido*[8]), processo que em Portugal, sem prejuízo da difusão atipicamente precedente da figura, remonta à década de 1990, com o Decreto-Lei

---

tive perspective», *I Working Papers*, Centro Studi di Diritto del Lavoro Europeo "Massimo D'Antona", INT-68/2009, 1-44.

[3] A expressão é Maria Regina Redinha, "Empresas de trabalho temporário", *Revista de Direito e Economia*, Janeiro-Dezembro 1984/85, Coimbra, 141 (137-171).

[4] Assim, os §§ 5 e 6 do conhecido Acórdão *Manpower*, de 17.12.1970, processo n.º 35/70, EU:C:1970:120.

[5] Dado que, como cedo fez notar Maria Regina Redinha, "Empresas de Trabalho Temporário", cit., 141, o trabalho temporário é não raras vezes visto como "objecto de exploração lucrativa que deve o seu dinamismo à habilidade com que se imiscuiu na organização do trabalho a organização do capital". Com perspetiva idêntica, Rachid Belkasem, *L'institutionnalisation du travail intérimaire en France et en Allemagne – Une* étude *empirique et théorique* (coll. Logiques Economiques), L'Harmattan, Paris, 1998, 18.

[6] Ler Mark Bell, "Between flexicurity and fundamental social rights: the EU directives on atypical work", *European law review* 2012, vol. 37, n.º 1, 36 (31-48) e Nicola Countouris/Simon Deakin/Mark Freedland/Aristea Koukiadaki/Jeremias Prassl, *Report on temporary employment agencies and temporary agency work*, OIT, Genebra, 2016, 25-6.

[7] Livro Verde da Comissão Europeia, de 22.11.06, 8 e ss..

[8] Embora, no Reino Unido, até que a Diretiva 2008/104/CE, de 19.11, conhecesse luz, a regulação sobre o fenómeno prevista no *Employment Agencies Act* 1973 fosse muito parcimoniosa, sendo, após o EAA, essencialmente assegurada pelo *The Conduct of Employment Agencies and Employment Businesses Regulations* 2003.

n.º 441/91. de 14.11, numa regulação que, embora com alterações de vulto, está hoje, e pela primeira vez, no Código do Trabalho e já não em legislação avulsa.

II. No Direito da União, foi apenas em 2008 que surgiu a Diretiva 2008/104/CE, de 19.11, adotada pelo Parlamento Europeu e pelo Conselho, relativa ao trabalho temporário, em modelo regulamentar que, buscando, em abstrato, um equilíbrio entre a flexibilidade e a segurança no mercado de trabalho, cedo foi perspetivado como expressão visível dos ventos de *flexissegurança*[9].

Composta por 23 considerandos e 14 artigos distribuídos por três capítulos sobre disposições gerais, condições de trabalho e emprego e disposições finais, a Diretiva 2008/104/CE, que apresenta variações terminológicas entre as diferentes versões linguísticas[10], associa-se à Diretiva 91/383/CEE, de 25.06, que estabelece as disposições aplicáveis aos trabalhadores temporários em matéria de segurança e saúde no trabalho (referida no considerando 13) e à Diretiva 96/71/CE do Parlamento Europeu e do Conselho, de 16.12, relativa ao destacamento de trabalhadores no âmbito de uma prestação de serviços (ressalvada no considerando 22).

2. COORDENADAS E ÂMBITO DE APLICAÇÃO DA DIRETIVA 2008/104/CE

III. A Diretiva 2008/104/CE tem como objetivo assegurar a proteção dos trabalhadores temporários e melhorar a qualidade do trabalho temporário, assegurando que o princípio da igualdade de tratamento é aplicável aos trabalhadores temporários.

Reconhece às empresas de trabalho temporário a qualidade de empregadores, sabendo-se que a relação triangular pressuposta pelo contrato de

---

[9] Por exemplo, Lisa Rodgers, "The Regulation of Vulnerable Workers and Precarious Work: A Liberal Framework", *Vulnerable Workers and Precarious Working* (ed. Tayo Fashoyin|Martina Ori|Malcolm Sargeant|Michele Tiraboschi|Fashoyin Tayo), Cambridge Scholars Publishing, 2013, 8 (1-33). Sobre o desenvolvimento do Direito Social da União Europeia que, nesta, como noutras matérias, tem sido desenvolvido em precário equilíbrio entre o valor da tutela dos trabalhadores e dos interesses de gestão, revelando uma inequívoca natureza compromissória, veja-se Rosário Palma Ramalho, *Direito Social da União Europeia*, Almedina, Coimbra, 2009, 105 e ss..

[10] Tal verifica-se não só com expressões que são utilizadas na redação do seu título geral, mas também no que respeita ao conceito de «empresa de trabalho temporário» (comparar, a título ilustrativo, na versão alemã, «über Leiharbeit», «Leiharbeitsunternehmen»; na versão inglesa, «on temporary agency work», «temporary work agency»; na versão italiana, «relativa al lavoro tramite agenzia interinale», «agenzia interinale»; e na versão portuguesa, «relativa ao trabalho temporário», «empresa de trabalho temporário»).

trabalho temporário implica que a posição jurídica de empregador apenas seja titulada pela empresa de trabalho temporário[11].

Procura-se, assim, ter "em conta a necessidade de estabelecer um quadro adequado de utilização do trabalho temporário por forma a contribuir efetivamente para a criação de emprego e para o desenvolvimento de formas de trabalho flexíveis" (considerandos 9 a 11).

Para tanto, e em síntese, a Diretiva *(i)* estabelece o princípio da igualdade de tratamento dos utilizadores, permitindo certas derrogações limitadas em condições rigorosas, *(ii)* prevê um reexame, pelos EM, durante o período de transposição, das restrições e proibições ao recurso a trabalho temporário, *(iii)* melhora o acesso dos trabalhadores temporários a funções de caráter permanente, aos equipamentos coletivos do utilizador e à formação e *(iv)* inclui disposições relativas à representação dos trabalhadores temporários, não cuidando, de forma propositada, de aspetos relativos à natureza da relação estabelecível entre a empresa de trabalho temporário e o utilizador[12].

IV. O instrumento é aplicável a todos os trabalhadores com um contrato de trabalho ou uma relação de trabalho com uma empresa de trabalho temporário, que sejam cedidos temporariamente a utilizadores a fim de trabalharem sob a autoridade e direção destes (n.º 1 do artigo 1.º), abrangendo-se, em sequência, todos os trabalhadores temporários, seja qual for a natureza do vínculo laboral que os liga à empresa de trabalho temporário (a termo ou sem termo, a tempo completo ou a tempo parcial) – salientemente: Acórdão TJUE de 11.04.2013 (*Oreste Della Rocca/Poste Italiane SpA*)[13] – e independentemente da duração do contrato de utilização[14].

[11] A par da inexistência de previsão na Diretiva que cobrisse a situação, a natureza de empregador da ETT foi, perante a ausência de limitações similares às que o artigo 178.º do nosso CT contem, o argumento utilizado no Reino Unido pelo *Employment Appeal Tribunal* (EAT) para obstar à admissibilidade de um CUTT com duração indeterminada: *Moran and Others v Ideal Cleaning Services Ltd and Another*, IRLR 172 [2014].

[12] O enquadramento viabiliza a obtenção de soluções para situações referentes a um incumprimento do trabalhador ou a danos que este ocasione no exercício da sua atividade em benefício do utilizador. Aqui, como refere Rosário Palma Ramalho, *Direito do Trabalho, Parte II – Situações Laborais Individuais* (3.ª ed.), Almedina, Coimbra, 2010, 317, "apesar da sua integração no seio da empresa utilizadora e da sujeição a ordens e instruções desta, em caso de incumprimento destas ordens ou instruções, o trabalhador temporário não pode ser sancionado disciplinarmente pelo utilizador, que apenas poderá requerer a sua substituição à empresa de trabalho temporário; e, de igual modo, o risco do não cumprimento do trabalhador temporário, junto da entidade utilizadora, corre por conta da empresa de trabalho temporário, que poderá ser chamada a responder pelos prejuízos causados por aquele trabalhador".

[13] Processo C290/12, ECLI:EU:C:2013:235.

Se o segundo parágrafo do n.º 2 do artigo 3.º indica que os EM não podem excluir do âmbito de aplicação da diretiva os trabalhadores ou as relações de trabalho pelo simples facto de envolverem trabalhadores a tempo parcial, trabalhadores contratados a termo certo ou pessoas com uma relação de trabalho com uma empresa de trabalho temporário, importa reter que o conceito de trabalhador não pode, para este efeito, ficar à mercê dos diferentes Direitos nacionais, a despeito de a al./a do artigo 3.º definir *trabalhador* como "qualquer pessoa que, no Estado-Membro respetivo, esteja protegida como trabalhador pela legislação laboral nacional" e de a al./c, também do artigo 3.º, identificar *trabalhador temporário* com "o trabalhador com um contrato de trabalho ou uma relação de trabalho com uma empresa de trabalho temporário, tendo em vista a sua cedência temporária a um utilizador para trabalhar sob a autoridade e direção deste".

Foi, na verdade, esse o entendimento firmado pelo TJUE no Acórdão *Betriebsrat der Ruhrlandklinik gGmbH/Ruhrlandklinik gGmbH*, de 17.11.2016[15], com a decisão de reenvio a atinar com um litígio que opunha uma empresa que explora uma clínica a um órgão de representação do pessoal no seio desta empresa, devido à recusa deste último em permitir que uma enfermeira, membro de uma associação sem fins lucrativos, fosse cedida à referida clínica por tempo indeterminado com fundamento num contrato celebrado entre a empresa e a associação mencionada[16].

---

[14] Exclui-se apenas do âmbito de aplicação da Diretiva 2008/104/CE o designado pessoal de estrutura, i. e. aquele que é contratado para trabalhar na própria empresa de trabalho temporário e assegurar o seu funcionamento.

[15] Processo C216/15, ECLI:EU:C:2016:883.

[16] No plano factual, em resumo: a *DRKSchwesternschaft Essen eV* Associação de Enfermeiros da Cruz Vermelha Alemã em Essen (a seguir «Associação de Enfermeiros») é uma associação registada sem fins lucrativos, afiliada à *Verband der Schwesternschaften vom Deutschen Roten Kreuz eV* (Associação da Federação das Associações de Enfermeiros da Cruz Vermelha Alemã). A associação de enfermeiros dispunha de uma autorização para proceder à cedência de trabalhadores. A associação não celebrava contratos de trabalho com enfermeiros desde 2003, admitindo-os apenas como associados. Segundo os estatutos desta associação, os seus membros, que devem estar habilitados a exercer uma atividade profissional no domínio dos cuidados de saúde, exerciam integralmente esta atividade na própria associação de enfermeiros ou, no quadro de contratos de disponibilização, em estabelecimentos de prestação de assistência ou de cuidados de saúde. Uma vez cedidos a um terceiro, os membros da associação de enfermeiros estavam subordinados às instruções materiais e organizativas deste último. Nos termos do seu regulamento interno, a associação de enfermeiros pagava aos seus membros uma remuneração mensal, cujo cálculo se efetuava segundo os parâmetros habituais no setor de atividade em causa, acrescida do reembolso de certos custos de deslocação e de mudança. Os referidos membros beneficiavam, além disso, do direito a férias pagas e ao complemento de reforma, previstos nas disposições aplicáveis ao setor, bem como à remuneração e subsídios complementares em caso de incapacidade para o trabalho por acidente ou doença. Por seu turno, a *Ruhrlandklinik* explorava uma clínica hospitalar em Essen.

Para tanto, o TJUE teve de pronunciar-se sobre o significado e o alcance de dois conceitos diferentes, esclarecendo, por um lado, *(i)* se os membros de uma associação que exercem a sua atividade profissional sob a autoridade de um terceiro devem, em tal contexto, ser qualificados de «trabalhadores» na aceção do artigo 1.°, n.° 1, da Diretiva 2008/104, mesmo que estes não possuam essa qualidade à luz do Direito alemão, e, por outro, *(ii)* se a cedência dos seus membros pela associação mediante o pagamento de uma compensação por parte do terceiro constitui uma «atividade económica» para efeitos do n.° 2 do mesmo artigo[17].

Ora, se, em relação à caracterização de uma relação de trabalho, o TJUE tem considerado repetidamente que «a característica essencial dessa relação consiste na circunstância de uma pessoa realizar, durante um certo tempo, a favor de outra pessoa e sob a sua direção, prestações em contrapartida das quais recebe uma remuneração»[18], é importante ter presente que a redação

---

Em 2010, a *Ruhrlandklinik gGmbH* celebrou com a dita associação de enfermeiros um contrato de cedência, nos termos do qual a associação se comprometeu a disponibilizarlhe pessoal de enfermagem de entre os seus associados. Nos termos deste contrato, a associação de enfermeiros recebia, como contrapartida por cada colocação, uma compensação pelo valor bruto dos custos de pessoal, bem como uma compensação fixa de 3% pela gestão administrativa. Os membros da referida associação cedidos à *Ruhrlandklinik* recebiam a mesma remuneração que os trabalhadores empregados diretamente por esta última e estavam sujeitos a regras e condições de trabalho quase idênticas. A Senhora K. era membro da associação de enfermeiros. Deveria ter sido afetada ao serviço de enfermagem da *Ruhrlandklinik*, a partir de 01.01.2012, com fundamento no contrato de cedência celebrado entre esta última e a referida associação. Por carta de 02.12.2011, o *Betriebsrat der Ruhrlandklinik gGmbH* (comissão de trabalhadores da *Ruhrlandklinik*) recusouse a consentir nesta medida, em aplicação do § 99, n.°s 1 e 2, da *BetrVG*, com o fundamento de que a colocação da Senhora K. não se destinava a ser temporária e, por conseguinte, violava o § 1, n.° 1, da AÜG, que exige que a cedência de trabalhadores a utilizadores seja temporária. A *Ruhrlandklinik* considerou esta recusa infundada na medida em que o § 1, n.° 1, da *AÜG*, lei que transpõe a Diretiva 2008/104, não é aplicável à contratação de um membro de uma associação que não é trabalhador assalariado da mesma. Assim, a *Ruhrlandklinik* decidiu contratar a interessada de forma provisória e intentar uma ação com vista a obter uma autorização judicial para a sua contratação por tempo indeterminado. Tendo as instâncias inferiores deferido o pedido da *Ruhrlandklinik,* a comissão de trabalhadores interpôs recurso para o *Bundesarbeitsgericht* (Tribunal federal do trabalho).

[17] A questão prejudicial foi a seguinte: "O artigo 1.°, n.°s 1 e 2, da Diretiva [2008/104] aplicase à cedência de um associado a outra empresa, para efeitos de prestação de trabalho segundo as instruções materiais e organizativas desta última, num caso em que o referido associado, aquando da sua adesão à associação, se obrigou a prestar a totalidade do seu trabalho também a terceiros, para o que recebe da associação uma remuneração mensal, cujo cálculo é efetuado segundo os critérios gerais da atividade em causa, recebendo a associação, pela referida cedência, o reembolso dos custos de pessoal referentes ao associado, bem como um valor fixo pela gestão administrativa do processo?".

[18] Ver §§ 16 e 17 do Acórdão *Comissão/Itália*, de 13.02.2014, processo C596/12, EU:C:2014:77. Ver ainda Sylvie Hennion/Muriel Le Barbier/Marion Del Sol/Jean-Philippe Lhernould, *Droit social européen et international* (3.ª ed.), Puf, Paris, 2017, 126-7.

tanto do n.º 1 do artigo 1.º quanto da al./c do n.º 1 do artigo 3.º da Diretiva 2008/104 parece(m) justificar a adoção de um entendimento amplo do conceito de «trabalhador», uma vez que se prevê expressamente que o vínculo que une uma empresa de trabalho temporário ao trabalhador por ela contratado com vista a cedê-lo a um terceiro pode ter como base jurídica «um contrato de trabalho ou uma relação de trabalho»[19].

Visto que os membros da associação de enfermeiros exercem a sua atividade profissional a favor e sob a direção de estabelecimentos de assistência ou de cuidados de saúde, a quem estes membros são periodicamente cedidos pela associação, que em contrapartida lhes paga uma remuneração, tal significa que é indiferente se essas pessoas celebraram ou não um contrato de trabalho, sendo outro tanto irrelevante apurar as consequências daqui decorrentes à luz do Direito nacional.

Não existindo, por um lado, qualquer renúncia do legislador da União ao exercício do poder de definir o âmbito de aplicação *ratione personae* desta Diretiva, e vislumbrando-se, por outro lado, que se os limites do referido âmbito de aplicação fossem suscetíveis de variar em função das diferentes abordagens adotadas a nível nacional tal representaria uma importante fonte de insegurança jurídica[20], houve, pois, fundadas razões para se considerar que os referidos membros não podiam ser excluídos do âmbito de aplicação *ratione personae* da Diretiva pelo simples facto de, não tendo celebrado um contrato de trabalho com a associação, não possuírem a qualidade de "trabalhador" à luz do Direito nacional aplicável.

Por isso, «o conceito de «trabalhador» na aceção da Diretiva 2008/104 deve ser interpretado no sentido de que abrange *qualquer pessoa que efetua uma prestação de trabalho, isto é, que cumpre, durante certo período, a favor de outrem e sob a sua direção, prestações, recebendo, em contrapartida, uma retribuição,* e que é protegida, a esse título, no Estado-Membro em causa, independentemente da qualificação jurídica da sua relação de trabalho no

---

[19] Esta relação de alternatividade verifica-se igualmente noutras diretivas relativas à proteção social dos trabalhadores, de que são exemplo as cláusulas 1, 2, 3 e 5 do Acordo-quadro anexo à Diretiva 1999/70/CE do Conselho, de 28.06, respeitante ao Acordo-Quadro CES, UNICE e CEEP relativo a contratos de trabalho a termo (infra).

[20] Assim, Nicolas Moizard, «Les intérimaires dans l'Union européenne: les données du débat», *Revue de droit du travail*, 2012, 240-6, entendendo que "(n)a Diretiva 2008/104, não está em causa um simples reenvio para os direitos nacionais» e que «o Tribunal de Justiça ainda dispõe de meios para controlar as manobras evasivas praticadas pelos Estados".

Direito nacional, da natureza do vínculo jurídico que liga essas pessoas e da forma dessa relação" (§43)[21].

Quanto ao conceito de «utilizadores que exercem uma atividade económica» na aceção do n.º 2 do artigo 1.º da Diretiva 2008/104, o único critério verdadeiramente determinante é o de saber se a entidade em questão, pertença ela ao setor público ou ao setor privado, exerce uma *atividade de natureza económica,* questão que, não encontrando resposta na letra da Diretiva 2008/104, nem nos trabalhos preparatórios relativos à mesma, convoca a jurisprudência do TJUE que identifica os elementos constitutivos de uma «atividade económica» noutros domínios do Direito da União. Esta, como é sabido, tem desenvolvido o conceito em estreita correlação com o conceito de «empresa», no âmbito das disposições do TFUE referentes ao mercado interno, designadamente ao abrigo dos artigos 49.º e 56.º do TFUE relativos, respetivamente, à liberdade de estabelecimento e à livre prestação de serviços, bem como no contexto do Direito da concorrência.

Assim, se o conceito de *empresa* compreende «*qualquer entidade que exerça uma atividade económica*, independentemente do seu estatuto jurídico e do seu modo de financiamento» e «constitui uma *atividade económica* qualquer atividade que consista em oferecer bens ou serviços num dado mercado»[22], é também pacífico que «uma prestação de trabalho assalariado ou uma prestação de serviços remunerados deve ser encarada como uma atividade económica na aceção do artigo 2.º do Tratado [CE]», isto é, como uma prestação que gera uma contrapartida.

Em fundo, tal significa que, na aceção da Diretiva 2008/104, a qualificação de uma empresa que exerce uma atividade económica no domínio do trabalho temporário é procedente sempre que a entidade em causa proponha um *serviço que consiste em ceder trabalhadores com os quais apenas ela estabeleceu relações de trabalho com vista a afectá-los a empresas terceiras.*

Assim, se a associação de enfermeiros cedia pessoal a terceiros mediante o pagamento de uma contrapartida económica por parte destes últimos (= mediante uma compensação dos custos de pessoal e de gestão administrativa decorrentes da operação), o TJUE considerou, para o efeito, ser irrelevante saber se esta contrapartida (não) gera lucros para a associação[23].

---

[21] Compete, por consequência, ao órgão jurisdicional de reenvio verificar se essas condições estão preenchidas.

[22] Entre outros, no domínio dos auxílios de Estado, permita-se a remissão para João Zenha Martins, *Auxílios de Estado – Escritos*, Editora Nova Causa, Porto, 2017, *maxime* 16-27.

[23] Como se lê no § 46, "(a) forma jurídica desta associação de enfermeiros, constituída como associação, não o é também, uma vez que a mesma não resulta da natureza económica da atividade exercida".

Fê-lo, apelando também ao Direito da concorrência, já que, caso se considerasse tais entidades excluídas do n.º 2 do artigo 1.º da Diretiva 2008/104, potenciar-se-iam distorções da concorrência, uma vez que os condicionalismos jurídicos a que se encontram sujeitas as empresas de trabalho temporário com natureza comercial não valeriam para outras entidades que, apresentando natureza jurídica diversa, oferecem serviços similares no mesmo mercado.

Termos em que, com referência ao âmbito de aplicação da Diretiva 2008/104, os n.ºs 1 e 2 do artigo 1.º devem ser interpretados "no sentido de que está abrangida pelo âmbito de aplicação desta diretiva *a cedência por uma associação sem fins lucrativos, em contrapartida de uma compensação financeira, de um dos seus membros a uma empresa utilizadora para aí prestar, a título principal e sob a direção desta última, uma prestação de trabalho mediante retribuição,* uma vez que esse membro é protegido nessa qualidade no Estado Membro em causa, o que compete ao órgão jurisdicional de reenvio verificar, embora o referido membro não tenha a qualidade de trabalhador nos termos do Direito nacional por não ter celebrado um contrato de trabalho com a referida associação".

Dúvidas há contudo no que se refere aos trabalhadores envolvidos por movimentos de descentralização produtiva, designadamente nos casos em que a empresa (sub)contratante recorre a uma empresa multisserviços ou de 'gestão integral'[24] em que os trabalhadores desta empresa representam o elemento fundamental para execução das obras ou dos serviços, com os elementos patrimoniais, técnicos e materiais a serem pouco ou nada relevantes para dar cumprimento ao objeto do contrato celebrado.

Tratando-se de situação que ganha contornos carregados sempre que se esteja perante setores económicos em que a atividade repousa matricialmente na força de trabalho e/ou em que o objeto do contrato comercial corresponde à atividade principal da entidade (sub)contratante[25], importa, por um lado, reter que a liberdade de iniciativa económica também reconhecida no TFUE não pode deixar de implicar a escolha da forma de gestão e atividade

[24] Sociedades com objeto amplo, que vai desde a limpeza ou vigilância até à jardinagem ou à manutenção da climatização, passando pela realização de quaisquer reparações ou serviços de que o cliente necessite. O fenómeno, embora com expressões (crescentemente) diversas, não é recente, como assinalava ALAMEDA CASTRILLO, "La cesión de trabajadores a través de empresas de multiservicios", *Relaciones Laborales* 2005, n.ºs 19-20, 247 e ss..

[25] Importará, com efeito, distinguir se o objeto do contrato entre a empresa contratante e a contratada pode corresponder à atividade principal da empresa ou, como sucede não raras vezes, corresponde a atividades complementares ou acessórias.

da empresa (aí se incluindo naturalmente a externalização de quaisquer atividades) e que, por outro, não se está, por princípio, perante uma entidade que proponha um *serviço que consiste em ceder trabalhadores com os quais apenas ela estabeleceu relações de trabalho com vista a afetá-los a empresas terceiras*.

Perante a aparente indiferença da Diretiva em relação à subcontratação, tal significará, contudo, que, em obediência à salvaguarda de situações *fraudem legis*, competirá aos EM regular adequadamente o fenómeno da subcontratação, pois a eclosão de empresas multisserviços gera um fenómeno de aproximação saliente às empresas de trabalho temporário (a situação tem conhecido expressão significativa no setor público[26]), sem que, para o efeito, se exija o concurso dos requisitos formais e materiais necessários à intervenção de uma ETT: os condicionalismos jurídicos a que se encontram sujeitas as ETT não se aplicam a essas entidades que, apresentando também natureza comercial, oferecem serviços materialmente similares em mercado coincidente e cuja atuação se apresenta como uma forma de legitimar *a se stante* a contratação temporária, muitas vezes em cascata e sem qualquer necessidade de fundamentação[27].

Do mesmo passo, não existem quaisquer constrições quanto à natureza da atividade a exercer pelos trabalhadores afetos à empresa (sub)contra-

---

[26] Para este movimento crescente de recurso a empresas de gestão integral por parte de entidades públicas tem concorrido, além das vantagens genericamente atribuídas ao *outsourcing*, o facto de fazer curso o entendimento de que todos os entes públicos sujeitos à lei que regula o trabalho em funções públicas não podem utilizar o trabalho temporário. É que, à luz da LVCR, o Tribunal de Contas, no Ac. n.º 17, de 02.10.2012, proc. n.º 1831/2011, entendeu que "face às soluções consagradas pelo legislador em matéria de contrato de trabalho em funções públicas, conclui-se que deliberadamente não se quis consagrar a possibilidade de recurso ao trabalho temporário nos serviços públicos que integram o âmbito de aplicação da LVCR, e o Código do Trabalho e o Regime Jurídico do Trabalho Temporário não são aplicáveis nesse universo". Por isso, *(i)* "a celebração de um contrato de utilização de trabalho temporário viola o disposto nos n.ºs 1 a 6 do artigo 6.º da LVCR", pelo que, *(ii)* "à luz do regime dos contratos de prestação de serviços constante da LVCR, um contrato de utilização de trabalho temporário não se reconduzindo a nenhuma das modalidades nela previstas e não respeitando os pressupostos legais que as legitimam e fundam, viola ainda a disciplina contida no artigo 35.º, n.ºs 1 e 2, al. a) 3, 4, 5 e 6, da mesma lei".

[27] Com referência ao artigo 176.º do CT (justificação de contrato de utilização de trabalho temporário), cfr. Ac. Rl. Ev. de 30.03.2017 (Baptista Coelho), proc. n.º 692/14.3T8EVR.E1, considerando-se "nulo o contrato de utilização de trabalho temporário que motive de forma insuficiente a justificação do recurso ao trabalho temporário, devendo o trabalhador considerar-se vinculado à empresa utilizadora, em regime de contrato de trabalho sem termo. Nos termos do art.º 366.º, n.º 6, do Código do Trabalho, na redação da Lei n.º 69/2013, de 30.08, o recebimento de compensação por caducidade contratual apenas relevará para hipóteses de despedimento coletivo, e em que sejam válidos os contratos de trabalho em que essa cessação é operada".

tante, designadamente no que toca à (des)necessidade de satisfação de necessidades empresariais temporárias e à correlativa essencialidade do motivo que pode justificar a operação[28].

Mais vastamente, o aspeto está em que a subcontratação implica, não raro, uma convolação de postos permanentes em temporários – lá onde se suscita a extinção de postos de trabalho ou o despedimento coletivo –, já que a (sub)contratante encontra muitas vezes na externalização a razão bastante para fazer cessar contratos de trabalhado por tempo indeterminado, recorrendo, para o efeito, aos serviços de uma empresa (sub)contratada que, para dar cumprimento a esse contrato, utiliza contratos de trabalho a termo (com conforto na al./h do n.º 2 do artigo 140.º do CT), não sendo ademais aplicável a proibição quanto à celebração de contratos de utilização de trabalho temporário para "satisfação de necessidades que foram asseguradas por trabalhador cujo contrato tenha cessado nos 12 meses anteriores por despedimento coletivo ou despedimento por extinção do posto de trabalho" (n.º 5 do artigo 175.º do CT)[29].

Sem que haja espaço para a dissecação do problema, torna-se ainda necessário o auxílio de técnicas simulatórias, pois o resultado jurídico da fraude à lei obtém-se mediante os dados fornecidos pelo sistema, com recurso a critérios que não podem desatender à especificidade do caso concreto: situações em que *(i)* os trabalhadores que vêm exercendo a sua atividade no quadro de um contrato de trabalho com uma empresa de trabalho temporário em benefício de um utilizador passam a fazê-lo no âmbito de um contrato de trabalho com uma empresa multisserviços que é contratada pelo anterior utilizador, *(ii)* em que se confirma que a empresa (sub)contratada não exerce o poder de direção, o qual é assumido pela empresa (sub)contratante (assim já o decidiu o *Bundesarbeitsgericht*[30]) ou *(iii)* em que a empresa

[28] Entre nós, a essencialidade do motivo justificativo do recurso ao trabalho temporário por parte do utilizador é reaflorada na al./b do n.º 1 do artigo 177.º do CT, sem que possa perder de vista que, como se salienta no Ac. Rl. Gm. de 01.03.2018 (Antero Veiga), proc. n.º 4264/16.0T8VCT.G1, "tendo em conta as exigências de concretização dos motivos que justificam a utilização do trabalho temporário (CUTT), em ambos os contratos deve constar o motivo justificativo do recurso aquela forma de trabalho com menção expressa dos factos que integram aquele motivo justificativo e que permitam o estabelecimento da relação entre a justificação invocada e o termo estipulado no contrato, não sendo menores as exigências de concretização no CUTT. A norma do artigo 180.º do CT prevê a concorrência entre a nulidade substancial do CTT com nulidade substancial ou formal do CUTT, devendo em tais casos considerar-se que o trabalho é prestado ao utilizador em regime de contrato de trabalho sem termo".

[29] Sobre o ponto no ordenamento espanhol, ver Llano Sánchez, "Empresas de servicios, prestamismo laboral y precariedad en el empleo", RL 2006, n.º 2, 2006, 168-9.

[30] BAG 14.03.2007 – 5 AZR 499/06, *Neue Zeitschrift für Arbeitsrecht* 2007, 424-5. Tal acontece, ainda na jurisprudência do BAG, sempre que o modo, o lugar e a duração do trabalho são determinados pela

(sub)contratada se limita a subscrever os contratos de trabalho, a processar a retribuição ou a solver as obrigações previdenciais podem configurar um conjunto de "índices *semióticos*" que suscitarão uma *reação do sistema quanto à ilegalidade da cedência.*

Também aqui, um acordo cujo resultado económico-jurídico seja direta ou indiretamente enquadrável numa proibição e que esteja para lá das condições de validade exigidas para o trabalho temporário ou para a cedência ocasional de trabalhadores não pode, independentemente de qualquer dolo ou intuito de violação do conteúdo negocial[31], deixar incólume o instituto da fraude à lei.

Havendo, naturalmente, margem para que essa reação seja infirmada – bastará a demonstração de que a empresa multisserviços ou de gestão integral exerce o poder de direção e/ou empenha a sua infraestrutura empresarial, que não apenas os seus trabalhadores, na execução do contrato –, o problema ganha limites salientes nos casos em que o objeto do contrato comercial celebrado entre empresas tem como elemento essencial a destinação de trabalhadores à execução de um projeto, sem que, perante fatores como *(i)* o exercício laboral de forma integral em local pertencente à empresa (sub) contratante ou *(ii)* a forma como os trabalhadores se perfilam no plano das relações externamente estabelecíveis pela entidade beneficiária da prestação (a criação da aparência de que se trata de um trabalhador, a par da utilização de meios de contacto que o identificam como tal, assumirá substancial relevo[32]), se logre discernir autonomia e substantividade próprias no serviço prestado pela empresa (sub)contratada ou tão pouco se consiga diferenciar os trabalhadores que, no âmbito da mesma estrutura produtiva, exercem a sua atividade em benefício da empresa (sub)contratante.

V. A Diretiva aplica-se também à relação que se estabelece entre o trabalhador e a empresa utilizadora[33].

Cabe, contudo, ter presente que, por um lado, certas atividades dos utilizadores, como as que são levadas a cabo por partes do setor público, não

---

empresa considerada utilizadora. Ainda: BAG 25.09.2013 – 10 AZR 292/12, *Neue Zeitschrift für Arbeitsrecht* 2013, 1348.

[31] Assim, em geral, sobre a fraude à lei, cfr. Francisco Pereira Coelho, "Causa objectiva e motivos individuais no negócio jurídico", *Comemorações dos 35 anos do código civil e dos 25 anos da reforma de 1977. Vol. II: A parte geral do código e a teoria geral do direito civil*, Coimbra Editora, Coimbra, 2006, 451.

[32] Em exemplo: a atribuição de endereço eletrónico com configuração igual à dos demais trabalhadores para efeitos de contacto com clientes ou fornecedores.

[33] Ainda Ac. TJUE de 11.04.2013 (*Oreste Della Rocca/Poste Italiane SpA*), ECLI:EU:C:2013:235.

podem ser consideradas como atividades económicas quando não existe uma contrapartida económica, o que se verifica com missões públicas no domínio social (*v. g.* cursos ministrados no âmbito de um sistema de educação nacional ou cursos ministrados num instituto de ensino superior cujo financiamento seja assegurado, no essencial, por fundos públicos)[34], e que, por outro lado, os EM têm o direito de excluir do âmbito de aplicação da Diretiva os utilizadores que não exerçam uma atividade económica, faculdade que, até à data, não foi aproveitada pelo legislador português.

No que respeita à relação entre a Diretiva 2008/104/CE, relativa ao trabalho temporário, e a Diretiva 96/71/CE, relativa ao destacamento de trabalhadores, importa atentar ao considerando 22.

Prevendo-se aí que a Diretiva deve ser aplicada de acordo com as disposições do Tratado em matéria de livre prestação de serviços e de liberdade de estabelecimento e sem prejuízo do disposto na Diretiva 96/71/CE, a Diretiva relativa ao trabalho temporário abrange, em princípio, situações nacionais.

Uma vez que a Diretiva atinente ao destacamento de trabalhadores visa especificamente as situações transfronteiriças, a Diretiva relativa ao trabalho temporário é totalmente aplicável aos trabalhadores móveis que trabalham num EM diferente do seu como se fossem trabalhadores nacionais[35].

Isto significa que, em operação de demarcação, a Diretiva relativa ao destacamento apenas se aplica aos trabalhadores destacados, isto é, a trabalhadores que, durante um período limitado de tempo, exercem funções no território de um EM diferente do Estado em que trabalham normalmente[36].

---

[34] A jurisprudência tem vindo a estabelecer um conjunto de critérios cujo preenchimento faz com que determinadas atividades com uma função puramente social sejam consideradas *não económicas*, avultando, nesse domínio, *(i)* a realização de uma missão de serviço público nas áreas social, cultural e educacional destinado à população, *(ii)* a prestação de cuidados às crianças e educação pública financiadas, regra geral, pelo erário público e, de forma particularmente importante, *(iii)* as atividades de investigação desenvolvidas no âmbito do sistema público de ensino, dando-se aqui, ao contrário do que se discerne noutros domínios, particular saliência aos fins prosseguidos – designadamente: obtenção de recursos humanos com mais e melhores qualificações –, e incorporando-se, por extensão, a concessão de licenças, o desenvolvimento de produtos derivados ou outras formas de gestão dos conhecimentos criados pelo organismo de investigação. Ver, entre outros, Processo C-138/11 *Compass-Datenbank GmbH*, Coletânea 2012, p. I-0000, § 38 e Processo C-113/07 P., *Selex Sistemi Integrati*/Comissão, Coletânea 2009, p. I-2207, §§ 72 e 73.

[35] Ver Sylvie Hennion/Muriel Le Barbier/Marion Del Sol/Jean-Philippe Lhernould, *Droit social européen et international* (3.ª ed.), Puf, Paris, 2017, 293-4.

[36] A luz da al./c do n.º 3 do artigo 1.º, a Diretiva relativa ao destacamento de trabalhadores é aplicável a uma empresa de trabalho temporário ou empresa que põe um trabalhador à disposição, que contrate um trabalhador para uma empresa utilizadora estabelecida no território de um Estado-Membro ou que nele exerça a sua atividade, conquanto, durante o período de destacamento, exista uma relação de trabalho

Embora o considerando 22 da Diretiva 2008/104/CE estabeleça que as disposições da Diretiva relativa ao destacamento de trabalhadores têm precedência sobre as disposições da Diretiva relativa ao trabalho temporário – recordando-se, a propósito, que o n.º 1 do artigo 3.º daquela, no que diz respeito aos trabalhadores destacados, obriga ao respeito por certos termos e condições de emprego, que incluem «remunerações salariais mínimas, incluindo as bonificações relativas a horas extraordinárias» e «condições de disponibilização dos trabalhadores, nomeadamente por empresas de trabalho temporário», nos casos em que tais termos e condições estejam estabelecidos por lei ou por convenções coletivas de aplicação geral –, certo é que, em conformidade com o n.º 9 do artigo 3.º da Diretiva relativa ao destacamento de trabalhadores, os EM dispõe da faculdade de prever que seja garantido aos trabalhadores destacados no seu território um tratamento igual no que diz respeito aos termos e condições aplicáveis aos trabalhadores temporários no EM onde é executado o trabalho[37].

3. O PRINCÍPIO DA IGUALDADE DE TRATAMENTO NA DIRETIVA 2008/104/CE

VI. O artigo n.º 1 do artigo 5.º estabelece o *princípio da igualdade de tratamento* no utilizador.

De acordo com este princípio, que não existe num processo de subcontratação puro e que em ponderação custo-benefício reforça a apetência de determinados agentes económicos para o recurso à contratação de empresas multisserviços em detrimento da utilização do trabalho temporário, a partir do primeiro dia do período de cedência os trabalhadores temporários têm de ter condições fundamentais de trabalho e emprego *pelo menos* iguais às condições que lhes seriam aplicáveis se tivessem sido recrutados diretamente pelo utilizador para ocuparem a mesma função.

Essas condições abrangem a remuneração, assim como a duração do trabalho, as horas suplementares, os períodos de pausa e de descanso, o trabalho noturno e as férias e feriados[38].

---

entre o trabalhador e a empresa de trabalho temporário ou a empresa que põe o trabalhador à disposição. Ver Sylvaine Laulom & Jean-Philippe Lhernould, "Le détachement des travailleurs intérimaires dans l'Union européenne", *Revue de droit de travail* 2012, n.º 5, 308-322.

[37] Ver Sophie Robin-Olivier, "La mobilité internationale des salaries", Dr. Soc., 2011, 897.

[38] As condições devem ainda respeitar as regras em vigor no utilizador em matéria de proteção das mulheres grávidas e lactantes e proteção das crianças e dos jovens, assim como de igualdade de tratamento de homens e mulheres, e ainda quaisquer ações destinadas a combater a discriminação.

Contudo, existe um quadro amplo de derrogações à aplicação do princípio da igualdade de tratamento, as quais, também aqui, hão de convocar uma interpretação restritiva, tendo em vista a salvaguarda dos objetivos da Diretiva.

Tal verifica-se com nitidez em relação à derrogação permitida para a remuneração[39] – *a contrario,* as demais condições fundamentais de trabalho e emprego dos trabalhadores temporários são inderrogáveis (previstas na al./f do n.º 1 do artigo 3.º e no n.º 1 do artigo 5.º) –, salientando-se, ademais, que a disposição aponta para que a aplicação do princípio da igualdade de tratamento faça eco da noção de «trabalhador comparável» no utilizador, sendo que, caso não exista um trabalhador comparável, a comparação deve ser feita tendo por referência a convenção coletiva aplicável[40].

Em todo o caso, as condições eventualmente mais favoráveis que não logrem alcance geral ou que não vigorem no utilizador (*v.g.* condições contratadas individualmente) não são consideradas para este efeito[41], dado que estão para lá da *ratio* subjacente ao princípio da igualdade de tratamento, ora substanciado na proibição de discriminação dos trabalhadores no âmbito da estrutura organizativa do utilizador[42], encontrando-se aí a razão para

---

[39] Em concretização, a *Gesetz zur Reform des Arbeitnehmerüberlassungsgesetz und anderer Gesetze* prevê, por exemplo, um prazo inicial de seis semanas para que, em ficção de um recrutamento direto pelo utilizador para ocupação da mesma função, a igualdade de remuneração opere integralmente sempre que o trabalhador temporário tenha vindo de uma situação de desemprego. Cfr. Vivien Barlen, *Zwischen zwei Arenen: Mitbestimmung bei Leiharbeit und Werkverträgen*, Springer VS, Wiesbaden, 2018, 29.

[40] Em correlação, encontra-se a derrogação prevista no n.º 4 do artigo 5.º: desde que seja concedido aos trabalhadores temporários um nível de proteção adequado, os EM que não disponham de um sistema jurídico pelo qual as convenções coletivas possam ser declaradas universalmente aplicáveis ou um sistema em que a lei ou a prática permitam a extensão dessas disposições a todas as empresas semelhantes de um determinado setor ou região, podem, com base em acordos celebrados pelos parceiros sociais nacionais, estabelecer disposições relativas às condições fundamentais de trabalho e de emprego que derroguem o princípio da igualdade de tratamento. Tais disposições podem incluir um prazo de qualificação para a igualdade de tratamento, enquadramento seguido no *Reino Unido*, onde os trabalhadores temporários, à luz do *Agency Workers Regulation* 2010, têm direito a total igualdade de tratamento no utilizador após um prazo de qualificação de 12 semanas no mesmo posto de trabalho. Todavia, por forma a evitar a aplicação abusiva do preceito, prevê-se que, em caso de uma interrupção não superior a seis semanas numa cedência, a contagem do prazo de qualificação não recomeça do zero (*anti-avoidance provision*). Ver David Cabrelli, *Employment Law in Context,* Oxford University Press, Oxford, 2016, 140.

[41] Luján Alcaráz, «La directiva sobre empresas de trabajo temporal», *Aranzadi Social: Revista Doctrinal* 2009, volume 1, n.º 20, 11-25.

[42] Em sentido mais generoso, o n.º 5 do artigo 185.º do CT prevê que "o trabalhador tem direito à retribuição mínima de instrumento de regulamentação coletiva de trabalho aplicável à empresa de trabalho temporário ou ao utilizador que corresponda às suas funções, ou à praticada por este para trabalho igual ou de valor igual, consoante a que for mais favorável", sem prejuízo de, quanto ao mais, o trabalhador,

que as disposições de caráter geral vinculativas em vigor no utilizador funcionem como bitola da igualdade de tratamento relativamente às condições fundamentais de trabalho e emprego, uma vez que, em ficção, tudo funciona como se os trabalhadores tivessem sido recrutados diretamente pelo utilizador para ocuparem a mesma função.

Neste plano, e ainda antes da Diretiva 2008/104/CE, o TJUE teve ensejo para se pronunciar por mais do que uma vez sobre a igualdade de remuneração entre trabalhadores permanentes ao serviço de um utilizador e trabalhadores temporários por ele contratados para desempenharem a mesma função.

No acórdão *Allonby,* de 13.01.2004[43], em que se discutiu se o artigo 141.° do Tratado CE (artigo 157.° do TFUE) alberga(va)o direito a igual remuneração invocado perante a ETT por uma trabalhadora temporária contratada para exercer funções idênticas às de um trabalhador permanente do sexo masculino ao serviço do mesmo utilizador, o TJUE considerou que "quando as diferenças verificadas nas condições de remuneração de trabalhadores que efetuam um mesmo trabalho ou um trabalho de valor igual não podem ser atribuídas a uma única fonte, falta uma entidade que seja responsável pela desigualdade e que possa reestabelecer a igualdade de tratamento. Tal situação não se enquadra no âmbito do artigo 141.°, n.° 1, CE. O trabalho e a remuneração destes trabalhadores não podem, assim, ser comparados com base nesta disposição» (§ 46).

Com sentido idêntico, o acórdão *Lawrence,* de 17.09.2002[44], entendeu que "uma situação em que as diferenças verificadas nas condições de remuneração de trabalhadores de sexo diferente, que efetuam um mesmo trabalho ou um trabalho de valor igual, e que não podem ser atribuídas a uma única fonte, não se inclui no âmbito do artigo 141.°, n.° 1, CE".

Tanto num caso quanto noutro, o TJUE desenvolveu uma interpretação muito restritiva do artigo 141.°, que, em rigor, parece ter desatendido às pecularieddades subjacentes à tripolaridade da relação de trabalho temporário, visto que a insusceptibilidade de atribuição de qualquer diferenciação a uma única fonte é conatural ao instituto.

---

nos termos do n.° 2 do artigo 185.° do CT, ficar "sujeito ao regime aplicável ao utilizador no que respeita ao modo, lugar, duração do trabalho e suspensão do contrato de trabalho, segurança e saúde no trabalho e acesso a equipamentos sociais".

[43] Processo C-256/01, *JO* C 47 de 21.02.2004, 4.

[44] Processo C-320/00, *JO* C 274 de 09.11.2002, 11.

VII. Já o n.º 2 do artigo 5.º estabelece que "em matéria de remuneração, os EM podem, após consulta aos parceiros sociais, prever a possibilidade de derrogar o princípio previsto no n.º 1 sempre que os trabalhadores temporários ligados a uma empresa de trabalho temporário por um contrato permanente continuem a ser remunerados durante o período que decorre entre duas cedências".

Visa-se com isso garantir "a especial protecção relativa à natureza deste tipo de contrato de trabalho" (considerando 15), significando-se, assim, que se os trabalhadores temporários mantiverem com a empresa de trabalho temporário um vínculo de duração indeterminada, com direito a remuneração durante os períodos entre cedências, a maior estabilidade e proteção que estas condições lhes conferem *per comparationem* com trabalhadores titulares de um contrato a termo que se extingue no final de cada cedência certificam a atribuição de uma remuneração inferior enquanto compensação pelo maior encargo que isso representa para os seus empregadores.

É assim que na *Irlanda* a Lei relativa à proteção dos trabalhadores (trabalho temporário) de 2012 prevê que os trabalhadores temporários com um contrato de trabalho *quoad vitam* não têm direito a igualdade de remuneração durante o período de cedência, desde que no período que decorre entre duas cedências lhes seja paga pelo menos metade da remuneração a que tenham tido direito na sua última cedência e nunca menos do que o salário mínimo nacional. Mas antes de um trabalhador temporário celebrar um contrato de trabalho, a ETT deve notificá-lo por escrito de que não terá direito a uma igualdade de remuneração[45].

Entre nós, embora o artigo 184.º do CT não o preveja, a obrigação de informação a cargo da ETT de que o trabalhador temporário não terá direito a uma igualdade de remuneração será outro tanto de exigir, podendo mesmo questionar-se se, à luz do artigo 181.º do CT, esse elemento não deve constar do contrato de trabalho temporário, lá onde a menção à retribuição parece dever incluir esse entorse ao princípio da irredutibilidade (al./e do n.º 1 do artigo 181.º). No entanto, e de forma hábil, a al./a do n.º 2 do artigo 184.º do CT faz apelo à figura da compensação, parecendo cortar cerce a possibilidade de essa prestação a cargo da ETT ficar abrangida pelo conceito de retribuição contido na al./e do n.º 1 do artigo 181.º do CT, contexto em que,

[45] Cfr. Isabelle Schömann & Coralie Guedes, *Temporary Agency Work in the European Union: Implementation of Directive 2008/104/EC in the Member States*, European Trade Union Institute, Bruxelas, 2012, 28-9.

até por força dos princípios da legalidade e tipicidade sancionatórias, essa omissão dificilmente poderá constituir uma contraordenação com vista à aplicação do n.º 5 do artigo 181.º do CT.

Contudo, se este dever de informação a cargo da ETT atravessa todo o regime do trabalho temporário[46] – e ele coloca-se, antes do mais, na necessidade de o trabalhador aceder a algumas das menções postuladas pelo contrato de utilização de trabalho temporário (artigo 177.º do CT), já que, sem estar cônscio de alguns desses elementos, e não obstante o contrato de utilização estar reduzido a dois exemplares, o trabalhador não disporá de condições efetivas para exercer um conjunto de direitos que o CT (*prima facie*) lhe confere[47] –, coloca-se ainda a questão de saber se a natureza compensatória desta prestação e o consequente afastamento da categoria retribuição implicam a inaplicabilidade dos mecanismos relativos à tutela da retribuição.

A resposta é, por princípio, negativa, já que *(i)* o regime protetivo que a lei desenha globalmente para a retribuição não só cobra total justificação no que a esta prestação diz respeito, *(ii)* como também o n.º 2 do artigo 5.º da Diretiva trata do ponto a propósito da remuneração, em parametrização normativa que, sob essa lente, é de compatibilidade difícil com a figura da *compensação* subjacente à al./a do n.º 2 artigo 184.º do CT.

Estiolando em certa medida a inteireza da premissa fundamental de que os contratos por tempo indeterminado constituem a forma geral das relações de trabalho (também enunciada no considerando 15 da Diretiva 2008/104), o enquadramento contido no n.º 2 do artigo 5.º da Diretiva é por definição inextensível a trabalhadores com contrato de trabalho a termo, postulando um contrato de trabalho por tempo indeterminado.

Todavia, a formulação do n.º 2 do artigo 5.º da Diretiva, sempre que esteja verificada a sua *facti species,* deixa em aberto a questão de saber se é

---

[46] Ilustrativamente, no Reino Unido, ler *Muschett v. HM Prison Service* [2010] EWCA Civ 25; [2010] IRLR 451, onde a questão da (falta de) informação ao trabalhador temporário ganhou contornos salientes, com os serviços prisionais a argumentarem não ter qualquer contrato com Muschett. Ainda: Mark Freedland & Nicola Kontouris, *The Legal Construction of Personal Work Relations*, Oxford University Press, Oxford, 2012, 166 e 294.

[47] Sirvam de exemplo, à semelhança do que exige o art. L1251-43 do *Code du Travail,* as als. b), c), d) ou e) do n.º 1 do artigo 177.º do CT – com alcance umbilicalmente ligado à proteção do trabalhador –, que constituem um parâmetro indispensável ao controlo da *execução conforme* do trabalho temporário a realizar, em primeira instância, pelo trabalhador, não obstante as zonas cinzentas geradas pela justaposição de contratos. Aqui, como faz notar Rosário Palma Ramalho, *Direito do Trabalho. Parte II – Situações Laborais Individuais* (5.ª ed.), Almedina, Coimbra, 2014, 326-7, importará não perder de vista que o vínculo entre o trabalhador e o utilizador não é uma mera relação de facto ou de origem legal, devendo reconhecer-se a existência de uma base negocial, ainda que indireta.

possível fixar o nível de remuneração dos trabalhadores temporários, durante e entre as suas cedências, ao mesmo nível que o salário mínimo em vigor ou, ao invés, se é necessário um nível mínimo específico de remuneração que se baseie na retribuição auferida, durante um período de referência, pelo trabalhador ora colocado em situação de inatividade entre cedências.

A al./a do n.º 2 artigo 184.º do CT, à semelhança da regulação contida no artigo 23.º da Lei n.º 19/2007, de 22.05 (LTT), estabelece um regime equilibrado (valor inscrito em IRCT, dois terços da última retribuição ou retribuição mínima mensal garantida), havendo boas razões para, diante dessa geometria, aplicar o valor mais favorável, mesmo que, para o efeito, o IRCT contenha previsão específica[48].

Aqui, a salvaguarda que vai associada à intangibilidade da retribuição mínima mensal garantida não só permite apartar essa prestação de outras prestações de natureza compensatória fisiologicamente associadas a uma situação de inatividade (por exemplo, a compensação devida por um pacto de não concorrência, para a qual não existem limites mínimos quanto ao seu valor[49]), como também, caso se admita (em geral) que a retribuição possa ser totalmente variável, dá fôlego à posição que, para esse núcleo de situações, sustenta que o trabalhador tem de auferir, pelo menos, um montante mensal que assegure o respeito pelo princípio constitucional do salário mínimo.

VIII. Por último, em disposição cuja importância é evidenciada pelo facto de em muitos sistemas o trabalho temporário aparecer tradicionalmente regido por convenções coletivas (*v. g.* Alemanha, Áustria ou Itália), o n.º 3 do artigo 5.º atribui em *opt-out* aos EM a possibilidade de, após consulta aos parceiros sociais, manterem ou celebrarem convenções coletivas que, assegurando embora a proteção geral dos trabalhadores temporários, estabeleçam as condições de trabalho e emprego desses trabalhadores em derrogação ao princípio da igualdade de tratamento, em enquadramento que, por definição, não logra alcance em relação a trabalhadores afetos a determinada empresa em resultado de um processo de externalização, dado

---

[48] Ver Guilherme Dray, "Anotação ao artigo 184.º", Código do Trabalho Anotado (10.ª ed./direcção de Pedro Romano Martinez), Almedina, Coimbra, 2016, 473.

[49] Esta compensação destina-se a que o trabalhador não trabalhe e, embora atinando indiretamente com a relação de trabalho (i.e.: o empregador atribui essa compensação em razão da relação de trabalho, mas sem que esta vigore), a lógica abstensiva que está subjacente à obrigação assumida (uma espécie de *ius prohibendi*), sem que haja qualquer *vinculum laboris*, contraria historicamente a materialidade instituinte do conceito de retribuição, justificando-se assim que o fundamento da compensação se encontre no sacrifício à liberdade de trabalho.

que aí não há cabimento para que, *de jure condito*, se possa aplicar o princípio da igualdade.

Esta faculdade de derrogação traz implicitado um pressuposto de equilíbrio que deve garantir a indemnidade do princípio de proteção geral dos trabalhadores temporários[50].

Com efeito, este mecanismo derrogatório tem de conviver com a garantia de que os trabalhadores temporários têm *um nível de protecção adequado*, e, em atenção à prevenção de práticas de *dumping* social, não pode prescindir do controlo do TJUE.

Sendo múltiplas as vozes que na Alemanha têm assinalado o papel de desregulação que, perante normas convénio dispositivas, a contratação coletiva tem assumido no que aos direitos dos trabalhadores temporários diz respeito[51], o n.º 3 do artigo 5.º não pode deixar de lido em conjugação com os artigos 20.º e 28.º da Carta dos Direitos Fundamentais da União Europeia e, lá onde ela vigora, com a Convenção n.º 181 da OIT (*maxime* al./b do n.º 4 do artigo 2.º)[52], assegurando, em valoração global, um *standard mínimo de proteção*[53].

Neste contexto, importa ainda ter presente a Diretiva 91/383/CEE do Conselho, de 25.06[54], designadamente o n.º 2 do seu artigo 2.º, que não

[50] Ler Monika Schlachter, '*Transnational Temporary* Agency *Work*: How Much Equality Does the Equal Treatment Principle Provide?' (2012) 28 *International Journal of Comparative Labour Law and Industrial Relations*, 177, 193-6 (177–198).

[51] Ver Gregor Thüsing, "Equal pay bei Leiharbeit – Zur Reichweite der Gleichbehandlungspflicht nach dem AÜG", *Der Betrieb* 2003, 446-8.

[52] Não estando em vigor na ordem jurídica de todos os EM, entre nós a Convenção n.º 181 da Organização Internacional do Trabalho, sobre as agências de emprego privadas, adotada pela Conferência Internacional do Trabalho em 19.06.1997, foi aprovada para ratificação pela Resolução da Assembleia da República n.º 13/2001 (DR I-A, n.º 37, de 13.02.2001), tendo entrado em vigor em 25.03.2003.

[53] Acresce que, na literatura germânica dominante, o n.º 3 do artigo 5.º da Diretiva tem sido considerado inaplicável ao princípio da igualdade retributiva, não sendo, por isso, possível derrogar esse princípio através de convenção coletiva (BAG, 14.12.2010 – 1 ABR 19/10, *Neue Zeitschrift* für Arbeitsrecht 2011, 289, tratando-se da nulidade de cláusulas do contrato coletivo celebrado entre *Deutscher Gewerkschaftsbund* e *Bundesverband Zeitarbeit Personal-Dienstleistungen*). Sendo colacionável também o §4 Abs. 2 TzBfG, essa derrogação só pode ser estabelecida por lei e, em todo o caso, nas condições definidas no n.º 2 do artigo 5.º, i. e., só vale para a remuneração auferida por trabalhadores temporários ligados a uma empresa de trabalho temporário por um contrato permanente durante o período que decorre entre duas cedências. Ver, por todos, Bernd Waas, "A *quid pro quo* in temporary agency work: Abolishing restrictions and establishing equal treatment – lessons to be learned from European and German Labor Law?', *Comparative Labor Law & Policy Journal* 2012, n.º 34, 47-61.

[54] Diretiva que completa a aplicação de medidas tendentes a promover a melhoria da segurança e da saúde dos trabalhadores que têm uma relação de trabalho a termo ou uma relação de trabalho temporário: JO L 206 de 29.7.1991, 19.

consente uma diferença de tratamento no que se refere às condições de trabalho, conquanto se trate da proteção da segurança e da saúde no trabalho.

4. AS RESTRIÇÕES E PROIBIÇÕES NO RECURSO A TRABALHO TEMPORÁRIO

IX. O artigo 4.º visa "eliminar os obstáculos injustificados ao trabalho temporário com o objetivo de promover esta forma flexível de trabalho e, assim, contribuir para a criação de emprego e para a inserção no mercado de trabalho".

Prevê, assim, que quaisquer proibições ou restrições ao recurso a trabalho temporário são justificáveis apenas por razões de interesse geral respeitantes, nomeadamente *(i)* à proteção dos trabalhadores temporários, *(ii)* às exigências em matéria de saúde e segurança no trabalho, *(iii)* à necessidade de assegurar o bom funcionamento do mercado de trabalho e *(iv)* à necessidade de prevenir abusos, embora faça curso o entendimento de que os EM conservam uma margem de apreciação importante no que diz respeito às proibições ou restrições no recurso a trabalho temporário, uma vez que, em paralaxe, a Diretiva não delimita as situações que justificam o recurso ao trabalho temporário[55].

Seja como for, o *favor* presente na Diretiva quanto à utilização do trabalho temporário é contrapesado pela latitude das razões de interesse geral que justificam a adoção de restrições e proibições totais ou parciais na aplicação desta figura tripolar[56].

A configuração destas razões suscitou de resto debate intenso no processo legislativo que culminou no texto final da Diretiva, com o Parlamento Europeu a alterar a proposta inicial da Comissão, introduzindo, para o efeito, três novos motivos suscetíveis de justificar as restrições:

(i) considerações de saúde e de segurança e outros riscos para certas categorias de trabalhadores ou certos ramos de atividade económica,

[55] Esta ausência de delimitação foi aproveitada em Itália para flexibilizar o regime do trabalho temporário, permitindo a celebração de contratos de trabalho temporário sem causa específica (*somministrazione a tempo determinato senza causale*). Por todos, GIAMPERO FALASCA, *Manuale di Diritto del Lavoro: Costituzione, svolgimento e risoluzione del rapporto dio lavoro* (4.ª ed.), IlSole24Ore, Milão 2012, 62-3.

[56] No ordenamento austríaco, a proteção da vida e da saúde humanas justificam a aplicação de quotas que limitam a 10 % ou 15 % a percentagem de trabalhadores temporários que podem ser utilizados num utilizador para certas profissões no setor da saúde – cfr. LUCA RATTI, «Agency work and the idea of dual employership: a comparative perspective», *I Working Papers*, Centro Studi di Diritto del Lavoro Europeo "Massimo D'Antona", INT-68/2009, 1-44 –, destacando-se, ainda neste plano, a fixação em Itália de uma quota de 5% para o setor bancário e financeiro (que pode ir até a 8% caso a entidade utilizadora tenha mais de 1500 trabalhadores) através da contratação coletiva (http://www.fiditoscana.it/wp-content/uploads/2016/11/CCNL-ABI-31-marzo-2015.pdf).

(ii) bom funcionamento do mercado de trabalho e
(iii) necessidade de prevenir eventuais abusos[57].

No entanto, e sem prejuízo da sua vinculatividade (não se trata de mera 'recomendação'[58]), o preceito é pouco claro, em particular no que se refere a saber se existe uma obrigação para os EM quanto à adopção de legislação nacional em consonância com o n.º 1 do artigo 4.º – questão que já convocou a intervenção do TJUE (*infra*) –, o mesmo sucedendo quanto à questão de saber se há razão válida para sustentar que as convenções coletivas devem ser privilegiadas em relação à legislação dos EM e, com isso, escapar à aplicação desta parcela do Direito da União.

Sabe-se, com efeito, que, neste plano, tendem a proliferar convenções coletivas que limitam/restringem ou condicionam o trabalho temporário, por razões essencialmente ligadas à assunção explícita de preferência pela contratação direta de trabalhadores, independentemente da (in)determinação temporal do vínculo a estabelecer.

Sendo diversificada a tipologia de cláusulas – *v.g.* *(i)* fixação de percentagens para trabalhadores temporários, *(ii)* proibição absoluta de recurso ao trabalho temporário ou *(iii)* proibição *admonitória* (o recurso ao trabalho temporário só é possível após o malogro de processo de seleção destinado à contratação a termo de trabalhadores) –, assume especial realce a tipologia de cláusulas que exige a intervenção dos representantes dos trabalhadores na identificação das circunstâncias que justificam o recurso ao trabalho temporário, fator que, por definição, vai cunhar a duração do CUTT.

Assim, se, de um lado, diante da liberdade de estabelecimento e de livre prestação de serviços que concorre para o alcance interpretativo do n.º 1 do artigo 4.º da Diretiva, parece não haver razão para imunizar este tipo de cláusulas de algumas convenções coletivas a um juízo de (des)conformidade com o Direito da União, importa, por outro lado, ponderar que estas cláusulas não atingem qualquer contrato de utilização ou mesmo a cedência de quaisquer trabalhadores temporários, uma vez que o seu âmbito de incidência aparece circunscrito às empresas potencialmente utilizadoras.

---

[57] Cfr. Resolução do Parlamento Europeu de 21.11.2002 [P5_TA(2002) 0562] e respectiva Exposição de Motivos (A50356/2002 de 23.10.2002).

[58] Como fazem notar Sylvaine Laulom & Jean-Philippe Lhernould, "Le détachement des travailleurs intérimaires dans l'Union européenne", *Revue de droit de travail* 2012, n.º 5, 308 (308-322), dúvidas não há de que o preceito impõe aos EM a obrigação de eliminar restrições injustificadas no recurso ao trabalho temporário.

No entanto, esta perspetiva não deixa de aparecer envolta por uma espessa camada formal, já que a liberdade de estabelecimento e de livre prestação de serviços que (também) conforma o artigo 4.º da Diretiva e que aparece (aqui) direcionada à proteção das ETT parece ser irremediavelmente afetada.

A consideração de que o âmbito de incidência da tipologia de cláusulas que proíbe o recurso ao trabalho temporário ou faz condicionar a sua utilização à verificação da impossibilidade de contratar a termo aparece circunscrito às empresas potencialmente utilizadoras não escapa ao crivo lógico de que o trabalho temporário tem uma configuração tripolar (sem utilizadoras não há ETT)[59]. E, por isso, cobra relevo o argumento de que se essas limitações, proibições ou restrições fossem *universalizadas* ou vertidas em letra de lei existiria uma exclusão quase geral desta forma de trabalho, independentemente de, a jusante, haver espaço para sustentar a sua incolumidade, mediante a demonstração de que elas não introduzem limites excessivos ao exercício da atividade das ETT e de que, com isso, fica preservado o núcleo essencial desse direito.

Ora, se esta demonstração, necessariamente associada à mobilização dos fundamentos que concorrem para a sua justificação (*v.g.* bom funcionamento do mercado de trabalho ou necessidade de prevenir eventuais abusos) e à indagação da observância do princípio da proporcionalidade, só se coloca no pressuposto de que as cláusulas têm um âmbito de incidência que não pode excluir as ETT, tal significa dizer que, seja qualquer a fonte das proibições ou restrições ao recurso ao trabalho temporário, não há razão para que o n.º 1 do artigo 4.º da Diretiva não tenha aplicação, acrescendo o facto de a letra do preceito não fazer qualquer distinção.

X. Admitindo-se que possam existir limitações do número ou da percentagem de trabalhadores temporários a que um utilizador pode recorrer – a proibição do trabalho temporário em todo um setor económico ou a fixação de uma quota para os contratos de trabalho temporário não pode contudo amparar uma exclusão quase geral desta forma de trabalho, impondo-se mobilizar, para o efeito, uma justificação objetiva que, recordemo-lo, afaste o juízo de que se produz uma *negação do direito* em causa[60] –, o CT, em técnica

[59] Cuidando-se de cláusulas que não incidem diretamente sobre os contratos a termo, mas que se limitam a restringir ou a proibir tão só a celebração de CUTT, trata-se objetivamente de cláusulas lesivas de interesses de terceiros, já que as ETT, por definição, não têm qualquer possibilidade de participar na sua negociação.

[60] No ordenamento germânico, assume ainda relevância a proibição contida no §1b AÜG quanto ao trabalho temporário no setor da construção civil.

diversa, estabelece nos artigos 175.ºa 178.º, com base na *necessidade de assegurar o bom funcionamento do mercado de trabalho*, uma lista limitativa das razões para recorrer a trabalhadores temporários[61] (é aliás frequente a existência nos diferentes EM de limitações à possibilidade de recorrer a mão de obra temporária em função, por um lado, da natureza das tarefas executadas e, por outro, da sua duração[62]).

Esta delimitação, que é similar à que o *Code du travail* prevê nos arts. L. 1251-58-1 a L. 1251-58-8[63], quadra *de pleno* com o princípio de que o trabalho temporário implica relações mantidas temporariamente (princípio que resulta aliás das definições presentes no artigo 3.º da Diretiva), o qual permite também desvelar um sentido de inadequação desta forma de trabalho a todas as circunstâncias, particularmente quando as necessidades de mão de obra são permanentes[64].

O CT não contém, contudo, e ao contrário do regime sueco [*Lag om privat arbetsförmedling och uthyrning av arbetskraft* (1993)][65], a obrigação de o empregador negociar com uma organização de trabalhadores enquanto *prius* do recurso a trabalhadores temporários.

---

[61] Cabendo também destacar as exigências em matéria de saúde e segurança no trabalho que funcionam como freio à utilização do trabalhador temporário, as quais, sendo encontráveis nos ordenamentos espanhol, francês ou italiano, apenas são excecionadas pelo n.º 4 do artigo 175.º do CT nos casos em que a utilização do trabalhador temporário em posto de trabalho particularmente perigoso para a sua segurança ou saúde correspondem à sua qualificação profissional.

[62] Neste sentido, veja-se a *Gesetz zur Reform des Arbeitnehmerüberlassungsgesetz und anderer Gesetze* (28.02.2017), que, com o propósito de prevenir abusos, veio reforçar inadequação do trabalho temporário a todas as circunstâncias, estabelecendo também um prazo máximo de 18 meses para o CUTT, extensível, por acordo de empresa, até 24 meses. Para que a cedência possa ser repetida, exige-se um intervalo mínimo de três meses, em regulação que, no plano temporal, coincide com a que os arts. L1251-12 e L1251-6 do *Code du Travail* estabelece.

[63] Já após a Lei de 05.09.2018, "(i)a conclusion d'un contrat de travail temporaire n'est possible que pour l'exécution d'une tâche précise et temporaire, dénommée mission, et seulement dans les cas énumérés par la loi. Quel que soit le motif pour lequel il est conclu, un tel contrat ne peut avoir ni pour objet ni pour effet de pourvoir durablement un emploi lié à l'activité normale et permanente de l'entreprise utilisatrice".

[64] No que diz respeito às circunstâncias em que o CT admite a celebração do contrato de trabalho a termo resolutivo, que opera por remissão para as situações em que se admite a celebração de contrato de utilização, veja-se o artigo 180.º. Em Espanha, valem os arts. 6 e 7 da L. 14/1994, de 01.06, conhecida como LETT, a qual, no que respeita às empresas utilizadoras, adstringe o recurso ao trabalho temporário à satisfação de "necesidades temporales".

[65] Com desenvolvimentos, ler Gijsbert Van Liemt, *Private employment agencies in the Netherlands, Spain and Sweden* (Working paper), International Labour Office, Genebra, 2013, https://www.ilo.org (consultado em 03.06.2018).

Reconhecendo que a importância da estruturação coletiva de interesses não pode ficar apagada no âmbito do trabalho temporário, o artigo 7.º da Diretiva prevê que os trabalhadores temporários devem ser tidos em conta no que diz respeito à empresa de trabalho temporário, ao utilizador ou a ambos, para o cálculo do limiar mínimo que determina a constituição de instâncias representativas dos trabalhadores.

Se esta disposição tem sido concretizada muitas vezes no sentido de que os trabalhadores temporários são tidos em conta na ETT onde estão empregados (*v.g.* ordenamentos *italiano ou espanhol*, parecendo ser essa *de facto* a preferência acenada pela Diretiva, pois a representação no âmbito do utilizador depende de opção expressa dos EM)[66], o artigo 189.º do CT, à semelhança do que se verifica nos ordenamentos alemão ou francês, prevê que os trabalhadores temporários devem ser tidos em conta no que diz respeito à ETT e ao utilizador para o cálculo do limiar mínimo que determina a constituição de instâncias representativas dos trabalhadores[67].

Em ligação com o preceito, o artigo 8.º da Diretiva estabelece que o utilizador, ao transmitir às instâncias representativas dos trabalhadores dados relativos à situação do emprego nessa empresa, deve fornecer-lhes informações *adequadas* sobre o recurso a trabalhadores temporários, parecendo incluir-se nessa obrigação a prestação de informações sobre o tipo de atividades desenvolvidas pelos trabalhadores temporários e os motivos que justificam a sua utilização (...).

Ora, se também a proibição do recurso a trabalhadores temporários para substituir trabalhadores que estejam a exercer o seu direito à greve tem conhecido voga em diferentes EM e encontra respaldo no considerando 20 da Diretiva[68] (entre nós, é essa a solução que o artigo 535.º do CT oferece), o crivo de análise implicado pelo conceito de interesse geral parece, em todo o caso, não admitir a existência de proibições ou restrições que constituam uma discriminação contra os trabalhadores temporários, como as que,

---

[66] O ordenamento belga apenas os releva no âmbito do utilizador e já não no âmbito da *entreprise de travail intérimaire*, regulação desde sempre presente na Lei de 24.07.1987 (*Loi sur le travail temporaire, le travail intérimaire et la mise de travailleurs à la disposition d'utilisateurs*), globalmente vigente. Ver Steve Gilson & France Lambinet, *Découvrir le Droit du Travail – 2017-2018*, Anthemis, Limal, 2018, 325-6.

[67] Já no plano da estruturação coletiva de interesses subjacente à subcontratação, as entidades coletivas tradicionais experimentam uma redução da sua dimensão à medida que as empresas se redimensionam e atribuem a empresas de gestão integral partes da sua atividade.

[68] Segundo o qual as disposições que incidam sobre as restrições ou proibições ao recurso ao trabalho temporário não prejudicam a aplicação das legislações ou práticas nacionais que proíbam a substituição de trabalhadores em greve por trabalhadores temporários.

embora por razões paternalistas ou com sentido protetivo, podem atinar com proibições de emprego dirigidas a pessoas com deficiência ou com idade avançada enquanto trabalhadores temporários.

Ainda no plano das exclusões, agora sem ligação direta a fatores pessoais, é outro tanto discutível que, à luz do artigo 4.º da Diretiva, seja conforme com o Direito da UE a proibição inscrita no n.º 2 do artigo 157.º do CT quanto à possibilidade de um contrato de trabalho intermitente ficar envolvido pelo regime do trabalho temporário:

(i) essa incompatibilidade, sendo larga a margem de sobreposição entre as modalidades de trabalho a tempo parcial e de trabalho intermitente, não vale para o trabalho a tempo parcial (cabendo recordar que o segundo parágrafo do n.º 2 do artigo 3.º da Diretiva indica que os EM não podem excluir do seu âmbito de aplicação os trabalhadores ou as relações de trabalho pelo simples facto de, entre outras exclusões *a se*, envolverem trabalhadores a tempo parcial) e

(ii) há fundamentos previstos para a admissibilidade dos contratos de utilização de trabalho temporário, como é o caso da "necessidade intermitente de mão-de-obra, determinada por flutuação da atividade durante dias ou partes de dia" (al./b do n.º 1 do artigo 175.º do CT), cuja *ratio essendi* não afasta, bem pelo contrário, qualquer compatibilidade no que ao cruzamento de um contrato de trabalho intermitente com um contrato de trabalho temporário de duração indeterminada diz respeito[69].

Este tem sido por isso um dos pontos que mais tem suscitado a intervenção do TJUE, uma vez que, implicando o trabalho temporário a existência de intermediários (as empresas de trabalho temporário), quaisquer restrições a esta forma de trabalho constituem também uma restrição aos serviços prestados por estas empresas.

Ante o estabelecido no artigo 56.º TFUE, a liberalização desta forma de trabalho e a liberalização dos serviços de trabalho temporário caminham de par. E o preceito exige não só a eliminação de qualquer discriminação contra o prestador de serviços estabelecido noutro EM em razão da sua nacionalidade, como também a supressão de qualquer restrição, ainda que indistintamente aplicada a prestadores nacionais e aos de outros EM,

[69] Neste sentido, cfr. também Maria João Machado, "Trabalho Temporário. Jurisprudência recente e alterações legislativas introduzidas pela Lei 28/2016, de 23-08", PDT 2017 – II, CEJ, Almedina, Coimbra, 2017, 250.

quando seja suscetível de impedir, perturbar ou tornar menos atrativas as atividades do prestador estabelecido noutro EM, onde preste legalmente serviços análogos[70].

Assim, com referência às proibições, o TJUE, no acórdão *Autoja Kuljetusalan Työntekijäliitto AKT ry*/Öljytuote *ry, Shell Aviation Finland Oy*, de 17.03.2015[71], entendeu que, embora os EM sejam livres para suprimir as proibições ou restrições que não possam ser justificadas ao abrigo do artigo 4.º ou de as adaptar às justificações exigidas nesse preceito, o n.º 1 do artigo 4.º da Diretiva 2008/104 deve ser entendido no sentido de que delimita o âmbito em que se deve desenvolver a atividade regulamentar dos EM em matéria de proibições ou restrições ao recurso ao trabalho temporário, e

---

[70] Tendo presente que, neste particular, o considerando 22 da Diretiva recorda a necessidade de aplicar as suas disposições no respeito do direito primário em matéria de liberdade de estabelecimento e de livre prestação de serviços.

[71] Processo n.º C-533/13, *OJ C 155, 11.5.2015, 5*. O pedido de decisão prejudicial, que teve por objeto a interpretação do artigo 4.º, n.º 1, da Diretiva 2008/104/CE, foi apresentado no âmbito de um litígio que opôs o *Auto ja Kuljetusalan Työntekijäliitto AKT ry*, um sindicato de trabalhadores por conta de outrem, à *l'Öljytuote ry,* uma associação patronal, e à *Shell Aviation Finland Oy*, uma empresa membro dessa associação, a respeito da utilização de trabalhadores temporários por esta empresa. A legislação nacional finlandesa não continha qualquer disposição sobre proibições ou restrições em matéria de trabalho temporário, mas o art. 8.3 da Convenção Geral celebrada em 04.06.1997 entre a *Teollisuuden ja Työnantajain Keskusliitto* (TT, Federação Central da Indústria e da Vida Económica) e a *Suomen Ammattiliittojen Keskusjärjestö* (SAK, Organização Central dos Sindicatos Finlandeses) estabelecia que (i) as empresas devem limitar o recurso ao trabalho temporário às situações em que devam fazer face a picos de trabalho ou à execução de outras tarefas, limitadas no tempo ou pela sua natureza, que, por razões de urgência, de duração limitada, de competências profissionais, de utilização de instrumentos especializados ou por outras razões semelhantes, não possam ser realizadas recorrendo unicamente ao seu próprio pessoal e que (ii) a contratação de mão de obra temporária constitui uma prática desleal, se os trabalhadores utilizados pelas empresas que recorrem a mão de obra externa efetuarem o trabalho normal da empresa, por um longo período, lado a lado com os seus trabalhadores efetivos e sob a mesma direção. As questões prejudiciais submetidas ao TJUE foram, nesse contexto, as seguintes: "*(i)* Deve o artigo 4.º, n.º 1, da Diretiva [2008/104] ser interpretado no sentido de que impõe às autoridades nacionais, incluindo aos órgãos jurisdicionais, a obrigação de se certificarem permanentemente, através dos meios à sua disposição, de que não existem disposições legais ou cláusulas de convenções coletivas nacionais que sejam contrárias às regras estabelecidas [por esta] diretiva, ou, no caso de existirem, que as mesmas não são aplicadas?, *(ii)* Deve o artigo 4.º, n.º 1, da Diretiva [2008/104] ser interpretado no sentido de que se opõe a uma regulamentação nacional segundo a qual a utilização de mão de obra temporária só é autorizada em certos casos precisos, como situações de picos de trabalho ou tarefas que uma empresa não pode cometer aos seus próprios trabalhadores? É possível qualificar de recurso ilícito ao trabalho temporário a afetação de trabalhadores temporários às atividades comuns da empresa durante um longo período, a par dos próprios trabalhadores desta?, *(iii)* Caso a regulamentação nacional seja declarada contrária à Diretiva [2008/104], quais são os meios de que um órgão jurisdicional dispõe para dar execução aos objetivos da diretiva, quando está em causa uma convenção coletiva que deve ser respeitada nas relações entre pessoas privadas?".

não no sentido de que impõe a adoção de uma determinada regulamentação na matéria.

Considerou, por isso, o TJUE que o n.º 1 do artigo 4.º da Diretiva 2008/104/CE tem de ser interpretado no sentido de que *(i)* se dirige apenas às autoridades competentes dos EM, impondo-lhes uma obrigação de reexame para se assegurarem do caráter justificado das eventuais proibições e restrições ao recurso ao trabalho temporário, e, assim, *(ii)* não impõe aos órgãos jurisdicionais nacionais a obrigação de não aplicarem qualquer disposição de Direito nacional que contenha proibições ou restrições ao recurso ao trabalho temporário que não sejam justificadas por razões de interesse geral na aceção do referido n.º 1 do artigo 4.º.

XI. Ponto importante encontra-se no n.º 4 do artigo 4.º ao estabelecer que o disposto na regulação contida no artigo 4.º não prejudica os requisitos estabelecidos a nível nacional em matéria de registo, licenciamento, certificação, garantias financeiras ou fiscalização das empresas de trabalho temporário. Consequentemente, os requisitos abrangidos por uma destas categorias, que se prendem com o acesso ao mercado e o exercício das atividades das empresas de trabalho temporário, mantêm-se fora do alcance da *obrigação de reexame* das restrições ou proibições contida na Diretiva.

Está, por isso, afastada a intervenção do TJUE nesse domínio, já que não se cuida, no plano técnico, de quaisquer proibições ou restrições ao recurso a trabalho temporário.

Está igualmente fora do âmbito do artigo 4.º a delimitação, em regime de exclusividade, da atividade de cedência de trabalhadores, encontrando-se, nessa medida, regimes marcadamente contrastados nos diferentes EM quanto ao caráter exclusivo da atividade de cedência de trabalhadores[72], embora, como é bom de ver, a exigência de exclusividade no que ao objeto das ETT diz respeito permita esconjurar algumas zonas cinzentas.

XII. Por último, o artigo 4.º deve ser lido em conjugação com o n.º 1 do artigo 5.º da Diretiva 91/383/CEE relativa à segurança e saúde dos

[72] Veja-se PATRICK RÉMY, "L'impact de la directive 2008/104 relative au travail intérimaire sur les droits nationaux, Deuxième partie", *Revue de droit du travail* 2010, 55, nota 6 (55-63), salientando que o Direito alemão não exige um tal caráter exclusivo da atividade de cedência de trabalhadores, ao contrário do que se verifica, por exemplo, com o Direito francês, por força do art. L 12512 do *Code du Travail.*

trabalhadores que têm uma relação de trabalho a termo ou uma relação de trabalho temporário.

Assim, se os EM têm a opção de proibir o recurso a trabalhadores temporários "para certos trabalhos particularmente perigosos para a segurança ou saúde desses mesmos trabalhadores (...) e nomeadamente para certos trabalhos que estejam sujeitos a uma vigilância médica especial", a verdade é que, também aqui, o Direito da UE não define o que é um trabalho particularmente perigoso para a segurança ou saúde dos trabalhadores[73].

Sem perder de vista que a obrigação de uma interpretação conforme não pode limitar-se à exegese das disposições internas que visam a transposição da Diretiva – antes se exigindo a valoração de todo o Direito nacional, com vista a apreciar em que medida este pode ser objeto de uma aplicação que, em articulação, não conduza a um resultado contrário ao pretendido pela Diretiva –, tal significa que, embora os EM sejam competentes para concretizar as atividades em questão, a identificação das atividades subsumíveis no conceito de trabalho particularmente perigoso para a segurança ou saúde dos trabalhadores não dispensa, bem pelo contrário, um controlo do TJUE.

Mais duvidoso é que, à luz do texto das Diretivas, esse controlo do TJUE se estenda às atividades laborais implicadas por relações contratuais estabelecidas com uma empresa multisserviços, fora das coordenadas que caracterizam o "trabalho temporário" *stricto sensu* (o artigo 1.º da Diretiva 91/383/CEE tem um âmbito de aplicação circunscrito[74]), tratando-se, pois, de equacionar a confeção de mecanismos que enquadrem a mobilização destes trabalhadores para entidades com quem não têm qualquer contrato de trabalho sob o signo da aplicabilidade de condições laborais individuais e

---

[73] Entre nós, veja-se o n.º 7 do artigo 186.º do CT que, concretizando o n.º 2 do artigo 5.º da Diretiva 91/383/CEE, dispõe que "o trabalhador exposto a riscos elevados relativos a posto de trabalho particularmente perigoso deve ter vigilância médica especial, a cargo do utilizador, cujo médico do trabalho deve informar o médico do trabalho da empresa de trabalho temporário sobre eventual contra-indicação", embora, também aqui, não se tenha utilizado a faculdade aberta pelo n.º 3 do artigo 5.º da Diretiva 91/383/CEE, no sentido em que se poderia prever que essa vigilância médica especial adequada fosse além do termo da relação de trabalho do trabalhador em causa.

[74] Na formulação do artigo 1.º, a Diretiva aplica-se *(i)* às relações de trabalho reguladas por um contrato de trabalho a termo, celebrado diretamente entre a entidade patronal e o trabalhador, em que a cessação do contrato de trabalho é determinada por condições objetivas, tais como uma data precisa, a conclusão de uma tarefa determinada ou a ocorrência de um acontecimento determinado e *(ii)* às relações de trabalho temporário entre uma empresa de trabalho temporário, que é a entidade patronal, e o trabalhador, sendo este último colocado à disposição e sob a direção de uma empresa e/ou de um estabelecimento utilizadores para nele(s) trabalhar.

coletivas idênticas às que valem para os trabalhadores envolvidos por uma relação de trabalho temporário[75].

Contudo, esse não é um problema exclusivo do Direito da UE. É também uma questão que, perante a difusão crescente dos movimentos de subcontratação e a pressuposta carência de adequada regulação, se coloca em muitos Direitos nacionais. Designadamente no Direito português, onde, não obstante a regulação trazida pela Lei n.º 28/2016, de 23.08[76], as preocupações tuitivas subjacentes ao desenho normativo do trabalho temporário correm o risco de quedar frustradas perante a ausência de qualquer esforço de readaptação normativa que, diante da concorrência entre as empresas multisserviços e as empresas de trabalho temporário (tantas vezes em *dumping* empresarial), garantam não só uma efetiva igualdade de tratamento entre

[75] Em todo o caso, o Regime Jurídico da Promoção e Segurança e Saúde no Trabalho, aprovado pela Lei n.º 102/2009, de 10.09, com as alterações introduzidas pela Lei n.º 28/2016, de 23.08, já prevê que todas as entidades da cadeia de subcontratação (i.e. o dono da obra, empresa ou exploração agrícola e a empresa utilizadora ou adjudicatária de obra ou serviço, bem como os respetivos gerentes, administradores ou diretores, assim como as sociedades que com o dono da obra, empresa ou exploração agrícola, empresa utilizadora ou adjudicatária de obra ou serviço se encontrem em relação de participações recíprocas, de domínio ou de grupo) são solidariamente responsáveis pelas violações das disposições legais relativas à segurança e saúde dos trabalhadores temporários, dos que lhe forem cedidos ocasionalmente ou dos trabalhadores ao serviço de empresas prestadoras de serviços, cometidas durante o exercício da atividade nas suas instalações, assim como pelo pagamento das respetivas coimas.

[76] O n.º 4 do artigo 551.º do CT, após a redação introduzida pela Lei n.º 28/2016, de 23.08, estabelece, nesse domínio, que "o contratante e o dono da obra, empresa ou exploração agrícola, bem como os respetivos gerentes, administradores ou diretores, assim como as sociedades que com o contratante, dono da obra, empresa ou exploração agrícola se encontrem em relação de participações recíprocas, de domínio ou de grupo, são solidariamente responsáveis pelo cumprimento das disposições legais e por eventuais violações cometidas pelo subcontratante que executa todo ou parte do contrato nas instalações daquele ou sob responsabilidade do mesmo, assim como pelo pagamento das respetivas coimas". Antes da sobredita Lei, a responsabilidade do contratante por coimas aplicadas aos (sub)contratados estava limitada à prática de infrações muito graves, sendo que, mesmo nestes casos, estava prevista a possibilidade de a empresa contratante ser desresponsabilizada caso lograsse fazer prova de que agiu com a diligência devida [segundo cremos, essa diligência não fica despojada de relevância, já que, apesar de não se permitir a desresponsabilização, ela continuará certamente a valer no que ao exercício do direito de regresso perante o (sub)contratado diz respeito]. Mas, se em Itália, desde a Lei n.º 276/2003, de 10.09, que, com base no *rischio d'impresa*, o art. 29 contempla previsão no sentido da responsabilização solidária entre a empresa principal e a contratada pelos créditos devidos ao trabalhador e à Segurança Social, entre nós a responsabilidade prevista no artigo 551.º do CT desbasta-se no plano contraordenacional, não contemplando, ao revés do que se verifica por exemplo com o artigo 334.º do CT, quaisquer créditos devidos ao trabalhador. Em certa leitura, o legislador cuidou de acautelar os interesses financeiros do Estado no pagamento das coimas sem revelar igual zelo no que aos interesses creditórios do trabalhador diz respeito (...), embora o Projeto de Lei n.º 55/XIII/1.ª (combate o trabalho forçado e outras formas de exploração laboral), que esteve na génese da Lei n.º 276/2003, de 10.09, fizesse menção na *exposição de motivos* a essa responsabilização global.

trabalhadores, como também, à semelhança do que se verifica no plano contraordenacional, a responsabilidade solidária por todos os créditos laborais e encargos sociais que hoje conformam a triangularidade do trabalho temporário[77].

Sob esse ponto de vista, e apesar da desconfiança histórica do Direito do trabalho em relação a processos de intermediação privada realizados com escopo lucrativo[78], é compreensível o *favor* contido na Diretiva quanto ao trabalho temporário (n.º 1 do artigo 4.º). Esta filosofia, que liga o trabalho temporário a escolhas específicas em termos de política do emprego, contrasta com as importantes limitações que envolvem a tripolaridade da figura

---

[77] Aqui, especialmente reforçada pelas exigências de caução e situação contributiva regularizada que são postuladas para uma ETT. Ademais, após a Lei n.º 28/2016, de 23.08, o n.º 1 do artigo 174.º do CT prevê que "(a) celebração de contrato de utilização de trabalho temporário por empresa de trabalho temporário não licenciada responsabiliza solidariamente esta e o utilizador pelos créditos do trabalhador emergentes do contrato de trabalho, da sua violação ou cessação, relativos aos últimos três anos, bem como pelos encargos sociais correspondentes", com o n.º 2 a estabelecer que "(a) empresa de trabalho temporário e o utilizador de trabalho temporário, bem como os respetivos gerentes, administradores ou diretores, assim como as sociedades que com a empresa de trabalho temporário ou com o utilizador se encontrem em relação de participações recíprocas, de domínio ou de grupo, são subsidiariamente responsáveis pelos créditos do trabalhador e pelos encargos sociais correspondentes, assim como pelo pagamento das respetivas coimas". Isto significa que, perante o desencontro das formulações contidas nos n.ºs 1 e 2 do artigo 174.º do CT, a responsabilidade subsidiária prevista no n.º 2, por contraste com a responsabilidade solidária da ETT e do utilizador face aos créditos do trabalhador temporário emergentes do contrato de trabalho relativos aos últimos três anos estabelecida no n.º 1, abrange todos os créditos do trabalhador temporário, independentemente do período de formação dos mesmos. E, uma vez que a ETT é o empregador, a subsidiariedade da responsabilidade aí prevista no que à ETT diz respeito implicará naturalmente que a qualidade de empregador da ETT haja desaparecido e que, por extensão, o utilizador tenha assumido essa qualidade. Perante a justaposição parcial de duas realidades, o n.º 2 do artigo 174.º configura uma norma especial face ao artigo 334.º, o qual contém um regime genérico de ´responsabilidade solidária das sociedades em relação de domínio ou de grupo` (*generalia specialibus non derogant*). Essa articulação normativa pressuporá ainda que, por razões sistemáticas e garantia de não diminuição de tutela, o n.º 2 do artigo 174.º conheça aplicação sempre que as sociedades em relação de participações recíprocas, de domínio ou de grupo tenham essa relação com quem não é empregador (= utilizador), já que, perante o reconhecimento de que a ETT mantém a qualidade de empregador, tem, sem cabimento para a subsidiariedade, aplicação o artigo 334.º. Ora, sendo claro que o artigo 174.º não logra aplicação às situações laborais em que os trabalhadores se encontram incorporados na estrutura da empresa beneficiária ao abrigo de um contrato com uma empresa multisserviços – sem prejuízo de, no limite, a empresa (sub)contratante, em situações ostensivas, poder ser qualificada como uma ETT não licenciada –, não há base para responsabilizar pelo risco a empresa beneficiária, já que, embora a responsabilidade objetiva se louve no fundamento de que quem retira benefícios da atividade de outrem deve responder pelos danos que este possa causar, essa responsabilidade, nos termos do n.º 2 do artigo 483.º do CC, só existe se a lei expressamente o determinar.

[78] Em afloramento, entre nós, ler António Nunes de Carvalho, "O pluralismo do Direito do Trabalho", *III Congresso Nacional de Direito do Trabalho. Memórias* (org. António José Moreira), Almedina, Coimbra, 2001, 279.

no CT[79]. Mas é também por isso que, embora com margem para acertos, a regulação jurídica sobre o trabalho temporário parece assegurar que nesse constrito triângulo das Bermudas a possibilidade de desaparecerem navios ou aviões está hoje substancialmente rarefeita.

[79] As quais, em rigor, remontam ao Decreto-Lei n.º 441/91. de 14.11.

O PROBLEMA DA DISCRIMINAÇÃO EM RAZÃO DA APARÊNCIA FÍSICA – BREVE CONTRIBUTO[1]

Milena Rouxinol

Professora Auxiliar da Faculdade de Direito da Escola do Porto da Universidade Católica Portuguesa[2]

SUMÁRIO: *O presente texto procura caracterizar o fenómeno da discriminação em função da aparência física. Põe em evidência que muitas expressões deste fenómeno podem ser reconduzidas a outros fatores de discriminação, como tem sucedido no âmbito de alguns ordenamentos jurídicos, nomeadamente nos que, como o americano, assentando em listas exaustivas de causas de discriminação que não incluem a aparência física, apenas podem reconhecer relevância àqueles casos se eles forem enquadrados noutros fatores. Pondera-se se não será útil conceder autonomia à aparência física enquanto causa de discriminação, o que, em ordenamentos como o português, não encontra obstáculos normativos, dada a abertura do mandato antidiscriminatório, designadamente no Código do Trabalho.*

Palavras-chave: *Discriminação; aparência física; fatores de discriminação.*

> "O ministro da Saúde e do Trabalho japonês defendeu que os sapatos de salto alto «são necessários e apropriados» no local de trabalho. A declaração, citada pelo *The Guardian,* surge depois de uma petição – #KuToo – ter sido submetida no Ministério do Trabalho japonês na passada terça-feira, a qual pretende contrariar a obrigatoriedade de mulheres usarem saltos altos em ambientes de trabalho".
>
> (Excerto de notícia publicada n'*O Observador*, de 6/6/2019; por Ana Cristina Marques; disponível em https://observador.pt/2019/06/06/kutoo-ministro-japones-diz-que-saltos-altos-no-trabalho-sao-necessarios/, a 18/6/2019)

---

[1] Este texto corresponde à redução a escrito das reflexões partilhadas oralmente por ocasião da participação da autora na ação de formação contínua de tipo C (Temas de Direito do Trabalho e de Processo do Trabalho), do Centro de Estudos Judiciários, no dia 5 de abril de 2019.
São seguidas as regras do acordo ortográfico de 1990.

[2] A autora é ainda investigadora do Centro de Estudos e Investigação em Direito (Universidade Católica Portuguesa).

INTRODUÇÃO

A discriminação em razão da aparência – correntemente designada como *lookism*, ou, numa versão mais europeia, *aspectismo*[3] – é a diferenciação baseada nas características físicas. Está em causa uma multiplicidade de fatores, desde traços imutáveis, como a forma do rosto, a cor dos olhos, a altura e, evidentemente, o sexo e a raça ou etnia, que condicionam o aspeto físico, mas também características voluntárias, isto é, resultantes de escolhas pessoais, como o uso de maquilhagem, certo comprimento de cabelo e penteado, roupa e acessórios[4]. Note-se, porém, que esta dicotomia entre traços mutáveis e imutáveis não é tão linear quanto, numa primeira análise, se diria: em primeiro lugar, no caso de características como, por exemplo, a obesidade, a causa pode ser de dupla ordem – biológica e comportamental[5]; por outra banda, existem características que, sendo voluntárias, são, contudo, tendencialmente imutáveis – pense-se nas tatuagens –, ou, pelo menos, insuscetíveis de eliminação e recolocação imediatas (barba; corte de cabelo)[6].

A expressão mais evidente da discriminação com base na aparência física será, porventura, a preferência das pessoas consideradas atraentes, em detrimento das que se desviem desse ideal. Pese embora a subjetividade do conceito de beleza, o qual não só varia conforme o contexto espácio-temporal, como, por certo, em função dos padrões estéticos de cada um, parece poder afirmar-se que essa mesma beleza é apreciada, mesmo em contexto profissional, enquanto tal[7], além de, por outro lado, vigorarem, de forma mais ou

---

[3] María Rosario García Álvarez, "Discriminación laboral sobre la base de la apariencia física", *Trabajo y Derecho*, 35/2017.

[4] Deborah Rhode, *The beauty bias – the injustice of appearance in life and law*, Oxford University Press, United States, 2010, p. 25 e 92 e ss. Veja-se, ainda, Eduardo González Biedma, "La apariencia física del trabajador y el contrato de trabajo: una aproximación al problema", in *Las transformaciones del derecho del trabajo en el marco de la Constituición Española* (coord María Emília Casas Baamonde, Federico Durán Lopez; Jesús Cruz Villalón), Wolters Kluwer, 2006, p. 673-694 [678 e ss.].

[5] Deborah Rhode, *loc. ult. cit.*

[6] Eduardo González Biedma, *op. cit.*, p. 691 e ss.

[7] É paradigmático o caso *Yanowitz v. L'Oreal*, de 7 de março de 2003 (32 California Representative 3d 436), disponível em http://www.lawlink.com/research/CaseLevel3/11008. Yanowitz era gestora da *L'Oreal*. Tendo recusado despedir uma trabalhadora apenas por não corresponder ao padrão de beleza da entidade empregadora, que queria substituí-la por "*somebody hot*", sofreu um tratamento tão hostil que acabou por se demitir. Invocou ter sido discriminada (sob a forma de retaliação) em razão do sexo (a beleza da trabalhadora que ela deveria despedir apenas era relevante por se tratar de uma mulher; jamais aconteceria algo desse tipo com um trabalhador do sexo masculino) e o tribunal considerou a argumentação procedente. Sobre o caso, William Corbett, "Hotness discrimination: appearance discrimination as a mirror for reflecting on the body of employment-discrimination law", *Catholic University Law Review*, 2011, 60, p. 615-660, e Rhéa Jabbour, *op. cit.*, p. 228 e ss.

menos consciente – segundo alguns autores, subconsciente[8] –, conceções estereotipadas de associação a uma boa imagem de um conjunto de atributos favoráveis, tal como de colagem de características desfavoráveis a pessoas menos atraentes, o que é particularmente visível em relação ao excesso de peso, de que, não raras vezes, se extrai a conclusão de que a pessoa em causa é preguiçosa, descuidada e pouco saudável[9]. No entanto, a discriminação em função da aparência física mostra-se, com alguma frequência, como *reverse discrimination*, isto é, tratamento de desfavor relativamente ao grupo que, histórica e tipicamente, não é o desfavorecido – no caso, das pessoas consideradas atraentes[10]. A este respeito, a doutrina americana refere-se ao "*Goldilocks dilemma*[11]": em contexto laboral, não se pode ser nem muito feio, nem muito bonito! Voltaremos ao ponto.

Nos últimos anos, alguma doutrina tem vindo a debruçar-se sobre este fenómeno discriminatório, tentando caracterizá-lo e refletir sobre ele com base num vasto acervo de casos concretos coligidos a partir de diversas experiências jurisprudenciais. De facto, não pode negar-se a existência de múltiplas situações – mesmo atendendo só às que logram expressão jurisprudencial e só às que ocorrem no universo laboral –, de diferenciação em razão de dimensões várias do aspeto físico. Trata-se de um problema com forte incidência, cuja relevância social e, portanto, jurídica, não deve ser escamoteada[12]. Na verdade, encontrando-se a aparência física na base de diferenças de tratamento sem fundamento legítimo, tal implica consequências em, pelo menos, três planos: *(i)* ofensa ao desiderato de avaliação com base no mérito

---

É também paradigmático o caso da *Abercrombie & Ficht*, cujas lojas são conhecidas por cultivarem um padrão estético de beleza representado por fisionomias bonitas, magras e maioritariamente caucasianas; o objetivo é transmitir uma imagem de beleza típica americana. Nas lojas, é mesmo criado um ambiente de sedução, potenciado pela iluminação e pela música e protagonizado pelos/as vendedores/as, que abordam os clientes com um tom intimista. A contratação de pessoas bonitas faz parte, assumidamente, da política comercial da empresa, que assenta na ideia de que pessoas bonitas atraem outras pessoas bonitas, aquelas que a empresa pretende serem suas clientes. Há registo de várias iniciativas, de caráter judicial ou não, de reação contra esta política da *Abercrombie*, que, naturalmente, se traduz numa ostensiva preterição de pessoas pertencentes a minorias sociais e... o que, em certo sentido, é mais inquietante... da larga maioria das pessoas, por não serem excecionalmente bonitas! Veja-se Rhéa Jabbour, *op. cit.*, p. 232 e ss.

[8] Bethany Corbin, "The goldilocks dilemma – why being 'too hot' isn't 'just right': an analysis of sex discrimination in light of Nelson v. Knight and the 'irresistible' employee", *Texas Journal of Women & and the Law*, 95, 2014, p. 96-129 [108].

[9] Deborah Rhode, *op. cit.*, p. 11; em especial, Rhéa Jabbour, *op. cit.*, p. 11 e ss., 22 e ss. e 175 e ss.

[10] Sobre o conceito, no contexto aqui em análise, William Corbett, *op. cit.*, p. 640-641.

[11] Especialmente, Bethany Corbin, *op. cit.*, p. 120 e ss. Veja-se, ainda, Deborah Rhode, *op. cit.*, p. 30 e ss.

[12] Vejam-se, por exemplo, os dados apresentados por Eduardo González Biedma, *op. cit.*, p. 673 e ss.

individual, isto é, nas competências e desempenho laborais; *(ii)* restrição à liberdade de autodeterminação da imagem, que se associa, muitas vezes, à identidade, cultural, étnica e religiosa e de género[13]; *(iii)* agravamento de outros fenómenos discriminatórios, nomeadamente com base na raça, deficiência, religião, sexo, identidade de género, ou a idade; com efeito, o preconceito social relativamente a fatores como estes revela-se, frequentemente, em escolhas imediatamente assentes em traços de aparência física, gerando um fenómeno de *cúmulo discriminatório*[14].

ENQUADRAMENTO DA DISCRIMINAÇÃO EM FUNÇÃO DA APARÊNCIA FÍSICA NOUTROS FATORES DE DISCRIMINAÇÃO – ALGUNS CASOS

O que vimos de afirmar já permitiria induzir que as situações de discriminação com base na aparência física bem podem ser juridicamente tratadas à luz de um distinto enquadramento. Nessa medida, poderia até relativizar-se a importância da autonomização normativa e dogmática de tal fator de discriminação... Vejamos alguns exemplos.

Sem prejuízo da *nebulosidade* dos conceitos de raça e etnia e sem se aspirar, por isso mesmo, à limpidez conceitual própria da ciência, poderá afirmar-se, pelo menos de forma tendencial, que diferentes perfis raciais e étnicos se traduzirão em características físicas distintivas. Não é outra, aliás, a razão por que esse fator motiva comportamentos discriminatórios em escala relevante. Pense-se, a este propósito, no caso *Feryn*[15]. Uma empresa belga pretendia contratar trabalhadores (instaladores de portões), mas declarou não aceitar candidatos "não autóctones", invocando que os clientes

---

[13] Na verdade, estando em causa características resultantes de opções individuais – uso de determinado tipo de roupa, acessórios (simbólicos ou não), maquilhagem, penteado, etc. –, a questão pode ser, e é, de facto, frequentemente, perspetivada como um problema de equação entre o interesse do empregador em contratar ou manter ao seu serviço pessoas que se integrem em certo padrão estético, alegadamente o que melhor espelha *a imagem* da empresa (Rhéa Jabbour, *La discrimination à raison de l'apparence physique (lookisme) en droit du travail français et américain: approche comparatiste*, Droit, Université Panthéon-Sorbonne, Paris I, 2013, p. 162 e ss. (disponível em https://tel.archives-ouvertes.fr/tel-01085673/document) e, por outro lado, a liberdade do trabalhador de se apresentar como lhe aprouver, que, sem prejuízo de poderem ser chamados à colação outros valores, bem pode integrar-se na genérica liberdade de autodeterminação pessoal, ou livre desenvolvimento da personalidade (Deborah Rhode, *op. cit.,* p. 99 e ss.; com abundantes referências jurisprudenciais, Rhéa Jabbour, *op. cit.*, p. 178 e ss.). Na experiência jurídica americana, estes casos são apreciados, frequentemente, como casos de discriminação em função do sexo, ao abrigo da teoria do estereótipo de género (vejam-se os casos referidos nas notas 21, 33, 35, 37). Sobre a questão, Allison Steinle, "Appearance and grooming standards as sex discrimination in the workplace", *Catholic University Law Review*, 2006, 56, p. 261-296.

[14] Rhéa Jabbour, *op. cit.*, p. 12.

[15] Tribunal de Justiça (da União Europeia), processo C-54/07, acórdão de 10 de julho de 2008.

não lhes permitiriam o acesso às respetivas casas, por não se relacionarem bem com pessoas de origens étnicas distintas. Embora não se tivesse demonstrado que algum candidato a emprego não autóctone tivesse sido rejeitado em razão disso, suscitou-se um problema de discriminação em razão da raça e origem étnica, devido aos termos do anúncio de emprego. O Tribunal de Justiça considerou, de facto, tratar-se de uma hipótese de discriminação direta em função da raça, mas parece evidente que essa origem dos candidatos a emprego seria aferida, potencialmente, com base na sua aparência física, reveladora de determinado perfil *étnico-racial*[16].

Noutros casos, a diferenciação assente na aparência pode enquadrar-se na discriminação em função da deficiência. Embora a conclusão pudesse, por certo, estender-se a hipóteses de outro tipo, pensamos, em particular, no caso da obesidade, que, justamente, já levou a que, na jurisprudência, se chamasse à colação a deficiência, como fator de discriminação[17]. Assim, no caso *Kaltoft*[18], o Tribunal de Justiça ponderou, precisamente, se a obesidade poderia consubstanciar deficiência, tendo concluído que, na hipótese de, em interação com barreiras localizáveis ao nível do ambiente de trabalho, tal condição se traduzir em o visado não poder participar plena e ativamente na vida profissional em condições de igualdade em relação aos demais trabalhadores, então haveria que a enquadrar naquela categoria. O Tribunal teve ensejo de deixar claro que não deixa de existir deficiência para efeitos da Diretiva 2000/78/CE, de 27 de novembro de 2000, que estabelece um quadro geral de igualdade de tratamento no emprego e na actividade profissional, ainda que a condição do trabalhador advenha de circunstâncias imputáveis ao mesmo. Porém, pese embora a largueza do conceito no âmbito do Direito Europeu[19], nem todos os casos de obesidade poderão ser incluídos no conceito de deficiência e, menos ainda, as situações em que a pessoa em causa apresenta um volume corporal superior ao normal, social ou até

---

[16] Sobre a interação destes dois fatores, Jordan D. Bello, "Attractiveness as hiring criteria: savvy business practice or racial discrimination?", *The Journal of Gender. Race & Justice*, 2004, 8, p. 483-506.

[17] Acerca da questão, Pilar Rivas Vallejo, "¿Es la obesidade causa de discriminación tutelable en el âmbito laboral?", *IUSLabor*, 1/2015, p. 1-29, *maxime* 19 e ss., Rosa María Pérez Anaya, "La obesidad como causa de despido: desde la perspectiva comunitária", *Revista Internacional y Comparada de Relaciones Laborales y Derecho del Empleo*, 2015, vol. 3, n.º 1, p. 1-24. Quanto à experiência americana, Deborah Rhode, *op. cit.*, p. 122 e ss., e ainda Rhéa Jabbour, *op. cit.*, p. 213 e ss.

[18] Tribunal de Justiça (da União Europeia), processo C-354/13, acórdão de 18 de dezembro de 2014.

[19] Sobre a latitude do conceito de deficiência no domínio europeu, veja-se o nosso "Notas em torno do imperativo de inclusão do trabalhador portador de deficiência", *Lex Social – Revista de Derechos Sociales*, vol. 7 (2017), p. 266-301 [271-274].

clinicamente visto como ideal, mas sem poder qualificar-se como obesa[20]. Na experiência jurídica americana, é relevante o caso conhecido como *Cook v. Rhode Island*[21]. A trabalhadora em causa era assistente num centro de apoio a crianças com problemas mentais; sempre cumprira a sua atividade de forma satisfatória, até que, após um período de suspensão devido a uma situação de doença da filha, a entidade empregadora recusou o seu regresso, invocando que, devido à sua condição de obesa, não estava em condições de cumprir as funções que lhe cabiam. A trabalhadora impugnou o despedimento, invocando discriminação em função da deficiência e obteve ganho de causa. Muitas vezes, porém, o desfecho judicial é distinto, mormente pelas exigências que resultam do ordenamento americano relativamente ao conceito de deficiência[22] e ao de obesidade enquanto deficiência, que implica demonstrar que a obesidade deriva de causas fisiológicas.

Também a convicção religiosa pode estar em causa em alguns casos de diferenciação relacionados com a aparência física, permitindo solucioná-los à luz desse enquadramento. Foi o que sucedeu em dois recentes casos apreciados pelo Tribunal de Justiça. Referimo-nos ao caso *Bougnaoui*[23] e ao caso *Achbita*[24]. Em ambos, o litígio foi desencadeado por as trabalhadoras pretenderem usar véu islâmico. Também o caso *Eweida e outros c. Reino Unido*[25], igualmente relacionado com o uso de símbolos religiosos, a que o

[20] No Brasil, o Tribunal Superior do Trabalho avaliou um caso em que uma trabalhadora com a função de *Vigilante do Peso*, isto é, agente de motivação e acompanhamento de clientes de um programa de perda de peso, passou de cerca de 75 kg para cerca de 95 kg, tendo sido despedida por a empresa considerar que tal violava o contrato de trabalho, o qual incluía uma cláusula que condicionava o ganho de massa corporal, punindo-o, verificadas certas condições, com o despedimento. Confirmando a posição do Tribunal Regional (2.ª Região), aquela instância jurisdicional entendeu que tal cláusula não era discriminatória por a atividade em causa pressupor razoavelmente que os trabalhadores não engordassem significativamente. Processo: TST-RR-2462-02.2010.5.02.0000; decisão de 5 de dezembro de 2013 (consultado em http://aplicacao4.tst.jus.br/consultaProcessual/consultaTstNumUnica.do?consulta=Consultar&conscsjt=&numeroTst=2462&digitoTst=02&anoTst=2010&orgaoTst=5&tribunalTst=&varaTst=).

[21] De 22 de novembro de 1993 (10 F.3d 17 (1st Circ.)); disponível em https://law.justia.com/cases/federal/appellate-courts/F3/10/17/583936/.

[22] Sobre o assunto, Milena Rouxinol, "A Tutela Antidiscriminatória do Trabalhador Sobrevivente de Cancro – Subsídio para um Enquadramento Dogmático-Normativo/The Antidiscriminatory Protection of a Cancer Survivor Employee – Contribution for a Dogmatic and Legal Framework" in AA.VV (coord. Nuno Cerejeira Namora, Lourdes Mella Méndez, Duarte Abrunhosa e Sousa, Gonçalo Cerejeira Namora e Eduardo Castro Marques), *Health at Work, Ageing and Environmental Effects on Future Social Security and Labour Law Systems*, Cambridge Scholar Publishing, New Castle, 2018, p. 136-165.

[23] Processo C-188/15, acórdão de 14 de março de 2017.

[24] Processo C-157/15, acórdão de 14 de março de 2017.

[25] Tribunal Europeu dos Direitos Humanos, acórdão de 27 de maio de 2013; reclamações n.os 48420/10, 59842/10, 51671/10 e 36516/10).

empregador se opôs, foi tratado como um problema de discriminação em função da religião[26].

Noutras situações de diferenciação ainda relacionada com a aparência física, pode chamar-se à colação o sexo, como fundamento discriminatório. De resto, a doutrina evidencia que a pressão social e também, por certo, profissional, para se ter uma boa imagem incide mais sobre as mulheres do que sobre os homens e o desfavorecimento associado a uma aparência pouco atraente se faz sentir mais sobre o sexo feminino[27]... O referido enquadramento já foi adotado pela jurisprudência, a vários títulos.

Um primeiro tipo de caso em que assim sucedeu prende-se com a circunstância de os códigos de vestuário e outros elementos condicionantes do aspeto físico serem, frequentemente, mais exigentes para as mulheres. Tenha-se como exemplo um caso paradigmático da jurisprudência americana, o caso *Jespersen v. Harrah's Operating Co., Inc*[28], em que uma trabalhadora de um casino, com a antiguidade de vinte anos e cujo desempenho fora sempre competente, recusou a ordem, imposta, entretanto, pelo empregador, de usar maquilhagem; a trabalhadora invocou discriminação em razão do sexo, não apenas por as exigências do empregador quanto à aparência espelharem conceções estereotipadas de género, mas também por serem muito mais onerosas para as mulheres do que para os homens, a quem apenas se exigia que usassem cabelo curto e unhas bem aparadas[29].

---

[26] Sobre esta jurisprudência, entre nós, Bruno Mestre, "A Jurisprudência recente do TJUE e do TEDH sobre a exibição de símbolos religiosos no local de trabalho: uma leitura à luz do pensamento de Jürgen Habermas", *Julgar*, Janeiro 2018, e, sobre o caso *Eweida* em particular, Susana Sousa Machado, "Quando fé e trabalho não se compatibilizam – comentário ao Acórdão Eweida e outros vs. Reino Unido do Tribunal Europeu dos Direitos do Homem", in *Vinte anos de Questões Laborais*, ano XX, n.º 42 (n.º especial), 2013, p. 675-688.

[27] Deborah Rhode, *op. cit.*, p. 44; Rhéa Jabbour, *op. cit.*, p. 55 e ss. Quando se trata de obesidade, este desnível parece ser mais evidente, segundo os autores. Pilar Rivas Vallejo (*op. cit.*, p. 19) observa que "obesidade e deficiência constituem um duplo estigma (*ou mesmo tripo, quando ocorrem no corpo de uma mulher*)". Tradução e itálico da nossa responsabilidade.

[28] 14 de abril de 2006, 444 F.3d 1104, n.º 03-15045. Pode ver-se em http://openjurist.org/444/f3d/1104/jespersen-v-harrahs-operating-company-inc.

[29] O tribunal considerou que o gosto subjetivo da trabalhadora em não usar maquilhagem, enquanto expressão da liberdade de autodeterminação da imagem, teria de ceder ante o desígnio da entidade empregadora.

Note-se, a propósito, que, na verdade, estando em causa características resultantes de opções individuais – uso de determinado tipo de roupa, acessórios (simbólicos ou não), maquilhagem, penteado, etc. –, a questão pode ser, e é, de facto, frequentemente, perspetivada como um problema de equação entre o interesse do empregador em contratar ou manter ao seu serviço pessoas que se integrem em certo padrão estético, alegadamente o que melhor espelha *a imagem* da empresa (Rhéa Jabbour, *op. cit.*, p. 162 e ss.) e, por outro lado, a liberdade do trabalhador de se apresentar como lhe aprouver, que, sem prejuízo de

Outras vezes, não podendo dizer-se que existe maior exigência com as mulheres, os códigos de aparência têm, em todo o caso, impacto distinto sobre ambos os sexos, na medida em que refletem o padrão estético que, normal ou socialmente se considera adequado a homens e a mulheres, respetivamente. Desta forma, sempre que, seja ou não no contexto de identificação com género diferente do biológico, um sujeito pretende apresentar-se com acessórios que se têm como mais próprios das pessoas do sexo oposto, pode estar em causa um problema de discriminação com base neste fator. No ordenamento americano, vigora a designada *teoria do estereótipo de género*, segundo a qual ocorre discriminação em função do sexo sempre que um sujeito sofra tratamento diferenciado por se afastar do comportamento padrão esperado das pessoas do sexo a que pertence[30]. Mas também noutros espaços jurídicos se verifica o apelo àquele fator de discriminação em casos com a configuração referida. Tome-se como exemplo o caso decidido pela *Cour de Cassation*, a 12 de janeiro de 2011[31], em que um trabalhador de um restaurante foi despedido na sequência de se ter negado a retirar os brincos que usava. A *Cour* considerou estar em causa um problema de discriminação em função da "*apparence physique du salarié rapportée à son sexe*".

Sucede ainda que, em alguns casos, a escolha de mulheres atraentes ocorre em contexto tal que tange, se não a exploração sexual, ao menos a funcionalização da beleza feminina a propósitos que não são sexualmente neutros. Um caso de referência é, no ordenamento americano, o das "*Borgata babes*". O contrato de trabalho das empregadas de mesa do *Atlantic City's Borgata Hotel and Casino* continha uma cláusula nos termos da qual elas deveriam apresentar um sorriso bonito, figura de ampulheta e peso adequado ("*clean smile, an hourglass figure and be height- and weight-appropriate*"), explicitando-se que não poderiam sofrer um aumento de peso superior a 7%.

poderem ser chamados à colação outros valores, bem pode integrar-se na genérica liberdade de autodeterminação pessoal, ou livre desenvolvimento da personalidade (Deborah Rhode, *op. cit.*, p. 99 e ss.; com abundantes referências jurisprudenciais, Rhéa Jabbour, *op. cit.*, p. 178 e ss.).

[30] Remetemos para o nosso "Discriminação em razão da identidade de género (em contexto laboral)", in *Los actuales câmbios sociales y Laborales: nuevos retos para el mundo del trabajo*, 2 (Cambios sociales y nuevos retos para la igualdad y la salud (España, Portugal, Francia, Italia, Brasil); direção de Lourdes Mella Méndez; coordenação de Silvia Fernández Martínez; Peterlang, 2017, p. 136-165. Em especial, veja-se Allison Steinle, "Appearance and grooming standards as sex discrimination in the workplace", *Catholic University Law Review*, 2006, 56, p. 261-296.
Esta construção foi chamada à colação, por exemplo, no caso a que se aludiu nas notas anteriores.

[31] O acórdão pode ser consultado em https://www.legifrance.gouv.fr/affichJuriJudi.do?oldAction=rechJuriJudi&idTexte=JURITEXT000025151516&fastReqId=31675721&fastPos=1.
Sobre o caso, Rhéa Jabbour, *op. cit.*, p. 197 e ss., bem como a bibliografia aí indicada.

Uma das trabalhadoras apresentou flutuações de peso em razão de problemas de saúde relacionados com a tiróide e foi confrontada com advertências segundo as quais "*Borgata Babes don't go up in size*"; apenas se admitia uma exceção, o aumento de peso/volume resultante de colocação de implantes mamários – o que, de resto, dava direito a uma farda nova, de tamanho adequado, e a uma baixa por doença. O caso terá sido resolvido através de transação entre as partes[32].

O anteriormente referido problema do *"Grandilocks dilemma"* também tem vindo a associar-se a questões de género. Com efeito, os casos que ilustram de forma mais evidente este paradoxo são os das mulheres que sofrem desvantagens profissionais por serem, alegadamente, demasiado atraentes. Terá sido, de algum modo, o que se verificou no muito curioso caso *Nelson v. Knight*[33]. Assistente numa clínica dentária, Melissa Nelson veio a ser despedida pelo facto de o seu empregador a considerar muito atraente e sen-

[32] Cfr. Deborah Rhode, *op. cit.*, p. 98.
O caso não é único. Similar é o das "*Hooter's girls*". O restaurante em causa, conhecido por todas as suas trabalhadoras primarem pela sensualidade, foi confrontado com o facto de uma delas, na sequência de uma operação, se ter apresentado ao trabalho com o cabelo curto e uma cicatriz visível na cabeça. O superior hierárquico ter-lhe-á ordenado o uso de uma peruca, causando-lhe um profundo sentimento de desconforto. O seu tempo de trabalho terá sido, depois, drasticamente reduzido, tendo a trabalhadora acabado por se demitir… O caso não foi (ainda) objeto de pronúncia judicial. Veja-se Rhéa Jabbour, *op. cit.*, p. 183, e também William Corbett, *op. cit.*, p. 646. O Autor refere outros casos, nomeadamente relacionados com padrões estéticos exigidos por companhias aéreas.
Refira-se, ainda, o caso *Alam v. Reno Hilton Corp*, de 19 de fevereiro de 1993 (819 F. Supp. 905), disponível em https://law.justia.com/cases/federal/district-courts/FSupp/819/905/1965274/. O casino foi demandado, por alegada discriminação sexual, por apenas contratar e manter ao seu serviço mulheres com aspeto de Barbie (*Barbie doll*). A ação improcedeu.

[33] De 12 de julho de 2013 (834.NW.2d. 64, 73, Iowa 2013), disponível em https://law.justia.com/cases/iowa/supreme-court/2013/111857.html.
Caso semelhante é o *Goodwin v. Pres.& Fellows of Harvard College (*referido por William Corbett, "The ugly truth about appearance discrimination and the beauty of our employment law", *Duke Journal of Gender Law & Policy*, 2007, 14, p. 153-178 [162]; Sarah E. Friedricks, "Sexy sex discrimination: why appearance-based discrimination is sex discrimination", *The Journal of Corporation Law*, 40, 2014-2015, p. 503-520 [513], e ainda Rhéa Jabbour, *op. cit.*, p. 166*),* em que uma bibliotecária de uma biblioteca universitária terá sido privada de progredir na carreira e de outras vantagens profissionais por ser uma "*pretty girl*" com "*sexy clothes*", tendo o seu superior hierárquico afirmado, alegadamente, que ela nunca seria promovida por a sua aparência a tornar uma verdadeira *anedota* ("*joke*") dentro da biblioteca. Semelhante a este é o caso de *Debrahlee Lorenzana*. Na sequência de um relativamente longo historial de alegado assédio sexual (noutra empresa do mesmo setor) e tendo convivido sempre com observações acerca do seu aspeto físico, considerado muito atraente, veio a intentar uma ação contra a entidade empregadora, o *Citibank*, com base numa conduta que, provando-se os factos alegados pela trabalhadora, poderia consubstanciar assédio moral fundado no seu aspeto físico. O caso terminou com um acordo entre as partes, ao abrigo do qual Lorenzana foi economicamente compensada. Veja-se William Corbett, "Hotness discrimination…", *cit.*, p. 619 e ss., e Sarah Friedricks, *op. cit.,* p. 514.

tir que seria muito provável envolver-se numa relação extraconjugal com ela, fazendo perigar o seu casamento. A trabalhadora impugnou o despedimento, apoiando-se no sexo enquanto fator de discriminação e pondo o acento tónico em que, se ela fosse do sexo masculino, o despedimento não teria ocorrido e o facto de se tratar de uma pessoa atraente seria irrelevante. O Tribunal, porém, entendeu que o motivo do despedimento não fora discriminatório, estando em causa o empregador proteger-se de um risco para o seu casamento, significativamente potenciado pela aproximação que estava a acontecer entre ele e Melissa Nelson[34].

Damos nota, finalmente, do caso *Abercrombie & Ficht Italia*[35], em que, tendo sido invocado como hipotético fator de discriminação a idade, as circunstâncias permitem suspeitar que, na realidade, o sucedido se deveu ao padrão estético de recrutamento seguido pela empresa em causa. A *Abercrombie* italiana fez cessar o contrato de um trabalhador intermitente logo que ele completou 25 anos, com esse fundamento. O despedimento foi considerado legítimo pelo Tribunal de Justiça, por ter ocorrido ao abrigo de um regime italiano segundo o qual os jovens com idade inferior àquela poderiam ser contratados através de vínculo intermitente e ser despedidos assim que deixassem de reunir aquela condição, regime que aquela instância decisória considerou admissível à luz do artigo 6.º da Diretiva 2000/78/CE, em cujos termos são legítimas diferenças de tratamento associadas à idade em contexto laboral desde que com o objetivo de servir políticas de emprego. No caso, a política de emprego do Estado italiano casou convenientemente com a política de emprego seguida pela *Abercrombie*...

ALGUMAS CONCLUSÕES

Sendo muito poucos os ordenamentos que reconhecem a aparência física como um autónomo fator de discriminação – alguns Estados e cidades americanas, nas suas legislações regionais; o ordenamento australiano[36] –, o

---

[34] Vejam-se, entre outros, Kristy Dahl Rogers, "An irresistible attraction: rethinking romantic jealousy as a basis for sex-discrimination claims", *Duke Law Journal*, 2015, 64, p. 1453-1497, Bethany A. Corbin, *op. cit.*, ou ainda Catherine E. Mendola, "Root Canal of the Problem: The Iowa Supreme Court's Protection of Male Impulses over Female Traits", *Boston College Journal of Law and Social Justice*, 2014, 34, p. 14-27. Entre nós, atente-se nas interessantíssimas considerações de João Leal Amado, *Trabalhar e amar – poderes patronais, relações amorosas e direitos de personalidade dos trabalhadores*, Gestlegal, Coimbra, 2019, p. 64 e ss. (o texto também se encontra publicado na *Revista de Legislação e de Jurisprudência*, n.º 4015, 2019).

[35] Processo C-143/16, acórdão de 19 de julho de 2017.

[36] Deborah Rhode, *op. cit.*, p. 125 e ss.

enquadramento das hipóteses de discriminação em razão da aparência física noutros fatores de discriminação mostra-se, em muitos casos, um expediente satisfatório, ao nível do respetivo tratamento jurídico. Esta perspetiva, porém, deixará sempre excluídas as hipóteses em que não possa apelar-se a nenhum dos fatores de discriminação referidos, ou outros afins, casos em que esteja em causa, puramente, uma diferenciação de tratamento baseada no aspeto físico, mormente em características imutáveis – o que inibe perspetivar o caso sob a ótica da liberdade de autodeterminação do trabalhador. De resto, pode suceder que a diferenciação em causa seja admissível no quadro de outros fatores de discriminação, mas já não o seja se for perspetivada como discriminação em função da aparência física. Questionamo-nos sobre qual seria o desfecho do há pouco referido caso *Abercrombie & Fitch Italia* se o Tribunal de Justiça pudesse tê-lo perspetivado nestes moldes…

Por outro lado, ordenamentos, como o português, cuja proibição de discriminação assuma a forma de cláusula geral ou assente numa enumeração de fatores exemplificativa, aberta, pois, a que se confira relevo à aparência física mesmo que esse fator não conste da lista (causas *atípicas* de discriminação[37]), permitirão, evidentemente, que se invoque a ocorrência de discriminação com base no mesmo, possibilitando, pois, dar relevo a casos que não possam ser integrados noutros. Assim tem acontecido, por exemplo, na experiência jurídica francesa, como pode ilustrar-se através do caso de uma enfermeira com 1,51 metros, que viu excluída a sua candidatura ao cargo de enfermeira no corpo de bombeiros por causa da sua estatura, visto que se exigia uma altura mínima de 1,60 metros. O caso foi decidido por via de uma reclamação administrativa, tendo o ministro competente concluído que aquela exigência era discriminatória em razão da aparência física, já que nenhuma razão objetiva a justificava[38].

Contra a autonomização deste fator de discriminação, invoca-se, por vezes, a relatividade do conceito de beleza, com a inerente dificuldade de identificação do comparador[39]. O argumento poderá não ser intransponível. Desde logo, como explica Corbett[40], se se perspetivar o fenómeno discriminatório pelo prisma do ato e seu efeito, a demonstração de inserção numa

[37] Francisco Javier Pozo Moreira, *La tutela judicial de las nuevas causas de discriminación*, Andavira Editora, Santiago de Compostela, 2012, p. 51 e ss.

[38] A situação é relatada por Rhéa Jabbour, *op. cit.*, p. 210.

[39] Deborah Rhode, *op. cit.*, p. 24 e ss., Rhéa Jabbour, *op. cit.*, p. 16-17 116 e ss., e ainda William R. Corbett, *op. cit.*, p. 626 e ss.

[40] *Idem.*

categoria, *v. g.*, a das pessoas não atraentes, pode não ser de importância central, antes importando mostrar que o sujeito discriminado foi, pelo menos comparativamente, visto como (*regarded as*) não atraente pelo que praticou o ato discriminatório: " *I'm ugly, and even if I'm not, they think I am*". Por outro lado, há casos em que se mostra desnecessário chamar à colação o conceito de beleza, ou similar, já que a destrinça entre os que correspondem ao padrão desejável e os que dele se afastam é explicitado noutros moldes (não mais do que *x* quilogramas, ou menos do *y* centímetros; exclusão de pessoas com cicatrizes visíveis, com *piercings*, ou com tatuagens...).

Parece-nos, finalmente, que o reconhecimento – não necessariamente normativo, mas, porventura, apenas no plano dogmático – deste fator como causa específica de discriminação tem a virtualidade de convidar a refletir, mais cuidadosamente, sobre se e até que ponto poderá o designado critério ocupacional genuíno – aquele em virtude do qual "não se considera discriminação o comportamento baseado em fator de discriminação que constitua um requisito justificável e determinante para o exercício da atividade profissional, em virtude da natureza da atividade em causa ou do contexto da sua execução, devendo o objetivo ser legítimo e o requisito proporcional" (artigo 25.º, n.º 2, do Código do Trabalho) – justificar a exclusão de pessoas cujo aspeto não casa com a *imagem da empresa*. Na verdade, tal fundamento, se aceite em toda a sua largueza, é suscetível de pôr em causa todo o edifício do Direito Antidiscriminação, sendo de fundamental importância que nos detenhamos sobre o requisito da proporcionalidade. Para ilustrar a importância da identificação do real fator de discriminação em causa, refira-se, para terminar, o paradigmático caso *Wilson v. Southwest Airlines Co.*[41] Apesar de antiga, a decisão reflete de forma sintomática quer a necessidade de apreciar com cautela os critérios resultantes da imagem que o empregador determina como sendo a que a empresa quer veicular, quer, por outro lado, os perigos de os fenómenos de diferenciação em função da aparência física serem perspetivados a outra luz e, por conseguinte, se verem mais desfocados. No caso, a companhia aérea adotava como imagem de marca a ideia de atração física e sensualidade, usando, na publicidade, fotografias, sempre femininas, associadas a este conceito, e expressões como "*love airline*", "*love bites*", "*love potions*", ou "*spread love all over Texas*". O tribunal considerou que, por o negócio em causa não ser de caráter sexual, tais exigências se

---

[41] De 12 de junho de 1981 (517 F. Supp. 292, Texas, 1981), disponível em https://law.justia.com/cases/federal/district-courts/FSupp/517/292/2386882/.

desviavam da "*business necessity*", antes se reconduzindo à mera "*business convenience*", e entendeu, assim, que uma política de contratação traduzida na escolha de mulheres muito atraentes, com exclusão das demais, era inadmissível, tal como o uso da sensualidade feminina como ferramenta de *marketing*. Mas não deixe de se notar que, tendo o caso sido apreciado sob a perspetiva da discriminação em função do sexo, se afirmou, igualmente, na sentença, que não existiria obstáculo algum à escolha dos trabalhadores em função do seu aspeto físico, desde que a exigência fosse de nível idêntico tanto para mulheres como para homens...[42]

[42] Sobre o assunto e com referência a outros casos, Rhéa Jabbour, *op. cit.*, p. 219 e ss.

RECENTES DESENVOLVIMENTOS LEGISLATIVOS E JURISPRUDENCIAIS NO DOMÍNIO DAS PORTARIAS DE EXTENSÃO

Ana Teresa Ribeiro[1]
Assistente na Escola do Porto da Faculdade de Direito da Universidade Católica Portuguesa

SUMÁRIO: *As portarias de extensão assumem uma notável relevância no contexto da contratação coletiva portuguesa. De facto, é graças a estes instrumentos que se atinge uma cobertura convencional elevada, obviando aos inconvenientes resultantes do princípio da filiação e garantindo o acesso à contratação coletiva por parte de um elevado número de trabalhadores que, de outro modo, dela se veriam arredados.*
Sucede que estas virtualidades foram postas em causa pelas alterações introduzidas ao regime das portarias de extensão (em 2012 e 2014) e que limitaram de modo significativo a sua emissão. Tais medidas, fortemente contestadas pelos parceiros sociais, foram recentemente revertidas.
A par destas vicissitudes, também se registaram desenvolvimentos a nível jurisprudencial, tendo-se assistido a uma tomada de posição por parte do Supremo Tribunal de Justiça quanto à questão (controversa) dos trabalhadores abrangidos por esta figura.

Palavras-chave: *Portarias de extensão; contratação coletiva; alterações ao regime; trabalhadores abrangidos.*

1. A RELEVÂNCIA DAS PORTARIAS DE EXTENSÃO NO CONTEXTO DA CONTRATAÇÃO COLETIVA PORTUGUESA

Como é sabido, uma das figuras centrais do nosso regime jurídico-laboral é a convenção coletiva. Proveniente da negociação entre sindicatos e empregadores (ou associações de empregadores), este instrumento introduz um elemento de democracia nas empresas e nas relações laborais, diminuindo a unilateralidade dos poderes do empregador e contribuindo para a resolução

[1] O presente texto corresponde, com algumas alterações e acrescentos, à comunicação proferida pela autora na ação de formação "Instrumentos de regulamentação coletiva de trabalho", realizada no dia 1 de fevereiro de 2019, nas instalações do Centro de Estudos Judiciários, em Lisboa. Não podemos deixar passar a ocasião para agradecermos, uma vez mais, o gentil convite para participarmos neste evento, bem como para a publicação deste artigo. A autora escreve segundo as regras do novo acordo ortográfico.

de conflitos[2]. Ademais, por esta via, os trabalhadores conseguem manifestar a sua vontade e proceder a uma negociação real com os empregadores, resultado que só muito dificilmente conseguiriam alcançar em moldes individuais[3].

Ora, a regra que determina a aplicação subjetiva das convenções coletivas é o princípio da filiação, consagrado no art. 496.º/1 do Código do trabalho. Ou seja, as convenções apenas se aplicam aos empregadores que tenham outorgado tais instrumentos (ou que sejam filiados nas associações de empregadores outorgantes) e somente em relação aos trabalhadores que para si laborem e que sejam membros das associações sindicais signatárias.

Sucede que, em 2016, estimava-se que as taxas de filiação sindical, no setor privado, rondariam os 8,3%. Enquanto a taxa de filiação dos empregadores, no mesmo período, andaria em torno dos 17,1%, com particular destaque para as grandes empresas (47,6%), por contraposição com as microempresas (14,4%)[4].

É sabido que a filiação dos empregadores não é uma condição estritamente necessária para que estes acedam à contratação coletiva, dado possuírem legitimidade para outorgarem convenções de modo direto. No entanto,

---

[2] Considerando-a a pedra angular da democracia industrial, contribuindo para o progresso da cidadania social e política e uma figura de particular centralidade no sistema de relações laborais – *vd.* Gino Giugni, «Articulated bargaining in Italy», in *Colective bargaining*, ed.: Allan Flanders, Harmondsworth, Penguin Books Ldt., 1969, p. 271; Gonçalves da Silva, «Princípios gerais da contratação colectiva no código do trabalho», in *VI Congresso nacional de direito do trabalho. Memórias*, coord.: António Moreira, Coimbra, Almedina, 2004, pp. 227-229 e *Da eficácia da convenção coletiva*, Tese apresentada para a obtenção do grau de Doutor em ciências jurídico-civis, Faculdade de Direito da Universidade de Lisboa, policopiada, 2012, p. 673; Franz Traxler/Bernd Brandl, *The economic effects of collective bargaining coverage: a cross-national analysis*, Genève, International Labour Office, Global Union Research Network, 2009, p. 42 e Monereo Pérez, «Prólogo», in Natalia Tomás Jimenez, *Los sujetos del convénio colectivo. Partes negociadoras*, Granada, Comares, 2013, xxi. Por seu turno, referindo-se ao papel da contratação coletiva como tratado de paz, cfr. K. Sisson, *The management of collective bargaining. An international comparison*, Oxford, Basil Blackwell, 1987, p. 6; Gonçalves da Silva, «Princípios gerais...», cit., p. 228 e *Da eficácia..., cit.*, pp. 19-21 e Bernardo Xavier, «As fontes específicas do direito do trabalho e a superação do princípio da filiação», in *Estudos em homenagem ao Prof. Doutor Manuel Henrique Mesquita*, vol. II, org.: Diogo Leite de Campos, Coimbra, Coimbra Editora, 2009, p. 1123.

[3] Salientando a importância das convenções para ultrapassar a ditadura contratual do empregador, *vd.*, por todos, A. Rouast, *Notion juridique de contrat collectif dans le droit des obligations*, Paris, Arthur Rousseau Éditeur, 1909, pp. 7-8 e 258-261; J. Brethe, *De la nature de la convention collective du travail*, Bordeaux, Imprimerie Samie Fils Frères, 1921, p. 6 e Bernardo Xavier, «As fontes específicas...», cit., p. 1115.

[4] Na ausência de dados oficiais, recorremos aos elementos constantes da *Atualização do livro verde das relações laborais 2016*, 2018, p. 15 (disponível http://cite.gov.pt/assts_scratches/LVRL_doc.pdf, consultado em 30/06/2019).

constata-se uma participação reduzida das empresas de menor dimensão no âmbito da negociação coletiva[5].

Desta feita, a conjugação destes elementos, aliada à circunstância de as micro, pequenas e médias empresas comporem mais de 90% do tecido empresarial português[6], levaria a que, à partida, a cobertura das convenções coletivas devesse ser muito reduzida.

Porém, em 2010, a taxa de cobertura destes instrumentos rondava os 92%[7], resultado apenas tornado possível graças às portarias de extensão. Pelo que estas são, na expressão feliz de Jorge Leite, "a verdadeira estrela do firmamento português da autonomia colectiva"[8].

2. VANTAGENS E DESVANTAGENS DAS PORTARIAS DE EXTENSÃO

Na sequência do *supra* exposto, facilmente se conclui que o benefício mais significativo das portarias de extensão reside no facto de granjearem uma aplicação quase generalizada das convenções coletivas. Assim, as portarias contribuem para eliminar as "zonas brancas" de regulação coletiva, que inevitavelmente resultam do princípio da filiação[9], e combatem o *dumping* social e a concorrência entre os trabalhadores. De facto, se todos estiverem sujeitos às mesmas condições, o empregador, sobretudo em épocas de crise,

---

[5] Não só pelas menores taxas de filiação destas estruturas empresariais nas respetivas associações, mas também porque se regista, neste contexto, uma forte tendência individualizadora e que leva a que os empregadores prefiram uma negociação direta com os trabalhadores, em lugar de uma realizada com os sindicatos. Assim, embora possam celebrar convenções coletivas por si, tendencialmente estes empregadores não o fazem, preterindo as práticas contemporâneas de relações industriais em prol de uma abordagem informal e paternalista – cfr. Catarina Carvalho, *Da Dimensão da Empresa no Direito do Trabalho. Consequências práticas da dimensão da empresa na configuração das relações laborais individuais e colectivas*, Coimbra, Coimbra Editora, 2011, pp. 459, 461, 632-633.

[6] Em 2017, compunham 99,9 % do tecido empresarial português (replicando os valores de anos anteriores). Dados disponibilizados pelo sítio electrónico do Pordata (https://www.pordata.pt/Portugal/Pequenas+e+m%C3%A9dias+empresas+em+percentagem+do+total+de+empresas+total+e+por+dimens%C3%A3o-2859, link consultado em 30/06/2019).

[7] *Vd. Estatísticas em síntese – Anexo A – Quadros de pessoal (Continente)*, 2010, p. 6 (disponível em http://www.gep.msess.gov.pt/estatistica/empresas/qp2010sint.pdf, consultado em 14/1/2019).

[8] Cfr. Jorge Leite, «O sistema português de negociação colectiva», in *Temas laborais Luso-Brasileiros*, coord.: Paula Forjaz/J. Ferreira da Silva/Auta Madeira/Nilton Correia, Coimbra, Coimbra Editora/Jutra, 2007, p. 149. Por seu turno, Júlio Gomes («O código do trabalho de 2009 e o desincentivo à filiação sindical», *Prontuário de direito do trabalho*, 2009, n.º 83, pp. 94-95) considera-as a "trave mestra" do sistema português de relações industriais, pois só elas explicam as taxas nacionais de aplicação das convenções coletivas.

[9] *Vd.* Nunes de Carvalho, «Regulamentação de trabalho por portarias de extensão», *Revista de direito e estudos sociais*, 1988, n.º 4, p. 441.

não se sentirá tentado em preferir trabalhadores não filiados, em detrimento dos demais[10].

Acresce que as portarias asseguram uma concorrência mais leal entre as empresas, a qual, de resto, passa a ter de assentar noutros elementos que não os custos de trabalho[11]. E permitem que trabalhadores, que dificilmente teriam acesso à contratação coletiva (pensamos sobretudo naqueles que trabalham em micro e pequenas empresas), possam dela usufruir.

Por fim, têm ainda a vantagem de sujeitar a maioria dos trabalhadores ao mesmo regime, com claros ganhos para a gestão dos recursos humanos.

Nesta medida, contribuindo para uma maior aplicação das convenções coletivas, perante um regime legal pautado pelo princípio da filiação, podemos afirmar que as portarias de extensão concorrem para a prossecução do direito fundamental de contratação coletiva[12].

No entanto, este mecanismo encerra também um conjunto significativo de desvantagens, algumas das quais resultantes dos contornos específicos do nosso sistema de relações industriais.

De facto, embora o art. 56.º/4 da Constituição da República Portuguesa permita que o legislador ordinário expenda regras respeitantes à legitimidade para a celebração de convenções coletivas, tal passo não foi dado. Desta feita, qualquer sindicato, desde que devidamente constituído e registado, pode outorgar estes instrumentos. Quer se trate de um sindicato forte, com uma elevada base de apoio e representatividade, quer se trate de um sindicato fraco, com pouca representatividade, poucos meios e, muito provavelmente, pouca força negocial.

Este cenário, já de si algo inquietante, torna-se especialmente grave se atendermos à erosão expressiva que o princípio do tratamento mais favorável sofreu no nosso ordenamento jurídico.

---

[10] Cfr. Barros Moura, *A convenção colectiva entre as fontes de direito do trabalho*, Coimbra, Almedina, 1984, 218; K. Klare, «The horizon of transformative labour and employment law», in *Labour Law in an Era of globalization, transformative practices and possibilities*, coord.: Joanne Conaghan/Richard Michael Fischl/Karl Klare, Oxford, Oxford University Press, 2002, p. 8 e M. Weiss/Marlene Schmidt, *Labour Law in Germany*, in *The International Encyclopaedia of Laws series*, Alphen aan den Rijn, Kluwer Law International, 2010, par. 456.

[11] De facto, conforme refere Klare («The horizon...», cit., p. 8), eliminam-se os incentivos para que as empresas concorram entre si com base em salários baixos.

[12] *Vd.* A. Jacobs, «Article 11 ECHR: the right to bargain collectively under article 11 ECHR», in *The European convention on human rights and the employment relation*, eds.: Filip Dorssement/Klaus Lörcher/Isabelle Schömann, Oxford e Portland, Hart Publishing, 2013, p. 327.

Este princípio vinha ao encontro da função histórica das convenções coletivas e dos próprios sindicatos, na medida em que ambos se afirmaram como instrumentos para a defesa dos interesses e direitos dos trabalhadores e para a melhoria das suas condições de vida e de trabalho[13]. E dele resultava que, em regra, as convenções apenas se poderiam afastar da lei em sentido mais favorável aos trabalhadores. Nesta senda, a lei fixava um conjunto de mínimos, cabendo depois aos sindicatos e aos empregadores (ou respetivas associações) negociar sobre esta base, melhorando-a.

Porém, em 2003, assistiu-se a uma "revolução nas fontes", com a substituição do princípio do tratamento mais favorável pelo princípio da supletividade[14]. A partir dessa altura, as convenções passaram a poder afastar o regime legal quer num sentido mais, quer num sentido menos favorável para os trabalhadores. Exceto nos casos em que a lei a tal se oponha, apenas admitindo uma alteração *in mellius*, ou proibindo, simplesmente, a modificação do regime em qualquer sentido[15].

---

[13] Considerando que este é o esquema clássico da relação entre lei e convenção coletiva – cfr. Gino Giugni, «Contratti collettivi di lavoro», in *Enciclopedia Giuridica*, vol. VIII, Roma, Istituto della Enciclopedia italiana fondata da Giovanni Trecanni, 1988, pp. 22-23. No sentido de que se trata, juntamente com o princípio da norma mínima, da coluna vertebral e trave mestra em que assenta o sistema de fontes laborais – *vd.* Mercader Uguina, «La silenciosa decadencia del principio de la norma más favorable». *Civitas. Revista española de derecho del trabajo*, 2002, n.º 109, p. 19. Ainda sobre esta questão, cfr. Rosário Palma Ramalho, *Da autonomia dogmática do direito do trabalho*, Coimbra, Almedina, 2000, p. 926 e Milena Rouxinol, «O princípio do tratamento mais favorável nas relações entre a lei e a convenção colectiva de trabalho», *Questões Laborais*, 2006, n.º 28, pp. 159 e ss.

[14] *Vd.* Júlio Gomes, *Direito do trabalho. Vol. I. Relações individuais de trabalho*, Coimbra, Coimbra Editora, 2007, p. 50. Esta mudança foi recebida favoravelmente por parte da doutrina, que a considerou não apenas admissível, mas também desejável, dado conceder uma maior margem de manobra à contratação coletiva e conferir, por fim, um estatuto de maioridade às associações sindicais – cfr., entre outros, Bernardo Xavier, «Alguns pontos críticos das convenções colectivas de trabalho», in *II Congresso nacional de direito do trabalho. Memórias*, coord.: António Moreira, Coimbra, Almedina, 1999, pp. 334-335 e «As fontes específicas...», cit., p. 1120; Gonçalves da Silva, «Artigo 3.º», in Romano Martinez *et al.*, *Código do trabalho anotado*, Coimbra, Almedina, 11.ª ed., 2017, p. 105 e Menezes Cordeiro, *Direito do trabalho. Vol. I. Direito europeu, dogmática geral, direito coletivo*, Coimbra, Almedina, 2018, pp. 344 e 395-397. Contudo, para outros autores, esta alteração abalou o nosso edifício constitucional e desalinhou a espinha dorsal do direito do trabalho – *vd.* Milena Rouxinol, «O princípio...», cit., p. 178 e Leal Amado, «Negociado x Legislado. O princípio do tratamento mais favorável ao trabalhador e as relações entre a lei e a convenção colectiva em Portugal», in *Cadernos de Pós-Graduação em Direito*, São Paulo, Manole Editora, n.º 13, 2012, pp. 11 e 14. Por sua vez, Júlio Gomes («Contratação coletiva *in pejus* e a representatividade sindical», in *Congresso mediterrâneo de direito do trabalho. Crise económica: fim ou refundação do direito do trabalho?* Coord.: Rosário Palma Ramalho/Teresa Moreira, Lisboa, AAFDL, 2016, 110-111) sublinha a perigosidade da regra da supletividade, atenta a ausência de critérios de representatividade sindical no nosso ordenamento juslaboral.

[15] Em 2009, esta mudança foi suavizada com a previsão de um conjunto de matérias, no art. 3.º/3, em relação às quais a alteração "por convenção coletiva" terá sempre de ser em sentido mais favorável aos traba-

Esta mudança, aliada à utilização das portarias de extensão, tornou possível que convenções outorgadas por sindicatos de representatividade desconhecida, com condições menos favoráveis do que as legalmente previstas, se tornem aplicáveis a um universo de trabalhadores muito superior àquele que tais estruturas representam[16].

Mas as portarias de extensão suscitam ainda outras objeções. Nomeadamente, ao nível da liberdade sindical. Este direito fundamental, na sua vertente negativa, não consiste simplesmente na liberdade de não aderir a sindicatos e de não pagar quotas. O seu conteúdo é mais amplo e abrange o direito a aceder a um posto de trabalho, independentemente de se estar ou não filiado, bem como o direito de não ser prejudicado pelos resultados negociais, em sede de contratação coletiva, a que cheguem associações sindicais às quais não se pertence[17].

E enquanto o princípio da filiação funciona como um "convite à sindicalização", as portarias podem funcionar como um incentivo no sentido inverso[18]. De facto, na medida em que a filiação deixa de ser pré-requisito para o usufruto das vantagens mais significativas proporcionadas pela atividade sindical, o trabalhador pode sentir-se menos compelido a filiar-se e a enfrentar todos os inconvenientes que daí podem advir (*v.g.*, pagamento de quotas, o eventual desagrado do empregador).

Por fim, as portarias encerram um potencial de distorção de concorrência entre as empresas[19]. Com efeito, sendo as convenções celebradas, sobretudo, por empresas de maior dimensão ou associações de empregadores, é

---

lhadores. No entanto, tratou-se mais uma clarificação do que, propriamente, da reposição do princípio, até por estarem em causa domínios em que ora a Constituição, ora o direito da União europeia já imporiam tal resultado. Contudo, MONTEIRO FERNANDES (*Direito do trabalho*, 18.ª ed., Coimbra, Almedina, 2017, p. 117) considera que o art. 3.º/3 representa, do ponto de vista prático, um verdadeiro retorno à situação anteriormente vigente. Posição que é contestada por LEAL AMADO («Negociado...», cit., pp. 13-14, nt. 18) e JOÃO REIS («Princípio do tratamento mais favorável e da norma mínima», in *Para Jorge Leite. Escritos jurídico-laborais*, vol. I, Coimbra, Coimbra Editora, 2014, p. 882), o primeiro por entender que a tónica deve ser colocada na regra de princípio e o segundo por sentir que esta visão desvaloriza ou inutiliza o art. 3.º/1. E, por fim, ambos julgam que, nem do ponto de vista prático, nem do simbólico, houve qualquer retorno à situação pré-codicistica.

[16] Até porque, conforme veremos adiante, a representatividade das partes outorgantes não é condição para a escolha das convenções a estender.

[17] Cfr. JÚLIO GOMES, «O código...», cit., p. 101.

[18] *Vd.* ROSÁRIO RAMALHO, *Da autonomia..., cit.*, pp. 571-572, corpo do texto e nt. 332 e JÚLIO GOMES, «O código...», cit., p. 117.

[19] Ao permitirem a imposição de condições mais gravosas aos concorrentes – cfr. NUNES DE CARVALHO, «Regulamentação...», cit., p. 461 e JÚLIO GOMES «O código...», cit., p. 104 e «Algumas reflexões sobre as alterações introduzidas no código do trabalho pela Lei 23/2012», *Revista da ordem dos advogados*, 2012, ano 72, II/III, p. 604.

possível que as convenções outorgadas não atendam devidamente ao panorama e aos interesses de estruturas empresariais mais pequenas[20]. As quais, não obstante, serão depois abrangidas por estes instrumentos, por força das portarias de extensão, sendo que daí pode resultar a aplicação de um regime jurídico pouco compatível com a sua realidade empresarial.

3. REGIME LEGAL DAS PORTARIAS DE EXTENSÃO

As portarias de extensão encontram-se reguladas nos arts. 514.º a 516.º do Código do trabalho. Nos termos do art. 514.º/1, as portarias permitem o alargamento do âmbito subjetivo de uma convenção coletiva a empregadores e trabalhadores que, originalmente, não se encontravam abrangidos por este instrumento. Sendo que, para que uma convenção possa ser estendida, deverá estar em vigor e deverão, ainda, verificar-se circunstâncias económicas e sociais justificativas.

Uma breve leitura das normas do Código do trabalho permite constatar que o regime legal das portarias de extensão é muito singelo, daqui decorrendo um poder discricionário para a Administração Pública. De facto, além dos elementos agora mencionados, a lei apenas determina a competência para a emissão destes instrumentos[21] e estabelece a sua subsidiariedade em face de IRCT negociais[22].

Não se dispõem quaisquer critérios para a escolha concreta das convenções passíveis de extensão, não se esclarece quem são os possíveis destinatários (deixando em aberto a questão da abrangência de trabalhadores filiados em organizações concorrentes) e nada se diz quanto à autoria do impulso inicial do procedimento de extensão. Em suma, daqui resulta que, do mesmo modo que os sindicatos, independentemente da sua representatividade, podem outorgar uma convenção coletiva, também o Governo pode, com toda a liberdade, escolher as convenções a estender.

Todavia, em 2011, abriu-se a porta à mudança deste cenário, por força da celebração do Memorando de entendimento[23], outorgado entre o Estado

---

[20] E que, como já tivemos oportunidade de constatar, tendencialmente se filiam menos.

[21] A competência para a emissão de portaria de extensão pertence ao ministro responsável pela área laboral a emissão de portaria de extensão, salvo havendo oposição a esta por motivos de ordem económica, caso em que a competência é conjunta com a do ministro responsável pelo setor de atividade – *vd.* art. 516.º/1 do Código do trabalho.

[22] Cfr. art. 515.º do Código do trabalho.

[23] O *Memorando sobre as Condicionalidades de Política Económica*, celebrado em 17/05/2011, disponível para consulta em https://acervo.publico.pt/economia/memorando-da-troika-anotado (link acedido em 30/06/2019).

português e o Fundo monetário internacional, o Banco central europeu e a Comissão europeia, como condição para que o nosso país pudesse beneficiar de assistência financeira externa. Com efeito, este documento exigiu, no ponto 4.7.ii, que o Governo definisse "*critérios claros a serem seguidos para a extensão das convenções colectivas* e que se comprometesse com o seu cumprimento. *A representatividade das partes e as implicações da extensão das convenções para a posição competitiva das empresas não filiadas, terá de ser um dos critérios*" (sublinhado nosso).

Claramente, o objetivo desta exigência era o de granjear a diminuição do número de portarias de extensão, dificultando o acesso a esta figura, e, com isto, o de provocar uma "desvalorização interna", através do decréscimo (ou, pelo menos, mediante o maior controlo) do valor do trabalho. Isto porque, após a adesão à moeda única, o nosso país deixou de poder recorrer ao mecanismo da desvalorização da moeda para amenizar situações de crise. No entanto, a redução do número de portarias, ao quebrar a cobertura quase generalizada das convenções de âmbito nacional, poderia incentivar a celebração destes instrumentos ao nível das empresas. E estas, adquirindo maior controlo sobre as condições por si praticadas, poderiam aumentar o seu potencial competitivo[24].

O Governo deu seguimento a esta injunção através das Resoluções do Conselho de Ministros n.os 90/2012 e 43/2014.

O primeiro destes diplomas consagrou um conjunto de critérios mínimos, necessários e cumulativos para a emissão de portarias de extensão, por forma a conferir maior certeza e previsibilidade a este procedimento.

Desde logo, instituiu-se um princípio do pedido, fazendo depender a emissão das portarias de um requerimento conjunto, apresentado por, pelo menos, uma associação sindical e uma associação de empregadores, subscritoras da convenção a estender[25].

Adicionalmente, a parte empregadora, signatária da convenção visada, deveria ter ao seu serviço, pelo menos, 50% dos trabalhadores do setor de atividade em questão, no âmbito geográfico, profissional e pessoal preten-

---

[24] Salientando que, no período da crise, a "desvalorização interna", por intermédio da redução de salários e de condições de vida e trabalho, foi vista como uma forma de recuperar a competitividade das empresas europeias – *vd.* S. Deakin, «Social policy, economic governance and EMU: alternatives to austerity», in *The economic and financial crisis and collective labour law in Europe*, eds.: Niklas Bruun/Klaus Lörcher/Isabelle Schömann, Oxford and Portland, Hart Publishing, 2014, pp. 92-93.

[25] Cfr. ponto 1/a) da Resolução do Conselho de Ministros n.º 90/2012.

dido para a extensão[26]. Isto só não seria exigido quando o pedido apenas visasse o alargamento da convenção aos trabalhadores dos empregadores signatários (ou membros da associação de empregadores outorgante) e que não se encontrassem originalmente abrangidos por aquela[27]. Ou ainda quando pedido excluísse as micro, pequenas e médias empresas[28].

Conforme veremos adiante, estas alterações tiveram um impacto muito visível, provocando a descida acentuada do número de portarias emitidas. E os parceiros sociais não tardaram a fazer soar o seu descontentamento, requerendo o afrouxamento dos requisitos em causa[29].

O Governo procurou responder a esta pretensão através da Resolução do Conselho de Ministros n.º 43/2014, convertendo a exigência relativa ao número mínimo de trabalhadores ao serviço do empregador numa condição alternativa. Doravante, em lugar de ter ao seu serviço, pelo menos, 50% dos trabalhadores do setor de atividade em causa, as associações de empregadores subscritoras do pedido poderiam invocar ser compostas, em pelo menos 30%, por micro, pequenas e médias empresas[30].

Ora, estes elementos permitem-nos concluir que o objetivo primordial do Memorando de entendimento e das Resoluções supramencionadas não passou tanto pela correção dos problemas a que nos referimos *supra*, mas antes pela proteção das empresas, particularmente das estruturas empresariais de dimensão mais reduzida.

Em todo o caso, cumpre reconhecer que as benesses associadas às portarias de extensão são largamente ofuscadas pela sua parca regulação, desde logo no que respeita à escolha das convenções a estender. Sob esse prisma, o intuito das Resoluções do Conselho de Ministros, de conferir maior clareza e segurança a esse momento, foi meritório. Porém, os termos em que foram redigidas e a forma jurídica que revestiram foram insatisfatórios.

Desde logo, os requisitos estabelecidos nestes diplomas não foram inteiramente ao encontro do exigido pelo Memorando de entendimento. De facto, este último pretendia que se aferisse a representatividade das

---

26 *Vd.* ponto 1/c) da Resolução do Conselho de Ministros n.º 90/2012 (na versão originária).

27 Cfr. ponto 1/b) v) da Resolução do Conselho de Ministros n.º 90/2012.

28 *Vd.* ponto 1/d) da Resolução do Conselho de Ministros n.º 90/2012.

29 A este propósito, cfr. https://www.jornaldenegocios.pt/economia/emprego/lei-laboral/detalhe/ugt_alteracoes_ao_codigo_do_trabalho_vao_ajudar_a_dinamizar_contratacao_colectiva e https://www.jornaldenegocios.pt/economia/detalhe/governo_aprova_criterios_que_aumentam_portarias_de_extensao (links consultados em 15/1/2019).

30 *Vd.* ponto 1/c) ii) da Resolução do Conselho de Ministros n.º 90/2012 (na versão revista).

partes outorgantes e ainda que se atendesse às implicações da extensão para a posição competitiva das empresas não filiadas.

Porém, como vimos, as Resoluções apenas se focaram na representatividade da parte empregadora, esquecendo os sindicatos, e não fizeram qualquer tipo de exigência quanto à ponderação das consequências da extensão para a posição competitiva das empresas.

Somos também da opinião de que as Resoluções do Conselho de Ministros n.os 90/2012 e 43/2014 padeceram de inconstitucionalidades, de cariz orgânico e formal, por incidirem sobre matéria incluída na reserva relativa da competência legislativa da Assembleia da República, nos termos do art. 165.º/1/b) da Constituição da República Portuguesa.

Efetivamente, embora a reserva legislativa não implique que todos os aspetos do regime legal sejam objeto de lei, as opções políticas primárias a adotar nos domínios nela contidas têm de o ser[31]. E sucede que, independentemente das críticas que tal nos mereça, o legislador havia concedido um poder discricionário ao Governo na emissão de portarias de emissão[32]. Sendo que esta opção foi contrariada quando se decidiu introduzir um conjunto de requisitos a observar neste procedimento através das Resoluções do Conselho de Ministros, que são "meros" regulamentos administrativos.

Ademais, esta alteração, nos moldes em que foi feita, além de colocar em crise a reserva de lei presente nesta matéria, também viola o art. 112.º/5 da Constituição da República Portuguesa, por força do qual uma lei apenas pode ser afetada na sua existência, eficácia ou alcance por efeito de outra[33].

[31] Cfr. Ana Raquel Moniz, «A titularidade do poder regulamentar no direito administrativo português», *Boletim da Faculdade de Direito (da Universidade de Coimbra)*, 2004, vol. LXXX, p. 503. No mesmo sentido, *vd.* João Caupers, *Introdução ao Direito Administrativo*, 10.ª ed., Lisboa, Âncora, 2009, p. 67; Gomes Canotilho/Vital Moreira, *Constituição da República Portuguesa anotada*, vol. II, 4.ª ed. revista, Coimbra, Coimbra Editora, 2010, p. 54 e Freitas do Amaral, *Curso de Direito Administrativo*, II, 2.ª ed., Coimbra, Almedina, 2011, p. 208.

[32] Neste sentido, cfr. Nunes de Carvalho, «Regulamentação...», cit., p. 442; Júlio Gomes, «O código...», cit., p. 95 e Gonçalves da Silva, *Da eficácia..., cit.*, p. 567.

[33] Consagrando assim o princípio da preeminência da lei – *vd.* Gomes Canotilho, *Direito constitucional e teoria da constituição*, 7.ª ed., Coimbra, Almedina, 2003, p. 835. A figura dos regulamentos modificativos da disciplina legal é, por conseguinte, inconstitucional, quer em domínios que não se insiram na reserva de lei, quer, por maioria de razão, naqueles em que tal se verifique – cfr. Gomes Canotilho/Vital Moreira, *Constituição da República..., cit.*, p. 69. Para uma análise mais detalhada desta questão, permitimo-nos remeter para o nosso "Portarias de extensão – as novas regras e a sua repercussão nas relações jurídico-laborais", *Questões laborais*, 2015, n.º 46, pp. 27-45.

4. CONSEQUÊNCIAS PRÁTICAS DAS RESOLUÇÕES DO CONSELHO DE MINISTROS N.ºs 90/2012 E 43/2014

As consequências práticas destes instrumentos foram igualmente problemáticas, tendo conduzido à descida drástica do número de novas portarias de extensão.

Assim, enquanto em 2009 e 2010 tinham sido emanadas, respetivamente, 103 e 113 extensões; em 2012 e 2013 apenas foram produzidas doze e nove. Já em 2014 apenas se emitiram treze portarias[34].

Daqui resultou que a abrangência subjetiva das convenções outorgadas durante este período foi muito inferior ao habitual. E, simultaneamente, assistiu-se à descida do número de novas convenções, o que parece indicar a menor disponibilidade dos parceiros sociais para participar na negociação coletiva quando não estão certos de que os compromissos assumidos serão ulteriormente alargados aos demais agentes do mercado laboral[35].

Acresce que, além da redução do número global de convenções, registou-se ainda uma inversão na tipologia dominante de convenção coletiva. Com efeito, em 2014, das 152 convenções negociadas, 80 foram acordos de empresa e 49 foram contratos coletivos[36]. Quando em 2010, dos 230 instrumentos celebrados, 141 foram contratos coletivos de trabalho e 64 foram acordos de empresa[37].

5. O REGIME ATUAL DAS PORTARIAS DE EXTENSÃO

O atual Governo procedeu a uma alteração recente nesta matéria, revogando as Resoluções do Conselho de Ministros anteriores e substituindo-as pela Resolução do Conselho de Ministros n.º 82/2017, de 18 de maio (cuja entrada em vigor ocorreu no dia seguinte).

Este último diploma é regido pela filosofia de que, mais do que impor critérios condicionadores para a emissão de uma portaria, o que releva é que o decisor político tenha acesso a dados que lhe permitam proceder a uma «ponderação de circunstâncias sociais e económicas que a justifiquem,

---

[34] Já em 2015 e 2016, assistiu-se à emissão de, respetivamente, 36 e 35 portarias. Dados disponíveis no sítio electrónico do Boletim do trabalho e do emprego.

[35] Assim, entre 2005 e 2010, o número de convenções publicadas por ano excedia as duas centenas (252 em 2005 e 230 em 2010). Contudo, em 2011 foram publicadas 170, em 2012 não passaram das 85 e em 2012 foram somente 94. Dados disponibilizados pelo *Livro verde das relações laborais*, 2016, p. 320 (disponível em http://cite.gov.pt/pt/destaques/complementosDestqs2/LIVRO_VERDE_2016.pdf, link consultado em 30/06/2019).

[36] *Vd. Livro verde, cit.*, p. 320.

[37] Cfr. *Livro verde, cit.*, p. 320.

nomeadamente a identidade ou semelhança económica e social das situações no âmbito da extensão e no do instrumento a que se refere», na qual deverá fundamentar a sua decisão.

Deste modo, eliminaram-se os critérios anteriormente estabelecidos e determinou-se que, doravante, a decisão sobre a emanação de uma portaria deverá ser precedida da ponderação de um conjunto de indicadores. Tais elementos consistem, nos termos da Resolução supramencionada, no impacto sobre a massa salarial dos trabalhadores abrangidos e a abranger, para se poder aferir o possível impacto económico da extensão; no aumento salarial dos trabalhadores a abranger; no impacto no leque salarial e na redução das desigualdades no âmbito do instrumento de regulamentação coletiva a estender; na percentagem de trabalhadores a abranger (no total e por género); e, por fim, na proporção de mulheres a abranger.

Atendendo ao teor deste diploma e bem como às considerações que acima expendemos, esta Resolução, contrariamente às que a precederam, não nos parece merecer um juízo de censura constitucional. Isto porque não resulta daqui um modelo de produção de portarias de extensão diverso do consagrado no Código do trabalho. Antes, propicia-se o retorno ao figurino inicial, devolvendo-se à Administração Pública a ampla margem de apreciação de que esta anteriormente gozava. E o facto de terem sido emitidas 86 portarias de extensão em 2017 e outras 75 em 2018 é demonstrativo disto mesmo[38]. Embora, cumpre reconhecer, ainda não se tenham recuperado os números pré-crise[39].

6. TRABALHADORES ABRANGIDOS PELAS PORTARIAS DE EXTENSÃO

Tal como já tivemos o ensejo de referir, a superficialidade do regime legal das portarias de extensão deixa vários aspetos em aberto. Um deles reside na determinação dos trabalhadores abrangidos por estes instrumentos, isto é, questiona-se se os trabalhadores filiados em sindicatos concorrentes devem ser incluídos no seu âmbito de aplicação.

Grande parte da doutrina considera que as portarias apenas podem abarcar os trabalhadores que não se encontrem filiados em qualquer sindicato[40].

---

[38] Números disponibilizados no sítio electrónico do Boletim do trabalho e do emprego.

[39] Sendo que, de acordo com a *Atualização do livro verde das relações laborais 2016* (*cit.*, p. 11), se denota a manutenção de uma tendência descentralizada da contratação coletiva. De facto, o número de acordos de empresa tornou a suplantar o de contratos coletivos, na medida em que foram outorgados, respetivamente 96 e 91.

[40] *Vd.*, entre outros, Barros Moura, ob. cit., p. 219, nt. 6; Bernardo Xavier, «Convenções colectivas, usos e o sistema das fontes de direito do trabalho (art.º 1.º e 4.º do CT)», in *VII Congresso nacional de direito*

Destarte, um trabalhador filiado numa associação sindical, mas ao qual não seja aplicável qualquer regime convencional, não poderá ser incluído no âmbito subjetivo daquela figura.

Em defesa desta tese invoca-se sobretudo a salvaguarda da contratação coletiva e da liberdade sindical (em sentido positivo) e que, de outro modo, se veriam preteridas. De facto, solução diversa poria em causa a liberdade de escolha do trabalhador e o direito de contratação coletiva do sindicato concorrente, que pode ver frustrada a sua vontade em celebrar uma convenção coletiva própria com o empregador/associação de empregadores. Além de que se tal sindicato for mais representativo, abre-se margem para conluios entre os empregadores e sindicatos artificiais, contrários à autonomia coletiva[41].

Diversamente, GONÇALVES DA SILVA[42] defende que a extensão pode abranger quer trabalhadores, quer empregadores filiados noutras estruturas, quando não disponham de regulamentação coletiva própria. Sendo que, em seu entender, esta solução é confortada quer por regras internacionais, quer pelo ordenamento nacional.

Efetivamente, as normas da Organização Internacional do Trabalho[43] não objetam à emissão de instrumentos administrativos nesta sede, nem à inclusão de trabalhadores ou empregadores filiados noutras organizações. Aliás, o art. 4.º da Convenção n.º 87 da OIT, ao impor que os Estados adotem medidas que promovam e encorajem o maior desenvolvimento e utilização dos processos de negociação voluntária, fornece arrimo para o recurso às portarias de extensão[44]. E o parágrafo 5-1 da Recomendação n.º 91 da OIT vai no mesmo sentido, ao aconselhar os Estados a tomarem medidas, quando tal seja apropriado, que permitam aplicar todas ou algumas das disposições

---

do trabalho. Memórias, coord.: ANTÓNIO MOREIRA, Coimbra, Almedina, 2004, p. 239 e JÚLIO GOMES, «O código...», cit., p. 105.

[41] Quanto a este último aspeto, cfr. BARROS MOURA, ob. cit., pp. 219-220, nt. 6. O A. denuncia ainda casos em que ocorreram extensões problemáticas, tendo-se abrangidos trabalhadores de sindicatos concorrentes (e mais representativos), com o propósito de reduzir as condições de que anteriormente gozavam. Exemplo disto foi a extensão do contrato coletivo de trabalho, outorgado entre a associação nacional das indústrias têxteis algodoeiras e fibras e outras e o sindicato democráticos dos têxteis (SINDITEX) e outros (BTE, 1.ª série, n.º 43, 21/11/1981).

[42] *Vd.* GONÇALVES DA SILVA, «Pressupostos, requisitos e eficácia da portaria de extensão», in *Estudos do Instituto de Direito do Trabalho*, vol. I, coord.: ROMANO MARTINEZ, Coimbra, Almedina, 2001, pp. 759-776 e «Artigo 3.º...», cit., p. 1106.

[43] Em particular, a Convenção n.º 87 da OIT, arts. 3.º e 4.º

[44] Similarmente, cfr. MÁRIO PINTO (*Direito do trabalho*, Lisboa, Universidade Católica Editora, 1996, p. 151, nt. 218), desde que, ressalva, as portarias estejam devidamente reguladas.

de uma convenção a todos os empregadores e trabalhadores incluídos no campo de aplicação profissional e territorial desse instrumento.

Depois, a nível interno, deve-se reconhecer que embora os diversos direitos fundamentais em causa (a autonomia coletiva, a liberdade sindical, o direito de contratação coletiva e a liberdade de iniciativa económica privada) devam ser respeitados, são passíveis de limitações. Assim, as portarias devem também abranger trabalhadores e empregadores filiados em associações que não sejam signatárias do instrumento visado, pois não existem diferenças materiais entre a sua situação e a dos não filiados. Em especial porque o papel da Administração Pública é o de substituir os particulares quando estes não agem ou quando não o fazem de modo eficaz[45]. E, em todo o caso, a portaria poderá ser afastada através da celebração de uma convenção coletiva[46].

Por seu turno, Rosário Palma Ramalho[47] também defende a inclusão dos trabalhadores filiados em sindicatos concorrentes, invocando diversos argumentos. Desde logo, considera que a letra do artigo 514.º/1 não permite qualquer destrinça em razão da filiação sindical ou patronal. Depois, a lei estabelece um mecanismo de reação, o direito de oposição dos interessados, que é o meio de proteção da autonomia coletiva. E, por fim, os entes laborais coletivos sempre poderão outorgar uma outra convenção, que prevalecerá sobre a portaria de extensão, nos termos gerais do art. 515.º

Sucede que, recentemente, no Acórdão de 20/06/2018[48], o Supremo Tribunal de Justiça tomou posição sobre esta questão, tendo aí propendido para a primeira posição doutrinal que acima expusemos. Isto porque, no entender do Tribunal, se assim não fosse, ficaria em causa a liberdade sindical do trabalhador, entendida como liberdade de filiação ou de não filiação no sindicato da sua escolha. Bem como o direito de contratação coletiva do sindicato concorrente, que pode ver frustrado o seu direito de celebrar uma

---

[45] *Vd.* Gonçalves da Silva, «Pressupostos...», cit., pp. 768 e 771-772. Depois, a oposição a esta solução também implicaria que se questionassem outros mecanismos, como os arts. 496.º/3 e 4 e 498.º E é importante permitir que a Administração aja também em relação aos filiados noutras associações quando se verifica a deterioração das condições das relações laborais, em especial quando a resolução destes problemas apenas é possível mediante a uniformização de todo o setor, o que não se alcança pela mera extensão aos não filiados – cfr. Gonçalves da Silva, «Pressupostos...», cit., p. 774.

[46] *Vd.* Gonçalves da Silva, «Artigo 514.º», in Romano Martinez *et al.*, *Código do trabalho anotado*, Coimbra, Almedina, 11.ª ed., 2017, p. 1106.

[47] Cfr. Rosário Palma Ramalho, *Tratado de direito do trabalho. Parte III – Situações laborais colectivas*, Coimbra, Almedina, 2015, pp. 389-390.

[48] Relator: Gonçalves Rocha e disponível em www.dgsi.pt.

convenção coletiva própria com o empregador ou com a associação empregadora.

Da nossa parte, admitimos que, à primeira vista, a situação laboral das duas categorias de trabalhadores é similar, pelo que deveriam, em princípio, usufruir das mesmas condições. Não apenas em homenagem à ideia de igualdade, mas também para evitar que concorram entre si.

Todavia, há um aspeto importante que os diferencia e que reside no facto de que enquanto uns optaram por aderir a uma associação sindical, outros ou não o quiseram, ou não o puderam fazer. E, em relação aos que se filiaram num sindicato, o expectável é que as suas condições laborais sejam determinadas pela estrutura à qual resolveram dar o seu voto de confiança. Sendo que esta escolha se arrisca a ser postergada (com prejuízo evidente para a sua liberdade sindical, numa vertente positiva) se lhes for aplicável uma convenção outorgada por outra associação sindical. Em especial, por desta convenção poderem resultar condições menos favoráveis do que as legalmente previstas[49].

Esta objeção poderia ser ultrapassada caso a convenção estendida tivesse sido outorgada por um sindicato representativo desta categoria de trabalhadores[50]. No entanto, não há forma de assegurar tal resultado, por não se exigirem critérios de representatividade sindical nem para a celebração, nem para a extensão de convenções coletivas. Desta feita, sem que seja dado este passo prévio fundamental, introduzindo-se este género de exigências no nosso ordenamento jurídico-laboral, não será possível admitir, sem a concomitante violação da liberdade sindical, a inclusão, por portarias de extensão, de trabalhadores filiados em sindicatos terceiros[51].

7. NOTA CONCLUSIVA

O funcionamento correto e a prossecução plena das finalidades associadas à contratação coletiva requerem a ampla aplicação das convenções coletivas. Contudo, no ordenamento jurídico pátrio, a consagração do princípio da filiação aliada a uma baixa densidade sindical obstam a este resultado.

---

[49] Com efeito, se é discutível que os sindicatos possam acordar em condições piores para os seus filiados, já é totalmente inadmissível que, sem que a sua representatividade esteja comprovada, as convenções por si celebradas afetem trabalhadores que não lhes aderiram (e que podem, até, ser membros de outros sindicatos).

[50] Neste sentido, *vd.* Barros Moura, ob. cit. pp. 219-220, nt. 6.

[51] E, na verdade, trata-se de uma exigência que também nos parece essencial para respeitar a liberdade sindical (em sentido negativo) dos trabalhadores que não se encontram filiados em qualquer sindicato e que são incluídos no âmbito subjetivo das portarias.

As portarias de extensão surgem, assim, como um importante instrumento para a promoção da contratação coletiva (não obstante os inconvenientes que, ainda assim, lhes estão associados). Relevância que, de resto, ficou perfeitamente demonstrada quando se reduziu o número de portarias, provocando, com isso, o bloqueio da negociação de novas convenções coletivas. Cremos, por conseguinte, que o retrocesso nas medidas adotadas durante o período da crise se mostrou acertado.

No entanto, tal não significa que o regime atual das portarias de extensão seja satisfatório. Pelo contrário, cremos que o Memorando de entendimento, quando exigiu que se aferisse a representatividade dos outorgantes das convenções a estender, tocou num dos problemas de fundo do nosso sistema de relações industriais: a ausência de critérios de representatividade sindical[52].

Sem a garantia de que as convenções a estender são celebradas por sindicatos representativos, as portarias podem tornar-se em instrumentos perigosos, sobretudo por força da erosão do princípio do tratamento mais favorável[53].

Por tudo isto, cremos que o legislador tem de intervir no regime legal desta figura, dotando-a de maiores cautelas, por forma a impedir que, paradoxalmente, as portarias violem a contratação coletiva que visam promover. Tal afigura-se essencial não apenas para que as portarias possam vincular trabalhadores filiados em sindicatos concorrentes, mas também para garantir a salvaguarda da liberdade sindical (em sentido negativo) dos trabalhadores que não são membros de qualquer associação.

---

[52] Sublinhando este aspeto, cfr. JÚLIO GOMES, «Algumas...», cit., p. 605, nt. 57.

[53] Sendo que se suscita problema similar a propósito dos empregadores.

SEGURANÇA E SAÚDE NO TRABALHO: BREVES NOTAS INTRODUTÓRIAS

David Carvalho Martins[*/**]
Advogado,
Assistente Convidado da Faculdade de Direito da Universidade de Lisboa

SUMÁRIO: *1. Objeto 2. Traços normativos 3. Fontes 4. A SST na relação jurídico-laboral multilateral 5. Meios de reação do trabalhador 6. Alguns casos jurisprudenciais 7. Notas finais*[***].

Palavras-chave: *Segurança e saúde no trabalho; direitos de personalidade; meios de reação.*

1. OBJETO

O tema da segurança e saúde no trabalho constitui um exemplo de aprofundamento da tutela dos direitos de personalidade, bem como a concretização de um *dever humanitário*[1]. A prestação da atividade de trabalho

---

[*] Advogado, assistente convidado da Faculdade de Direito da Universidade de Lisboa, co-coordenador da Secção Europeia de *Young Scholars* da Sociedade Internacional de Direito do Trabalho e da Segurança Social, mestre em Direito, doutorando na Faculdade de Direito da Universidade de Lisboa, associado fundador e presidente da AJJ – Associação de Jovens Juslaboralistas, membro da APODIT (Associação Portuguesa de Direito do Trabalho), da AEDTSS (*Asociación Española de Derecho del Trabajo y de la Seguridad Social*), da ILERA (*International Labour and Employment Relations Association*) e da rede CIELO Laboral.

[**] O presente texto teve na sua génese o honroso convite do Senhor Professor Doutor Pedro Romano Martinez para participar em edições anteriores do Curso de Pós-Graduação em Direito do Trabalho e Segurança Social, organizado pelo Instituto de Direito do Trabalho da Faculdade de Direito da Universidade de Lisboa. Por isso, poderá ser republicado, no todo ou em parte, na coletânea de textos desse Curso.

[***] Abreviaturas: Ac. (acórdão), ACT (Autoridade para as Condições do Trabalho), al.(s) (alínea(s)), art.(s) (artigo(s)), CC (Código Civil), cfr. (conforme), CDFUE (Carta dos Direitos Fundamentais da União Europeia), CIJE (Centro de Investigação Jurídico Económica), CPT (Código do Processo do Trabalho), CRP (Constituição da República Portuguesa), CT (Código do Trabalho), DL (Decreto-Lei), DUDH (Declaração Universal dos Direitos do Homem), FAT (Fundo de Acidentes de Trabalho), IRCT (instrumento de regulamentação coletiva de trabalho), MSST (Ministério da Segurança Social e do Trabalho), *ob. cit.* (obra citada), OEA (Organização dos Estados Americanos), OIT (Organização Internacional do Trabalho), p. (página), pp. (páginas), proc. (processo), QL (*Questões Laborais*), ss. (seguintes), SST (segurança e saúde no trabalho), STJ (Supremo Tribunal de Justiça), TEDH (Tribunal Europeu dos Direitos do Homem), TFUE (Tratado sobre o Funcionamento da União Europeia), TJ (Tribunal de

pressupõe a colocação do trabalhador ao serviço do empregador, mas não de forma total ou irrestrita; o trabalhador não perde a sua individualidade, nem pode ser tratado como mero objeto[2]. O empregador deve organizar a sua atividade, tendo presente a obrigação de prevenir, ativamente, a ocorrência de danos para a contraparte, a qual está numa posição de subordinação em relação aos interesses e à vontade do credor da prestação laboral[3]. Todavia, a obrigação de prevenir riscos e acidentes não é exclusiva do empregador, mas recai sobre todos os sujeitos laborais, ainda que sob diferentes graus de intensidade ou de extensão[4]. Nesse sentido, a lei deve definir claramente os direitos e deveres dos sujeitos laborais e, em particular, as áreas de risco que competem a cada um deles. Em particular, pela natureza da relação laboral[5], o empregador deve suportar uma parte substancial – senão a quase totalidade – dos riscos da atividade e, como tal, deve responder pelos danos sofridos pelo trabalhador na execução ou por força da relação de trabalho[6]. Por seu lado, o trabalhador suporta, pelo menos, o risco de insolvência do

---

Justiça da União Europeia), TRE (Tribunal da Relação de Évora), TRL (Tribunal da Relação de Lisboa), TRP (Tribunal da Relação do Porto), *v.g.* (*verbi gratia*).

[1] A expressão pertence a Pedro Romano Martinez, *Direito do Trabalho*, Almedina, 2017, p. 849. No sentido de autonomizar a proteção da segurança e saúde da proteção da personalidade do trabalhador, *vide* Luís Menezes Leitão, *Direito do trabalho*, 5.ª ed., Almedina, 2016, pp. 360-361.

[2] Como bem refere José João Abrantes, o trabalhador *empenha a sua própria personalidade na conduta laboral, uma vez que se vincula à aplicação das suas aptidões – físicas, psíquicas e propriamente técnicas – na realização de fins alheios* (José João Abrantes, "O novo Código do Trabalho e os direitos de personalidade do trabalhador", *A Reforma do Código do Trabalho*, Coimbra editora, 2004, p. 141). Cfr. fórmula da pessoa-objeto de Günter Dürig (Theodor Maunz / Günter Dürig, *Grundgesetz Sonderdruck: Kommentierung der Artikel 1 und 2 Grundgesetz*, C. H. Beck, 2004, p. 15. *Vide*, igualmente, João Leal Amado, *Contrato de Trabalho: noções básicas*, Almedina, 2016, p. 183.

[3] José João Abrantes refere que [é] *o próprio objecto do contrato, a disponibilidade da força de trabalho, com a integração do trabalhador numa organização produtiva alheia e a inerente subordinação jurídica, que torna inevitável todo um conjunto de importantes limitações à liberdade pessoal* do trabalhador (*Contrato de Trabalho e Direitos Fundamentais*, Coimbra editora, 2005, p. 45).

[4] A SST não varia tanto em função do volume de emprego, mas do tipo de atividade, de produtos utilizados, de condicionalismos tecnológicos do processo produtivo e de organização dos meios humanos da empresa, bem como do grau de formação preventiva dos trabalhadores (Catarina de Oliveira Carvalho, "Organização dos serviços da segurança e da saúde no trabalho em micro, pequenas e médias empresas", *Estudos de Homenagem ao Prof. Doutor Jorge Miranda*, Vol. VI, Coimbra editora, 2012, p. 932).

[5] Ou *relação de emprego* (Maria do Rosário Palma Ramalho, *Da Autonomia Dogmática do Direito do Trabalho*, Almedina, 2000, pp. 788-793, 971-972).

[6] Segundo Monteiro Fernandes, [a]o *criar, organizar e dirigir a empresa, o empregador cria riscos: não apenas o risco económico do negócio, mas também riscos para a segurança das pessoas que vão estar integradas no processo produtivo* (António Monteiro Fernandes, *Direito do Trabalho*, 18.ª ed., Almedina, 2017, p. 343).

empregador, o qual está mitigado, nomeadamente, pelos Fundos de Acidentes de Trabalho, de Garantia Salarial, de Compensação do Trabalho e de Garantia de Compensação do Trabalho.

Importa ter presente que, segundo dados da OIT, a cada 15 segundos (i) 153 trabalhadores sofrem acidentes de trabalho e (ii) um trabalhador morre na sequência de um acidente de trabalho ou doença profissional[7]. Os números impressionam. Ainda que tenhamos em conta que nem todos os países têm (i) um idêntico nível de desenvolvimento económico-financeiro e (ii) um sistema jurídico com soluções adaptadas ao seu tempo e dotado de instituições jurisdicionais e administrativas aptas a promover a efetividade da sua aplicação[8], não podemos deixar de assinalar que a proteção dos trabalhadores, numa perspetiva global, tem um longo caminho a percorrer[9].

Por outro lado, os *tempos modernos* comportam o domínio da atividade do trabalhador pelas máquinas, bem como os reflexos físicos e psíquicos de uma atividade laboral por vezes desregrada ou *excessivamente* flexível. Podemos identificar alguns desafios acrescidos, designadamente (i) a ameaça de substituição em larga escala – numa espécie de *crónica da morte anunciada* – de um conjunto assinalável de profissões, com particular intensidade a partir de um uso intensivo da inteligência artificial, e (ii) a *alteração radical do conceito de privacidade e da sensibilidade social a esta associada*[10]. Infelizmente, não surpreende, nem a pessoa menos atenta, que o aumento da competitividade interempresas e intraempresas, o incremento das expectativas de progressão profissional – em particular, aquelas que não se concretizam por fatores exógenos ao trabalhador – e a ausência de limites razoáveis, de facto, no tempo de trabalho ou a promoção de trabalho suplementar como

---

[7] Cfr. www.ilo.org/global/topics/safety-and-health-at-work/lang--en/index.htm (último acesso em 30.8.2017).

[8] O tema da segurança e saúde no trabalho tem uma relevância muito significativa na atividade da ACT (cfr. arts. 2.º, n.ºs 1 e 2, als. a), c) a m), do Decreto Regulamentar n.º 47/2012, de 31.7), bem como na sua organização, onde destacamos a existência de um Conselho Consultivo para a Promoção da Segurança e Saúde no Trabalho (arts. 3.º, n.º 2, e 5.º, do Decreto Regulamentar n.º 47/2012). É uma área de atuação fundamental, mas não pode gerar desequilíbrios na fiscalização e controlo da efetividade da restante legislação laboral.

[9] Nesse sentido, são importantes as campanhas de sensibilização e divulgação do tema, nomeadamente o Dia Mundial da Segurança e Saúde no Trabalho e o Dia Nacional de Prevenção e Segurança no Trabalho (Resolução da AR n.º 44/2001, de 26.6): dia 28 de abril, cfr. http://www.ilo.org/safework/events/safeday/lang--en/index.htm e www.dnpst.eu (último acesso no dia 10.9.2017).

[10] Cfr. Teresa Alexandra Coelho Moreira, "A privacidade dos trabalhadores e a utilização de redes sociais *online*: algumas questões", *Estudos de Direito do Trabalho*, Vol. II Almedina, 2016, p. 14.

uma prática habitual bem vista entre os pares[11] contribuem para situações de *stress* laboral[12], com as quais a sociedade não se pode conformar, mas, em particular, o empregador não pode ignorar por imperativos morais e por determinação legal; mais, deve desenvolver todos os esforços no sentido avaliar as condições de trabalho e de eliminar ou reduzir os fatores de risco profissionais no contexto da organização laboral[13].

Existem outras preocupações que devem ser atendidas pelos sistemas de SST. A relevância e abrangência deste tema justificam a atenção que as Nações Unidas lhe dedicam, nomeadamente, no âmbito dos dezassete objetivos para "transformar o Mundo" constantes da *Agenda 2030 para um Desenvolvimento Sustentável.* Um dos objetivos consiste, precisamente, na promoção do crescimento económico inclusivo e sustentável, do emprego pleno e produtivo e do trabalho digno para todos e, em especial, de um ambiente de trabalho seguro e protegido para todos os trabalhadores (objetivo n.º 8)[14]. A concretização deste objetivo exige o conhecimento da realidade e o tratamento sistematizado das informações. Por isso, em 2017, o Dia Mundial da Segurança e Saúde no Trabalho foi dedicado à *otimização da recolha e utilização de dados sobre segurança e saúde no trabalho*[15]. Trata-se, portanto,

---

[11] O receio de sair "a horas" existe, quando todos os demais colegas continuam na empresa e o empregador nada faz para "evitar" o trabalho suplementar. Por vezes, quem cumpre o horário de trabalho é visto como "alguém que não veste a camisola".

[12] Este tema foi abordado em 2016 pela OIT – cfr. http://www.ilo.org/safework/events/safeday/WCMS_535003/lang--en/index.htm (último acesso em 11.9.2017). Não devemos menosprezar a hipótese de a situação laboral poder conduzir a estados depressivos e, em última instância, ao suicídio. Perante as insuficiências da tutela preventiva, cumprirá discutir a abrangência e o enquadramento da tutela reparadora. No sentido de qualificar o suicídio ou a tentativa de suicídio como contingências profissionais, *vide* Ana Cristina Ribeiro Costa, "O Acto Suicida do Trabalhador – a Tutela ao abrigo dos Regimes das Contingências Profissionais", QL, n.º 40, 2012, pp. 245-251.

[13] Silva Rouxinol refere que *o sentido normativo* [do Direito da segurança e saúde no trabalho] é o de uma tutela antecipada do equilíbrio físico e psíquico do trabalhador, justamente através da eliminação ou minimização do risco de afectação do mesmo (Milena Silva Rouxinol, *A obrigação de segurança e saúde do empregador*, Coimbra editora, 2008, p. 82).

[14] Cfr. https://sustainabledevelopment.un.org/content/documents/21252030%20Agenda%20for%20Sustainable%20Development%20web.pdf (último acesso em 12.9.2017).

[15] Cfr. http://www.ilo.org/safework/events/safeday/lang--en/index.htm (último acesso em 12.9.2017).
A Agência Europeia para a Segurança e Saúde no Trabalho, criada pelo Regulamento CE n.º 2062/94 do Conselho de 18.7.1994, desempenha um papel importante, visto que lhe compete *fornecer às instâncias comunitárias, aos Estados-Membros, aos parceiros sociais e aos intervenientes neste domínio informações técnicas, científicas e económicas úteis no domínio da segurança e da saúde no trabalho* (art. 2.º do Regulamento CE n.º 2062/94) (https://osha.europa.eu/pt). Cfr. a ferramenta OiRA – Online Interactive Risk Assessment (https://oiraproject.eu/en).

de um tema incontornável dos nossos dias e inseparável da discussão sobre o futuro do Direito do trabalho[16].

2. TRAÇOS NORMATIVOS

A regulação da SST apresenta os seguintes traços normativos: (i) dispersão de fontes; (ii) sistematização assente num regime geral acompanhado por regulações específicas determinadas pelos tipos de atividades, de riscos, de locais, de instrumentos de trabalho e de grupos de trabalhadores mais vulneráveis[17]; (iii) definição de patamares mínimos de proteção; (iv) paulatina substituição das Diretivas por Regulamentos europeus, o que denota um progressivo apuramento e sedimentação das soluções jurídicas e técnicas.

Não pretendendo, por agora, tomar partido na discussão sobre a tripartição do Direito do trabalho para autonomizar – ou, pelo menos, dar uma relevância própria – ao denominado Direito de proteção do trabalho (*Arbeitsschutzrecht*) ou Direito das condições do trabalho[18], diríamos que esta área normativa pode justificar um aprofundamento dogmático integrado de três vertentes de proteção: (i) saúde (*Gesundheitsschutz*) e segurança, (ii) tempo de trabalho (*Arbeitszeitschutz*) e (iii) grupos específicos de trabalhadores mais vulneráveis (*besonderen Schutz für bestimmte Arbeitnehmergruppen*)[19].

3. FONTES

Cumpre fazer uma breve referência às fontes internacionais, supranacionais e internas.

---

[16] Como refere Regina Redinha, *a qualidade do emprego é uma questão de primeira linha no Direito do Trabalho* (Maria Regina Redinha, "Os direitos de personalidade no Código do Trabalho: Actualidade e Oportunidade da sua Inclusão", *A Reforma do Código do Trabalho*, Coimbra editora, 2004, p. 160.

[17] Manuel Roxo identifica *cinco grandes famílias de normas: (i) as normas que fixam deveres gerais, (ii) as normas de desempenho, (iii) as normas de processo sistemático, (iv) as tradicionais normas com especificações e (v) as normas que definem requisitos de documentação* (Manuel S. Roxo, *Direito da Segurança e Saúde no Trabalho: da prescrição do seguro à definição do desempenho*, Almedina, 2011, p. 62).

[18] Cfr., por exemplo, Luís Menezes Leitão, *Direito do trabalho*, 5.ª ed., Almedina, 2016, pp. 13-15, Maria do Rosário Palma Ramalho, *Tratado de Direito do Trabalho*, Parte I, 4.ª ed., Almedina, 2015, pp. 33-43, e Júlio Gomes, Direito do Trabalho, Vol. I, Coimbra editora, 2007, pp. 7-10.

[19] Cfr. *vide* Sudabeh Kamanabrou, *Arbeitsrecht*, Mohr Siebeck, 2017, pp. 969-987. Cfr., ainda, Ulrich Preis, *Arbeitsrecht, Individualarbeitsrecht Lehrbuch für Studium und Praxis*, 4.ª ed., Dr. Otto Schmidt, 2012, p. 2, Michael Wollenschläger, *Arbeitsrecht*, 3.ª ed., Carl Heymanns, 2010, pp. 420-423. Com um alerta sobre os riscos de sobreposição com o Direito individual do trabalho, *vide* Abbo Junker, *Grundkurs Arbeitsrecht*, 14.ª ed., C. H. Beck, 2015, p. 2. Entre nós, sobre o desenvolvimento de um Direito da Segurança e Saúde no Trabalho, *vide* Milena Silva Rouxinol, *A obrigação de segurança e saúde do empregador*, Coimbra editora, 2008, pp. 45-85).

A DUDH reconhece o direito à vida, à liberdade e à segurança pessoal (art. 3.º), ao trabalho, a condições equitativas e satisfatórias de trabalho (art. 23.º, n.º 1) e a um nível de vida suficiente para lhe assegurar e à sua família a saúde e o bem-estar (art. 25.º, n.º 1); as pessoas não podem ser sujeitas a tratamento cruel, desumano ou degradante (art. 5.º).

Por outro lado, devemos ter presente, pelo menos, trinta e seis convenções da OIT, ratificadas por Portugal, com relevância para o tema em apreço, a saber:

a) Convenção n.º 1 (1919): duração do trabalho (indústria);
b) Convenção n.º 4 (1919): trabalho noturno (mulheres);
c) Convenção n.º 6 (1919): trabalho noturno de menores (indústria);
d) Convenção n.º 7 (1920): idade mínima de admissão (trabalho marítimo);
e) Convenção n.º 12 (1921): reparação de acidentes de trabalho (agricultura);
f) Convenção n.º 17 (1925): reparação dos desastres no trabalho;
g) Convenção n.º 18 (1925): reparação de doenças profissionais;
h) Convenção n.º 19 (1925): igualdade de tratamento entre trabalhadores estrangeiros e nacionais em matéria de reparação de acidentes de trabalho;
i) Convenção n.º 45 (1935): emprego de mulheres em trabalhos subterrâneos;[20]
j) Convenção n.º 69 (1946): aptidão dos cozinheiros de bordo;
k) Convenção n.º 73 (1946): exame médico dos trabalhadores marítimos;
l) Convenção n.º 74 (1946): aptidão de marinheiro qualificado;
m) Convenção n.º 75 (1946): alojamento das tripulações
n) Convenção n.º 77 (1946): exame médico dos adolescentes (indústria);
o) Convenção n.º 78 (1946): exame médico dos adolescentes (trabalhos não industriais);
p) Convenção n.º 81 (1947): inspeção do trabalho;
q) Convenção n.º 89 (1948): trabalho noturno (mulheres) (revista);
r) Convenção n.º 92 (1949): alojamento das tripulações (revista);
s) Convenção n.º 103 (1952): proteção à maternidade (revista);

[20] Cfr. Decreto do Presidente da República n.º 48/2019 e Resolução da Assembleia da República n.º 140/2019, ambas de 19.8.

t) Convenção n.º 115 (1960): proteção contra as radiações[21];
u) Convenção n.º 120 (1964): higiene (comércio e escritórios)[22];
v) Convenção n.º 124 (1965): exame médico dos adolescentes (trabalhos subterrâneos);
w) Convenção n.º 127 (1967): peso máximo[23];
x) Convenção n.º 129 (1969): inspeção do trabalho (agricultura);
y) Convenção n.º 138 (1973): idade mínima;
z) Convenção n.º 139 (1974): prevenção e controlo dos riscos profissionais causados por substâncias e agentes cancerígenos[24];
aa) Convenção n.º 147 (1976): marinha mercante (normas mínimas)
bb) Convenção n.º 148 (1977): ambiente de trabalho (poluição do ar, ruído e vibrações)[25];
cc) Convenção n.º 155 (1981): segurança e saúde dos trabalhadores[26];
dd) Convenção n.º 162 (1986): segurança na utilização do amianto[27];
ee) Convenção n.º 171 (1990): trabalho noturno;
ff) Convenção n.º 176 (1995): segurança e saúde nas minas[28];
gg) Convenção n.º 182 (1999): interdição das piores formas de trabalho das crianças;
hh) Convenção n.º 183 (2000): proteção da maternidade;
ii) Convenção n.º 184 (2001): segurança e saúde na agricultura[29];
jj) Convenção n.º 187 (2006): quadro promocional para a SST[30].

Por seu lado, a Carta Social Europeia (Revista) concretiza o direito a condições de trabalho justas, através do dever do Estado de eliminar os riscos inerentes às ocupações perigosas ou insalubres e, quando esses riscos ainda não tenham podido ser eliminados ou suficientemente reduzidos, de assegurar aos trabalhadores empregados nessas ocupações quer uma redução

[21] Cfr. Recomendação n.º 114 (1960).
[22] Cfr. Recomendação n.º 120 (1960).
[23] Cfr. Recomendação n.º 128 (1967).
[24] Cfr. Recomendação n.º 147 (1974).
[25] Cfr. Recomendação n.º 156 (1977).
[26] Cfr. Recomendação n.º 164 (1981) e Protocolo de 2002 relativo à Convenção n.º 155.
[27] Cfr. Recomendação n.º 172 (1986).
[28] Cfr. Recomendação n.º 183 (1995).
[29] Cfr. Recomendação n.º 192 (2001).
[30] A OIT desenvolveu, também, um conjunto apreciável de códigos de conduta sobre SST (http://www.ilo.org/safework/info/standards-and-instruments/codes/lang--en/index.htm, último acesso em 28.8.2017)

da duração do trabalho quer férias suplementares pagas (art. 2.º, n.º 4)[31]. Por outro lado, o direito à segurança e saúde no trabalho impõe ao Estado, em consulta com as organizações de empregadores e de trabalhadores, os deveres de: (i) definir, executar e reexaminar periodicamente uma política nacional coerente em matéria de segurança e saúde dos trabalhadores e do meio de trabalho, a qual deve seguir o objetivo primordial de melhorar a segurança e higiene profissionais e prevenir acidentes e danos para a saúde que resultem do trabalho, estejam ligados ao trabalho ou ocorram no decurso do trabalho, nomeadamente reduzindo ao mínimo as causas dos riscos inerentes ao meio de trabalho; (ii) adotar regulamentos de segurança e higiene; (iii) adotar medidas de controlo da aplicação dessas regulamentos; e (iv) promover a instituição progressiva de serviços de saúde no trabalho para todos os trabalhadores, com funções essencialmente preventivas e de aconselhamento (art. 3.º). Prevê-se, ainda, a proteção das crianças e dos adolescentes (art. 7.º), da maternidade (art. 8.º), da saúde (art. 11.º), bem como a melhoria das condições de trabalho e do meio de trabalho (art. 22.º) e a defesa da dignidade no trabalho (art. 26.º).

O TFUE e a CDFUE devem ser, igualmente, convocados a propósito da interpretação-aplicação de normas de SST (arts. 6.º, als. a) e), 9.º, 91.º, n.º 1, al. c), 114.º, 115.º, 151.º, 153.º, n.º 1, als. a), b), e 352.º do TFUE e arts. 6.º, 31.º, 32.º, §2.º, 35.º da CDFUE). Existe, também, um vasto conjunto de diretivas e de regulamentos europeus destinado à regulação da SST, designadamente:

a) Regime geral: Diretiva n.º 89/391/CEE do Conselho de 12.6.1989;
b) Transporte rodoviário de mercadorias perigosas: Diretiva n.º 2008/68/CE do Parlamento Europeu e do Conselho, de 24.9.2008, e Diretiva n.º 95/50/CE do Conselho, de 6.10.1995;
c) Acidentes graves que envolvem substâncias perigosas: Diretiva n.º 2012/18/EU do Parlamento Europeu e do Conselho, de 4.7.2012;
d) Registo, avaliação, autorização e restrição de substâncias químicas (REACH) e criação da Agência Europeia das Substâncias Químicas: Regulamento (CE) n.º 1907/2006 do Parlamento Europeu e do Conselho, de 18.12.2006;
e) Classificação, rotulagem e embalagem de substâncias e misturas: Regulamento (CE) n.º 1272/2008 do Parlamento Europeu e do Conse-

[31] Prevê-se, igualmente, o dever de diligenciar que os trabalhadores que efetuem trabalho noturno beneficiem de medidas que tenham em conta a natureza especial desse trabalho (art. 2.º, n.º 7).

lho, de 16.12.2008, e Diretiva n.º 2014/27/UE do Parlamento Europeu e do Conselho de 26.2.2014;

f) Colocação de produtos fitofarmacêuticos no mercado: Regulamento (CE) n.º 1107/2009 do Parlamento Europeu e do Conselho, de 21.10.2009, Regulamento (CE) n.º 396/2005, do Parlamento Europeu e do Conselho, de 23.2.2005, Diretiva n.º 2000/29/CE do Conselho, de 8.5.2000, Regulamento (UE) n.º 2016/2031 do Parlamento Europeu e do Conselho, de 26.10.2016;

g) Exposição a agentes químicos, físicos e biológicos durante o trabalho: Diretiva n.º 98/24/CE do Conselho, de 7.4.1998, Diretiva n.º 91/322/CEE da Comissão, de 29.5.1991, Diretiva n.º 2000/54/CE do Parlamento Europeu e do Conselho, de 18.9.2000, Diretiva n.º 2002/44/CE do Parlamento Europeu e do Conselho de 25.6.2002, Diretiva n.º 2003/10/CE do Parlamento Europeu e do Conselho de 6.2.2003, Diretiva n.º 2006/25/CE do Parlamento Europeu e do Conselho, de 5.4.2006, e Diretiva n.º 2013/35/UE do Parlamento Europeu e do Conselho, de 26.6.2013;

h) Exposição a agentes cancerígenos ou mutagénicos durante o trabalho: Diretiva n.º 2004/37/CE do Parlamento Europeu e do Conselho, de 29.4.2004;

i) Exposição ao amianto durante o trabalho: Diretiva n.º 2009/148/CE do Parlamento Europeu e do Conselho, de 30.11.2009;

j) Exposição a atmosferas explosivas: Diretiva n.º 1999/92/CE do Parlamento Europeu e do Conselho, de 16.12.1999, Diretiva n.º 2014/34/EU do Parlamento Europeu e do Conselho, 26.2.2014[32];

k) Riscos elétricos: Diretiva n.º 2014/35/EU do Parlamento Europeu e do Conselho, de 26.2.2014.

l) Proteção de trabalhadoras grávidas, puérperas ou lactantes: Diretiva n.º 92/85/CEE do Conselho, de 19.10.1992;

m) Proteção dos jovens: Diretiva n.º 94/33/CE do Conselho de 22.6.1994;

n) Utilização de microrganismos geneticamente modificados: Diretiva n.º 2009/41/CE do Parlamento Europeu e do Conselho, de 6.5.2009;

---

[32] Cfr., ainda, os Regulamentos (CE) n.º 715/2007 do Parlamento Europeu e do Conselho, de 20.6.2007, e n.º 595/2009 do Parlamento Europeu e do Conselho, de 18.6.2009, relativos às emissões dos veículos ligeiros de passageiros, comerciais e pesados; a Diretiva n.º 2010/35/UE do Parlamento Europeu e do Conselho, de 16.6.2010, relativa a equipamentos sob pressão transportáveis; e a Diretiva n.º 2014/28/UE do Parlamento Europeu e do Conselho, de 26.2.2014, sobre a disponibilização no mercado e o controlo dos explosivos para utilização civil.

o) Assistência médica a bordo de navio: Diretiva n.º 92/29/CEE do Conselho, de 21.3.1992, Diretiva n.º 93/103/CE do Conselho, de 23.11.1993, Diretiva n.º 97/70/CE do Conselho, de 11.12.1997, Diretiva n.º 2009/15/CE do Parlamento Europeu e do Conselho, de 23.4.2009;
p) Exposição a radiações ionizantes: Diretiva n.º 2013/59/Euratom do Conselho de 5.12.2013;
q) Equipamentos de proteção individual: Diretiva n.º 89/686/CEE do Conselho, de 21.12.1989, e Diretiva n.º 89/656/CEE do Conselho, de 30.11.1989;
r) Utilização de equipamentos de trabalho: Diretiva n.º 2006/42/CE do Parlamento Europeu e do Conselho, de 17.5.2006 (máquinas), Diretiva n.º 2014/33/EU do Parlamento Europeu e do Conselho, de 26.2.2014 (ascensores), Diretiva n.º 2009/104/CE do Parlamento Europeu e do Conselho, de 16.9.2009 (equipamentos de trabalho);
s) Sinalização: Diretiva 92/58/CEE do Conselho de 24.6.1992;
t) Utilização de equipamentos dotados de visor: Diretiva n.º 90/270/CEE do Conselho, de 29.5.1990;
u) Movimentação de cargas, manual ou mecânica: Diretiva n.º 90/269/CEE do Conselho, de 29.5.1990 e Diretiva n.º 2000/9/CE do Parlamento Europeu e do Conselho, de 20.3.2000;
v) Locais de trabalho: Diretiva n.º 89/654/CEE do Conselho, de 30.11.1989;
w) Estaleiros temporários ou móveis: Diretiva n.º 92/57/CEE do Conselho, de 24.6.1992;
x) Indústrias extrativas a céu aberto ou subterrâneas: Diretiva n.º 92/104/CEE do Conselho, de 3.12.1992;
y) Indústrias extrativas por perfuração: Diretiva n.º 92/91/CEE do Conselho, de 3.11.1992.

No plano das fontes internas, a CRP prevê que [t]*odos os trabalhadores, sem distinção de idade, sexo, raça, cidadania, território de origem, religião, convicções políticas ou ideológicas, têm direito* (...) [à] *prestação do trabalho em condições de higiene, segurança e saúde* (art. 59.º, n.º 1, al. c), da CRP) e que [t]*odos têm direito à proteção da saúde e o dever de a defender e promover* (art. 64.º, n.º 1, da CRP). Este direito é realizado, designadamente, *pela melhoria sistemática das condições de vida e de trabalho* (art. 64.º, n.º 2, al. b), da CRP).

Por seu lado, o CT[33] (i) inclui a SST no conjunto de normas internacionalmente imperativas (art. 7.º, n.º 1); (ii) insere a SST no grupo de matérias aplicáveis às situações equiparadas a contrato de trabalho (art. 10.º); (iii) protege a reserva da vida privada, nomeadamente sobre o estado de saúde do trabalhador (art. 16.º, n.º 2)[34]; (iv) estabelece limitações aos pedidos de informação sobre a saúde ou estado de gravidez (art. 17.º, n.º 1, al. b), primeira parte)[35] e à realização de testes ou exames médicos (art. 19.º)[36]; (v) integra a SST como uma das possíveis práticas de discriminação (art. 25.º, n.ºs 5 e 6); (vi) prevê a dispensa da prestação de trabalho por parte de trabalhadora grávida, puérpera ou lactante (arts. 35.º, n.º 1, al. f), 62.º e 65.º, n.º 1, al. i)); (vii) estabelece os deveres do empregador de proporcionar boas condições de trabalho, do ponto de vista físico e moral, de prevenir riscos e doenças profissionais, de adotar as medidas que decorram da lei ou de IRCT[37], de fornecer ao trabalhador a informação e a formação adequadas à

[33] Aprovado pela Lei n.º 7/2009, de 12.2, com a Declaração de Retificação n.º 21/2009, de 18.3, e alterado pelas Leis n.º 105/2009, de 14.9, n.º 53/2011, de 14.10, n.º 23/2012, de 25.6 (cfr. Declaração de Retificação n.º 38/2012, de 23.7), n.º 47/2012, de 29.8, n.º 69/2013, de 30.8, n.º 27/2014, de 8.5, n.º 55/2014, de 25.8, n.º 28/2015, de 14.4, n.º 120/2015, de 1.9, n.º 8/2016, de 1.4, n.º 28/2016, de 23.8, e n.º 73/2017, de 16.8.

[34] Mas, em determinados casos, faz *irromper no espaço da empresa situações da vida familiar e afectiva, logo da esfera privada do trabalhador* vítima de violência doméstica (Joana Vasconcelos, "Protecção do trabalhador vítima de violência doméstica", *Direito do Trabalho + Crise = Crise do Direito do Trabalho*, Coimbra editora, 2011, p. 334). Cfr. Lei n.º 112/2009, de 16.9, alterada pelas Leis n.º 19/2013, de 21.2, n.º 82-B/2014, de 31.12, n.º 129/2015, de 3.9, n.º 42/2016, de 28.12, e n.º 24/2017, de 24.5, a qual estabelece o regime jurídico aplicável à prevenção da violência doméstica, à proteção e à assistência das suas vítimas.

[35] Sem prejuízo da necessária ponderação de valores, designadamente quando o conhecimento do estado de saúde é necessário para adaptar as condições de trabalho ou, em determinados casos, para impedir o início ou prosseguimento da relação de trabalho (arts. 343.º, als. a) e b), 374.º, n.º 1, do CT). Com efeito, permite-se a exigência de informações *quando particulares exigências inerentes à natureza da actividade profissional o justifiquem e seja fornecida por escrito a respectiva fundamentação* (art. 17.º, n.º 1, al. b), segunda parte, do CT).

Atendendo aos interesses em presença, a informação deve ser prestada a médico, abrangido pelo dever de sigilo profissional, o qual só pode comunicar ao empregador se o trabalhador está ou não apto a desempenhar a atividade (arts. 17.º, n.º 2, do CT, e 139 do Estatuto da Ordem dos Médicos, aprovado pelo DL n.º 282/77, de 5.7, com as alterações introduzidas pela Lei n.º 117/2015, de 31.8).

[36] O dever de vigilância da saúde do trabalhador visa proteger bens jurídicos pessoais fundamentais, mas pode bulir com outros, como a intimidade corporal (Teresa Alexandra Coelho Moreira, *Da Esfera Privada do Trabalhador e o Controlo do Empregador*, Coimbra editora, 2004, p. 357).

[37] Sobre esta matéria, cfr. TEDH 24.10.2014 caso Brincat and others v. Malta, procs. n.os 60908/11, 62110/11, 62129/11, 62312/11 e 62338/11, disponível em https://hudoc.echr.coe.int/eng#{"itemid":["001-145790"]} (último acesso em 25.9.2017). Sobre este caso, *vide*, por exemplo, Ana Cristina Ribeiro Costa, "O arrojo do Comité Europeu dos Direitos Sociais na tutela da segurança e saúde no trabalho",

prevenção de riscos de acidentes ou doença (art. 127.º, n.º 1, als. c), g), h), i), e 133.º, n.ºs 1 e 2), bem como de observar, na organização da atividade, o princípio geral da adaptação do trabalho à pessoa, com vista nomeadamente a atenuar o trabalho monótono ou cadenciado em função do tipo de atividade, e as exigências em matéria de segurança e saúde, designadamente no que se refere a pausas durante o tempo de trabalho (art. 127.º, n.º 2); (viii) prescreve os deveres do trabalhador de cumprir as ordens e instruções do empregador relativas à SST, desde que não sejam contrárias aos seus direitos ou garantias, de velar pela conservação e boa utilização dos bens relacionados com o trabalho que lhe forem confiados pelo empregador (*v.g.* equipamentos de proteção individual), de cooperar para a melhoria da SST e de cumprir as prescrições sobre SST que decorram da lei ou de IRCT (128.º, n.º 1, als. e), g), i) e j)[38]; (ix) regula, em particular, as situações do trabalhador menor (arts. 68.º, n.º 3, e 72.º), do teletrabalhador (art. 169.º, n.º 1), do trabalhador temporário (arts. 177.º, n.º 1, al. c), 185.º, n.º 2, 186.º e 189.º), do trabalhador por turnos (art. 222.º), do trabalhador noturno (art. 225.º) e do trabalhador cedido (arts. 291.º e 293.º); (x) prevê que a interrupção ou pausa no período de trabalho imposta por normas de SST está compreendida no tempo de trabalho (art. 197.º, n.º 2, al. e)); (xi) impõe o dever de o empregador ter em consideração prioritariamente as exigências de proteção da SST na elaboração do horário de trabalho (art. 212.º, n.º 2, al. a)); (xii)

Lex Social, 1, 2017, pp. 247, 255 e 262, disponível em https://www.upo.es/revistas/index.php/lex_social/article/viewFile/2587/2031 (último acesso em 31.10.2017).

[38] Para Silva Rouxinol, a obrigação de segurança e saúde tem natureza contratual, sendo uma obrigação de resultado (Milena Silva Rouxinol, *A obrigação de segurança e saúde do empregador*, Coimbra editora, 2008, pp. 136, 267-282). No sentido de ser uma obrigação de resultado limitada pelas possibilidades técnicas de eliminar ou reduzir o risco para a segurança ou saúde do trabalhador, mas não pode ficar sujeita a uma mera análise económica custo-benefício (Manuel S. Roxo, *Direito da Segurança e Saúde no Trabalho: da prescrição do seguro à definição do desempenho*, Almedina, 2011, pp. 107-111). Segundo Rosa Pimpão, o direito à segurança, (higiene) e saúde é um direito subjetivo, complexo, de natureza contratual (Céline Rosa Pimpão, *A tutela do trabalhador em matéria de segurança, (higiene) e saúde no trabalho*, Coimbra editora, 2011, pp. 86-92). Não obstante ter *alguma reserva*, a Autora optou por manter o termo higiene (*idem,* 29-38). De acordo com João Nuno Calvão da Silva, a violação do dever de proteção da segurança e saúde, de natureza duradoura ou de trato sucessivo, gera responsabilidade contratual, sem prejuízo de se admitir a possibilidade de o trabalhador *invocar indistintamente a modalidade de responsabilidade mais conveniente ao efeito que pretende atingir*, isto é, aceita-se a possibilidade de cúmulo de responsabilidades (João Nuno Calvão da Silva, "Segurança e Saúde no Trabalho – a responsabilidade civil do empregador por actos próprios em caso de acidente de trabalho", *Estudos em Homenagem ao Prof. Doutor Manuel Henrique Mesquita*, Vol. II, Coimbra editora, 2009, pp. 915 e 921). A obrigação de segurança e saúde no trabalho *impende sobre ambas as partes* (Pedro Romano Martinez / Luís Miguel Monteiro / Joana Vasconcelos / Pedro Madeira de Brito / Guilherme Dray / Luís Gonçalves da Silva, *Código do Trabalho Anotado*, 11.ª ed., Almedina, 2017, p. 363).

estabelece os princípios gerais em matéria de SST (arts. 281.º a 284.º); (xiii) consagra a falta culposa de observância de regras de SST como justa causa subjetiva de despedimento (art. 351.º, n.º 2, al. h))[39], bem como a existência de riscos para a segurança e saúde do trabalhador, de outros trabalhadores ou de terceiros como causa de despedimento por inadaptação (arts. 374.º, n.º 2, al. c), 375.º, n.º 1, al. c), n.º 2, al. a))[40]; (xiv) admite a resolução do contrato de trabalho com justa causa por falta culposa das condições de SST (art. 394.º, n.º 2, al. d))[41]; (xv) prevê a existência de representantes dos trabalhadores para a SST (art. 404.º, al. c)) e atribui competências à comissão de trabalhadores para, no âmbito do controlo de gestão, apresentar ao empregador sugestões, recomendações ou críticas com o objetivo da melhoria das condições de trabalho e da SST (art. 426.º, n.º 2, al. d)); (xvi) inclui a SST na legislação do trabalho (art. 469.º, n.º 2, al. c)); (xvii) insere a SST no conjunto de matérias prioritárias em sede de negociação coletiva (art. 488.º, n.º 1) e de temas necessariamente regulados por CCT (art. 492.º, n.º 2, al. c)); (xviii) agrava os valores máximos das coimas aplicáveis a contraordenações muito graves por violação de normas de SST (art. 556.º, n.º 1) e impõe o dever de atender, no momento de determinação da medida da coima, aos princípios gerais de prevenção, à permanência ou transitoriedade da infração, ao número de trabalhadores potencialmente afetados e às medidas e instruções adotadas pelo empregador para prevenir os riscos (art. 559.º, n.º 2); e (xix) indica o FAT como o destino de parte das coimas aplicadas por violação de normas de SST (art. 556.º, n.º 1, al. a)).

O regime da SST, aprovado pela Lei n.º 102/2009, de 10.9[42], contém, entre outros, os seguintes traços: (i) utilização de uma noção lata de trabalhador (arts. 3.º, n.º 1, als. b) e c), e n.º 3, e 4.º, al. a))[43]; (ii) desenvolvimento

---

[39] A justa causa pode ainda estribar-se nas als. b), c), d), i) e j) do n.º 2 do art. 351.º do CT.

[40] Numa concretização de *tu quoque*, determina-se que a situação de inadaptação não deve decorrer de falta de condições de SST imputável ao empregador (art. 374.º, n.º 4). Cfr. António Menezes Cordeiro, *Tratado de Direito Civil*, V, 2.ª ed., Almedina, pp. 359-371.

[41] A justa causa pode também resultar das als. b) e f) do n.º 2 do art. 394.º do CT.

[42] Alterada pelas Leis n.º 42/2012, de 28.8, e n.º 3/2014, de 28.1 (cfr. Declaração de Retificação n.º 20/2014, de 27.3), pelo DL n.º 88/2015, de 28.5, e pelas Leis n.º 146/2015, de 9.9, e n.º 28/2016, de 23.8.

[43] Cfr. também art. 4.º, n.º 1, da Lei n.º 7/2009, de 12.1. Pode colocar-se a questão de saber se a inclusão dos *trabalhadores independentes* ou dos *trabalhadores sem subordinação jurídica, mas com dependência económica* nos sistemas de SST constitui um indício de laboralidade. Parece-nos que esse indício pode perder relevância se o envolvimento do prestador de serviço resultar de norma legal, ainda que o beneficiário da atividade tenha optado por implementar um patamar de proteção superior ao previsto na lei. De outro modo, o risco de laboralidade pode constituir um forte desincentivo da melhoria das condições de trabalho.

do princípio da prevenção (arts. 5.°, n.° 3, 6.° e 13.°); (iii) aprofundamento das obrigações do empregador em matéria de SST, nomeadamente em matéria de informação, consulta e formação dos trabalhadores (arts. 15.°, 16.°, 18.° a 20.°); (iv) definição das obrigações do trabalhador (art. 17.°); (v) consagração de estrutura de representação coletiva dos trabalhadores especificamente vocacionada para a SST (arts. 21.° a 40.°) e de um representante do empregador (art. 77.°); (vi) previsão de riscos para o património genético com atribuição de deveres de vigilância ao empregador (arts. 41.° a 47.°); (vii) estabelecimento de atividades proibidas ou condicionadas, em termos gerais ou para determinados grupos de trabalhadores (arts. 48.° a 72.°); (viii) definição dos tipos de serviços de SST (arts. 73.° a 110.°), com a consagração de profissões regulamentadas ou especialidades profissionais próprias – técnico superior e técnico de segurança no trabalho, médico e enfermeiro do trabalho (arts. 100.°, 103.° e 104.°)[44].

Com particular interesse, devemos atender, ainda, (i) ao regime jurídico dos acidentes de trabalho, aprovado pela Lei n.° 98/2009, de 4.9; (ii) à regulação da profissão de técnico e de técnico superior de segurança no trabalho, aprovado pela Lei n.° 42/2012, de 28.8[45]; (iii) às prescrições mínimas de SST nos locais de trabalho, aprovadas pelo DL n.° 347/93, de 1.10[46]; (iv) à proteção da segurança e saúde dos trabalhadores contra riscos resultantes da exposição a agentes biológicos durante o trabalho, aprovada pelo DL n.° 84/97, de 16.4[47]; (v) às medidas para a utilização confinada de microrganismos geneticamente modificados e de organismos geneticamente modificados, aprovado pelo DL n.° 55/2015, de 17.4; (vi) à proteção contra os perigos resultantes das radiações ionizantes, aprovado pelo DL n.° 165/2002, de 17.7[48]; (vii) às prescrições mínimas de proteção da segurança e saúde

[44] A Portaria n.° 112/2014, de 23.5, previa a prestação de serviços de SST por médicos com especialidade em medicina geral e familiar (art. 4.°, n.° 2). Contudo, a Portaria n.° 121/2016, de 4.5, revogou integralmente esse regime, porque os serviços devem ser prestados por médicos com a especialidade em medicina do trabalho. Embora se possa compreender a razão subjacente à revogação, importaria estabelecer a regulamentação do art. 76.° do RJSST, porque os custos associados à SST podem ser consideráveis em organizações laborais economicamente frágeis, sob pena de, na prática, se excluir do âmbito de proteção dos sistemas de SST um conjunto significativo de trabalhadores.

[45] Cfr. Lei n.° 9/2009, de 4.3, relativa ao reconhecimento das qualificações profissionais, com a última alteração introduzida pela Lei n.° 26/2017, de 30.5, e o DL n.° 37/2015, de 10.3, sobre o regime de acesso e exercício de profissões e atividades profissionais.

[46] Alterado pela Lei n.° 113/99, de 3.8.

[47] Alterado pela Lei n.° 113/99, de 3.8.

[48] Alterado pelos DL n.° 215/2008, de 10.11, DL n.° 30/2012, de 9.2, e DL n.° 156/2013, de 5.11. Cfr., ainda, DL n.° 167/2002, de 18.7, alterado pelo DL n.° 215/2008, de 10.11, e pelo DL n.° 184/2015,

dos trabalhadores em caso de exposição aos riscos devidos a agentes físicos (vibrações), aprovado pelo DL n.º 46/2006, de 24.2; (viii) às prescrições mínimas de segurança e saúde em matéria de exposição dos trabalhadores aos riscos devidos aos agentes físicos (ruídos); (ix) à prevenção de feridas provocadas por dispositivos médicos corto-perfurantes que constituem equipamentos de trabalho nos sectores hospitalar e da prestação de cuidados de saúde, aprovado pelo DL n.º 121/2013, de 22.8; (x) às prescrições mínimas em matéria de proteção dos trabalhadores contra os riscos para a SST a que estão ou possam vir a estar sujeitos devido à exposição a campos eletromagnéticos durante o trabalho, aprovadas pela Lei n.º 64/2017, de 7.8[49]; (xi) às prescrições mínimas em matéria de proteção dos trabalhadores contra os riscos para a segurança e saúde devido à exposição a agentes químicos no trabalho, aprovadas pelo DL n.º 24/2012, de 6.2[50]; (xii) à proteção dos trabalhadores contra os riscos ligados à exposição a agentes cancerígenos ou mutagénicos durante o trabalho, aprovada pelo DL n.º 301/2000, de 18.11[51]; (xiii) à proteção sanitária dos trabalhadores contra os riscos de exposição ao amianto durante o trabalho, aprovada pelo DL n.º 266/2007, de 24.7[52]; (xiv) às prescrições mínimas destinadas a promover a melhoria da proteção da segurança e da saúde dos trabalhadores suscetíveis de serem expostos a riscos derivados de atmosferas explosivas, aprovadas pelo DL n.º 236/2003, de 30.9; (xv) às prescrições mínimas de segurança e de saúde para a utilização pelos trabalhadores de equipamentos de trabalho, aprovadas pelo DL

---

de 31.8, relativo ao licenciamento e funcionamento das entidades de prestação de serviços na área da proteção contra radiações ionizantes, e o DL n.º 180/2002, de 8.8, com a Declaração de Retificação n.º 30-A/2002, alterado pelo DL n.º 215/2008, de 10.11, pelo DL n.º 279/2009, de 6.10, e pelo DL n.º 72/2011, de 16.6, relativo à proteção da saúde das pessoas contra os riscos resultantes de radiações ionizantes em exposições radiológicas médicas.

[49] Cfr. Declaração de Retificação n.º 26/2017, de 27.9.

[50] Alterado pelo DL 88/2015 de 28.5. Cfr., também, o DL n.º 293/2009, de 13.10, relativo ao registo, avaliação, autorização e restrição dos produtos químicos (REACH), o DL n.º 98/2010, de 11.8, sobre a classificação, embalagem e rotulagem das substâncias perigosas para a saúde humana ou para o ambiente com vista à sua colocação no mercado, o DL n.º 220/2012, de 10.10, relativo à classificação, rotulagem e embalagem de substâncias e misturas.

[51] Alterado pelo DL 88/2015 de 28.5. Cfr., ainda, DL n.º 479/85, de 13.11, com a Declaração de Retificação de 31.1.1986, relativo às substâncias, agentes e processos industriais que comportam risco cancerígeno, efetivo ou potencial, para os trabalhadores profissionalmente expostos.

[52] Cfr., igualmente, a Lei n.º 2/2011, sobre a remoção de amianto em edifícios, instalações e equipamentos públicos, e o DL n.º 101/2005, de 23.6, relativo à limitação da colocação no mercado e da utilização de algumas substâncias e preparações perigosas.

n.º 50/2005, de 25.2[53]; (xvi) às prescrições mínimas de segurança e de saúde para a utilização pelos trabalhadores de equipamento de proteção individual no trabalho, aprovadas pelo DL n.º 348/93, de 1.10[54]; (xvii) às prescrições mínimas de segurança e saúde respeitantes ao trabalho com equipamentos dotados de visor, aprovadas pelo DL n.º 349/93, de 1.10[55]; (xviii) às prescrições mínimas de segurança e saúde na movimentação manual de cargas, aprovadas pelo DL n.º 330/93, de 25.9[56]; (xix) às prescrições mínimas para a sinalização da SST, aprovadas pelo DL n.º 141/95, de 14.6[57]; (xx) ao regime prevenção de acidentes graves que envolvam substâncias perigosas e de limitação das suas consequências para o homem e o ambiente, aprovado pelo DL n.º 120/2015, de 5.8[58]; (xxi) aos regimes aplicáveis à determinados sectores de atividade como a construção civil[59], o comércio e serviços[60], a indústria[61], as minas e pedreiras[62]; (xxii) às prescrições mínimas de SST a bordo dos navios de pesca, aprovadas pelo DL n.º 116/97, de 12.5[63]; (xxiii)

---

[53] Cfr., ainda, o DL n.º 221/2006, de 8.11, sobre as emissões sonoras para o ambiente dos equipamentos para utilização no exterior, o DL n.º 103/2008, de 24.6, sobre a colocação no mercado e entrada em serviço das máquinas e respetivos acessórios, alterado pelo DL n.º 75/2011, de 20.6, e o DL n.º 214/95, de 18.8, relativo às condições de utilização e comercialização de máquinas usadas, visando a proteção da saúde e segurança dos utilizadores e de terceiros.

[54] Alterado pela Lei n.º 113/99, de 3.8. Cfr., igualmente, o DL n.º 118/2019, de 21.8, relativo aos equipamentos de proteção individual.

[55] Alterado pela Lei n.º 113/99, de 3.8.

[56] Alterado pela Lei n.º 113/99, de 3.8.

[57] Alterado pela Lei n.º 113/99, de 3.8, e pelo DL n.º 88/2015, de 28.5.

[58] Alterado pelo DL n.º 42/2014, de 18.3, e pelo DL n.º 150/2015, de 5.8.

[59] Cfr. Decreto n.º 41821, de 11.8.1958, alterado pelo DL n.º 308/89, de 14.9, e pelo DL n.º 155/95, de 1.7, o qual estabelece o Regulamento de Segurança no Trabalho na Construção Civil. De acordo com a Resolução do CM n.º 104/2004, de 22.7, e com o Despacho Conjunto n.º 257/2006, de 25.3, foram desenvolvidos trabalhos para a sua substituição, embora, aparentemente, sem sucesso. Cfr., ainda, o Decreto n.º 46427, de 10.7.1965, alterado pelo DL n.º 308/89, de 14.9, e pelo DL n.º 155/95, o qual aprova o Regulamento das Instalações Provisórias Destinadas ao Pessoal Empregado nas Obras, e o DL n.º 273/2003, de 29.10, relativo às regras gerais de planeamento, organização e coordenação para promover a segurança, higiene e saúde no trabalho em estaleiros da construção, temporários ou móveis.

[60] Cfr. o DL n.º 220/2008, de 12.11, alterado pelo DL n.º 224/2015, de 9.10, relativo à segurança contra incêndios em edifícios.

[61] Cfr. Portaria n.º 53/71, 3.2, alterada pela Portaria n.º 702/80, de 22.9, que aprovou o Regulamento Geral de Segurança e Higiene do Trabalho nos Estabelecimentos Industriais.

[62] Cfr. o DL n.º 162/90, de 22.5, o qual aprovou o Regulamento Geral de Segurança e Higiene no Trabalho nas Minas e Pedreiras, e o DL n.º 324/95, de 29.11, alterado pelo DL n.º 113/99, de 3.8, relativo às prescrições mínimas de saúde e segurança a aplicar nas indústrias extrativas por perfuração a céu aberto ou subterrâneas.

[63] Alterado pelas Leis n.º 113/99, de 3.8, e n.º 3/2014, de 28.1.

à proibição de fumar nos locais de trabalho, aprovada pelo art. 4.º, n.º 1, al. b), da Lei n.º 37/2007, de 14.8[64].

Face ao exposto, parece inegável que a SST obedece a uma regulação extensiva, cuja análise é inabarcável no presente trabalho, mas justifica um estudo aprofundado – e, porventura, autonomizado – que inclua outras matérias conexas, nomeadamente o tempo de trabalho, os períodos de descanso (*v.g.* o direito à desconexão), os tempos de condução e a proteção de grupos de trabalhadores mais vulneráveis.

4. A SST NA RELAÇÃO JURÍDICO-LABORAL MULTILATERAL

A proteção da segurança e saúde no trabalho não cabe única e exclusivamente aos empregadores. Todos os sujeitos laborais devem contribuir para esse desiderato. Embora derive da tutela dos direitos de personalidade dos trabalhadores, o sistema não pode dispensar a consagração de deveres gerais e especiais a cargo do empregador, dos trabalhadores e das associações de empregadores e de trabalhadores, bem como uma atuação efetiva da inspeção do trabalho[65].

A proteção da vida, da saúde, da integridade física e psíquica dos trabalhadores tem assentado em dois tipos de tutela: preventiva e reparadora. O princípio da dignidade da pessoa humana (art. 1.º da CRP) determina a preferência pela primeira via. Com efeito, uma tutela *a jusante* não preserva a personalidade do trabalhador, embora possa colocá-lo, em abstrato, na situação em que existiria, se não tivesse ocorrido o acidente ou a exposição a fatores de risco. Por isso, é imperioso desenvolver e aprofundar uma tutela efetiva *a montante*[66] que seja orientada por quatro princípios fundamentais: (i) perigosidade mínima[67]; (ii) prevenção de riscos e acidentes[68]; (iii) pro-

---

[64] Alterada pelas Leis n.º 109/2015, de 26.8, e n.º 63/2017, de 3.8.

[65] Cfr. arts. 70.º, n.º 2, do CC.

[66] Existe uma *estreita relação* entre a segurança e saúde no trabalho e os acidentes de trabalho (PEDRO ROMANO MARTINEZ / LUÍS MIGUEL MONTEIRO / JOANA VASCONCELOS / PEDRO MADEIRA DE BRITO / GUILHERME DRAY / LUÍS GONÇALVES DA SILVA, *Código do Trabalho Anotado*, 11.ª ed., Almedina, 2017, p. 680).

[67] A prestação da atividade laboral deve comportar *a menor perigosidade possível, na impossibilidade de ser determinar uma perigosidade zero* (ANA CRISTINA RIBEIRO COSTA, "Alterações ao regime jurídico da segurança e saúde no trabalho – algumas notas", QL, n.º 43, 2013, pp. 350-351).

[68] Para RIBEIRO LOPES, o princípio fundamental sobre a prevenção dos acidentes de trabalho consta do art. 59.º, n.º 1, al. c), da CRP, e é concretizado por *cinco planos de intermediação*, a saber: (i) a proteção reflexa da segurança e saúde dos trabalhadores; (ii) a proteção normativa das situações de trabalho; (iii) a proteção através da organização da empresa e da direção do empregador; (iv) a proteção através do desempenho profissional do trabalhador; e (v) a ação preventiva da inspeção do trabalho (FERNANDO

moção da segurança e saúde[69]; e (iii) reparação de danos[70]. Considerando os valores em presença, não surpreende a existência de uma forte tutela contraordenacional, sem prejuízo de uma tutela penal específica (arts. 82.º e 83.º do CT, e arts. 152.º-B[71] e 277.º, n.º 1, do CP).

5. MEIOS DE REAÇÃO

A defesa do direito à segurança e saúde no trabalho abrange um conjunto assinalável de meios de reação do trabalhador[72], designadamente:

Ribeiro Lopes, "Regime Legal da Prevenção dos Acidentes de Trabalho", *Estudos do Instituto de Direito do Trabalho*, Vol. I, Almedina, 2001, pp. 581-583).

[69] Palma Ramalho refere que os objetivos de prevenção dos riscos profissionais e da promoção da saúde do trabalhador são prosseguidos, designadamente, através de deveres gerais de prevenção, de informação, de constituição de serviços de SST na empresa e de assegurar a formação dos trabalhadores em matéria de SST (Maria do Rosário Palma Ramalho, *Tratado de Direito do Trabalho*, Parte II, Almedina, 6.ª ed., 2016, pp. 501-502).

[70] A prevalência do princípio da prevenção é imposta pela dignidade da pessoa humana (art. 1.º da CRP), enquanto vetor estruturante do sistema de direitos fundamentais. Este princípio determina a eliminação ou redução da probabilidade de ocorrência de acidentes, bem como dos fatores de riscos conhecidos ou que venham a ser identificados pela comunidade científica. A sua aplicação pressupõe um esforço prévio de compatibilização com as diretrizes emergentes do princípio da proporcionalidade.

[71] É um crime de perigo concreto, específico, omissivo e de violação de dever (Ac. TRE 4.4.2013 (Maria Isabel Duarte) proc. n.º 58/08.4GCSTB-E1). Este crime é aplicável quando, na ocasião do facto, a vítima esteja no cumprimento de ordens, desenvolvendo uma atividade no interesse exclusivo daquele que está obrigado a observar a necessidade de implementar as regras de segurança necessárias para o desempenho da tarefa em execução (Ac. TRP 17.2.2016 (Raúl Esteves) proc. n.º 169/12.1GBVNG.P1). Este conceito de trabalhador ultrapassa *o conceito qualificativo de uma relação laboral típica* (Ac. TRP 22.2.2017 (Ernesto Nascimento) proc. n.º 649/13.1GBVFR.P1).

[72] Silva Rouxinol identifica (i) a recusa da prestação de trabalho em situação de perigo, podendo ser aplicável o regime da mora do credor; (ii) a responsabilidade contratual por inobservância do dever de segurança e saúde; (iii) a resolução do contrato de trabalho com invocação de justa causa; (iv) requerer uma providência cautelar; (v) intentar uma ação de cumprimento (Milena Silva Rouxinol, *A obrigação de segurança e saúde do empregador*, Coimbra editora, 2008, pp. 165-208). A Autora sustenta que a prevenção de riscos laborais é uma *condição de licitude da exigência* da prestação laboral. Com efeito, uma ordem para prosseguir a atividade em situação de perigo – embora não baste a mera verificação de uma situação de risco, qualquer que seja, sob pena de aniquilar o poder de direção – seria contrária ao direitos e garantias do trabalhador e, por isso, este pode recusar-se a iniciar ou continuar a atividade laboral (*idem*, pp. 165-173).

Por seu lado, Rosa Pimpão identifica os seguintes meios de tutela do trabalhador perante o empregador: (i) retenção da prestação laboral em caso de perigo grave, iminente e que não possa ser evitado; (ii) procedimento cautelar laboral; (iii) ação principal de condenação; (iv) ação executiva; e (v) a resolução do contrato de trabalho por iniciativa do trabalhador (Céline Rosa Pimpão, *A tutela do trabalhador em matéria de segurança, (higiene) e saúde no trabalho*, Coimbra editora, 2011, pp. 93-223).

Finalmente, Manuel Roxo refere (i) a apresentação de queixa perante a ACT, (ii) o pedido de informação sobre o modo mais eficaz de prevenir riscos ou acidentes, (iii) a resolução do contrato de trabalho por falta culposa de condições de SST, (iv) promover um procedimento cautelar especificado e (v) a recusa

a) Reclamar, de forma fundamentada, contra as condições de trabalho[73] e exigir a adoção de medidas preventivas ou corretivas (art. 127.°, n.° 1, als. c), g), h), e i), do CT);
b) Determinar a transferência de local de trabalho (195.°, n.° 1, do CT), a suspensão do contrato de trabalho (arts. 195.°, n.°s 2 e 3, e 296.°, n.° 2, do CT) ou a prestação da atividade laboral em regime de teletrabalho (art. 166.°, n.°s 2 e 3, do CT), em caso de violência doméstica;
c) Recusar-se a prestar trabalho e a ausentar-se do local de trabalho em caso de perigo grave e iminente, sem prejuízo da remuneração (arts. 126.°, n.°s 1 e 2, 128.°, n.° 1, al. e), parte final, e 17.°, n.° 2, do RJSST)[74];
d) Pedir a alteração do horário de trabalho (art. 212.°, n.° 2, al. a), do CT);
e) Resolver o contrato de trabalho com justa causa por violação culposa das garantias legais ou convencionais do trabalhador, falta culposa de observância de regras de SST ou por ofensa à integridade física ou moral, liberdade, honra ou dignidade do trabalhador (art. 394.°, n.° 2, als. b), d), e f), do CT);
f) Solicitar a intervenção das estruturas de representação coletiva dos trabalhadores, de carácter geral ou especialmente vocacionadas para a matéria da SST;
g) Apresentar queixa perante a ACT[75];

em prestar trabalho em caso de perigo grave e iminente que não possa ser tecnicamente evitado (Manuel S. Roxo, *Direito da Segurança e Saúde no Trabalho: da prescrição do seguro à definição do desempenho*, Almedina, 2011, pp. 148-151).

[73] Nesse caso, fica também protegido contra a aplicação de sanções abusivas (art. 331.°, n.° 1, al. a), do CT).

[74] A lei não impõe que esta recusa seja feita, de forma fundamentada e por escrito. Por isso, basta uma declaração do trabalhador ao empregador, ou ao seu representante, nesse sentido. Todavia, talvez se justifique aplicar, por analogia e com as necessárias adaptações, o regime da comunicação e da justificação das faltas (arts. 253.° e 254.° do CT), sob pena de a recusa não motivada, repetida ou generalizada, poder minar a autoridade e direção do empregador.

Quando se trate de um perigo grave não iminente, mas previsível, o trabalhador apenas se poderá recusar a prestar trabalho após reclamar, de forma atempada e fundamentada, contra as condições de trabalho sem que o empregador desenvolva os esforços necessários para eliminar o perigo ou reduzir significativamente o risco da sua ocorrência. Ainda assim, em certos casos, poderá justificar-se que o trabalhador requeira uma providência cautelar ou intente uma ação de condenação.

[75] Quando não se trate de um perigo iminente, embora previsível, parece-nos que a apresentação de queixa perante a ACT só deverá ocorrer após reclamação interna não correspondida pelo empregador. O princípio da boa fé imporia que o trabalhador alertasse o empregador e lhe desse uma oportunidade de corrigir o evento ou factor de risco.

h) Requerer providência cautelar especificada (arts. 44.º e ss. CPT)[76];
i) Intentar uma ação especial para tutela da personalidade (arts. 186.º-D e ss. do CPT)[77];
j) Intentar uma ação de condenação na adoção das medidas preventivas ou corretivas ou no pagamento de uma indemnização.

6. ALGUNS CASOS JURISPRUDENCIAIS

A matéria da SST surge na jurisprudência dos tribunais nacionais normalmente associada aos acidentes de trabalho. No plano europeu, o tema tem sido tratado no âmbito de ações por incumprimento e por força do mecanismo do reenvio prejudicial. Devemos ter presente que *os particulares não têm nenhum direito ou poder de promover o reenvio; o órgão jurisdicional pode – e, em certos casos, deve – promover o reenvio, mas em nenhuma hipótese pode estar condicionado nessa atividade, visto que, nesse momento, atua como juiz de Direito europeu*[78].

Vejamos, de forma perfunctória, alguns exemplos de jurisprudência do TJ:

a) Ac. TJ 19.11.1998, caso Forbund i Danmark, proc. n.º C-66/96: o processo de avaliação e de informação para as atividades suscetíveis de causarem riscos para a segurança ou a saúde ou repercussões sobre a gravidez ou a amamentação das trabalhadoras só pode levar à dispensa do trabalho, por iniciativa do empregador, durante todo o período necessário à proteção da sua segurança ou saúde, quando não for possível adaptar as condições ou o tempo de trabalho, nem mudar de posto de trabalho (cfr. arts. 4.º e 5.º da Diretiva n.º 92/85/CEE do Conselho, de 19.10.1992)[79];
b) Ac. TJ 10.11.2010, caso Dita Danosa, proc. n.º C-232/09: o conceito de trabalhadora grávida deve ser suficientemente abrangente para incluir um membro da direção de uma sociedade de capitais (Diretiva n.º 92/85/CEE do Conselho, de 19.10.1992);

---

[76] Não será de excluir, à partida, o recurso ao procedimento cautelar comum.

[77] Cfr. o nosso "As ações para a impugnação da confidencialidade, tutela da personalidade do trabalhador e da igualdade e não discriminação em função do sexo", *O novo código de processo civil e o processo do trabalho*, AAFDL, 2016, p. 115-172.

[78] Cfr. o nosso "O reenvio prejudicial no Direito do trabalho: o órgão jurisdicional e a dúvida metódica", *Estudos de Direito do Trabalho em Homenagem ao Professor António Monteiro Fernandes*, Vol. I, Nova Causa, 2017, p. 318.

[79] Admite-se que, em caso de recolocação, a trabalhadora não tem direito à remuneração que recebia, em média, antes dessa recolocação (Ac. TJ 1.10.2010, caso Sanna Maria Parviainen, proc. C-471/08).

c) Ac. TJ 18.3.2014, caso C.D., proc. n.º C-167/12: a licença de maternidade, prevista no art. 8.º da Diretiva n.º 92/85/CEE, tem por finalidade proteger a saúde da mãe da criança na situação específica de vulnerabilidade decorrente da gravidez; ou seja, pressupõe que a trabalhadora tenha estado grávida e tenha dado à luz a criança; por conseguinte, não abrange o caso de uma trabalhadora, na qualidade de mãe intencional que teve um filho, através de um contrato de maternidade de substituição, mesmo quando pode amamentar essa criança após o parto ou quando a amamenta efetivamente[80];
d) Ac. TJ 25.7.2008, caso Comissão/República Italiana, proc. n.º C-504/06: a obrigação de nomear um coordenador em matéria de segurança e de saúde para qualquer estaleiro onde vão operar várias empresas, prevista no art. 3.º, n.º 1, da Diretiva n.º 92/57/CEE não admite qualquer derrogação; ao contrário do que sucede com o plano se SST, previsto no n.º 2 do referido artigo;
e) Ac. TJ 7.10.2010, caso Martha Nussbaumer, proc. n.º C-224/09: na linha do caso Comissão/República Italiana, o TJ considerou que deve ser sempre nomeado um coordenador em matéria de segurança e de saúde para um estaleiro onde vão operar várias empresas, independentemente do facto de os trabalhadores estarem ou não sujeitos a licença de construção ou ainda de os trabalhos nesse estaleiro implicarem ou não riscos particulares. Este coordenador de segurança deve ser nomeado na fase da elaboração do projeto da obra ou, em todo o caso, antes da execução dos trabalhos.
A exclusão do plano de SST apenas pode ser admitida, à luz do art. 3.º, n.º 2, da Diretiva n.º 92/57. Por conseguinte, a obrigação de elaboração de um plano de SST não pode ser derrogada no caso de obras particulares não sujeitas a licença de construção, onde intervenham várias empresas, independentemente da existência de riscos particulares;
f) Ac. TJ 6.7.2000, caso Margrit Dietrich, proc. n.º C-11/99: o conceito de ecrã gráfico, previsto no art. 2.º, al. a), da Diretiva n.º 90/279/CEE, abrange os ecrãs que visualizam gravações de filmes que se apresentam sob uma forma analógica ou digitalizada.
As exclusões devem ser interpretadas de forma estrita, contendo esta Diretiva uma enumeração taxativa das exclusões. As exclusões

[80] Sobre o tema da maternidade de substituição, *vide*, ainda, Ac. TJ 18.3.2014, caso Z, proc. n.º C-362/12.

aplicam-se a aparelhos em que a função do ecrã é secundária ou que são objetivos de uma utilização de curta duração. Por isso, o conceito de posto de condução de máquinas, previsto no art. 1.º, n.º 3, al. a), da Diretiva n.º 90/279/CEE, não abrange um posto de trabalho no qual são tratadas imagens analógicas ou digitalizadas com o auxílio de equipamentos técnicos e/ou de programas de computador com vista à realização de emissões de televisão[81];

g) Ac. 15.11.2001, caso COMISSÃO/REPÚBLICA ITALIANA, proc. n.º C-49/00: O recurso a serviços externos ou comuns só deve ocorrer quando o empregador não tem meios suficientes para o efeito[82].

Entre nós, podemos referir os seguintes casos:

a) Ac. TC n.º 368/02 (ARTUR MAURÍCIO) 25.9.2002: a obrigação de realizar exames médicos ou testes clínicos constitui uma intromissão admissível na vida privada dos trabalhadores, desde que, pela sua natureza e finalidade, não se revele abusiva, discriminatória ou arbitrária. O médico do trabalho deve restringir a análise (i) à verificação de alterações na saúde do trabalhador causadas pelo exercício da sua atividade profissional e (ii) à determinação da aptidão ou inaptidão física do trabalhador para o exercício das funções correspondentes à sua categoria profissional, nomeadamente para defesa da sua saúde;
b) Ac. TRC 3.7.2014 (RAMALHO PINTO) proc. n.º 1162/11.7TTCBR.C1: sobre a avaliação lesões decorrentes de acidente de trabalho. A apresentação e realização de testes e de exames clínicos são admissíveis quando (i) a finalidade seja a proteção e a segurança do trabalhador ou de terceiros ou (ii) a atividade desenvolvida ou a desenvolver o requeira. Na realização ou apresentação de testes e de exames clínicos, constituindo uma intromissão na vida privada do trabalhador, devem ser respeitados os princípios da proporcionalidade e da necessidade;

---

[81] No caso, tratava-se de um posto de trabalho de um técnico de montagem num estúdio de produção, o qual trabalhava com sequências animadas de imagens eletrónicas para a produção de imagens televisivas.

[82] Trata-se de uma solução imposta pelo Direito europeu, cfr. (CATARINA DE OLIVEIRA CARVALHO, "Organização dos serviços da segurança e da saúde no trabalho em micro, pequenas e médias empresas", *Estudos de Homenagem ao Prof. Doutor Jorge Miranda*, Vol. VI, Coimbra editora, 2012, p. 939, e ANA CRISTINA RIBEIRO COSTA, "Alterações ao regime jurídico da segurança e saúde no trabalho – algumas notas", QL, n.º 43, 2013, p. 349. Cfr. Ac. TJ 22.5.2003, caso Comissão / Reino dos Países Baixos, proc. n.º C-441/01, e Ac. TJ 6.4.2006, caso Comissão / República da Áustria, proc. n.º C-428/04).

c) Ac. TRP 7.6.2010 (Albertina Pereira) proc. n.º 807/08.0TTVNG. P1: lojas desprovidas de medidas de segurança adequadas a evitar ou minorar riscos e consequências de assaltos, roubos, ofensas à integridade física e psíquica do trabalhador. Neste caso, considerou-se que existia justa causa na resolução do contrato por parte de trabalhadora que, enquanto caixa num supermercado, ao longo de vários anos foi vítima de assaltos, ofensas à sua integridade física e psíquica e de roubo, sem que a entidade patronal tenha tomado as medidas adequadas para evitar ou minorar os riscos de ocorrência dessas situações;
d) Ac. TRL 7.11.2012 (Leopoldo Soares) proc. n.º 1725/10.8TTLSB. L1-4: o trabalhador pode resolver o contrato de trabalho com justa causa quando (i) o empregador permite que se fume em espaços de trabalho, ainda que com algum arejamento e (ii) se demonstre que a situação de *fumador/passivo* constitui um dano para a saúde (art. 394.º, n.º 2, als. b) e d), do CT);
e) Ac. TRL 18.6.2014 (Sérgio Almeida) proc. n.º 403/12.8TTFUN. L1-4: o parecer do médico do trabalho deve ser fundamentado e não pode ser meramente conclusivo. Todavia, não é vinculativo e está sujeito a contraprova.
f) Ac. TRL 21.12.2017 (Francisca Mendes) proc. n.º 1181/16.7 T8 BRR.L1-4: os exames dos serviços de medicina do trabalho não são suficientes para concluir, com segurança, pela caducidade do contrato de trabalho por inaptidão.

Estes casos comportam as seguintes diretrizes que devem ser equacionadas pelo intérprete-aplicador: (i) a obrigação de realizar exames médicos ou testes clínicos constitui uma intromissão admissível na vida privada dos trabalhadores, desde que respeite o princípio da proporcionalidade (necessidade, adequação e proibição do excesso); (ii) a omissão do dever de prevenção, de eliminação ou de redução de riscos psicossociais podem constituir justa causa de resolução do contrato de trabalho; (iii) a inaptidão para o trabalho pode constituir motivo de caducidade do contrato de trabalho, mas o empregador suporta um ónus da prova particularmente exigente[83].

[83] Aparentemente, a intervenção ou o parecer do médico do trabalho não têm uma influência significativa no juízo de inexigibilidade de manutenção da relação jurídico-laboral.

7. CONCLUSÃO

A SST tem registado um desenvolvimento muito significativo nos últimos anos, fruto de um *ativismo normativo* europeu e internacional. A proliferação e dispersão de fontes, bem como a multiplicação de normas de conteúdo eminentemente técnico constituem obstáculos que podem impedir ou dificultar o estudo e a discussão deste tipo de temas. Em qualquer caso, nos últimos anos, esta matéria tem adquirido alguma autonomia nomeadamente em relação aos acidentes de trabalho. Espera-se que seja possível alcançar uma maior maturidade dogmática que permita a elaboração de um Código para as Condições do Trabalho que facilite a tarefa dos sujeitos laborais na identificação e interpretação do sistema de SST e, em particular, do intérprete-aplicador no momento da determinação da solução jurídica para o caso concreto.

RECENT DEVELOPMENTS IN THE EUROPEAN PRIVATE INTERNATIONAL LAW OF EMPLOYMENT

Uglješa Grušić
Associate Professor, Faculty of Laws, University College London

ABSTRACT: *This article outlines the main recent developments in the field of European private international law of employment. The developments include judgments of the Court of Justice of the European Union on the concept of 'individual employment contract', jurisdiction over individual employment contracts and choice of law for individual employment contracts, changes to the posted workers regime through the adoption and transposition of the Posting of Workers Enforcement Directive and the revision of the Posted Workers Directive, and the forthcoming withdrawal of the United Kingdom from the EU. The article demonstrates that the European private international law of employment is fit for purpose, although there is scope for improvement.*

Keywords: *private international law; conflict of laws; choice of law; jurisdiction; EU law; individual employment contracts; posted workers; recent developments.*

1. INTRODUCTION

The European private international law of employment is the part of European Union law that regulates transnational employment relationships. The rules of the European private international law of employment are contained in the Brussels I Regulation,[1] Lugano Convention,[2] Rome I

[1] Regulation (EU) No 1215/2012 of the European Parliament and of the Council of 12 December 2012 on jurisdiction and the recognition and enforcement of judgments in civil and commercial matters (recast) [2012] OJ L351/1. This Regulation superseded Regulation No 44/2001 [2001] OJ L12/1, which, in turn, superseded the 1968 Brussels Convention on jurisdiction and the enforcement of judgments in civil and commercial matters [1972] OJ L299/32. See also the Agreement between the European Community and the Kingdom of Denmark on jurisdiction and the recognition and enforcement of judgments in civil and commercial matters [2005] OJ L299/62, [2013] OJ L79/4.

[2] 2007 Lugano Convention on jurisdiction and the recognition and enforcement of judgments in civil and commercial matters [2007] OJ L339/3, replacing the 1988 Lugano Convention on jurisdiction and the recognition and enforcement of judgments in civil and commercial matters [1988] OJ L319/9.

Regulation,[3] Rome II Regulation[4] and the Posted Workers Directive.[5] The Brussels I Regulation deals with the jurisdiction of the courts of Member States over individual employment contracts and the recognition and enforcement of judgments of Member State courts given in employment matters. The Lugano Convention extends the regime of jurisdiction and recognition and enforcement of judgments established by the Brussels I Regulation to Norway, Switzerland and Iceland. The Rome I and Rome II Regulations set out the rules for determining the law applicable to contractual and non-contractual obligations arising out of or in relation to individual employment contracts. The Posted Workers Directive guarantees workers posted by their employer from one Member State to another Member State to perform a service contract that the employer has won in the host Member State the application of certain employment standards that are in force in the host Member State. The Directive also provides for some mechanisms for the enforcement of those standards.

In this article I will outline the main developments in this fast-moving field since 1 January 2015. I have chosen this as the cut-off date because my book *The European Private International Law of Employment*[6] covers developments in this field before this date. More specifically, I will focus on the recent case law of the Court of Justice of the EU, changes to the posted workers regime and the challenges posed by the forthcoming withdrawal of the United Kingdom from the EU ('Brexit').

2. RECENT COURT OF JUSTICE CASE LAW

The Court of Justice has given several judgments concerning the interpretation of the rules of the European private international law of employment since 1 January 2015. The subject-matters of these judgments fall into three categories: the concept of 'individual employment contract' in European private international law; jurisdiction of the courts of Member States over individual employment contracts; and the law applicable to individual employment contracts.

---

[3] Regulation (EC) 593/2008 of the European Parliament and of the Council of 17 June 2008 on the law applicable to contractual obligations (Rome I) [2008] OJ L177/6, superseding the 1980 Rome Convention on the law applicable to contractual obligations [1980] OJ L266/1.

[4] Regulation (EC) 864/2007 of the European Parliament and of the Council of 11 July 2007 on the law applicable to non-contractual obligations (Rome II) [2007] OJ L199/40.

[5] Directive 96/71/EC of the European Parliament and of the Council of 16 December 1996 concerning the posting of workers in the framework of the provision of services [1997] OJ L18/1.

[6] (Cambridge University Press 2015).

2.1. The Concept of 'Individual Employment Contract'

The concept of 'individual employment contract' is crucial in the European private international law of employment. This is because the Brussels I Regulation, Lugano Convention and the Rome I Regulation contain special rules, whose main objective is the protection of employees as weaker contractual parties,[7] that apply to 'individual employment contracts'.[8] Two recent judgments of the Court of Justice clarify this concept: *Holterman*[9] and *Bosworth*.[10]

The facts of the two cases were similar. In *Holterman*, four companies belonging to the same group brought proceedings in the Netherlands, where the holding company of the group was established, against Mr Spies von Büllesheim, a German-domiciled director and manager of the four companies. The claim was for damages for misconduct in the performance of the defendant's duties as director and manager. Mr Spies von Büllesheim had contracts with the four companies setting out his rights and obligations as director and manager. He was also a minority shareholder in the group's holding company. In *Bosworth*, four companies belonging to the same group brought proceedings in England, where the holding company of the group was established, against Mr Bosworth and Mr Hurley, Swiss-domiciled senior officers of the group and directors of the three subsidiaries, and some other non-EU-domiciled defendants. The claims were for damages for fraud. Mr Bosworth and Mr Hurley each had an employment contract with one of the three subsidiaries. These contracts were drafted by Mr Bosworth and Mr Hurley or at their discretion. They held no shares in the group. In both cases, the EU-domiciled defendants contested the jurisdiction of the court on the basis that they fell within the scope of the protective jurisdictional rules of the Brussels I Regulation and the Lugano Convention, respectively, and that they could only be sued in the courts of their domicile.

The Court of Justice confirmed the following principles in the two judgments. First, the concept of 'individual employment contract' is autonomous.[11] Second, the concept of 'individual employment contract' is the same across all legal instruments that comprise the European private

---

[7] Brussels I Regulation, recital 18; Rome I Regulation, recital 23.

[8] Brussels I Regulation, arts 20-23, 45(1)(e)(i); Lugano Convention, arts 18-21; Rome I Regulation, art 8.

[9] Case C-47/14 *Holterman Ferho Exploitatie BV v Spies von Büllesheim* ECLI:EU:C:2015:574.

[10] Case C-603/17 *Bosworth v Arcadia Petroleum Ltd* ECLI:EU:C:2019:310.

[11] *Holterman* [36]-[37]; *Bosworth* [24].

international law of employment.[12] Third, the concept of 'individual employment contract' in the European private international law of employment corresponds to the concept of 'worker' used more generally in substantive EU employment law.[13] Fourth, the concept of 'individual employment contract' should be interpreted in light of the objective of protection of employees.[14] Fifth, in order to determine whether or not a contract is an individual employment contract, national courts should take into account the fact that individual employment contracts typically exhibit the following characteristics:

> 'they create a lasting bond which brings the worker to some extent within the organisational framework of the business of the undertaking or employer, and they are linked to the place where the activities are pursued, which determines the application of mandatory rules and collective agreements';[15]
>
> 'the independent concept of a "contract of employment"… presupposes a relationship of subordination of the employee to the employer';[16]
>
> 'the essential feature of an employment relationship is that for a certain period of time one person performs services for and under the direction of another in return for which he receives remuneration';[17]
>
> 'the concept of "employee"… must be defined in accordance with objective criteria which distinguish the employment relationship by reference to the rights and duties of the persons concerned. The essential feature of an employment relationship is that, for a certain period of time, a person performs services for and under the direction of another person, in return for which he receives remuneration';[18]

[12] *Holterman* [38]; *Bosworth* [22].

[13] *Holterman* [36] (referring to Case C-116/06 *Kiiski v Tampereen kaupunki* [2007] ECR I-7643, concerning equal treatment of men and women and protection of pregnant employees), [41] (referring to the concept of 'worker' in primary EU law and the directive on the safety and health at work of pregnant workers and workers who have recently given birth or are breastfeeding), [46] (referring to Case C-229/14 *Balkaya v Kiesel Abbruch- und Recycling Technik GmbH* ECLI:EU:C:2015:455, concerning collective redundancies); *Bosworth* [25] (referring to *Kiiski*), [26] (referring to Case C-147/17 *Sindicatul Familia Constanţa and Others v Direcţia Generală de Asistenţă Socială* şi *Protecţia Copilului Constanţa* ECLI:EU:C:2018:926, concerning safety and health of workers and working time).

[14] *Holterman* [42].

[15] Ibid [39].

[16] Ibid [40]; see also *Bosworth* [28].

[17] *Holterman* [41].

[18] *Bosworth* [25].

> 'an employment relationship implies the existence of a hierarchical relationship between the worker and his employer, and that the issue whether such a relationship exists must, in each particular case, be assessed on the basis of all the factors and circumstances characterising the relationship between the parties'.[19]

Finally, the form of the relationship between the parties is not determinative for the purposes of its autonomous classification. For example, the fact that the contracts between the parties in *Bosworth* were called employment contracts was not determinative. As will be seen, the Court of Justice did not regard the contracts in *Bosworth* as individual employment contracts for the purposes of European private international law. Similarly, the conclusion of a contract is not a condition for the application of the protective rules of the European private international law of employment – 'the absence of any formal contract does not preclude the existence of an employment relationship that falls within the concept of "individual contract of employment"'.[20]

In *Holterman*, the court indicated that two deciding factors were 1) whether Mr Spies von Büllesheim, in his capacity as shareholder in the group's holding company, was able to influence the will of the company's administrative body of which he was the manager, and 2) who had the authority to give Mr Spies von Büllesheim, in his capacity as manager, instructions and to monitor their implementation.[21] If Mr Spies von Büllesheim had a 'not negligible' ability to influence the holding company's administrative body, the necessary relationship of subordination would not exist and he could not be regarded as an employee.[22] In *Bosworth*, the court indicated that the deciding factors were that Mr Bosworth and Mr Hurley were senior officers of the group, directors of the three subsidiaries, had each a contract of employment with one of the subsidiaries 'drafted by themselves or at their discretion'[23] and 'exercised control over by whom, where and on what terms they were employed'.[24] This indicated that the two defendants had an ability

[19] Ibid [26]; *Holterman* [46].
[20] *Bosworth* [27].
[21] *Holterman* [47].
[22] Ibid.
[23] *Bosworth* [29].
[24] Ibid [30].

to influence the group that was not negligible and could, therefore, not be classified as employees even if they were not shareholders in the group and answered to the group's shareholder.[25]

Holterman and *Bosworth* provide welcome clarification of the nature of the relationship between a company and its shareholder/director/manager. Unfortunately, the fact that the Court of Justice found in *Bosworth* that the defendants were not employees meant that the court did not deal with other questions posed by the referring court. The most important of these questions was whether a claim not arising directly out of an employment contract or the applicable employment legislation, but in relation to the employment contract, triggered the application of the protective rules of the European private international law of employment. In *Bosworth*, the claims were brought on multiple bases: in contract, unlawful means conspiracy and breach of fiduciary duty. The claims in contract were eventually withdrawn. The High Court[26] held that it had jurisdiction over the remaining claims, with the exception of the claims for breach of fiduciary duty alleged to have occurred during the defendants' employment with the companies belonging to the group. The Court of Appeal[27] dismissed the appeal and the UK Supreme Court asked the Court of Justice to clarify whether the claims framed in conspiracy and breach of fiduciary duty were covered by the protective rules of the European private international law of employment. Since the Court of Justice did not deal with this question, we will have to wait for another opportunity for the clarification of the controversial case law on the jurisdictional treatment of concurrent causes of action[28] in the context of international employment litigation.

2.2. Jurisdiction over Individual Employment Contracts[29]

The Brussels I Regulation[30] contains one set of jurisdictional rules applicable when employees act as claimants. In general terms, an employee may commence proceedings in the EU in any of the following courts:

---

[25] Ibid [31]-[33].

[26] [2015] EWHC 1030 (Comm).

[27] [2016] EWCA Civ 818, [2016] 2 CLC 387.

[28] Case 189/87 *Kalfelis v Bankhaus Schröder, Münchmeyer, Hengst and Co* [1988] ECR 5565; Case C-548/12 *Brogsitter v Fabrication de Montres Normandes EURL and Karsten Fräßdorf* ECLI:EU:C:2014:148.

[29] The outline of the Brussels I Regulation is based on Grušić (n 6), ch 4.

[30] The corresponding rules of the Lugano Convention are set out in arts 18-21.

- in the courts of the Member State in which the employer is domiciled;[31]
- in the courts for the habitual place of work;[32]
- absent a habitual place of work, in the courts for the engaging place of business;[33]
- as regards a dispute arising out of the operations of the employer's branch, agency or other establishment, in the courts for the place of that establishment;[34]
- on a counter-claim, in the court in which the original claim is pending;[35]
- where there is more than one defendant employer, in the courts of the Member State in which any one of them is domiciled.[36]

There is another set of jurisdictional rules applicable when employees domiciled in a Member State act as defendants. An employer may commence proceedings:

- in the courts of the Member State in which the employee is domiciled;[37]
- on a counter-claim, in the court in which the original claim is pending.[38]

A jurisdiction agreement entered before the dispute has arisen is not given effect if it reduces the number of forums available to the employee or increases the number of forums available to the employer.[39] Otherwise, jurisdiction agreements are, in principle, effective. Submission to the court's jurisdiction by entering an appearance is also allowed.[40]

[31] Brussels I Regulation, art 21(1)(a).
[32] Ibid art 21(1)(b)(i).
[33] Ibid art 19(1)(b)(ii).
[34] Ibid arts 20(1) and 7(5).
[35] Ibid art 22(2).
[36] Ibid arts 20(1) and 8(1).
[37] Ibid art 22(1).
[38] Ibid art 22(2).
[39] Ibid art 23.
[40] Ibid art 26.

There are two[41] recent judgments of the Court of Justice that deal with the jurisdictional rules of the Brussels I Regulation: *Ryanair*[42] and *Guida*.[43]

Ryanair is a very important case that concerns employment practices in the aviation industry. Ryanair is an Irish low-cost airline. It directly employs some aircrew members, but it also uses labour supplied by affiliated employment agencies. One such affiliate is Crewlink, also registered in Ireland. In *Ryanair*, several former aircrew members, some of whom were employed directly by Ryanair and some of whom were employed by Crewlink but hired out to Ryanair, commenced employment litigation in Charleroi, Belgium. Charleroi is an important operating base for Ryanair. All the aircrew members in *Ryanair* started their working days at Charleroi airport and systematically ended them there. They also had to stay there on standby in order to potentially replace an absent member of staff. In order to reduce its administrative costs, Ryanair and its affiliates that supplied it with labour drafted employment contracts with aircrew members in a way that was intended to lead to the jurisdiction of Irish courts and the application of Irish law. The facts of *Ryanair* show that: all the claimants in this case had employment contracts which were drafted in English; all the employment contracts contained an exclusive Irish jurisdiction clause, an Irish choice-of-law clause, a clause that the salary would be paid into an Irish bank account and a clause that the claimants' work, as aircrew members flying on Irish-registered aircraft belonging to an Irish airline, was regarded as being carried out in Ireland; the claimants were subject to Irish law in the field of

[41] See also Case C-579/17 *BUAK Bauarbeiter-Urlaubs- u Abfertigungskasse v Gradbeništvo Korana doo* ECLI:EU:C:2019:162, which deals with the subject-matter scope of the Brussels I Regulation. The Court of Justice held that an action for payment of wage supplements in respect of annual leave pay brought by a body governed by public law against an employer, in connection with the posting of workers to a Member State where they do not have their habitual place of work, or in the context of the provision of labour in that Member State, or against an employer established outside of the territory of that Member State in connection with the employment of workers who have their habitual place of work in that Member State, falls within the scope of application of the Brussels I Regulation, in so far as the modalities for bringing such an action do not infringe the rules of general law and, in particular, do not exclude the possibility for the court ruling on the case to verify the merits of the information on which the establishment of that claim is based. The court also confirmed that if the court that gave the judgment to be enforced in another Member State did not rule, at the time of giving the judgment, on whether the claim fell within the subject-matter scope of the Regulation, that court is obliged, at the time of the issue of the certificate certifying that the judgment is enforceable under art 53 of the Regulation, to determine whether the dispute comes within the subject-matter scope of the Regulation.

[42] Joined Cases C-168/16 and C-169/16 *Nogueira v Crewlink Ireland Ltd and Moreno Osacar v Ryanair Designated Activity Company* ECLI:EU:C:2017:688.

[43] Case C-1/17 *Petronas Lubricants Italy SpA v Guida* ECLI:EU:C:2018:478.

tax and social security; the employment contracts were concluded only after the employers had signed the contracts in Ireland. The referring court asked the Court of Justice to clarify how the jurisdictional rules of the Brussels I Regulation applied to claims brought by aircrew members. The referring court also asked whether the connecting factor of the habitual place of work, which is used in the European private international law of employment as the primary factor determining jurisdiction and the applicable law, was to be interpreted in line with the concept of 'home base' used in EU aviation and social security law.[44]

Ryanair is the third major case in the field of the European private international law of employment that concerned the transport sector. The previous two cases were *Koelzsch*,[45] which concerned the law applicable to employment contracts in the road transport industry, and *Voogsgeerd*,[46] which concerned the law applicable to employment contracts in the maritime industry. The jurisdiction of courts of Member States over claims relating to individual employment contracts brought by employees and the law applicable to individual employment contracts essentially depends on the interpretation of, and the relationship between, two connecting factors: the connecting factors of the habitual place of work and the engaging place of business. The importance of *Koelzsch* and *Voogsgeerd* lies in the fact that they clarify that the connecting factor of the habitual place of work is to be interpreted very broadly and that, therefore, the connecting factor of the engaging place of business is to be interpreted very narrowly. I have previously argued that this is a welcome development because the connecting factor of the engaging place of business leads to excessive legal uncertainty, unforeseeability of the outcome of litigation, and does not support the objectives of employee protection and proximity.[47] The Court of Justice

[44] Council Regulation (EEC) No 3922/91 of 16 December 1991 on the harmonisation of technical requirements and administrative procedures in the field of civil aviation [1991] OJ L373/4, annex III, subpart Q, OPS 1.1090, pt 3.1, OPS 1.1095, pt 1.7 and OPS 1.1110 (this Regulation has been repealed by Regulation (EC) No 216/2008 of the European Parliament and of the Council of 20 February 2008 on common rules in the field of civil aviation and establishing a European Aviation Safety Agency, and repealing Council Directive 91/670/EEC, Regulation (EC) No 1592/2002 and Directive 2004/36/EC [2008] OJ L79/1); Regulation (EC) No 883/2004 of the European Parliament and of the Council of 29 April 2004 on the coordination of social security systems [2004] OJ L166/1, recital 18b and art 11.

[45] Case C-29/10 *Koelzsch v Luxemburg* [2011] ECR I-1595.

[46] Case C-384/10 *Voogsgeerd v Navimer SA* [2011] ECR I-13275.

[47] U Grušić, 'Should the Connecting Factor of the "Engaging Place of Business" Be Abolished in European Private International Law?' (2013) 62 *International and Comparative Law Quarterly* 173.

in *Ryanair* continued down this path. After holding that the jurisdiction agreements were ineffective,[48] the court confirmed the wide interpretation of the connecting factor of the habitual place of work:

> As regards an employment contract performed in the territory of several Contracting States and where there is no effective centre of professional activities from which an employee performs the essential part of his duties vis-à-vis his employer, the Court has held that Article 5(1) of the Brussels Convention [the predecessor of article 21(1)(b)(i) of the Brussels I Regulation] must – in view of the need to establish the place with which the dispute has the most significant link, so that it is possible to identify the courts best placed to decide the case in order to afford proper protection to the employee as the weaker party to the contract and to avoid multiplication of the courts having jurisdiction – be interpreted as referring to the place where, or from which, the employee actually performs the essential part of his duties vis-à-vis his employer. That is the place where it is least expensive for the employee to commence proceedings against his employer or to defend such proceedings and where the courts best suited to resolving disputes relating to the contract of employment are situated.[49]

In order to determine the place from which an employee principally discharges his obligations towards his employer, the court should take into account the following factors: (i) the place from which the employee carries out his transport-related tasks, (ii) the place where he returns after his tasks, receives instructions concerning his tasks and organises his work, and (iii) the place where his work tools are to be found.[50] This method enables the court not only to take into account the true nature of legal relationships, in that the court must take account of all the factors which characterise the activity of the employee, but also to prevent a concept such as 'the place where, or from which, the employee habitually performs his work' from being exploited or contributing to the achievement of circumvention strategies.[51] In the specific case of the aviation industry, significant factors include the place where the aircraft aboard which the work is habitually performed are stationed[52] and

[48] *Ryanair* [54].

[49] Ibid [58].

[50] Ibid [63].

[51] Ibid [62].

[52] Ibid [64].

'home base' of the employee within the meaning of EU aviation and social security law.[53] By contrast, the nationality of the aircraft is irrelevant.[54]

In *Guida*, an Italian company employed Mr Guida and after 6 years posted him to Poland to work for a Polish subsidiary of the Italian employer. He entered a parallel employment contract with the Polish subsidiary, which was subject to Polish law. Mr Guida was accused of making false claims for expenses and other claims and both the Italian and Polish employers terminated his employment. Mr Guida then brought a claim for unjustified and unlawful dismissal in Italy against the Italian employer. The employer defended the claim and brought a counter-claim for repayment of sums that Mr Guida had wrongfully received from the Polish employer. The basis for the counter-claim was the assignment of the Polish employer's claims to the Italian employer. The Brussels I Regulation allows the employer to sue the employee, on a counter-claim, in the court in which the original claim is pending.[55] The question before the Court of Justice was whether the employer had the right to bring, before the court properly seised of the original proceedings brought by the employee, a counter-claim based on an assignment agreement concluded after the commencement of the original proceedings between the employer and the original holder of the assigned claim. The court stated that the jurisdictional rules of the Regulation had to be interpreted in light of the objective of protection of employees.[56] But the court held that the objective of employee protection should not affect the right to bring a counter-claim in the court in which the original claim is pending.[57] Once the employee commences the original proceedings, the objective of employee protection is achieved and there is no reason to limit the possibility of examining the claim together with a counter-claim.[58] The only condition is that the claim and counter-claim have 'a common origin',[59] which may be found in a contract or in a factual situation.[60] Since the claim and counter-claim in *Guida* had, as a matter of fact, a common origin, the Italian court had jurisdiction over the counter-claim.

---

[53] Ibid [65]-[74].
[54] Ibid [75]-[76].
[55] Brussels I Regulation, art 22(2).
[56] *Guida* [23].
[57] Ibid [27].
[58] Ibid [28].
[59] Ibid [29].
[60] Ibid [30].

2.3. Choice of Law for Individual Employment Contracts[61]

The law applicable to individual employment contracts is determined by the Rome I Regulation. In a nutshell, the parties to an employment contract are allowed to choose the applicable law.[62] But the choice cannot deprive the employee of the protection afforded to him by the mandatory provisions of the law applicable in the absence of choice (objectively applicable law).[63] In the absence of choice, the contract is governed by the law of the country of the habitual place of work[64] or, if none, by the law of the country of the engaging place of business.[65] However, where it appears from the circumstances as a whole that the contract is more closely connected with another country, that country's law applies.[66] There are also special choice-of-law rules for formal and material validity of contracts,[67] whereas the law applicable to legal capacity is determined pursuant to domestic choice-of-law rules.[68] Furthermore, the courts are allowed to apply the overriding mandatory provisions of the forum and, under certain conditions, even the overriding mandatory provisions of the country of performance.[69]

There is only one recent judgment of the Court of Justice that deals with the rules of the Rome I Regulation: *Nikiforidis*.[70] In order to escape the economic crisis, Greece took certain measures in 2010, in agreement with the EU, the European Central Bank and the International Monetary Fund, for the reduction of its public debt. One measure was a reform of employment in the public sector. Law No 3833/2010 and Law No 3845/2010 imposed a total reduction of 15% in the remuneration of public sector workers. The two statutes applied to public sector workers who worked both in Greece and abroad. The two statutes affected the employment of Mr Nikiforidis, a Greek national employed as a teacher at the Greek primary school in Nuremberg, Germany under an employment contract governed by German law. Mr Nikiforidis commenced proceedings in Germany for unpaid wages. After it had found that Greece did not enjoy immunity, the German Federal

[61] The outline of the Rome I Regulation is based on Grušić (n 6), ch 5.
[62] Rome I, art 8(1).
[63] Ibid.
[64] Ibid art 8(2).
[65] Ibid art 8(3).
[66] Ibid art 8(4).
[67] Ibid arts 10 and 11.
[68] Ibid art 1(2)(a); see also art 13.
[69] Ibid art 9.
[70] Case C-135/15 *Greece v Nikiforidis* ECLI:EU:C:2016:774.

Labour Court thought it necessary to ask the Court of Justice whether it could apply the two Greek statutes pursuant to article 9(3) of the Rome I Regulation, which allows the court to give effect to overriding mandatory provisions of the place of performance of the contract.[71]

After stating that article 9(3), as a derogation from the choice-of-law rules of the Rome I Regulation, should be interpreted strictly[72] and that the principles of legal certainty, foreseeability and employee protection militate in favour of the conclusion that the circumstances in which overriding mandatory provisions of third countries could be given effect were exclusively listed in article 9,[73] the Grand Chamber of the Court of Justice held:

> Article 9 of the Rome I Regulation must therefore be interpreted as precluding the court of the forum from applying, as legal rules, overriding mandatory provisions other than those of the State of the forum or of the State where the obligations arising out of the contract have to be or have been performed. Consequently, since, according to the referring court, Mr Nikiforidis's employment contract has been performed in Germany, and the referring court is German, the latter cannot in this instance apply, directly or indirectly, the Greek overriding mandatory provisions which it sets out in the request for a preliminary ruling.[74]

Nevertheless, the court confirmed that if the applicable German substantive employment law allowed the courts to take into account rules belonging to another legal system, article 9 of the Rome I Regulation should not be interpreted as standing in the way of this:

---

[71] Since the employment contract between Mr Nikiforidis and Greece was entered in 1996 and subsequently in 2010 terminated with reengagement on amended terms (Änderungskündigung), the German Federal Labour Court also asked the Court of Justice whether the Rome I Regulation applied *ratione temporis* to employment contracts concluded before 17 December 2008, but varied after this date. Article 28 provides that the Regulation is applicable *ratione temporis* to contracts concluded as from 17 December 2008, but says nothing about contract variation. The Court of Justice held that an individual employment contract that came into being before 17 December 2009 fell within the scope of the Regulation only in so far as that contract had undergone, as a result of mutual agreement of the contracting parties which had manifested itself on or after that date, a variation of such magnitude that a new employment contract had to be regarded as having been concluded on or after that date. The Court of Justice here departed from the opinion of Advocate General Spuznar, who advocated the application of the putative applicable law determined pursuant to art 10(1) to the issue of when a contract was concluded for the purposes of art 28.

[72] *Nikiforidis* [44]-[45].

[73] Ibid [46]-[49].

[74] Ibid [50].

> Article 9 of the Rome I Regulation does not preclude overriding mandatory provisions of a State other than the State of the forum or the State where the obligations arising out of the contract have to be or have been performed from being taken into account as a matter of fact, in so far as this is provided for by a substantive rule of the law that is applicable to the contract pursuant to the regulation.[75]

Examples of this method could be the application of vague provisions regarding good faith, morality, legitimate interests of a party and good behaviour or change of circumstances defences which give relevance to the fact that a foreign state party to an employment contract, which is in a public debt crisis, has passed legislation to deal with that crisis.[76] Eventually, the German Federal Labour Court refused to give effect to the Greek statutes and ruled that the salary of Mr Nikiforidis remained unaffected by such laws under German law.[77] The rules of the Rome I Regulation, therefore, enabled Mr Nikiforidis to recover unpaid wages. But the rules of the Rome I Regulation also precluded the effectiveness of the Greek legislation aimed at reducing its public debt pursuant to an agreement with the EU, the European Central Bank and the International Monetary Fund.

3. CHANGES TO THE POSTED WORKERS REGIME[78]

The Posted Workers Directive seeks to coordinate the laws of Member States with regard to the employment standards that are applicable to service providers from a Member State that post workers within the EU.[79] It pursues multiple objectives. On the one hand, it protects the interests of host Member States to safeguard their labour law systems by imposing certain local employment standards on foreign service providers.[80] It also aims to protect posted workers by entitling them to certain host Member

[75] Ibid [51]. Similarly, [52].

[76] F Esposito and P Hacker, 'Exclusiveness of the overriding power of the *lex obligationis* and relevance of other foreign laws as matters of fact: Judgment in Case C-135/15 *Nikiforidis*' (2017) 13 *European Review of Contract Law* 119, 120; S Rameloo, '"From Rome to Rome" – Cross-border Employment Contract. European Private International Law: Intertemporal Law and Foreign Overriding Mandatory Laws' (2017) 24 *Maastricht Journal of European and Comparative Law* 298, 316.

[77] *Bundesarbeitsgericht*, 26 April 2017, 5 AZR 962/13.

[78] The outline of the Posted Workers Directive is based on Grušić (n 6), ch 8.

[79] Posted Workers Directive, recital 13.

[80] Ibid recitals 5, 12-14.

State employment standards when those standards are more favourable for them than the otherwise applicable equivalent standards.[81]

The Posted Workers Directive applies to service providers established in a Member State which, in the framework of transnational provision of services, post workers to the territory of another Member State.[82] The Directive does not apply to all postings of workers, but only in the following three situations: 1) the service provider posts workers on its account and under its direction, under a contract concluded with the service receiver operating in the host country; 2) the service provider, a member of a corporate group, posts workers to an establishment or to an undertaking owned by the group in the host country; 3) the service provider, an employment agency, hires out a worker to an end-user established or operating in the host country.[83] In all three situations, there has to be an employment relationship between the service provider and the posted workers during the period of posting.[84] Non-EU service providers must not be given more favourable treatment than service providers from the EU.[85] For the purposes of the Directive, 'posted worker' is a worker who, for a limited period, carries out his work in the territory of a Member State other than the Member State in which he normally works.[86] The scope of the Directive is further limited to 'workers', as defined in the law of the host Member State.[87] The Directive also contains a number of derogations.[88]

With regard to the range of the host Member State employment standards, the Posted Workers Directive distinguishes those that *must* and those that *may* be imposed on out-of-state service providers. According to article 3(1), local standards that must be afforded posted workers, regardless of the law applicable to the employment contract (so-called 'nucleus' of mandatory rules for minimum protection or 'hard core' of protective rules),[89] concern the following seven matters:

- maximum work periods and minimum rest periods;
- minimum paid annual holidays;

---

[81] Ibid recitals 5, 13, 14 and 17.
[82] Ibid art 1(1).
[83] Ibid art 1(3).
[84] Ibid art 1(3).
[85] Ibid art 1(4).
[86] Ibid art 2(1).
[87] Ibid art 2(2).
[88] Ibid arts 1(2) and 3(2)-(6).
[89] Ibid recitals 13 and 14.

- the minimum rates of pay, including overtime rates;[90]
- the conditions of hiring-out of workers, in particular the supply of workers by employment agencies;
- health, safety and hygiene at work;
- protection of pregnant women, women who have recently given birth, children and young people;
- non-discrimination.

Pursuant to the first indent of article 3(10), host Member States may also impose, in compliance with the Treaty and on a basis of equality of treatment between the host Member State and out-of-state service providers, employment standards concerning non-listed matters 'in the case of public policy provisions'.

Regarding the sources of the relevant host Member State employment standards, the Posted Workers Directive distinguishes those set legislatively and those set collectively. With regard to the former category, the Directive mandates the application of standards set 'by law, regulation or administrative provision'.[91] With regard to the latter category, the key questions are which types of collectively set standards can be imposed on out-of-state service providers and in which sectors of the economy. The Directive attempts to accommodate various traditions of collective standard setting that exist within the EU. On the one hand, it mandates the application of standards set by 'collective agreements or arbitration awards which have been declared universally applicable',[92] i.e. 'collective agreements or arbitration awards which must be observed by all undertakings in the geographical area and in the profession or industry concerned'.[93] On the other hand, Member States that do not have a system for declaring collective agreements or arbitration awards to be of universal application may, 'if they so decide', impose, on a basis of equality of treatment, employment standards set by 'collective agreements or arbitration awards which are generally applicable to all similar undertakings in the geographical area and in the profession or industry concerned' and/or 'collective agreements which have been concluded by the most representative employers' and labour organisations at national

[90] See also ibid art 3(9).

[91] Ibid art 3(1).

[92] Ibid.

[93] Ibid art 3(8), first subparagraph.

level and which are applied throughout national territory'.[94] The provisions concerning the imposition of collectively set standards apply by default and mandatorily in the building sector.[95] The Directive provides that collectively set standards in other sectors may also be imposed in compliance with the Treaty and on a basis of equality of treatment.[96]

The Posted Workers Directive also provides for cooperation between Member States on information.[97] The Directive further provides that Member States shall take appropriate measures in the event of failure to comply with the Directive.[98] Member States shall in particular ensure that adequate procedures are available to workers and/or their representatives for the enforcement of obligations under this Directive.[99] The posted worker can sue the employer, pursuant to the Brussels I Regulation, in the courts of the employer's domicile and in the courts for the habitual place of work. The Posted Workers Directive makes one more forum available to posted workers. In order to enforce the right to the terms and conditions of employment guaranteed in article 3, judicial proceedings may be instituted in the Member State in whose territory the worker is or was posted.[100]

The Posted Workers Directive is a very controversial instrument. Many shortcoming of the Directive have been revealed since its entry into force.[101] The two most important shortcomings were the defective enforcement of the Directive and the fact that the Directive allowed host Member States to impose on out-of-state service providers local employment standards concerning minimum wage only. This was thought to have considerably contributed to social dumping in affluent Member States. The EU reacted by adopting two measures: the Posting of Workers Enforcement Directive[102]

---

[94] Ibid art 3(8), second subparagraph.

[95] Ibid art 3(1) and the Annex.

[96] Ibid art 3(10), second indent.

[97] Ibid art 4.

[98] Ibid art 5(1).

[99] Ibid art 5(2).

[100] Ibid art 6.

[101] For an account of the shortcomings with further references, see Grušić (n 6), ch 8.

[102] Directive 2014/67/EU of the European Parliament and of the Council of 15 May 2014 on the enforcement of Directive 96/71/EC concerning the posting of workers in the framework of the provision of services and amending Regulation (EU) No 1024/2012 on administrative cooperation through the Internal Market Information System ('the IMI Regulation') [2014] OJ L159/11. This article deals with the main developments in the European private international law of employment since 1 January 2015. The Posting of Workers Enforcement Directive is included in this review because, although it entered into force on 17 June 2014, the deadline for its transposition was 18 June 2016.

and a directive revising the Posted Workers Directive.[103] These two developments will be addressed in turn.

3.1. Posting of Workers Enforcement Directive

The meaning of the terms 'posting' and 'posted worker' under the Posted Workers Directive was not entirely clear. The Posting of Workers Enforcement Directive aims to introduce legal certainty by providing, in article 4, a non-exhaustive list of indicative factual elements characterising both the temporary nature inherent in the notion of posting and the existence of a genuine link between the employer and the Member State from which the posting takes place. The purpose of this provision is to help Member State authorities to identify genuine postings and to prevent the abuse of the posted workers regime and the circumvention of the applicable rules, in particular through incorporating 'letter-box' companies solely for the purpose of posting workers, through consecutive 'postings' of a single worker to a single Member State by different 'employers' from different Member States and through rotational postings of different workers to a single Member State who effectively share a single job.

The Posting of Workers Enforcement Directive primarily concerns the public enforcement of the Posted Workers Directive. Public enforcement refers to the monitoring and enforcement by public authorities, primarily labour inspectorates and immigration authorities of host Member States. The Posting of Workers Enforcement Directive addresses four issues concerning the public enforcement of the Posted Workers Directive: administrative cooperation among Member States' public authorities with respect to the monitoring and enforcement of the Posted Workers Directive;[104] the monitoring of compliance with the Posted Workers Directive by the host Member State public authorities;[105] subcontracting liability in some cases concerning public enforcement;[106] and the cross-border enforcement of

[103] Directive (EU) 2018/957 of the European Parliament and of the Council of 28 June 2018 amending Directive 96/71/EC concerning the posting of workers in the framework of the provision of services [2018] OJ L 173/16. The deadline for the transposition of this Directive is 30 July 2020. The provisions of the original Posted Workers Directive remain applicable until this date.

[104] Posting of Workers Enforcement Directive, arts 6-8.

[105] Ibid arts 9 and 10. If the monitoring of compliance with the Posted Workers Directive is left to trade unions or workers' representatives, an adequate level of protection of service providers to that established by the Posted Workers Directive and the Posting of Workers Enforcement Directive must be guaranteed: art 10(4).

[106] Ibid art 12(6).

administrative fines and penalties imposed by the host Member State public authorities for the violation of the applicable host Member State employment standards.[107] The Posting of Workers Enforcement Directive also deals with the private enforcement of the Posted Workers Directive by posted workers themselves. It provides that Member States shall ensure that there are effective mechanisms for posted workers to lodge complaints against their employers directly and to commence judicial or administrative proceedings in the host Member State.[108] It also provides for subcontracting liability, which gives posted workers an alternative or additional debtor for the obligations imposed on the service provider by the Posted Workers Directive.[109] The Posting of Workers Enforcement Directive does not deal in any great detail with the collective enforcement of the Posted Workers Directive by trade unions, work councils and other workers' representatives. The Posting of Workers Enforcement Directive also aims to improve access to information.[110] In this way, this Directive indirectly assists the public, collective and private enforcement of the Posted Workers directive.

The provisions of the Posting of Workers Enforcement Directive are very detailed, spanning 21 pages of the Official Report of the EU. It is not necessary to set out those provision in this article. Suffice it to note that the Posting of Workers Enforcement Directive represents a major step towards remedying the shortcomings of the Posted Workers Directive and that its effects will become clearer in the future. Article 24 of the Posting of Workers Enforcement Directive provides that the Commission should present a review no later than 18 June 2019 on the application and implementation of this Directive to the European Parliament, the Council and the European Economic and Social Committee and propose, where appropriate, necessary amendments and modifications. This report has not been published yet.

3.2. Revision of the Posted Workers Directive

The Posted Workers Directive, in its original version, enabled host Member States to impose on service providers from other Member States the minimum rates of pay. In other words, an out-of-state service provider could not be forced to comply with the running wage in the host Member State. This had two consequences. On the one hand, the fact that only the

---

[107] Ibid arts 13-19.

[108] Ibid art 11.

[109] Ibid art 12.

[110] Ibid art 5.

minimum, and not the running, wage could be imposed meant that the Directive enabled Europe-wide competition of service providers in labour-intensive industries such as construction, transport and agency work not on the basis of productivity, efficiency and the quality of the services provided, but on the basis of low labour costs. This benefitted service providers from Member States with relatively low employment standards, in particular from southern and former communist European countries. Low cost per unit of labour is a comparative advantage that such service providers enjoy over service providers from Member States with relatively high employment standards. Workers from Member States with relatively low employment standards also indirectly benefitted from the increased ability of their employers to win services contracts abroad. The interests of those countries were also advanced because the increased competitiveness of their service providers led to more employment and revenue. On the other hand, this was perceived as 'unfair competition' and 'social dumping' by workers, trade unions and service providers from Member States with relatively high employment standards. More importantly, the Posted Workers Directive seriously disturbed labour market practices in countries like Sweden that have neither legislatively set standards concerning minimum wage, nor a system for extending the application of collectively set standards. Sweden is a country that traditionally relies on trade unions for the setting, monitoring and enforcing the level of wages.[111] The level of wages is generally left to be negotiated on a case-by-case basis at the level of each workplace. If an employer refuses to negotiate the level of wages, unions will force it to do so by means of primary and secondary industrial action. The Posted Workers Directive meant that the traditional way of setting, monitoring and enforcing the level of wages of posted workers was illegal under EU law.[112]

In order to combat this kind of social dumping, the European Parliament and the Council adopted a directive revising the Posted Workers Directive. The main change introduced by the revised Directive is the application to posted workers of all the mandatory elements of remuneration, including overtime rates.[113] For the purposes of the revised Directive, the concept

[111] M Rönnmar, 'Free Movement of Services versus National Labour Law and Industrial Relations Systems: Understanding the *Laval* Case from a Swedish and Nordic Perspective' (2007–2008) 10 *Cambridge Yearbook of European Legal Studies* 493.

[112] Case C-341/05 *Laval un Partneri Ltd v. Svenska Byggnadsarbetareförbundet, Svenska Byggnadsarbetareförbundets avdelning 1, Byggettan and Svenska Elektrikerförbundet* [2007] ECR I-11767.

[113] Revised Posted Workers Directive, art 3(1)(c).

of remuneration is determined by the national law and/or practice of the host Member State and means all the constituent elements of remuneration rendered mandatory by national law, regulation or administrative provision, or by collective agreements or arbitration awards that are applicable in accordance with the Directive.[114] Furthermore, the revised Directive provides for the application to posted workers of the rules of the host Member State on workers' accommodation and allowances or reimbursement of expenses during the posting assignment.[115] Finally, the revised Directive provides for the application of an extended set of terms and conditions of employment of the host Member State for long-term postings (longer than 12 or 18 months).[116]

The revised Posted Workers Directive will go a long way towards combating unfair competition and social dumping in the transnational EU labour market. It should be mentioned that, because of the highly mobile nature of work in international road transport, the implementation of the revised Directive in that sector is said to raise particular legal questions and difficulties. The rules of the revised Directive will apply to this sector only from the date of application of the sector-specific rules proposed by the Commission and under discussion between the European Parliament and the Council.

But the revised Posted Workers Directive is not a development that has been universally welcomed. Some central and eastern European Member States opposed the revision of the Directive[117] because this eliminates one of the main comparative advantages of service providers from these countries. Hungary and Poland have commenced proceedings before the Court of Justice seeking the annulment of the revisions of the Posted Workers Directive.[118] These cases have the potential to be the next big development in the field of European private international law of employment.

[114] Ibid 3(1).

[115] Ibid art 3(1)(h) and (i).

[116] Ibid art 3(1a).

[117] European Commission, 'Proposal for a Directive of the European Parliament and of the Council amending Directive 96/71/EC of the European Parliament and of the Council of 16 December 1996 concerning the posting of workers in the framework of the provision of services' COM(2016) 128 final, 5: 'Bulgaria, Czech Republic, Estonia, Hungary, Lithuania, Latvia, Poland, Slovakia and Romania... have argued that a review of the 1996 Directive is premature'.

[118] Case C-620/18 *Hungary v European Parliament and Council of the European Union* [2018] OJ C427/31; Case C-626/18 *Poland v European Parliament and Council of the European Union* [2019] OJ C4/12.

4. BREXIT[119]

The UK is set to withdraw from the EU on 31 October 2019.[120] At the moment, it is impossible to predict the exact shape that Brexit will take. This section, therefore, describes the likely effect that a withdrawal of the UK from the EU without a withdrawal agreement, so called 'hard Brexit' or 'no-deal Brexit', will have on the private international law of employment. If the UK and the EU agree on the arrangements for the withdrawal and eventually on their future relationship, any such agreement may contain provisions on employment law and judicial cooperation in civil and commercial matters. This section should, therefore, be read with caution.

The effect of Brexit on choice of law for individual employment contracts and the recognition and enforcement of judgments in employment matters is easy to predict. The UK will transpose the provisions of the Rome I and Rome II Regulations into domestic law on exit day. That much is made clear by the Law Applicable to Contractual Obligations and Non-Contractual Obligations (Amendment etc) (EU Exit) Regulations 2019.[121] Absent an agreement on judicial cooperation in civil and commercial matters, the system of recognition and enforcement of judgments established by the Brussels I Regulation, Lugano Convention and related legal instruments[122] will cease to apply to cross-border UK-EU employment relationships.[123] Any judgment given by a court or tribunal of a Member State will be given effect in the UK under the traditional law of the constituent parts of the UK. Similarly, any judgment given by a court or tribunal in the UK will be given effect in a Member State under the traditional law of that Member State.

---

[119] This section is based on U Grušić, 'The Effect of Brexit on the Private International Law of Employment', forthcoming in [2019] *Revue critique du droit international privé.*

[120] Consolidated Version of the Treaty on the Functioning of the EU [2012] OJ C326/47 (TFEU), art 50(3); D Boffey and R Mason, 'Theresa May agrees to October Brexit as Donald Tusk warns UK "don't waste this time"' *The Guardian* (11 April 2019) <www.theguardian.com/politics/2019/apr/11/may-agrees-to-october-brexit-after-franco-german-carve-up> accessed 25 June 2019.

[121] SI 2019/834.

[122] Regulation (EC) 805/2004 of the European Parliament and of the Council of 21 April 2004 creating a European Enforcement Order for uncontested claims [2004] OJ L143/15; Regulation (EC) 1896/2006 of the European Parliament and of the Council of 12 December 2006 creating a European order for payment procedure [2006] OJ L399/1.

[123] Civil Jurisdiction and Judgments (Amendment) (EU Exit) Regulations 2019, SI 2019/479 (Civil Jurisdiction and Judgment Regulations 2019), regs 82, 84 and 89; European Enforcement Order, European Order for Payment and European Small Claims Procedure (Amendment etc) (EU Exit) Regulations 2018, SI 2018/1311.

This section will deal with the likely effect of Brexit on employment law and the law of international jurisdiction over individual employment contracts.

4.1. Effect of Brexit on Employment Law

The following text will describe the likely immediate effect of Brexit on employment law in the UK and the EU. Crucially, free movement will cease. EU citizens will not enjoy free access to the UK's labour market and vice versa. Service providers established in a Member State will not be able to freely post their workers to Britain for the purpose of providing services in this country and vice versa. We also know that the Charter of Fundamental Rights of the EU[124] will cease to have any direct legal effect in the UK after Brexit.[125]

It is much harder to predict the fate of secondary EU employment law. Some legal instruments, such as the Posted Workers Directive, Posting of Workers Enforcement Directive and the European Works Councils Directive,[126] only make sense in the context of the transnational EU labour market and, therefore, cannot apply to cross-border UK-EU employment relationships after Brexit.[127] Some legal instruments, such as the directive on mutual recognition of professional qualifications,[128] support the exercise of free of movement of people. Once free movement ceases, the purpose of these legal instruments will fall away and it will make little sense for the UK and the EU to unilaterally apply their provisions. The primary purpose of some legal instruments, namely directives on collective redundancies,[129]

---

[124] [2000] OJ C364/1; see also Treaty of Lisbon [2007] OJ C306/1, which gave the Charter the same legal value as the Treaties.

[125] EU (Withdrawal) Act 2018, s 5(4).

[126] Directive 2009/38/EC of the European Parliament and of the Council of 6 May 2009 on the establishment of a European Works Council or a procedure in Community-scale undertakings and Community--scale groups of undertakings for the purposes of informing and consulting employees (Recast) [2009] OJ L122/28.

[127] The UK Government has confirmed this point with respect to the European Works Councils Directive: Department for Business, Energy & Industrial Strategy, 'Guidance: Workplace rights if there's no Brexit deal' (23 August 2018) <www.gov.uk/government/publications/workplace-rights-if-theres-no--brexit-deal/workplace-rights-if-theres-no-brexit-deal#after-29-march-2019-if-theres-no-deal> accessed 25 June 2019.

[128] Directive 2005/36/EC of the European Parliament and of the Council of 7 September 2005 on the recognition of professional qualifications [2005] OJ L255/22.

[129] Council Directive 98/59/EC of 20 July 1998 on the approximation of the laws of the Member States relating to collective redundancies [1998] OJ L225/16.

transfers of undertakings[130] and insolvency protection,[131] is to address the negative consequences of the free movement of capital across the EU. But courts have held that these legal instruments apply even in situations in which there is a close connection with a non-EU country.[132] This case law demonstrates that there is nothing to prevent the UK from retaining the provisions of these legal instruments in UK law or Member States from continuing to apply their implementations of these legal instruments to situations with a close connection with the UK. Similarly, nothing precludes the transposition into UK law of the provisions of legal instruments on non-discrimination,[133] introducing minimum employment standards[134] and enhancing competitiveness.[135]

Theresa May has pledged to enshrine existing EU employment law in UK law after Brexit and to give Parliament the chance to consider any future

[130] Council Directive 2001/23/EC of 12 March 2001 on the approximation of the laws of the Member States relating to the safeguarding of employees' rights in the event of transfers of undertakings, businesses or parts of undertakings or businesses [2001] OJ L82/16.

[131] Directive 2008/94/EC of the European Parliament and of the Council of 22 October 2008 on the protection of employees in the event of the insolvency of their employer (Codified version) [2008] OJ L283/36.

[132] *Seahorse Maritime Ltd v Nautilus Int* [2018] EWCA Civ 2789, [2019] IRLR 286 (on the territorial scope of the British implementation of the directive on collective redundancies); *Xerox Business Services Philippines Ltd v Zeb* [2018] ICR 419 (EAT) and *Holis Metal Industries Ltd v GMB* [2008] ICR 464 (EAT) (on the territorial scope of the British implementation of the directive on the transfers of undertakings); Case C-292/14 *Greece v Stroumpoulis* ECLI:EU:C:2016:116 (on the territorial scope of the directive on insolvency protection).

[133] Directive 2006/54/EC of the European Parliament and of the Council of 5 July 2006 on the implementation of the principle of equal opportunities and equal treatment of men and women in matters of employment and occupation (recast) [2006] OJ L204/23.

[134] Council Directive 89/391/EEC of 12 June 1989 on the introduction of measures to encourage improvements in the safety and health of workers at work [1989] OJ L183/1 and a number of other directives in the field of health and safety following this framework directive; Council Directive 92/85/EEC of 19 October 1992 on the introduction of measures to encourage improvements in the safety and health at work of pregnant workers and workers who have recently given birth or are breastfeeding [1992] OJ L348/1; Directive 2003/88/EC of the European Parliament and of the Council of 4 November 2003 concerning certain aspects of the organisation of working time [2003] OJ L299/9; Council Directive 94/33/EC of 22 June 1994 on the protection of young people at work [1994] OJ L216/12.

[135] Council Directive 91/533/EEC of 14 October 1991 on an employer's obligation to inform employees of the conditions applicable to the contract or employment relationship [1991] OJ L288/32; Council Directive 97/81/EC of 15 December 1997 concerning the Framework Agreement on part-time work concluded by UNICE, CEEP and the ETUC [1998] OJ L14/9; Council Directive 2010/18/EU of 8 March 2010 implementing the revised Framework Agreement on parental leave concluded by BUSINESSEUROPE, UEAPME, CEEP and ETUC and repealing Directive 96/34/EC [2010] OJ L68/13.

changes in EU law that strengthen workers' rights or workplace standards.[136] But, as already mentioned, the transposition of some instruments of secondary EU employment law will either be impossible or make little sense. As for the rest, there will be no external restrictions preventing future governments or parliaments to pursue a distinct British social model, which could range from a drastic deregulation and flexibilization of the UK labour market (possibly as a way of achieving comparative advantage over its new neighbour, the EU) to the return to the legacy of Attlee and Wilson should a Labour government come to power.[137]

4.2. Effect of Brexit on the Law of International Jurisdiction over Individual Employment Contracts

If the UK and the EU fail to reach an agreement on a system to replace the Brussels I Regulation and the Lugano Convention, the jurisdiction of UK courts over individual employment disputes will be determined exclusively by domestic law. Although the Brussels I Regulation will cease to be binding on it, the UK has unilaterally decided to transpose some of the provisions of the Regulation into domestic law after Brexit. The Civil Jurisdiction and Judgment Regulations 2019 will introduce a new section 15C into the Civil Jurisdiction and Judgments Act 1982 (1982 Act),[138] which will lay down the following rules of jurisdiction in relation to individual contracts of employment:

> (1) This section applies in relation to proceedings whose subject-matter is a matter relating to an individual contract of employment.
> (2) The employer may be sued by the employee–
> (a) where the employer is domiciled in the United Kingdom, in the courts for the part of the United Kingdom in which the employer is domiciled,
> (b) in the courts for the place in the United Kingdom where or from where the employee habitually carries out the employee's work or last did so (regardless of the domicile of the employer), or
> (c) if the employee does not or did not habitually carry out the employee's work in any one part of the United Kingdom, in the courts for the place

[136] J Pickard, 'Theresa May Woos Labour MPs with Pledge on Workers' Rights' *Financial Times* (London, 5 March 2019) <www.ft.com/content/02d80812-3f63-11e9-9bee-efab61506f44> accessed 25 June 2019.
[137] K Ewing, 'On Labour's Constitution' (Current Legal Problems lecture given at University College London, 14 March 2019).
[138] Civil Jurisdiction and Judgment Regulations 2019, reg 26.

in the United Kingdom where the business which engaged the employee is situated (regardless of the domicile of the employer).
(3) If the employee is domiciled in the United Kingdom, the employer may only sue the employee in the part of the United Kingdom in which the employee is domiciled (regardless of the domicile of the employer).
(4) Subsections (2) and (3) are subject to rule 11 of Schedule 4[139] (and rule 14 of Schedule 4[140] has effect accordingly).
(5) Subsections (2) and (3) do not affect–
(a) the right (under rule 5(c) of Schedule 4[141] or otherwise) to bring a counterclaim in the court in which, in accordance with subsection (2) or (3), the original claim is pending,
(b) the operation of rule 3(e) of Schedule 4,[142]
(c) the operation of rule 5(a) of Schedule 4[143] so far as it permits an employer to be sued by an employee, or
(d) the operation of any other rule of law which permits a person not domiciled in the United Kingdom to be sued in the courts of a part of the United Kingdom.
(6) Subsections (2) and (3) may be departed from only by an agreement which–
(a) is entered into after the dispute has arisen, or
(b) allows the employee to bring proceedings in courts other than those indicated in this section.
(7) For the purposes of this section, where an employee enters into an individual contract of employment with an employer who is not domiciled in the United Kingdom, the employer is deemed to be domiciled in the relevant part of the United Kingdom if the employer has a branch, agency or other establishment in that part of the United Kingdom and the dispute arose from the operation of that branch, agency or establishment.

[139] The reference here is to para 11 of sch 4 of the 1982 Act, which concerns exclusive jurisdiction of UK courts.
[140] The reference here is to para 14 of sch 4 of the 1982 Act, which concerns examination as to jurisdiction and admissibility.
[141] The reference here is to para 5(c) of sch 4 of the 1982 Act, which concerns jurisdiction over counter-claims in cases in which the defendant is domiciled in the UK.
[142] The reference here is to para 3(e) of sch 4 of the 1982 Act, which concerns jurisdiction over disputes arising out of the operation of an establishment in cases in which the defendant is domiciled in the UK.
[143] The reference here is to para 5(a) of sch 4 of the 1982 Act, which concerns jurisdiction over co-defendants domiciled in the UK.

Four things are worth noting about the new section 15C.[144] First, if the defendant is domiciled in the UK, the jurisdiction of UK courts will be determined by the rules of jurisdiction which are modelled on the jurisdictional rules of the Brussels I Regulation. Second, if the employer is not domiciled in the UK, UK courts will have jurisdiction to hear an individual employment dispute brought by the employee if the habitual place of work is or was in the UK or, in the absence of a habitual place of work in the UK, if the engaging place of business is in the UK. This will not affect the operation of the otherwise applicable rules of jurisdiction in cases in which the defendant is not domiciled in the UK.[145] Third, the rule of jurisdiction based on the connecting factor of the engaging place of business of section 15C is different to the corresponding rule in article 21(b)(ii) of the Brussels I Regulation. It has already been said that the Court of Justice has given a very broad interpretation to the connecting factor of the habitual place of work and, correspondingly, a very narrow interpretation to the connecting factor of the engaging place of business. The Court of Justice has also confirmed that the Regulation's rule of jurisdiction based on the connecting factor of the engaging place of business cannot apply in situations in which there is a habitual place of work, but it is located outside the EU.[146] The consequence of this is that the Regulation's rule of jurisdiction based on the connecting factor of the engaging place of business is very rarely applicable. By contrast, the rule of jurisdiction based on the connecting factor of the engaging place of business of section 15C will apply not only in cases where there is no habitual place of work, but also in cases where there is a habitual place of work which is located outside the UK.[147] There will be nothing to prevent

[144] See also new ss 15D (Further provisions as to jurisdiction) and 15E (Interpretation) of the 1982 Act, introduced by reg 26 of Civil Jurisdiction and Judgment Regulations 2019, and 42A (Domicile of corporation or association for purposes of certain civil proceedings), introduced by reg 42 of Civil Jurisdiction and Judgment Regulations 2019.

[145] For the traditional English rules of jurisdiction, which do not contain protective rules of jurisdiction for individual employment disputes, see L Merrett, *Employment Contracts in Private International Law* (Oxford University Press 2011), ch 5. For the traditional Scottish rules of jurisdiction, see the 1982 Act, s 20 and sch 8, in particular para 4 concerning individual employment contracts.

[146] Case 32/88 *Six Constructions Ltd v Humbert* [1989] ECR 341.

[147] It is unclear if this is a deliberate change. The Explanatory Memorandum accompanying the Civil Jurisdiction and Judgment Regulations 2019 is silent on this point: see Ministry of Justice, 'Explanatory Memorandum to the Civil Jurisdiction and Judgments (Amendment) (EU Exit) Regulations 2019' <www.legislation.gov.uk/ukdsi/2019/9780111176726/pdfs/ukdsiem_9780111176726_en.pdf> accessed 25 June 2019. In fact, para 7.12 of the Explanatory Memorandum suggests that the change is accidental: 'For contracts of employment, an employee may sue the employer in one of three places:... (iii) *where*

UK courts to expand the reach of their adjudicative power and to grant a greater degree of jurisdictional protection to claimant employees engaged in the UK to work abroad by relying on the rule of jurisdiction based on the connecting factor of the engaging place of business of section 15C. Finally, section 49 of the 1982 Act saves the power to stay proceedings on the basis of *forum non conveniens* or otherwise where the jurisdiction of a UK court is based on the rules of jurisdiction of the Act, which will include the new section 15C.

On the other hand, the jurisdiction of Member State courts over individual employment disputes that have a connection with the UK will depend on the domicile of the defendant and the location of the habitual place of work and the engaging place of business. If the defendant is domiciled in the EU, the jurisdiction of Member State courts will be determined by the rules of the Brussels I Regulation, even if the employment relationship has a strong connection with the UK.[148] If the defendant is not domiciled in the EU,[149] the employee will be able to rely on article 21(2) and sue the employer in a Member State if the habitual place of work is in that Member State or, in the absence of a habitual place of work, if the engaging place of business is in that Member State, even if the employment relationship has a strong connection with the UK. If the courts of a Member State have jurisdiction over an individual employment dispute under the Brussels I Regulation, they have to exercise that jurisdiction.[150] The only exception to this are articles 33 and 34 of the Regulation on *lis pendens* in third countries. Otherwise, the jurisdiction of Member State courts will depend on their traditional law.

5. CONCLUSION

This article has outlined the recent developments in the European private international law of employment. It is clear that this field of law remains an important part of EU law which deals with some of the most important social, economic and political challenges with which our societies are

the employee did not habitually work in one place, in the courts for the part of the UK where the business which engaged the employee is situated.' (emphasis added)

[148] Similarly, if the defendant is domiciled in Norway, Switzerland or Iceland and the dispute is being heard in the courts of one of those countries or in the courts of a Member State or if the defendant is domiciled in the EU and the dispute is being heard in the courts of Norway, Switzerland or Iceland, jurisdiction will be determined by the rules of the Lugano Convention, even if the employment relationship has a strong connection with the UK.

[149] Or in Norway, Switzerland or Iceland.

[150] Case C-281/07 *Owusu v Jackson* [2005] ECR I-1383.

confronted, be it the employment within groups of companies, employment practices in the transport sector, Greek public debt crisis, social dumping in the transnational EU labour market or Brexit.

Generally speaking, the European private international law of employment is fit for purpose, although there is scope for improvement. The Court of Justice has given domestic courts relatively clear guidance, based on flexible criteria, on how to deal with the question whether a relationship between a person who is employed as a senior officer or manager within a group of companies falls within the scope of the protective rules of European private international law. With respect to employment practices in the aviation industry, the Court of Justice has rejected an interpretation of the rules of the European private international law of employment that would enable exploitation of workers and contribute to the achievement of circumvention strategies by airlines. Similarly, the EU legislator has adopted two directives that are aimed at remedying the shortcomings of the posted workers regime and combating social dumping in the transnational EU labour market. The strength of European private international law is also reflected in the fact that the UK has decided to transpose into domestic law both the choice-of-law rules for individual employment contracts of the Rome I Regulation and the protective rules of jurisdiction over individual employment contracts of the Brussels I Regulation.

By contrast, the *Nikiforidis* case, which concerned the effect of the Greek legislation aimed at reducing its public debt on an employment contract of a Greek public sector worker that was governed by German law and performed in Germany, demonstrates the limitation of the European private international law of employment. The main objective pursued by the rules of the European private international law of employment is the protection of employees. But, as the *Nikiforidis* case demonstrates, the objective is to be understood in an individualised sense, as the protection of the individual employee who is bound by an individual employment contract to his or her employer. This individualised focus sometimes precludes the courts from taking into account and giving effect to measures that are aimed at protecting a country's social and economic system, and thus of all workers, at the expense of particular interests of individual employees.